CHIMIE PATHOLOGIQUE TROPICALE

DE LA

RÉGION ATLANTIQUE

PAR LE

DR. G. DELGADO PALACIOS,

Professeur à l'Université de Caracas, Venezuela.
Membre de l'Académie de Médecine.

Avec 3 planches en couleurs.

CARACAS
Lit. y Tip. del Comercio.
1914

CHIMIE PATHOLOGIQUE TROPICALE

DE LA

RÉGION ATLANTIQUE

PAR LE

DR. G. DELGADO PALACIOS,

Professeur à l'Université de Caracas, Venezuela.

Membre de l'Académie de Médecine.

Avec 3 planches en couleurs.

CARACAS
Lit. y Tip. del Comercio.
1914

AVANT-PROPOS

L'analyse morphologique ne peut donner qu'une idée très superficielle de la nature et de la spécificité des bactéries. Les types de formes auxquels se compare ce groupe d'organismes microscopiques sont en effet très simples: une sphère, une virgule, un petit bâton plus ou moins allongé, un tire-bouchon, etc. La morphologie même des colonies est peu variée. C'est l'analyse chimique, c'est-à-dire l'investigation des échanges matériels que le développement des microorganismes produit dans les milieux nutritifs aux dépens desquels ils vivent, la seule pouvant donner une idée précise de la nature et de la spécificité des bactéries qui pullulent dans une région déterminée. Si on arrive à prouver que deux bactéries qui ont la même apparence microscopique peuvent donner naissance, aux dépens d'un même liquide nutritif, à des produits différents, c'est-à-dire à des substances spécifiques chimiquement bien définies et bien distinctes, on est en droit de classer ces bactéries en deux espèces séparées. C'est ce dernier moyen, la constatation des substances spécifiques, qui m'a conduit à démontrer l'existence, dans notre région atlantique tropicale et américaine, d'espèces bactériennes, inconnues jusqu'à ce jour.

Certaines matières colorantes, décrites par les auteurs de la zone tempérée, apparaissent dans l'urine des sujets sains, et, en plus grande abondance, dans celle des malades: *l'uroérythrine,* qui donne la couleur rouge au *sedimentum lateritium,* étudiée plus particulièrement par G a r - r o d, et *l'uroroséine,* décrite par N e n c k i et S i e b e r. Ces matières colorantes ne se trouvent pas dans les urines humaines de notre région atlantique tropicale; elles sont remplacées par d'autres matières colorantes, différentes au point de vue chimique, qui sont décrites dans le présent ouvrage sous le nom de *cholérythrine, pseudo-indirubine, pseudo-urobiline-B,* etc. Ces colorants donnent une physionomie particulière à l'urine, à tel point qu'une légère analyse suffit pour la distinguer de celle excrétée par les habitants de la zone tempérée.

A ces modifications de l'urine vient s'ajouter une particularité non moins importante; c'est la présence dans les matières fécales d'un sédiment désigné sous le nom de *carcoma fécale.* Cette concrétion pulvérulente constitue un phénomène presque constant dans les matières fécales de notre région atlantique tropicale. L'investigation chimique prouve que ce sédiment est constitué par les mêmes matières colorantes déjà nommées. Quelques-unes de ces matières, sous la forme de chromogènes, se combinent à la chaux pour former la *carcoma fécale.*

L'investigation chimique des bouillons de culture des bactéries fécales m'a permis de prouver que ces liquides contiennent aussi, sous la forme de chromogènes, les mêmes matières colorantes qui forment la carcoma fécale, et qui apparaissent dans les urines. Pour en augmenter le rendement, j'ai ajouté au bouillon de culture des colorants biliaires et j'ai isolé quelques-unes des bactéries productrices des nouveaux chromogènes. J'ai été amené ainsi à admettre l'existence de bactéries spécifiques qui habitent l'intestin humain dans notre région tropicale et atlantique. Je leur ai donné le nom de *bactéries leucochromogéniques.*

Les bactéries leucochromogéniques font partie de la flore microscopique générale de la région dans laquelle se trouve plongé l'animal supérieur. L'activité chimique de cette flore bactérienne qui habite l'intestin humain se traduit par la formation de substances spécifiques et climatériques qui pénètrent constamment jusque dans l'intimité des tissus. Quelques-unes d'entre elles, comme le cholérythrogène, se sédimentent dans les reins et autres organes, au point d'empêcher leurs fonctions, et peuvent occasionner la mort, comme il arrive dans l'anurie de la fièvre jaune. A ce point de vue, le climat, en outre de ses influences purement physiques et météréologiques sur l'organisme humain, se présente comme un agent biologique d'action matérielle, capable d'imprimer un sceau spécial aux maladies de la localité: à quelques-unes d'entre elles, propres à la région atlantique tropicale, il donne un caractère exceptionnel de gravité, ainsi qu'on vient de le dire pour la fièvre jaune; à d'autres, telles que le diabète sucré, il enlève quelques-uns de leurs symptômes les plus dangereux, comme le coma, dans cette dernière affection, et il s'oppose à l'apparition de maladies propres à d'autres zones, par exemple le rachitisme et l'ostéomalacie.

J'ai pu étudier durant plusieurs années ces chromogènes urinaires et fécaux; j'ai cultivé, dans des centaines d'expériences, les bactéries intestinales qui les produisent, et j'ai obtenu plus d'un kilogramme de carcoma fécale, pour en faire une étude plus approfondie et envoyer des spécimens à l'étranger; je suis arrivé de cette manière à bien connaître le caractère général de ce genre d'êtres microscopiques. Ce sont des micrococoques, fortement réducteurs, qui attaquent les matières azotées et produisent des chromogènes. Ces chromogènes sont des substances susceptibles de s'oxyder spontanément au contact de l'air, en milieu alcalin, produisant des matières colorantes.

La prédominance de ces agents biologiques dans les matières fécales donne à la vie bactérienne intestinale une forme particulière qui se traduit, en dehors de la présence des matières colorantes indiquées, par une production très réduite d'acides gras inférieurs. Le dosage de ces acides dans les urines et dans les matières fécales, effectué par les méthodes en usage en Europe, et même portées à un degré d'extraction plus élevé, met en évidence le fait que la proportion de ces composés est de 50% moindre que la proportion correspondante dans la zone tempérée. Cette faible proportion d'acides gras inférieurs, ainsi que l'absence d'acide acétylacétique dans l'urine, permet d'expliquer les anomalies au milieu desquelles se présente le diabète sucré dans notre région atlantique tropicale et américaine, et spécialement l'absence du coma diabétique. Un chapitre de notre ouvrage a été consacré à l'étude de la pathogénie de cette maladie, et, bien que certaines des conceptions exposées sont en complet désaccord avec les théories généralement admises, le plus vif désir de l'auteur est de voir soumises à la plus sévère critique de laboratoire les expériences sur lesquelles se fondent ces conceptions.

Je ne pourrais fournir une preuve plus éloquente de l'existence dans notre région tropicale américaine et atlantique d'espèces bactériennes complètement inconnues à ce jour, qu'en présentant le *Micrococcus oxycyanogenes*. Cette bactérie leucochromogénique produit une substance bleue que j'ai pu isoler et obtenir cristallisée: l'oxycyanine. Ce chromogène est une matière comparable à l'hémoglobine du sang des vertébrés, ou mieux à l'hémocyanine du sang des poulpes. Cependant, il diffère en ce qu'il n'est pas de nature albuminique, n'est pas toxique et résiste très bien à l'action de la chaleur modérée et à celle des réactifs chimiques. Il prend spontanément l'oxygène de l'air, se change en un colorant bleu, et devient de nouveau incolore quand les substances oxydables lui enlèvent cet élément. C'est donc une matière colorante respiratoire. On peut expliquer de cette manière le fait que les liquides de culture où prospère le *Micrococcus oxycyanogenes* ne s'infectent pas quand l'air arrive suffisamment jusqu'à eux.

Tous les faits énoncés tendent à démontrer que la vie bactérienne intestinale joue un rôle de la plus haute importance dans la vie de l'animal supérieur. Sa masse, sa nature et son intensité sont sous la dépendance de la flore générale de la localité, de laquelle elle n'est qu'un cas particulier. L'apparition et la prédominance sur les autres de certaines espèces végétales exclusives, donne le droit de mentionner l'existence d'une *flore bactérienne tropicale et atlantique* aussi bien caractérisée que le sont les grandes flores tropicales que décrivent les auteurs classiques: A. de H u m b o l d t, A. de C a n d o l l e, G r i s e b a c h, V a n T i e - g h e m, J. L. de L a n e s s a n, etc. Son influence se fait sentir dans l'espèce et formes cliniques des maladies régnantes. Elle y produit des

substances plus ou moins toxiques qui imprègnent constamment l'organisme et sortent par les urines, après avoir occasionné diverses degénéres-
cences et troubles de la nutrition. . Les considérations qu'on vient d'exposer conduisent à la conception suivante qui appartient au domaine de
la chimie pathologique comparée : *La réabsorption fécale est l'origine de
beaucoup de maladies qui ont été considérées comme des troubles primitifs de la nutrition, par exemple l'ostéomalacie et le rachitisme.* Cette
conception de l'origine intestinale et climatérique du rachitisme et de
l'ostéomalacie se fonde à son tour sur le raisonnement suivant: quel que
soit le trouble de la nutrition qui conduit à la production de ces maladies,
il ne peut avoir son origine dans la nature même des tissus, car il y a
des régions de la terre où le rachitisme est inconnu, tandis qu'il y en a
d'autres où cette maladie est fréquente. La série des connaissances exposées dans le présent ouvrage tend à démontrer que c'est principalement
par l'intermédiaire de la vie bactérienne intestinale que la flore générale
d'une zone donnée est capable de faire naître des maladies climatériques
et localisées à une région de la terre.

J'avoue que le présent ouvrage, pour mériter son vrai titre, est encore très incomplet. Il devrait contenir l'étude chimique et bactériologique de l'air, de l'eau et des aliments; celle des altérations et fermentations habituelles de ces milieux dans lesquels l'homme vit, et qui servent de véhicule à l'influence climatérique de la localité; et aussi l'étude
de beaucoup d'autres maladies propres à la région; mais ce programme
ne pourrait être rempli que par l'intervention de nombreux expérimentateurs, pendant de très longues années de patientes investigations. On
peut le considérer cependant comme un point de départ pour des recherches ultérieures, comme introduction à un traité de " Pathologie chimique
tropicale de la région atlantique."

J'ai fait de grands efforts pour réaliser cette partie de la tâche et
il ne m'aurait pas été possible, sans collaboration, de la mener à bonne fin.
Je dois mentionner en premier lieu Monsieur le Général J. V. Gómez,
Président de la République, qui, en m'assignant une pension, m'a permis
de consacrer tout mon temps l'année dernière à mes travaux scientifiques.
J'exprime ici à mon intelligente collaboratrice, Mademoiselle V. Pereira

Alvarez, préparatrice (après concours) depuis trois ans, du laboratoire de Chimie Biologique de l'Université de Caracas, ma gratitude et mon admiration pour l'énergie et l'enthousiasme qu'elle a déployés dans les grands travaux et longues expériences, difficiles et même pénibles, auxquelles elle s'est livrée.   Enfin mes remerciements à l'éditeur, Mr. Pius Schlageter, qui a mis à contribution toutes les ressources de son grand établissement d'arts graphiques pour présenter un ouvrage de grande netteté typo-lithographique; et à son Directeur - Gérant, Mr. Achille Cadré, qui s'est chargé non - seulement de la correction des épreuves, mais encore de rendre mon français intelligible et sans trop de fautes.

G. Delgado Palacios.

Caracas, le 15 Février 1914.

TABLE DES MATIERES

Pages.

Avant-Propos   III

PREMIÈRE PARTIE
Intoxications d'origine fécale.

CHAPITRE I. — Carcoma fécale   1

Distribution géographique. — Bibliographie   3

Apparence et constitution chimique de la carcoma fécale . .   5

Origine et mode de production de la carcoma fécale   11

Rôle du cholérythrogène dans la pathologie tropicale   15

CHAPITRE II. — Carcoma anormale   21

CHAPITRE III. — Fonction leucochromogénique des
bactéries intestinales   29

Cultures des bactéries fécales en bouillon simple   32

Culture des bactéries en bouillons composés   35

Culture en bouillon composé des bactéries isolées   41

CHAPITRE IV. — Chromogènes urinaires et fécaux .   47

Pouvoir xanthogénique de la soude   49

Analyse des colorants urinaires et fécaux   55

Origine des chromogènes urinaires   62

CHAPITRE V. — Granulations jaunes   73

Pages.

Brève description des pigmentations anormales . . . .   78.
Biochimie des pigmentations et leurs caractères microchimiques   80
Caractérisation microchimique des granulations jaunes . . .   86
Quelques considérations sur la pathogénie et l'étiologie de la
    fièvre jaune   90

DEUXIÈME PARTIE
Dégénérescences d'origine fécale.

CHAPITRE I. — Circulation de la chaux dans l'orga-
    nisme humain.   95
Circulation anormale et rétrograde de la chaux   103
CHAPITRE II.—La rétention calcaire dans l'organisme   128
La rétention normale ou physiologique   128
Rétention calcaire anormale   131
La rétention pathologique de la chaux   137
Migrations internes de la chaux   141
CHAPITRE III. — Causes de la rétention calcaire . .   149
Augmentation des recettes calcaires   149
Diminution des sorties calcaires   155
Réabsorption fécale des combinaisons calcaires   164
CHAPITRE IV. — Mécanisme de la rétention calcaire.
    Etiologie et pathogénie de l'athéro-sclérose   185
Mécanisme de la rétention calcaire et diverses formes de calcifica-
    tions   185
Constitution anatomo-pathologique et chimique de l'athéro-sclérose   196
Etiologie et pathogénie de l'athéro-sclérose   210

TROISIÈME PARTIE
Troubles de la nutrition, d'origine fécale.

CHAPITRE UNIQUE. — Pathogénie du diabète . . .   219
Mécanismes producteurs des polyuries   220
La polyurie permanente du diabète est d'origine fécale   227
Etiologie et pathogénie du diabète sucré   253

QUATRIÈME PARTIE
La désinfection de l'intestin.

CHAPITRE UNIQUE. — Vie bactérienne intestinale . .   285
Vie bactérienne intestinale dans la zone tempérée   286

TABLE DES MATIÈRES

Pages.

Vie bactérienne intestinale sous les tropiques 291

CINQUIEME PARTIE

CHAPITRE UNIQUE.—Analyse chimique physiologique et pathologique 299

Analyse des matières minérales 299

Analyse des matières organiques 301

Indice des auteurs 313

Errata 319

PREMIÈRE PARTIE

INTOXICATIONS D'ORIGINE FÉCALE

Chapitre I

Carcoma fécale.

On trouve mes premières observations relatives à la *Carcoma fécale* (*vermoulure des matières fécales*) à la page 77 de la thèse de Doctorat d'un de mes élèves, M. Da Costa Gómez (1) intitulée *Contribución al Estudio de las Colemias*. On y rapporte la description que je fis moi-même de ce phénomène si fréquent dans les matières fécales de nos malades, et l'opinion que j'en avais à cette époque.

Voici ce que disait le récit dont je parle:

"On a observé fréquemment dans les excréments de quelques personnes qui souffrent de dérangements *gastro-intestinaux, cholémiques,* particulièrement chez celles dont l'urine ne donne aucune réaction d'indol, une particularité intéressante, que je n'ai trouvé mentionnée par aucun auteur, du moins de ceux que j'ai consultés.

Les matières fécales d'un aspect normal, bien qu'extrêmement jau-

---

(1) Angel C. Da Costa Gómez. Contribución al Estudio de las Colemias. Caracas, 1906.

nes à leur sortie et rapidement brunies au contact de l'air et de la lumière, présentent à leur surface une foule de points bruns plus obscurs, *couleur acajou,* exactement comparables *aux graines du tabac,* ou encore à la carcoma. Pour ce qui est de la quantité, on peut facilement s'en faire une idée, en s'imaginant qu'une ou deux cuillerées de carcoma ont été intimement mêlées aux fèces d'une garde-robe.

Examinées au microscope, elles sont homogènes, d'un aspect irrégulier; quelques-unes rondes ou en forme de disques, d'autres allongées, cylindriques, etc. Si on les brise, elles ne présentent aucune organisation ni différenciation histologique.

Elles donnent une réaction très marquée avec l'aldéhyde d'E h r - l i c h (diméthylamidobenzaldéhyde), de couleur rouge pourpre. Elles se comportent enfin, comme si elles étaient constituées par de l'urobilinogène pur.

Je ne sais vraiment pas quelle peut être l'origine de cette *carcoma.* La croyant occasionnée par des endoparasites, j'ai employé diverses substances pour l'expulser, depuis le calomel jusqu'au tymol; mais je n'ai obtenu aucun résultat.

L'urine de ces individus offre les mêmes caractères: elle est jaune à l'émission, et après deux ou trois jours, beaucoup plus brune. Elle est très riche en *uroséine,* sous forme chromogénique. Elle possède de plus un fort pouvoir réducteur sur une solution aqueuse de bleu de méthylène, qu'elle décolore. Elle réagit aussi, fortement, avec l'aldéhyde d'Ehrlich.

Toutes ces particularités de l'urine et des fèces sont d'accord avec la nature chimique de la carcoma fécale, l'urobilinogène. On ne peut cependant prouver qu'il y ait de l'urobiline dans ces urines. La substance de ces carcomas serait plutôt l'hydrobilirubine que l'urobilinogène.

Il est bien possible que chez ces individus il existe une grande putréfaction intestinale, réductrice et différente de celle que produit l'indol dans les cas ordinaires. Sous son action hydrogénante, la bilirubine produit un chromogène qui se précipite pour former la carcoma, au cas où quelque endoparasite n'interviendrait pas dans sa production." (G. D e l g a d o P a l a c i o s. Communication personnelle).

Au cours de mes recherches sur le rôle physio-pathologique que remplit la chaux des aliments dans l'organisme humain, j'ai eu l'occasion d'étudier attentivement cette carcoma fécale, sa nature chimique, son origine et son mode de production, et enfin, le rôle qu'elle remplit dans notre pathologie tropicale. Mes observations d'il y a sept ans se sont profondément modifiées, et aujourd'hui j'ai la satisfaction de présenter une étude chimico-pathologique très complète de ce phénomène si intéressant pour les médecins qui exercent au Vénézuela et dans les autres contrées intertropicales baignées par l'Atlantique, ou du moins les américaines.

Distribution géographique.—Bibliographie.

La présence de la carcoma fécale dans les matières fécales est un phénomène très connu et observé couramment dans les cliniques et les laboratoires. Presque tous les médecins ont été consultés sur la présence dans les fèces de grains de sable très fins, de couleur obscure, ou "petits morceaux de terre" comme disent les malades.

J. S. Meyer et J. B. Cook la décrivent pour la première fois dans le *American Journal of. med. Science,* mai 1909, et ces auteurs l'attribuent à la semence de la banane ingérée dans l'alimentation. C'est d'ailleurs l'opinion prédominante de beaucoup de nos médecins, qui demandent à leurs malades s'ils n'ont pas mangé beaucoup de " cambures " ou bananes avec leurs aliments. Certains de mes malades chez lesquels j'ai établi avec certitude la présence constante de la carcoma fécale, m'ont assuré souffrir de ce même phénomène, tant en Colombie, qu'au Mexique, à Panamá, Costa Rica, etc. Les malades européens, chez lesquels ce phénomène se présente après avoir passé quelque temps au Vénézuela, me donnent l'assurance la plus complète de ne l'avoir jamais observé pendant leur séjour dans la zone tempérée. Quelques autres dyspeptiques, qui ont parfaitement bien appris à reconnaître la carcoma fécale dans leurs fèces, se sont trouvés dans l'impossibilité la plus absolue de constater sa présence après avoir vécu quelques mois en Europe, où ils ont éprouvé une grande amélioration de leurs troubles gastro-intestinaux, et, peu après leur retour à la terre natale, conjointement avec les digestions laborieuses, une grande quantité de carcoma a reparu dans leurs matières fécales.

Les auteurs de la zone tempérée n'en font aucune description, bien qu'elle ne cesse de constituer un phénomène très notable dans les fèces; la raison en est sûrement de ce qu'elle n'existe pas dans ces contrées. A. O s w a l d (1) dans son *Traité de Pathologie Chimique*, n'en fait pas mention. Il décrit uniquement des grains de sable intestinaux, composés de carbonates et de phosphates de chaux et ammoniaco-magnésiens, d'oxalate de chaux et d'acide silicique. Tout cela, selon lui, est englobé dans un stroma organique où apparaissent des cadavres bactériens, l'urobiline étant la couleur qui les teint, et de plus, des traces d'autres matières biliaires inaltérées.

La description et les investigations chimiques que de ces grains de sable, ou lithiase intestinale, présentent d'autres auteurs, sont complètement distinctes de la carcoma fécale.

Nous pouvons citer A. M a z e r a u qui a écrit sa thèse de Doctorat sur les "Calculs de l'intestin et gravelle intestinale", Thèse de Lyon. 1899. H. E i c h h o r s t, (2) E. D e e t z, D. D u c k w o r t h et G a r - r o d, (3) etc.

T h o m s o n et F e r g u s s o n ont pratiqué l'analyse d'un sable intestinal provenant d'un intestin humain et font mention d'un pigment de caractère anormal qui y était renfermé. Ce travail remonte à 1900 et, depuis cette époque, rien de nouveau n'a été publié sur la matière. (4).

L'allégation la plus décisive pour prouver le manque de connaissance des auteurs de la zone tempérée, pour tout ce qui touche l'existence de ce phénomène dans les fèces humaines et par conséquent son absence totale en Europe et aux Etats Unis d'Amérique, se trouve dans S c h m i d t et S t r a s b u r g e r eux-mêmes, qui, dans une œuvre

---

(1) A. Oswald. Lehrbuch der chemischen Pathologie Leipzig, 1907. Pags. 104 et 105.
(2) E. Eichhorst. Ueber Darmgries Deutsch. Archiv. f. klin. Med. 68. 1. 1900.
(3) D. Duckworth et A. Garrod. A contribution to the study of intestinal sand. Medicochirurg. Transact. 84. 1902.
(4) Thomson and Fergusson. Journal of Pathol. and Bact. 1900. Pag. 334.

fondamentale (1) consacrée à l'étude chimique et bactériologique des fèces humaines, ne décrivent ni la carcoma fécale, ni absolument rien qui puisse être comparé à ce phénomène.

Si j'insiste particulièrement sur l'absence de la carcoma dans l'ancien continent, ce n'est pas pour prouver l'originalité de mes investigations chimiques et bactériologiques, mais pour attirer sérieusement l'attention sur cette thèse de grande transcendance biologique: coexistence de ce phénomène habituel des fèces humaines, et endémie de *la fièvre jaune* dans les pays américains baignés par l'Atlantique. *Comme je le démontrerai plus loin, la carcoma fécale joue un rôle essentiel dans la pathogénie chimique de la fièvre jaune.*

Il serait extrêmement intéressant de faire de minutieuses recherches, afin de se rendre compte si la carcoma fécale est un phénomène inconnu dans l'Est africain ou dans l'Asie tropicale, pays dans lesquels jusqu'à ce jour on n'a jamais observé aucun cas de fièvre jaune.

Les rares documents que j'ai pu obtenir, relatifs à la constitution chimique ou bactériologique des fèces dans les pays dont les contours sont baignés par l'Océan Indien, ne m'ont offert absolument aucun indice, si faible fût-il, sur l'existence de la carcoma fécale. On pourrait en dire de même de l'Océanie. E. R. S t i t t, (2) par exemple, dans son ouvrage de " Bactériologie et Parasitologie Animale, " fait une description minutieuse des recherches chimiques et bactériologiques dans les fèces, et des particularités qu'offrent les matières fécales aux îles Philippines, sans faire la moindre mention de la carcoma fécale.

Apparence et constitution chimique de la carcoma fécale.

La carcoma fécale est constituée par de petits corps sphériques ou ovalaires, légèrement aplatis, d'un à trois dixièmes de milimètre de diamètre (0,1 à 0,3 mm), opaques, de couleur brun foncé qui, unis entre eux, forment des granules d'un volume plus considérable, cylindriques ou

---

(1) Ad. Schmidt und J. Strasburger. Die Fäzes des Menschen in normalen und krankhanften Zustande. Berlin, 1910.

(2) E. R. Stitt. Practical Bacteriology, Philadelphia 1911. Pags. 299 — 304.

irréguliers, qui ont la même apparence que la semence du tabac ou la carcoma de bois (vermoulure).

On obtient cette carcoma par un lavage méthodique des fèces, étant donné qu'elle est plus dense que l'eau, et insoluble dans ce liquide. La quantité contenue dans une garde-robe de 24 heures varie ordinairement d'un à huit grammes occupant plus ou moins le volume d'une petite cuillerée ordinaire. On la rencontre très fréquemment dans presque toutes les fèces, mais en proportions beaucoup plus considérables chez les sujets qui souffrent de troubles gastro-intestinaux chroniques, surtout quand le lait et les fruits font partie de leur alimentation. Un sujet atteint de carcoma fécale la présente presque toujours dans ses matières fécales. Il peut arriver cependant que le lavage d'une garde-robe ne laisse aucun résidu de carcoma fécale; cela ne peut durer qu'un ou deux jours tout au plus, et les jours suivants, la proportion de carcoma fécale est excessive. Elle peut coexister avec la présence de l'indol dans les urines et dans les fèces.

On peut extraire de la carcoma fécale une proportion considérable d'hydrobilirubine ou d'urobiline par l'épuisement à chaud avec de l'alcool à 97°, contenant 5% d'acide chlorhydrique. Le liquide qu'on obtient de cette façon (a) fortement coloré en rouge brun, présente au spectroscope la raie de l'hydrobilirubine fécale b - F.

Cette urobiline n'a pas tous les caractères de l'urobiline classique que décrivent les auteurs; entre autres elle est peu soluble dans les alcalis, et plus soluble dans les acides, contrairement à l'urobiline légitime; l'ammoniaque lui donne une teinte rose rougeâtre, avec fluorescence verdâtre. Les alcalis fixes lui donnent la couleur jaune. On trouve dissoute dans ce même liquide une autre matière jaune qui passe plus facilement aux lessives de soude et qui sera décrite sous le nom de pseudo - urobiline - γ.

Cet épuisement acido - alcoolique, qui ne doit pas être prolongé trop longtemps, diminue le volume des granules de la carcoma fécale, les désagrège, et leur donne une apparence toute autre: ils deviennent transparents, diaphanes et changent de couleur. Ils sont alors exactement pareils à de petits cristaux de grenat ou à l'acide urique des sédiments urinaires.

Ces granules, ainsi dépurés en partie de l'urobiline, sont constitués par un chromogène spécial, qui jusqu'à ce jour n'a pas été décrit, et qui provient, à ce qu'il semble, d'une hydrogénation singulière de la bilirubine sous l'influence d'une putréfaction intestinale provoquée par des agents inconnus. J'ai donné à ce chromogène le nom de *cholérythrogène.* Ce nom m'a paru parfaitement approprié à l'origine et aux propriétés principales de la substance qu'il désigne.

Si l'on traite ces granules ainsi dépurés par une lessive chaude, contenant 15% de soude, ils se dissolvent en grande partie, laissant un résidu constitué par les stroma ou armatures organiques des dits granules. La solution est d'abord d'un jaune grisâtre; ce liquide offre une particularité très notable: li se transforme rapidement, par l'oxydation spontanée au contact de l'air, en un liquide de couleur rouge carmin très intense. Cette réaction est la *caractéristique* du cholérythrogène, et m'a beaucoup aidé à établir sa présence dans les tissus organiques, et tout dernièrement dans un bronchiolithe, provenant d'une vomique d'un tuberculeux, qui m'a été remis par le docteur P e r d o m o H u r t a d o, pour en faire l'analyse respective. Cette brillante et singulière réaction que le cholérythrogène offre avec la lessive de soude, doit être très soigneusement pratiquée, surtout quand la proportion de chromogène est très faible, parce que l'apparition de la couleur est de très courte durée s'il y a un excès de soude, ou si la concentration de la lessive est plus grande qu'elle ne doit être réellement.

Si on ne laisse pas reposer ce liquide de couleur rouge pourpre mentionné antérieurement afin que la soude et l'oxygène de l'air n'en altèrent pas la couleur, il peut devenir fortement acide, avec l'acide chlorhydrique ou acétique, sans souffrir pour cela aucun changement dans sa couleur. Peu après, une couche de flocons blancs, très menus, composés des stroma organiques mentionnés précédemment, se forme à la partie supérieure du liquide. La présence de ce stroma organique est la preuve que la formation de la carcoma fécale n'est pas un pur phénomène de précipitation chimique, à moins que cette matière organique ne provienne de la dissociation du cholérythrogène dont elle fait partie intégrante. Etant donnée la proportion variable dans laquelle elle entre pour constituer la carcoma et la forme du stroma qui reste, nous sommes enclins à déduire que c'est une matière complètement différente du cholérythrogène. Si on agite *le liquide acide primitif* (*a*) dilué d'eau avec de l'alcool amylique, le colorant rouge, ou pour mieux dire la cholérythrine, passe à ce dissolvant. Le chloroforme, employé dans les mêmes conditions, ne le sépare pas du liquide, et il reste incolore. Si le liquide primitif contient une forte proportion d'alcool éthylique, la cholérythrine passe au chloroforme, et ce dernier prend une couleur rose. Le benzène et l'éther se comportent de la même manière: ils ne l'entraînent pas du liquide .

On peut obtenir la dissociation directe du cholérythrogène en employant l'acide chlorhydrique plus concentré, sans que cette oxydation préalable à l'air, dans un liquide alcalin, soit nécessaire. Après que les granules ont été épuisés par la solution chlorhydro-alcoolique à 5% qui soustrait une partie de l'hydrobilirubine, on ajoute à la solution un peu plus d'acide chlorhydrique et d'alcool, et on chauffe : on laisse reposer et on décante le liquide, en ayant soin de répéter plusieurs fois cette opération. Les granules diminuent progressivement de volume, parce que le cholérytrogène se dissout en se dissociant. Alors le liquide prend une forte couleur rouge pourpre avec teinte violette sur les bords. On évapore au bain-marie, afin de chasser une grande partie de l'alcool, on ajoute de l'eau et on épuise plusieurs fois avec du chloroforme; ce dernier se teint de jaune orangé et donne une forte raie d'urobiline. On agite avec de l'alcool amylique et toute la matière colorante passe à ce dissolvant. La cholérythrine présente les propriétés suivantes. C'est une matière pulvérulente de couleur rouge foncé; chauffée, elle fond en répandant une odeur aromatique. Elle est très soluble dans l'alcool amylique auquel elle donne une couleur rouge pourpre, laissant voir sur les bords du liquide des reflets violacés très manifestes. Elle est insoluble dans l'éther, dans le chloroforme, dans l'éther de pétrole, dans le benzène et dans l'eau pure. Elle est très soluble dans l'alcool et moins dans l'éther acétique. Les alcalis fixes la passent au violet, au bleu, au vert et enfin au jaune. Dissoute dans l'alcool éthylique, et superposée soigneusement à une solution d'un carbonate alcalin, elle donne à la couche de séparation des liquides, des bandes colorées semblables à celles de la réaction de G m e l i n, mais disposées en sens contraire; de l'alcali à l'acide: brun, jaune, vert, bleu, violet, rouge. Quand le colorant est dissous dans l'alcool amylique, l'eau ammoniacale lui imprime les mêmes changements de coloration indiqués plus haut, l'alcool amylique restant complètement incolore, tandis que l'ammoniaque se teint de *brun-jaunâtre clair*. Quand l'alcali employé est fixe, et très concentré, l'acide chlorhydrique ne rend pas au colorant dans l'alcool amylique sa couleur rouge primitive, mais un jaune tirant sur le brun. Avec l'ammoniaque, au contraire, la couleur rouge se présente de nouveau, immédiatement après avoir ajouté l'acide, pourvu qu'on ne laisse pas écouler beaucoup de temps pour faire cette addition acide, parce que la cholérythrine s'altère en liqueur alcaline. L'acide nitrique décolore la solution amylique en altérant la nature même du colorant: si on y ajoute peu après de l'ammoniaque, la couleur jaune de la solution nitrique tourne au jaune-marron très vif. Cette action de l'acide nitrique sur la cholérythrine, à laquelle elle ne fait pas perdre *ses caractères de solubilité* en lui donnant la couleur jaune, est un fait notable et caractéristique. Voici quelques réactions différentielles avec l'hématine et la bilirubine.

La carcoma ou le cholérythrogène se dissout à chaud dans l'acide nitrique étendu: si on y ajoute de l'ammoniaque, le liquide tourne au jaune vif, avec reflets marron, et le colorant passe de l'alcool amylique à l'eau ammoniacale.

L'hématine pulvérisée reste insoluble dans un mélange d'alcool et d'acide nitrique; elle se dissout à la chaleur en donnant un liquide de couleur brun-rouge; l'addition de l'ammoniaque éclaircit la couleur du liquide en le rendant plus jaune; il apparait un dépôt très menu de couleur brun-verdâtre.

La *bilirubine*, suspendue dans le mélange d'acide nitrique et d'alcool, se dissout à chaud, passant du vert au bleu, ensuite au rouge, et enfin, au bout de quelque temps, au jaune rougeâtre. Si on y ajoute de l'ammoniaque, la couleur jaune s'éclaicit et perd sa teinte rouge.

Dans la transformation occasionnée par l'acide nitrique, la cholérythrine, quand l'attaque est très énergique, prend une couleur jaune clair, si faible qu'on pense plutôt qu'il s'agit d'une décoloration, et la solution perd *la raie caractéristique* au spectroscope : la cholérythrine présente en solution amylalcoolique, une bande d'absorption qui, commençant au milieu des raies D et E, prend fin à la raie E, qu'elle dépasse légèrement.

Comme la cholérythrine arrive mêlée à l'urobiline dans la carcoma fécale, ou mieux, ses deux chromogènes, les liquides de l'épuisement acido-alcoolique de cette carcoma, présentent au spectroscope deux bandes d'absorption, celle de la cholérythrine pure, déjà mentionnée, et celle de l'urobiline ; de telle façon que le spectre total des susdites solutions est très semblable à celui de l'uroérythrine, avec laquelle cependant il est impossible de la confondre. L'uroérythrine est une substance amorphe, de couleur rose; ses solutions concentrées sont de couleur orangé rougeâtre, l'acide sulfurique concentré les colore en rouge carmin et les alcalis la font passer au vert par l'intermédiaire du pourpre et du bleu, phénomène que ne produit pas l'am-moniaque. De plus elle est un peu soluble dans le chloroforme, et *indissociable* dans deux substances. L'uroroséine, découverte par N e n c k i et S i e b e r dans les urines pathologiques de la zone tempérée, se rapproche beaucoup plus de la cholérythrine que l'uroérythrine. De même que la cholérythrine, elle est soluble dans l'alcool amylique et insoluble dans le chloroforme, et présente une raie entre D et E. Les alcalis la décolorent, et les acides minéraux lui rendent sa couleur rouge. Les différences entre les deux substances, uroroséine et cholérythrine, sont cependant très notables. L'uroroséine peut s'obtenir de son chromogène au moyen de l'acide nitrique, tandis que la cholérythrine ne s'en obtient pas; et, le cas échéant, elle est profondément modifiée dans ses propriétés. La position des raies spectroscopiques est quelque peu différente, et les alcalis fixes et concentrés qui décolorent les solutions d'uroroséine, en retournant au rouge par les acides minéraux, détruisent d'une façon permanente les solutions de cholérythrine, de telle sorte que la raie spectroscopique disparait, et l'addition subséquente des acides minéraux, ne fait d'aucune manière reparaître la couleur. L'ammoniaque et les bicarbonates alcalins à faible concentration lui donnent une couleur verte, en passant par le violet et le bleu pour revenir au rouge par l'addition des acides muriatique ou sulfurique, et jamais par l'acide nitrique. L'uroroséine n'offre aucun rapport comparable à ce dernier cas. Ces ressemblances furent les motifs qui me poussèrent, il y a déjà un certain nombre d'années, à donner dans le laboratoire le nom d'uroroséine-α au colorant, quelquefois observé dans nos urines tropicales, qu'on obtient par l'acide muriatique, qui passe à l'alcool amylique en gardant sa couleur rouge, et tourne au vert par l'addition d'ammoniaque.

La susdite uroroséine - α a été récemment décrite par J. B. A s-c a n i o   R o d r í g u e z   dans sa thèse de Doctorat, et comparée par lui aux changements de couleur qu'offrent quelques matières colorantes rouges d'origine végétale au contact de l'ammoniaque. (1).

Le nom d'uroroséine - α doit, par conséquent, se changer en celui de cholérythrine, puisqu'il s'agit d'une même substance.

La composition chimique de la carcoma fécale est la suivante:

Matière organique .... 89,4 %
Chaux (CaO) .... 6,2 "
Acides phosphorique, carbonique et fer .... 4,4 "

La matière organique est constituée par:

Urobilinogène .... 27,8 %
Cholérythrogène .... 51,3 "
Stroma organique .... 10,3 "

———

Origine et mode de production de la carcoma fécale.

Avant de traiter de l'origine et du mode de production de la carcoma fécale, il est bon de rappeler les idées plus ou moins générales qu'on a aujourd'hui sur la bilirubine et ses transformations.

———

(1) J. B. Ascanio Rodríguez. Nuevas Orientaciones químico-patológicas en el estudio de la diábetes sacarina. Caracas, 1910. Pags. 44 — 46.

La bilirubine est une matière biliaire fortement colorante, qui provient de la désassimilation et de la destruction du noyau ferrugineux de l'hémoglobine par la cellule hépatique. C'est une substance excrétive et nuisible, destinée à l'élimination par la voie intestinale.

Dans les conditions extra - physiologiques où vit l'homme à cause du microbisme intestinal, cette substance se dégrade par hydrogénation, dans le gros intestin principalement; devient soluble en repassant au sang, et s'élimine en partie par l'urine, plus ou moins modifiée après ses transformations dans l'organisme. Une de ces substances de dégradation est l'hydrobilirubine ou urobiline. Ce produit hydrogéné et putréfactif de la bilirubine est toxique, nuisible aux tissus qu'il imbibe et passe à l'urine plus ou moins modifié. Il est en grande partie précipité par les sels de calcium, bien que ce ne soit pas d'une façon complète: l'hydrobilirubinate de calcium est en partie soluble, au contact d'acides plus au moins faibles. La proportion dans laquelle ce colorant reste insolubilisé dans la carcoma fécale a déjà été indiquée.

Quand les processus de réduction sont plus intenses, l'hydrobilirubine acquiert une plus grande proportion d'hydrogène et passe à l'état de leucohydrobilirubine ou urobilinogène incolore: ce dernier composant se transforme de nouveau par l'oxydation en hydrobilirubine ou urobiline. La bilirubine peut apparaître sans altération dans les fèces quand les processus putréfactifs manquent, ou quand la réduction est incomplète à cause du péristaltisme exagéré (diarrhées).

La birubiline est précipitée par les sels de calcium. Quand la chaux est très abondante dans l'alimentation, une grande partie des colorants biliaires reste insolubilisée. De cette façon, ces matières de déchet, vénéneuses, restent écartées de la circulation, par l'action antitoxique de la chaux. Chez l'adulte qui se trouve placé dans des conditions normales, toute la bilirubine se transforme en urobiline; mais cela ne veut pas dire qu'elle se trouve complètement insolubilisée par la chaux: une partie reste dissoute dans le liquide des fèces. Si on épuise la matière fécale, avec un mélange à parties égales d'eau, d'alcool et d'éther, le liquide jaunâtre qui se forme donne immédiatement une bande d'urobiline nettement marquée. La couleur jaune brunâtre et la bande elle-même disparaissent, si on persiste dans l'épuisement de la matière. Si, peu après, on ajoute de l'acide chlorhydrique au mélange précédent et on continue l'épuisement, le liquide se colore d'un brun jaunâtre très intense, et la bande d'urobiline devient très notable. Le dosage relatif d'urobiline et de chaux dans les deux liquides, démontre très bien que la plus grande partie de l'urobiline est précipitée par la chaux. Il est facile aussi de vérifier la présence de l'urobilinogène dans l'extrait des matières fécales au moyen de l'aldéhyde d'E h r l i c h. Dans l'extrait aqueux des fèces, il est facile de constater la présence du chlorérythrogène à l'état soluble. On ajoute de l'acide muriatique concentré; ou épuise plusieurs fois avec du chloroforme pour soustraire l'urobiline accusée par sa raie caractéristique, et on agite avec de l'alcool amylique, qui prend une couleur rouge très intense. On peut ici caractériser la cholérythrine par ses réactions spéciales qui ont été déjà décrites. Un papier à filtrer blanc, imbibé avec de l'extrait aqueux de fèces, constitue un réactif très simple du cholérythrogène: si on le laisse sécher, il prend, plus particulièrement sur les bords de la tache, une intense couleur rouge. Des transformations semblables à celles déjà décrites à propos de l'urobiline, s'observent dans l'intestin, en ce qui concerne le cholérythrogène. La chaux le précipite sous forme de carcoma fécale. La présence des acides végétaux facilite beaucoup la formation de la carcoma fécale. C'est pourquoi beaucoup de médecins ou d'étudiants ont observé l'augmentation de la carcoma fécale quand les malades ont fait usage de tel ou tel fruit. Il m'a été donné de provoquer par les moyens indiqués, ou encore mieux, avec des sels organiques de chaux, une hyperproduction de carcoma fécale; et dans beaucoup de cas, les résultats ont été des plus heureux.

Le cholérythrogène se produit en grande abondance chez quelques individus qui souffrent de troubles gastro-intestinaux à l'état chronique, et quand il n'est pas suffisamment retenu par l'action protectrice de la chaux, passe dans le sang et dans l'urine. Les urines de ces malades fraîchement émises et qui n'ont pas encore souffert d'altérations, sont dans la plupart des cas, de couleur jaune, avec de légers reflets orangés; mais aussitôt qu'elles deviennent alcalines par la fermentation ammoniacale, une épaisse couche de couleur brun rouge plus ou moins intense, dûe sans nul doute à l'oxydation, apparaît à la surface du liquide quand il est au repos, et gagne peu à peu toute la masse de l'urine. Quand le phénomène est intense, l'urine semble contenir du sang, et beaucoup de personnes qui ont visité le laboratoire, ont été de cette opinion. La cause de ce changement, si fréquent dans nos urines tropicales, est due à la transformation du cholérythrogène en matière colorante rouge, ou cholérythrine. Je ne lui donne pas le nom d'uroérythrine, pour ne pas la confondre avec la substance ainsi dénommée par les auteurs qui l'ont décrite. La fermentation ammoniacale et la présence de l'oxygène de l'air semblent nécessaires à la production du phénomène. Il convient d'observer que j'ai pu vérifier par investigation directe que la substance en question est bien le cholérythrogène. Celui-ci constitue un caractère différentiel de cette urine tropicale, qui n'est pas encore décrit par les auteurs de la zone tempérée, et qui laisse à supposer avant tout, comme il est naturel, une condition distincte du milieu physio-pathologique, dépendant lui même du milieu climatérique, parce que ce dernier régit les caractères de la flore et de la faune générales du pays, dont la flore et la faune intestinales ne sont qu'un cas particulier.

Il y a des urines très chargées de cholérythrogène d'origine intestinale ou entérogène. On peut affirmer, lorsque l'urine, après trois ou quatre jours de repos, change d'aspect, de la façon déjà décrite, avec une grande intensité, que le malade qui l'a émise souffre de troubles gastro-intestinaux très prononcés.

Chez ces malades, il existe une grande putréfaction intestinale réductrice; les selles, jaunâtres à leur sortie, deviennent brunes ou rouges très rapidement au contact de l'air, (1) et on peut provoquer chez eux une abondante production de carcoma fécale, suivie d'un soulagement notable dans les symptômes gastro-intestinaux et généraux. Dans ce cas, l'urine change, elle reste jaune, et n'offre aux réactifs que de très petites proportions de cholérythrogène. Cela prouve évidemment que

---

(1) Ce phénomène est semblable à celui qui se produit dans les régions tempérées, quand les matières fécales sont chargées d'urobilinogène, mais dans ce cas, le changement est brun, et l'action de la lumière l'emporte sur celle de l'air.

cette substance reste retenue en majeure partie dans l'intestin, sous forme de carcoma fécale.

––––––

Rôle du cholérythrogène dans la Pathologie tropicale.

Le cholérythrogène peut se déposer plus ou moins modifié, en combinaison avec les métaux alcalins, dans les cavités tuberculeuses.

Le docteur B. Perdomo Hurtado m'a envoyé, pour être analysé, un bronchiolithe expulsé par un tuberculeux dans une vomique pulmonaire. Le calcul, de la grosseur d'un haricot, de couleur jaunâtre et un peu friable, contenait le cholérythrogène.

Une investigation chimique approfondie me montra tout d'abord l'absence des substances qui communément forment les concrétions calculeuses: cystine, urates, cholestérine, phosphates alcalino-terreux, combinaisons calcaires de colorants biliaires ou acides gras supérieurs. Le calcul est presque dépourvu de chaux et de magnésie, et formé par une matière organique très soluble dans une lessive diluée de soude à laquelle, par l'agitation à l'air, il donne une coloration rouge passagère qui tourne ensuite au jaune. Cette réaction caractéristique ne correspond à aucune substance biochimique connue, si ce n'est au cholérythrogène. L'addition d'acide chlorhydrique ou acétique, provoque la formation d'un sédiment très menu qui s'accumule dans les parties supérieures du liquide. Cette vérification d'un calcul pulmonaire chez un tuberculeux, d'origine entérogène, est très intéressante.

Dans le chapitre spécialement consacré à la description des méthodes employées par moi pour vérifier le dépôt du cholérythrogène dans les tissus, je démontrerai que cette intéressante substance entérogène s'accumule sous forme de très fines granulations dans les tissus nobles des organes essentiels à la vie, dans les cas mortels de *fièvre jaune*.

Le cholérythrogène est une substance toxique, qui joue un rôle important dans la genèse de nombreux cas de troubles gastro-intestinaux, si fréquents et prédominants dans notre zone et sous notre climat.

Pour mieux établir ce rôle pathogénique que remplit le cholérythrogène dans nos formes si particulières en même temps que persistantes de catarrhes gastro-intestinaux, je ferai ressortir l'analogie chimico-pathologique, qui existe entre l'urobiline et la cholérythrine.

La bilirubine se transforme par la putréfaction intestinale en hydro-bilirubine ou urobiline. Cette urobiline se réabsorbe principalement après avoir expérimenté une hydrogénation intestinale plus avancée qui la convertit en urobilinogène et s'excrète par l'urine. Elle existe comme uro-bilinogène dans l'urine et dans les fèces, quand la réduction intestinale est très intense. Son excrétion s'accompagne, quand il s'agit de certaines formes d'urobiline ou quand elle existe en grande quantité, de manifestations pathologiques notables, principalement gastro-hépatiques et fébriles.

Bien que le schéma que je viens de tracer, représente parfaitement ma manière de voir, il faut remarquer, cependant, que quelques auteurs, de moins en moins nombreux, ne partagent pas cette manière unilatérale de penser, et sans nier l'origine intestinale de l'urobiline, que personne ne met en donte aujourd'hui, croient que l'urobiline peut se former dans l'intimité des tissus, et à cause aussi de certaines insuffisances hépatiques, aux dépens de la bilirubine. Cette supposition, soutenue principalement par l'école française ayant G i l b e r t en tête, a perdu cependant beaucoup de sa vraisemblance après les recherches minutieuses d ' H i l-d e b r a n d t (1).

Je rapporterai plus loin, dans un chapitre spécial, la série de recherches qui m'ont permis de découvrir dans les bactéries intestinales une nouvelle fonction nommée Leucochromogenèse. Cette production de chromogènes différents, projette une très vive lumière sur la question si embrouillée aujourd'hui de l'origine des urobilines et des autres colorants urinaires. Elle constitue au moins une méthode d'investigation, destinée à nous donner des connaissances très utiles sur l'origine des différents chromogènes urinaires.

Des phénomènes très semblables à ceux décrits sur le rôle pathogénique de l'urobiline, sont ceux qui correspondent à la cholérythrine.

---

(1) W. Hildebrandt. Studien über Urobilinurie und Icterus. Ein Beitrag zur normalen und pathologischen Physiologie der Leber, Zeitcher. f. Klin. Medizin. Bd. 59. S. 351. 1906.

Sous l'influence de notre flore intestinale intense et inconnue, il se forme un hydrobilinogène spécial: un chromogène particulier, qui ne tourne pas à l'état d'hydrobilirubine, par oxydation, mais qui se change en une matière rouge pourpre, la cholérythrine n'ayant rien de commun avec l'urobiline, si ce n'est le fait de s'y associer pour la production de la carcoma fécale. Ce chromogène se produit quelquefois très abondamment, n'est pas suffisamment retenu dans l'intestin, et passe dans le sang et dans l'urine, après avoir produit de nombreux symptômes gastro-intestinaux et généraux.

De ce qui précède, on peut déduire que la production de la carcoma fécale est un phénomène de défense organique contre l'invasion dans l'organisme tropical de produits nuisibles et toxiques qui sont élaborés par la putréfaction intestinale aux dépens des matières biliaires.

Quand on prend la peine de réunir toute la carcoma fécale d'une garde-robe, d'en extraire ensuite l'urobiline et la cholérythrine, et de les placer dans des capsules de porcelaine délayées dans les dissolvants qui leur sont appropriés, l'une de très forte couleur jaune brun, et l'autre de couleur pourpre très intense, on reste émerveillé d'en observer l'abondance et le rôle protecteur très remarquable que remplit la chaux dans la carcoma fécale, pour délivrer l'organisme tropical de cette énorme proportion de matières biliaires altérées qui tend continuellement à l'envahir.

Les calculs suivants donneront une idée plus rapprochée de la vérité en ce qui touche le rôle protecteur que remplit la carcoma fécale. La proportion d'hydrobilirubine contenue dans les fèces des adultes souffre de grandes variations. M ü l l e r trouve que dans la zone tempérée sa proportion est plus ou moins la même pour l'alimentation au lait que pour une alimentation riche en albumine, soit 83 - 89 milligrammes par 24 heures. D. G e r h a r d t observe que la relation entre les matières colorantes excrétées dans les fèces et dans l'urine, chez une même personne, n'est presque jamais constante; et que pour avoir une idée approximative de ces excrétions, elles doivent être appréciées ensemble. L a d a g e calcule à 200 milligrammes la dose normale d'hydrobilirubine dans les fèces et dans l'urine. Si on admet comme terme moyen la proportion de 2 grammes de carcoma fécale en 24 heures,— cette dose a été trouvée en recueillant la carcoma fécale pendant 15 jours consécutifs chez un même sujet, et en la divisant par 15,— il résulte 556 milligrammes pour l'hydrobilirubine et 1.026 milligrammes pour le cholérythrogène.

Ces chiffres, bien que paraissant énormes au premier abord, ont cependant une grande probabilité de certitude. D'accord avec L a w s o n, cité par C. W. P u r d y, (1) l'excrétion de pigments urinaires est beaucoup plus considérable sous les tropiques que dans les climats tempérés. Si on admet comme unité normale le chiffre de 4,8 chez l'adulte ordinaire des climats tempérés, l'auteur cité plus haut trouve qu'elle monte sous les tropiques à 12 ou 14. Sa proportion est encore plus grande dans les cas pathologiques. Dans la pneumonie on a observé une augmentation jusqu'à 16 et même 20, dans le rhumatisme aigu de 30 à 32 dans l'acmé de la maladie, dans la fièvre typhoïde de 80 à 100, et chez un homme qui avait absorbé des vapeurs d'hydrogène arsénieux de 600 à 800.

Les organismes soumis à cette classe de réabsorption, quand ils ne peuvent se protéger, souffrent de troubles gastro-intestinaux et généraux, dont nous ne pouvons faire ici la description détaillée et qui du reste sont bien connus des médecins qui exercent parmi nous: presque tous se rapportent à la *dyspepsie intestinale fermentative*. La production de la carcoma fécale provoquée chez ces malades, laquelle s'obtient en énorme quantité, m'a permis dans beaucoup de cas d'obtenir de grands soulagements dans les affections auxquelles j'ai fait allusion; et dans certaines occasions, assez nombreuses du reste, j'ai pu obtenir la guérison, en soumettant les malades à un régime spécial d'alimentation: diète exclusive de lait et de fruits, conjointement avec de l'acide salicylique et des sels organiques de chaux. Leur teint s'améliore d'une façon notable: ils augmentent de poids, l'appétit devient plus normal, les forces renaissent, et, chose extraordinaire, les urines prennent une couleur d'un jaune plus clair sans produire, par la permanence, le changement chromogénique caractéristique mentionné précédemment.

---

(1) C. W. Purdy. Practical uranalysis and urinary diagnosis. Philadelphia. 1903. Pag. 46.

Je ne puis terminer ce paragraphe sur le rôle du cholérythrogène dans la pathologie tropicale sans appeler l'attention sur la couleur jaune spéciale, *couleur tropicale*, qu'offrent les malades en proie à cette intoxication chronique entérogène. La couleur de la peau n'est pas exactement le jaune de l'ictère simple: elle, la couleur jaune, a une teinte terreuse, brunâtre et, dans beaucoup d'occasions, quand l'affection est très prononcée, rougeâtre et même d'un rouge tirant sur le violet.

Il est bien possible que dans ces cas cette intense coloration ne soit pas occasionnée par le dépôt de la bilirubine dans les tissus. Dans l'urine de ces malades j'ai toujours reconnu, d'une part, une forte proportion d'urobilinogène et de cholérithrogène, et de l'autre l'absence de bilirubine ou tout au plus des traces de cette matière colorante biliaire. S'il est vrai que dans l'ictère simple on peut ne pas trouver de bilirubine dans l'urine, à cause de la faible dose dans laquelle cette substance est mélangée au sang et de sa grande rétention par les tissus à l'état colloïdal, comme on l'admet aujourd'hui, il est tout aussi vrai qu'au contraire, dans les ictères bien prononcées, l' urobiline manque, presque sans exception, ou se trouve en proportion très faible, pour reparaître dans l'urine dans les cas d'ictère faible et en forte proportion quand l'intensité de l'ictère va en diminuant. Cette divergence ou proportionnalité inverse de ces colorants dans l'urine, provient, ainsi que l'admettent les auteurs, qu'à la fin d'une ictère très prononcée avec absence d'urobiline dans l'urine, le retour de la perméabilité des voies biliaires permet l'entrée en grande quantité dans l'intestin, et cela dans un temps relativement court, de la bile retenue, où elle souffre la fermentation putréfactive qui donne naissance à l'urobiline. La présence constante de l'urobiline en grande quantité, dans les cas auxquels je me réfère, contredit jusqu'à *un certain point la rétention biliaire* et la réabsorption de la bilirubine. Pour vérifier la présence de l'urobiline dans l'urine des malades, comme il se peut qu'elle apparaisse plus ou moins modifiée, j'emploie le procédé suivant: je précipite l'urine au moyen de quelques gouttes d'une solution aqueuse saturée de bichlorure de mercure, je filtre et j'ajoute un tiers de son volume d'acide chlorhydrique concentré; après quelque temps de repos, pendant lequel l'urine a tourné au rouge ou brun, j'agite avec le chloroforme. Ce dissolvant prend parfois une forte couleur jaune brun et montre clairement la raie caractéristique de l'urobiline. Dans ce qui reste du liquide se trouve la cholérythrine plus ou moins modifiée, et, pour vérifier sa présence, il faut avoir recours à un procédé spécial que je décrirai plus loin. Il est encore impossible d'admettre que cette ictère tropicale soit due à l'urobiline, qui existe en grande quantité dans l'urine et dans le sang, car on sait très bien qu'aujourd'hui on n'admet pas l'urobiline comme ayant la capacité suffisante pour colorer les tissus vivants, à cause de sa *grande diffusibilité* (1). La disparition de cette teinte ictérique tropicale et le retour à la peau de sa couleur normale, de même que la disparition du cholérythrogène dans l'urine, quand les malades soumis à une diète spéciale retiennent et immobilisent ce colorant dans leurs intestins, constitue une preuve décisive que le cholérythrogène est la cause de l'ictère tropicale.

(9)   A. Oswald.   Lehrbuch der chemischen Pathologie. 1907. Pag. 139.

Chapitre II

Carcoma anormale.

La carcoma fécale ne présente pas toujours à l'analyse une composition invariable. D'après ce que j'ai pu constater, la proportion de ses constituants peut varier dans des limites assez étendues; mais ce qu'il importe de faire ressortir ici, en raison de sa grande transcendance biologique, c'est que la composition qualitative de la carcoma fécale peut varier dans certaines conditions inconnues, mais qui sans aucun doute sont étroitement liées à des mutations bactériologiques de la flore intestinale. Ceci peut se présenter à certains moments, même chez une personne qui jusqu'alors avait constamment une carcoma fécale de composition normale: pendant cette période de changement les symptômes paraissent varier quelque peu. Alors, pendant plusieurs jours de suite, les propriétés chimiques des chromogènes se modifient, même lorsque l'apparence physique, l'aspect et le mode d'extraction de la carcoma fécale n'ont pas varié. La différence n'est révélée que par l'investigation chimique.

Il a déjà été établi précédemment que la carcoma fécale proprement dite ou normale se comporte à l'attaque de la lessive de soude d'une façon caractéristique. Les granules paraissent se gonfler par hydratation, le liquide brunit jusqu'à devenir presque noir et il apparait sur les bords de l'éprouvette et autour des granules mêmes une vive couleur rouge pourpre, due à l'oxydation spontanée, à l'air, du chromogène. Ce remarquable phénomène de la chromogenèse de la couleur pourpre ne s'observe pas dans la carcoma anormale quand on l'attaque à chaud par la lessive de soude: la lessive dissout en partie les granules et le liquide prend simplement une couleur jaune brunâtre et ne présente aucune teinte rouge. Cette seule constatation suffit pour établir le caractère anormal de la carcoma fécale, puisque la cholérythrine n'y existe pas, tout au moins la cholérythrine vraie avec les caractères chimiques qu'on lui a attribués.

La carcoma anormale préalablement triturée et traitée par un mélange d'eau, d'acide chlorhydrique et d'alcool se dissout en grande partie et donne un liquide brun jaunâtre avec de très légers reflets rosés sur les bords. Elle ne demande pas, de loin, une attaque aussi prolongée que la carcoma normale. L'alcool ne doit être expulsé qu'en petite proportion parce que le liquide donne un précipité brun terreux soluble dans l'alcool. L'examen direct de ce liquide révèle la bande *b-F*. Si on en alcalinise une partie avec de la soude, il apparait un précipité abondant de couleur jaune brunâtre, semblable à celui de l'hydrate de peroxyde de fer, mais qui n'a rien de commun avec ce dernier. On ajoute au liquide acide 3 ou 4 fois son volume d'eau distillée et on agite à plusieurs reprises avec du chloroforme (15 cc. pour 100 de liquide). Le chloroforme dissout un colorant rose-orangé, le liquide principal devient jaune opalin et il se forme à la couche de séparation un précipité brun-terreux. Ceci provient de ce que l'alcool diminue considérablement dans le liquide par suite de la dilution et de l'agitation avec le chloroforme, le précipité étant soluble dans l'alcool: si, en effet, on prend une partie du liquide opalin contenant en suspension des fragments du précipité et qu'on y ajoute une quantité suffisante d'alcool, le liquide devient transparent et prend une teinte brun-jaunâtre. Ce phénomène est parfaitement semblable à celui qu'on observe avec la carcoma normale: le liquide devient opalin rosé et il apparait un précipité rouge à la surface de séparation des deux liquides; l'addition d'alcool rend le liquide transparent et lui donne une couleur rouge. Dans les deux cas, le précipité rouge, qui est la cholérythrine normale, et le précipité brun terreux, qui est la cholérythrine anormale, se comportent, quant à leur solubilité dans l'eau alcoolisée, de la même manière. On concentre les extraits chloroformiques contenant le colorant rose-orangé; ce colorant est formé de deux substances différentes et donne une forte raie b-F. Une de ces substances passe à la lessive de soude très diluée, donnant un liquide opalescent; l'agitation à l'air de ce liquide, surtout quand on y ajoute de l'ammoniaque, lui donne une couleur rose, non transparente, mais au contraire trouble, parce qu'elle est accompagnée d'un précipité très fin en suspension, provenant d'une matière organique insoluble dans la soude, comme nous l'avons dit au début. Au lieu de lessive de soude très diluée on peut employer l'eau ammoniacale; le colorant prend aussitôt une couleur rose très marquée. Si on rend le liquide acide il devient transparent et passe à l'alcool amylique en prenant une couleur rose-orangé. Il présente une belle fluorescence jaune, donne une forte raie b-F et passe au jaune en grande partie aux alcalis (moins l'ammoniaque). C'est la pseudo-urobiline-B, car c'est dans le bouillon de culture d'un microcoque appartenant à la colonie B que je l'ai trouvée la première fois. Ce phénomène d'oxydation d'une substance opalescente blanchâtre qui, en présence de l'ammoniaque et de l'air, passe au rose, est très remarquable et vraiment extraordinaire. Une autre partie du colorant, en moindre proportion, passe aussi à la lessive de soude plus concentrée, et de là à l'alcool amylique, quand on le rend acide par HCl. Elle donne une couleur jaune à l'alcool amylique et ne change pas de couleur au contact des acides ou des alcalis, c'est la pseudo-urobiline-γ. La séparation des deux pseudo-urobilines est parfois très difficile. Une des méthodes que j'ai employées et qui offre une particularité intéressante consiste à évaporer le chloroforme jusqu'à siccité: le fond jaune devient de suite et spontanément rougeâtre; il se dissout dans l'amylalcool; on l'agite sur de l'eau ammoniacale où on le laisse jusqu'au lendemain. Généralement l'eau devient rose et l'amylalcool reste jaune, insensible aux changements acides ou alcalins du milieu. L'autre méthode, plus sûre, employée pour séparer la pseudo - urobiline - γ, consiste à agiter le liquide alcoolique et acide qui a dissous la carcoma anormale avec de l'alcool amylique: cet alcool entraîne tous les colorants; on agite ensuite séparément avec de la lessive de soude de concentration moyenne (10%); pour finir, on lave avec de l'eau ammoniacale et la pseudo-probiline - γ de couleur jaune reste dissoute dans l'alcool amylique; les rendements en pseudo - urobiline - γ, par cette dernière méthode, sont très faibles. Je suis porté à considérer cette pseudo - urobiline - γ comme un produit stable de la transformation de la pseudo - urobiline - B, car il est possible, en oxydant cette dernière par l'acide nitrique, d'obtenir une matière qui paraît identique à la pseudo - urobiline - γ.　On ne peut pas dire si ce colorant est une urobiline ou non.　Quand il est pur, il ne présente pas de bande spectroscopique.　L'ammoniaque ne l'enlève pas à l'alcool amylique et il reste jaune.

Revenons au liquide principal hydro-alcoolique et acide de la carcoma anormale après en avoir séparé les pseudo-urobilines: il est opalin et contient un précipité brun-terreux.　L'amylalcool finit d'entraîner tout le colorant contenu dans ce liquide; l'amylalcool reste un peu laiteux et il est nécessaire d'y ajouter quelques gouttes d'alcool pour l'éclaircir.　Il ne présente qu'une raie très faible provenant d'une impureté de pseudo - urobiline; mais elle disparait dans la suite par les traitements qu'on lui fait subir.　Le colorant passe complètement à la lessive de soude avec une couleur *brun - jaunâtre clair; ce passage est rapide et complet,* pourvu que l'épuisement du liquide principal avec du chloroforme soit fait très soigneusement; sinon il reste toujours un peu de pseudo-urobiline - γ avec le colorant principal, et l'alcool amylique ne reste pas complètement incolore après l'agitation avec les alcalis; de même le passage est rapide et complet dans le cas contraire, c'est-à-dire de la lessive de soude à l'amylalcool quand on rend le liquide acide par HCl et il donne une couleur jaune brunâtre, sans présenter cette fois de bande d'urobiline.　Cette substance appelée *cholérythrine - a* se dissout aussi dans le chloroforme, dans l'alcool et très peu dans l'éther acétique.　Je crois que ce colorant est une cholérythrine de la même espèce que celle qu'on rencontre dans la carcoma normale. C'est une cholérythrine jaune orangé incomplète qui a perdu sa bande *D-E*.

On peut invoquer différentes raisons à l'appui de cette assimilation ou comparaison entre les deux cholérythrines et elles me paraissent très intéressantes à connaître, non seulement parce qu'elles projettent plus de clarté sur ce grand fait biologique des altérations climatériques des colorants biliaires par la flore et la faune intestinales, mais aussi parce qu'elles constituent une étude chimique préliminaire très appropriée pour apprécier plus clairement la fonction leucochromogénique des bactéries et la formation artificielle des chromogènes.

Ni les pseudo-urobilines ni la cholérythrine-α qui font partie constitutive de la carcoma anormale ne se trouvent telles dans ce sédiment intestinal: elles se sont transformées en chromogènes correspondants, c'est à dire en pseudo-urobilinogène et en cholérythrogène-α. Le pseudo-urobilinogène-B présente le phénomène remarquable de l'oxydation rosé de laquelle nous avons parlé antérieurement. Le cholérythrogène-α se dédouble aussi, bien que le phénomène soit moins remarquable que celui du pigment correspondant de la carcoma normale: car il existe en moindre proportion il est jaune-brunâtre, brunissant encore par la suite et ne rougit pas comme l'autre, et finalement parce qu'il est moins soluble dans les liquides aqueux. Les cholérythrines sont susceptibles de se modifier, tout en conservant leur caractère de solubilité et leur passage rapide et complet aux liquides alcalins par l'acide nitrique qui produit le même effet dans les deux cholérythrines, et par la lessive de soude et le HCl, presque simultanément employés, qui donnent la couleur rouge à la cholérythrine dans l'ammoniaque, et une couleur brune à la cholérythrine-α.

L'acide nitrique concentré a une action sur la carcoma anormale absolument comparable à celle qu'il exerce sur la normale. Cette attaque par l'acide nitrique de la carcoma, quelle que soit sa variété, constitue aussi un phénomène digne d'appeler l'attention par ses caractères singuliers: l'attaque est très facile et très rapide, les granules se désagrègent avec violence, dégagent des bulles gazeuses fines et abondantes, prennent une couleur jaune qui devient de plus en plus pâle au fur et à mesure que la réaction avance, et enfin l'éprouvette se remplit de vapeurs nitreuses qui ressemblent beaucoup à celles qui se forment lors de l'attaque de quelques composés minéraux métalliques par ce même acide. Lorsque la réaction a lieu en liqueur aqueuse et alors qu'elle n'est pas très avancée, le colorant passe à l'amylalcool avec une couleur jaune. Ici, deux choses peuvent se produire: si on traite cet amylalcool ainsi chargé de matière colorante, avec de la lessive ou de l'ammoniaque: si la cholérythrine modifiée est à l'état pur, elle passe avec la plus grande facilité au liquide alcalin et l'alcool amylique se décolore complètement; si la cholérythrine est accompagnée de l'urobiline, comme ce colorant ne passe pas à la lessive alcaline avec autant de facilité que la cholérythrine, l'alcool reste toujours teinté de jaune avec une nuance plus ou moins rougeâtre selon l'abondance et l'intégrité de l'urobiline. Pour finir de mentionner ces similitudes chimiques, il convient d'ajouter que lorsqu'il s'agit d'une urobiline, le passage au liquide alcalin est lent, et ce liquide prend une couleur jaune pâle légèrement verdâtre sans teinte brunâtre d'aucune sorte; que quand il s'agit de la cholérythrine inaltérée le passage est rapide et complet et le liquide jaune a une teinte marron ou brunâtre; et finalement, lorsqu'il s'agit de la pseudo-urobiline-γ le passage au liquide alcalin n'a pas lieu et l'amylalcool se colore en jaune vif. Si on rend acide le liquide alcalin, l'urobiline repasse à l'alcool avec sa bande tandis que la cholérythrine la perd définitivement.

L'insolubilité relative (1) dans le chloroforme, la facilité de perdre leur raie spectroscopique et la propriété de passer rapidement et complètement de l'amylalcool au liquide alcalin et de celui-ci à l'amylalcool, lorsque la réaction du milieu devient acide, sont les caractères spécifiques de la cholérythrine et des autres colorants de même espèce qui lui sont équivalents ou qui peuvent remplir son rôle chimico-physiologique. C'est sur ces caractères chimiques que je désire insister particulièrement maintenant, car ce sont eux surtout qui nous ont amené à adopter l'idée que la matière colorante brune que dissout l'amylalcool de la

---

(1) La cholérythrine vraie est complètement insoluble dans le chloroforme; la cholérythrine-a est légèrement soluble lorsqu'elle est sèche, et insoluble si elle est dissoute dans une liqueur acide (insolubilité relative).

carcoma anormale est une *race* ou une *variété* de cholérythrine. Si je me sers ici de l'expression race ou variété de cholérythrine, termes peu employés en chimie, c'est dans le but de faire allusion à l'origine microbienne qui préside à la formation de cette substance dans l'intestin. Il ne s'agit peut-être pas d'un changement complet dans les espèces microbiennes qui forment le chromogène de la cholérythrine, sinon d'une mutation de simples races microbiennes ou, peut-être, de la même espèce travaillant dans des conditions chimiques différentes.

Les cholérythrines conservent avec persistance le caractère de passer rapidement et complètement de l'alcool amylique au liquide alcalin, et vice-versa si on change la réaction, quelle que soit la nature chimique de la modification qui se produise, artificiellement ou naturellement, dans le colorant, et c'est celui qui a le plus de valeur pour se former une opinion dans la vérification d'une substance de cette nature, surtout si on tient compte de l'état peu avancé de nos connaissances en la matière. On peut modifier profondément les propriétés colorantes de la cholérythrine de la carcoma normale sans qu'elle perde le caractère de solubilité dont il est fait mention plus haut. Voici comment on procède: on attaque la carcoma normale avec la lessive de soude à l'ébullition, le liquide brunit et les granules semblent se gonfler tout en devenant plus transparents; la couleur rouge pourpre, provenant de l'oxydation du chromogène apparaît ensuite sur les bords de l'éprouvette et autour des granules mêmes. Alors sans attendre la fin de la réaction, on sursature avec de l'acide chlorydrique, on ajoute de l'alcool et on fait bouillir de nouveau pendant quelque temps. On ajoute suffisamment d'eau froide et on filtre. On agite plusieurs fois avec du chloroforme pour enlever l'urobiline et on reprend le reste du liquide au moyen d'une grosse couche d'alcool amylique; celui-ci devient *brun rougeâtre*. Cette substance qui correspond à la cholérythrine, ainsi modifiée par le traitement, présente des caractères remarquables. Si on met 2 ou 3 c.c. de cet alcool amylique dans deux petites éprouvettes, et qu'on y ajoute un égal volume, dans l'une, d'ammoniaque, et dans l'autre de lessive de soude, on observe que l'alcool amylique devient d'une couleur rouge sang intense, égale à celle du sulfocyanure ferrique, et passe rapidement à l'ammoniaque avec la même couleur tandis que l'amylalcool est décoloré; il arrive la même chose à la lessive de soude, mais l'amylalcool conserve une légère teinte rose qui disparaît par décantation au repos. Comme on le voit, la cholérythrine modifiée dans un sens par l'acide nitrique, ou dans l'autre, par l'action presque simultanée de la soude et de l'acide chlorydrique, conserve toujours le même caractère de solubilité. Il est très naturel de supposer que la cholérythrine de la carcoma anormale subit une modification inconnue au cours de sa formation naturelle dans l'intestin et qu'elle se présente alors à l'observation revêtue de propriétés de coloration et de propriétés spectroscopiques distinctes de celles de la cholérythrine vraie. Pour conclure, si on tient compte des circonstances suivantes: que le colorant de la carcoma anormale se présente associé à une variété d'urobiline formant partie d'une carcoma parfaitement semblable à la carcoma normale, par ses caractères physiques et ses conditions chimico-pathologiques; que le dédoublement de son chromogène est accompagné de phénomènes d'oxydation semblables; et finalement que cette substance garde invariablement ses caractères de solubilité, il est impossible de ne pas admettre que le colorant qui forme avec l'urobiline la carcoma anormale ne soit une cholérythrine.

J'ai pu constater très souvent la présence presque exclusive et en grande abondance, de ce colorant dans l'urine des malades. L'organisme tropical se trouve donc constamment imprégné de ce colorant entérogène duquel il subit les propriétés toxiques et pathogéniques. Il est impossible de déterminer quel rôle joue cette cholérythrine jaune dans la formation de la *couleur tropicale,* mais on peut affirmer d'avance qu'elle n'est pas étrangère à sa production (1).

---

(1) Dans ces derniers temps, afin de me procurer une grande quantité de carcoma fécale pour faire l'envoi d'échantillons à l'Etranger, j'ai eu l'occasion de laver des centaines de selles. Il m'a été ainsi donné d'observer que la présence de la carcoma anormale est un fait exceptionnel. Comme en même temps l'apparition dans les urines de la cholérythrine normale avec ses caractères classiques et sa bande spectroscopique, est peu fréquente, on doit par conséquent conclure que le colorant jaune plus ou moins rougeâtre des urines, qui passe facilement et complètement à l'ammoniaque avec la couleur brun jaunâtre clair caractéristique, sans présenter de bandes d'absorption, est bien la même cholérythrine normale, modifiée par son passage à travers l'organisme. Cette constatation fournit, en outre, une preuve décisive en faveur de l'identité des deux cholérythrines, et donne plus de valeur aux expériences de leucochromogenèse qui vont être décrites au chapitre suivant.

Chapitre III

Fonction leucochromogénique des bactéries intestinales.

Il y a longtemps que la formation de matières colorantes par les bactéries et divers autres micro-organismes, c'est-à-dire ce qu'on appelle *la fonction chromogénique des bactéries,* est bien connue de la science.

Le nombre des matières colorantes fabriquées par les microbes augmente de plus en plus et on en connaît de différents teintes. Ces matières ont été très peu étudiées au point de vue chimique. Les mieux étudiées jusqu'aujourd'hui sont les matières rouges et jaunes qui sont insolubles dans l'eau, mais solubles dans l'alcool, l'éther, le benzène et le chloroforme. K. B. L e h m a n n et R. O. N e u m a n n (1) dans leur traité de bactériologie les divisent en deux groupes. Les matières colorantes du groupe *carotine* sont jaunes, orangées ou roses; l'acide sulfurique concentré les rend vert bleuâtre et les lessives, orangées et même rouges. Ces pigments, qui sont certainement des mélanges de plusieurs matières colorantes, nous montrent, si nous les considérons isolément, de grandes variations dans leurs raies spectroscopiques et autres parti-

---

(1) K. B. Lehmann und R. O. Neumann. Atlas und Grundriss der Bakteriologie. Teil II. S. 64, München, 1912.

cularités chimiques. Ils sont étroitement liés avec les lipochromes bien connus du règne végétal et du règne animal (matières colorantes des graisses, du jaune d'œuf, etc.) et avec la carotine de la betterave jaune. Le second groupe est formé par les *prodigiosines;* on connait sous le nom de prodigiosines les magnifiques matières colorantes produites par le *Bacterium prodigiosum* et ses proches parents. Ces matières prennent une couleur brun jaunâtre dans l'éther et rouge grenat dans l'alcool; les alcalis les colorent en jaune, les acides en rouge violacé et l'acide sulfurique concentré en rouge brun. L'important pour nous est que ces matières ont été transformées par un mélange fortement réducteur en un leucoproduit (produit incolore) dont l'apparence spectroscopique est très caractéristique. On a observé aussi quelques matières colorantes fabriquées par les microbes: violettes, bleues, fluorescentes et noires. Une substance sur laquelle nous voulons appeler particulièrement l'attention du lecteur, à cause de sa ressemblance avec la cholérythrine est l'amylocyanine; les acides la colorent en rouge et les alcalis en vert. Cette substance est aussi liée à l'anthocyane des fleurs bleues et rouges.

Par cet aperçu rapide de la chimie des matières colorantes fabriquées par les microbes, on peut très facilement voir qu'on ne possède, à l'heure actuelle, que de très légères notions sur la fonction leucochromogénique que je me propose de traiter spécialement dans ce chapitre.

Par ce qui vient d'être exposé précédemment on voit que les bactéries peuvent fabriquer des matières colorantes semblables à la cholérythrine et à l'urobiline, avec leurs solubilités spéciales dans les dissolvants organiques, leurs divers changements de couleurs produits par les acides et les alcalis, et enfin leur transformation en un leucoproduit au moyen d'un mélange artificiel très hydrogénant ou très réducteur. Si beaucoup de ces bactéries ne donnent pas naissance à ce produit incolore dans leur bouillon de culture, c'est parce qu'elles ne peuvent pas développer cet intense pouvoir réducteur, ou, peut-être, parce qu'elles n'ont pas été spécialement recherchées. L'unique recherche qui ait été faite dans ce sens, dans un bouillon de culture microbien, est celle connue sous le nom de réaction du rouge-choléra. Celle-ci provient d'un corps lié au groupe de l'indol qui joue le rôle d'un chromogène incolore, et qui, par l'addition d'acide sulfurique seulement, et dans la plupart des cas par l'addition simultanée d'un nitrite, produit une coloration rouge intense. Nous devons faire remarquer ici que les réactions les plus nettes sont obtenues avec des bouillons de culture exempts de sucre et les plus vieux possible. C'est la seule fonction leucochromogénique décrite jusqu'aujourd'hui, et bien que de par sa nature elle s'éloigne notablement de la vraie fonction leucochromogénique que je vais décrire, il convient cependant de la mentionner, car on trouve fréquemment dans les urines un autre chromogène : l'indoxylsulfate de potasse qui lui est étroitement lié et, par l'addition d'un acide et d'une matière oxydante, donne une matière colorante bleue ou rouge.

Les bactéries fécales se trouvent dans d'excellentes conditions pour exercer la fonction leucochromogénique, car elles jouissent d'un fort pouvoir hydrogénant ou réducteur et elles renferment en outre des colorants biliaires qui leur servent de matières premières très appropriées pour former divers chromogènes (pas des matières colorantes mais des chromogènes incolores). C'est au cours de mes nombreuses recherches chimico-bactériologiques pour obtenir la formation artificielle de la carcoma fécale ou tout au moins du cholérytrogène, qu'il m'a été donné de découvrir cette fonction leucochromogénique des bactéries. Les matières premières qui m'ont servi pour obtenir une forte leucochromogenèse furent l'hématine, la birilubine, le glycocholate de soude et la bile elle-même.

La leucochromogenèse ne parait pas être une fonction exercée exclusivement par les bactéries fécales, puisque j'ai pu l'obtenir avec des micro-organismes différents de ces bactéries, ou tout au moins, pris dans l'ensemble d'autres liquides, par exemple de l'eau ordinaire non filtrée, bien que les bouillons de culture aient été spécialement préparés pour la fabrication des chromogènes. D'autre part, la fonction leucochromogénique elle-même ne semble pas dépendre exclusivement de la préexistence des matières premières employées par les bactéries pour la fabrication des chromogènes, puisque les bactéries fécales peuvent produire des chromogènes bien caractérisés sans que l'expérimentateur y ajoute volontairement ou intentionnellement des matières premières biliaires ou sanguines (matières premières pigmentaires).

Cultures des bactéries fécales en bouillon simple.

Le bouillon simple, qui m'a servi pour la culture des bactéries fécales, est composé d'extrait de viande Liebig, de peptone et de chlorure de sodium convenablement neutralisé et stérilisé. Nous n'avons ajouté à ce bouillon aucune matière première pigmentaire, c'est-à-dire aucune matière colorante biliaire ou sanguine.

Dans la grande majorité des cas le bouillon a été bouilli avant de l'ensemencer sous une épaisse couche de paraffine liquide, et ensemencé ensuite à froid, avec une émulsion aqueuse de microbes fécaux au moyen d'une pipette bactériologique stérilisée. Je me suis assuré du caractère anaérobique de la culture dans certaines occasions par d'autres méthodes plus efficaces; dans d'autres, j'ai opéré sans prendre aucune précaution pour exclure l'air et j'ai obtenu également des résultats positifs; mais la méthode indiquée est celle que j'ai employée le plus en raison de sa commodité et de la conservation des liquides de culture.

Pour donner lieu au dédoublement du chromogène et à la production de la matière colorante, nous avons employé l'acide chlorhydrique concentré dans la proportion de 25 pour 100 du volume du bouillon de culture, en prenant soin de ne pas chauffer le mélange, ou en ne le chauffant que très légèrement. Comme ce procédé pourrait éveiller quelque doute chez les biochimistes qui connaissent les difficultés et les dangers techniques en présence desquels l'expérimentateur peut se trouver au cours de ces sortes de recherches, il convient d'insister ici d'une façon toute particulière sur la contre - épreuve employée afin d'éviter une confusion quelconque avec la réaction connue sous le nom de réaction de Liebermann. Quand on fait bouillir les matières protéiques ou albuminiques avec de l'acide chlorhydrique fumant, il apparait une coloration violette ou bleue intense qui a été attribuée à la présence de groupes de carbohydrates, bien qu'à l'heure actuelle on n'ait pas fourni une preuve décisive de cette supposition. L'opinion la plus admise aujourd'hui sur la cause de cette coloration est qu'elle est occasionnée par la présence simultanée du tryptophane et des carbohydrates. Si cette explication était la vraie, cette chromogenèse protéolitique de l'acide chlorhydrique serait en tout cas bien différente de la leucochromogenèse qui fait l'objet de notre étude.

Pour cela et afin d'éviter toute erreur j'ai pris la précaution d'opérer avec de l'acide chlorydrique de même concentration sur le bouillon simple, stérilisé, exempt de toute bactérie. Dans cette contre - épreuve le liquide présente un changement de couleur à peine perceptible et les réactions correspondantes ne révèlent la présence d'aucune matière colorante.

La recherche du chromogène s'est effectuée à différentes époques après l'ensemencement fécal, mais nous obtenons en général les meilleurs résultats quand nous permettons aux bactéries d'exercer une action suffisamment prolongée. Si on ajoute à la culture 25 pour 100 en volume de HCl, le liquide, au bout de quelques heures, prend une teinte rosée *manifeste* mais notablement moins prononcée que dans le cas où on ajoute une matière première au bouillon simple. Malgré tout, le rendement en chromogène est plus abondant lorsqu'on attend quelques mois. Si on agite ce liquide chlorhydrique avec du chloroforme, ce dissolvant devient rose; un des caractères de cette *roséine*, (nom générique) dissoute dans le chloroforme, est de venir rose rougeâtre très facilement au contact des acides, et jaune verdâtre avec l'ammoniaque ou les autres alcalins. Cette sensibilité est telle qu'on pourrait parfaitement employer cette roséine comme indicateur, de la même manière qu'on emploie la phtaléine. Elle est soluble dans le chloroforme et en plus grande proportion dans l'amylalcool, de sorte que dans une liqueur acide le chloroforme ne la soustrait que très lentement au liquide. Quand le chloroforme ne peut plus l'enlever, l'alcool amylique termine l'opération avec la plus grande facilité de telle sorte que le bouillon pâlit, devient opalescent et légèrement ambré. Si on évapore avec précaution le chloroforme provenant des divers épuisements précédents et si on dissout la matière dans l'alcool amylique, afin qu'elle soit le plus concentrée possible, elle donne une raie *b-F* bien perceptible. Cette substance dissoute dans le chloroforme ou dans l'amylalcool passe avec une diffculté extrême à l'ammoniaque ou à la lessive de soude, même si on emploie ces liquides très concentrés, en grande quantité et à chaud.   Il est cependant possible de constater ce passage aux liquides alcalins: si on rend acide l'eau ammoniacale et qu'on reprend par le chloroforme, celui-ci prend une couleur rose manifeste.   Quand on essaie de dissoudre cette substance desséchée dans les liquides alcalins, on obtient plutôt une suspension qu'une vraie dissolution; dans ces conditions la substance perd, comme c'est naturel, sa raie spectroscopique; dissoute en solution très concentrée dans l'alcool amylique, où elle donne une raie *b-F* très visible; celle-ci disparait presque si on rend le liquide alcalin.   Si on dissout cette substance dans le chloroforme ou dans l'amylalcool et qu'on y ajoute quelques gouttes d'ammoniaque, elle présente comme nous l'avons dit, une coloration jaune verdâtre; il existe jusqu'à un certain point une légère fluorescense gris bleuâtre que l'addition des sels de zinc fait plutôt disparaître.   Cette réaction des sels de zinc sur la roséine, faite dans le but de comparer celle-ci à l'urobiline, est, comme on vient de le voir, un peu confuse, car la belle fluorescence de l'urobiline vraie avec les sels de zinc est obtenue en liqueur aqueuse ammoniacale, et nous avons vu que cette roséine est très peu soluble dans les liquides alcalins.   Cette roséine ne fournit pas non plus la réaction du biuret.   L'urobiline vraie a une solubilité inverse à celle de cette roséine puisqu'elle se dissout très bien dans les liqueurs alcalines aqueuses d'où elle est précipitée par les acides.

Toutes ces circonstances me font considérer cette roséine comme une urobiline non légitime, raison pour laquelle je l'appelle pseudo - urobiline-β du bouillon simple, pour la distinguer de la pseudo - urobiline-α de la carcoma anormale déjà décrite dans le chapitre précédent.

Il est certainement très intéressant de constater la naissance indéniable d'une urobiline, due aux bactéries putréfactives, non dérivée de la bilirubine, puisque dans ce cas on n'a pas ajouté intentionnellement cette matière première au bouillon de culture.   Cette formation d'une pseudo - urobiline par les bactéries fécales n'a rien de surprenant ni d'inadmissible.   Nous savons que K ü s t e r, au cours de ses recherches, a pu obtenir aussi bien de la bilirubine que de l'hématine ou de son proche dérivé: l'hématoporphyrine, les acides connus sous le nom d'acides hématiniques, corps dans lesquels entre le noyau pyrrol. Maintenant, parmi les pierres constructives des matières albuminiques on trouve des aminoacides qui contiennent le noyau pyrrolique et ceux qui peuvent donner naissance à ce noyau. Parmi les premiers se trouvent l'acide α-pyrrolidine-carbonique et l'acide oxypyrrolidine-carbonique, et parmi les derniers l'acide glutamique. Ce sont donc bien ces pierres constructives que les bactéries putréfactives ont pu employer pour fabriquer la pseudo-urobiline-β. Jusqu'ici le fait est clair et bien défini; après nous entrons dans les idées hypothétiques plus ou moins probables, mais qui ne doivent pas se confondre avec les faits, ni être admises comme des thèses démontrées si on tient compte de l'avancement positif de la science. Une foule de questions surgissent qui se rapprocheront de la solution à l'aide des nouvelles données acquises par l'expérience. Cette urobiline-β se produit-elle dans l'intestin vivant? Peut-elle réellement, dans ce cas, passer dans le sang et dans l'urine? Cette pseudo-urobiline apparait-elle inaltérée dans l'urine, ou perd-elle par son passage à travers l'organisme sa raie *b-F*, pour la regagner ensuite par certaines manipulations chimiques au cours de son extraction de l'urine? Quant à ceci, on sait, par exemple, que si on traite l'urochrome par l'aldéhyde ou par des moyens oxydants, on obtient une substance semblable à l'urobiline, de telle sorte que quelques auteurs considèrent l'urochrome comme un dérivé de l'urobiline.

Pour l'instant nous pouvons dire qu'il nous a été possible d'obtenir des fèces un micrococcus très abondant dans les colonies dérivées, qui s'est montré comme un microorganisme fortement leuco - chromogénique et qui fabrique cette pseudo - urobiline - β.

———

Culture de Bactéries en bouillons composés.

On peut ajouter au bouillon simple la bilirubine ou l'hématine isolées pures, ou aussi la bile elle-même.

J'ai effectué l'addition des pigments que je viens de nommer en les dissolvant préalablement dans la lessive de soude très diluée, employant

ensuite cette lessive pour neutraliser le bouillon simple. J'ai fait l'addition de la bile de la manière habituelle et ordinairement employée en
bactériologie; son emploi est moins avantageux, parce que c'est une
substance de composition complexe, et en outre, parce qu'elle parait
gêner le développement des bactéries fécales. Le bouillon devient
jaune avec une légère teinte brunâtre semblable au brandy et assez
transparent. Les microbes fécaux se développent violemment et il se
produit un léger dégagement de gaz durant les deux premiers jours; le
liquide perd beaucoup de sa couleur jaune vif, il devient blanchâtre et
jaunâtre. Dans beaucoup de cas, j'ai fait les cultures anaérobiquement,
mais d'autres fois il m'a semblé que cette précaution n'était pas nécessaire. La couche de paraffine liquide sur la culture convient très bien
parce qu'elle permet de conserver les bouillons pendant de longs mois
sans qu'ils se dessèchent. La durée des cultures a varié entre deux et
trois jours et un mois, et même plusieurs mois. Si on ensemence un
bouillon contenant de la birilubine, avec les microbes fécaux d'une personne qui souffre de carcoma fécale, on observe, en ajoutant de l'acide
chlorhydrique, que le liquide prend une forte couleur brun rougeâtre,
semblable à celle que prennent les urines de ces mêmes personnes
quand on les chauffe légèrement avec ledit acide, ou mieux encore quand
on les laisse reposer jusqu'au lendemain. Le chloroforme enlève à ce
bouillon de culture deux sortes de colorants: l'urobiline vraie, bien caractérisée, de couleur jaune brunâtre et qui passe à l'ammoniaque, où
elle donne une belle fluorescence, avec les sels de zinc (1); et une
rose qui ne passe pas à l'ammoniaque mais qui, à son contact, donne facilement une couleur jaune verdâtre qui tourne au rose rouge avec
HCl. C'est la même pseudo-urobiline-β du bouillon simple. L'alcool
amylique finit d'enlever au liquide les matières colorantes qui y sont
dissoutes: il se colore en jaune orangé et contient également deux roséines
(nom générique) : une qui passe abondamment à l'ammoniaque avec une
couleur jaune, repasse à l'alcool amylique avec une couleur jaune orangé,
sans bande d'absorption et qui abandonne complètement l'alcool amyli-

---

(1) Dans d'autres essais, je n'ai pu mettre en évidence l'urobiline vraie, ce qui me porte à
croire qu'il y a ici une erreur d'observation.

que si on ajoute de nouveau de l'ammoniaque. Je considère cette roséine comme étant une cholérythrine, quoiqu'elle ne soit pas bien caractérisée, pour des raisons que nous allons bientôt exposer. L'autre roséine entraînée par l'alcool amylique est la pseudo-urobiline-β du bouillon simple,
puisqu'elle reste dissoute dans le chloroforme avec une couleur rose rouge, jaunit avec une teinte verdâtre au contact de l'ammoniaque et présente
une bande *b-F.*

Au sujet des expériences suivantes, on doit faire quelques observations préalables. Quand les chromogènes sont dédoublés par HCl et une
goutte de perchlorure de fer, ils donnent des matières colorantes plus
concentrées et plus pures très voisines de la cholérythrine de la carcoma
normale. L'addition de citrate de chaux paraît contribuer au bon résultat
obtenu. Dans quelques éprouvettes (de 100 cc.) il s'est formé un dépôt
obscur qui a précipité une matière que je considère comme presque
identique à la cholérythrine.

*Bouillon avec Hématine. Ensemencement avec des bactéries féca-
les.*—Après dix jours de l'ensemencement sous une couche de paraffine
liquide et une addition de chaux organique, l'addition d'acide muriatique avec du perchlorure de fer développe une forte couleur orangée avec
nuance violette. Le chloroforme dissout la pseudo-urobiline-a et
la pseudo-urobiline-β du bouillon simple, l'alcool amylique dissout un colorant orangé avec teinte brune et rose; l'agitation avec l'ammoniaque
est très intéressante, lui enlève complètement la teinte rose, et la couleur
devient plus intense, orangée, l'ammoniaque restant incolore; l'épuisement fait avec soin par l' ammoniaque enlève à l'alcool amylique la pseu-
do-urobiline-β, cette dernière étant obtenue de l'eau ammoniacale par
le chloroforme en liqueur acide avec la disparition correspondante de
la raie b-F dans l'alcool amylique.

Ici apparait un nouveau colorant fabriqué par les bactéries aux dépens de l'hématine; soluble dans l' alcool amylique avec couleur orangée il ne change pas de couleur au contact de l'ammoniaque ni passe à
cet alcalin, et en outre, n'offre pas de raies d'absorption au spectroscope.
J'observe simplement que ce colorant, soluble en jaune orangé, dans
l'amylalcool, insensible aux changements du milieu et qui présente une

faible raie b-F, est très semblable à la pseudo-urobiline-γ de la carcoma anormale.

Bouillon avec Bilirubine. — On sème avec des microbes fécaux, dans les mêmes conditions que le précédent, et on le traite avec HCl. Le chloroforme dissout la pseudo-urobiline-α et la pseudo-urobiline-β du bouillon simple. L'alcool amylique prend une couleur jaune orangé avec une nuance rose. Bien nettoyé de ses impuretés colorantes (pseudo-urobilines) il ne présente pas de raie d'absorption, passe rapidement à l'ammoniaque, mais l'alcool amylique conserve toujours une légère teinte rose clair. Cette faible coloration rose de l'alcool amylique dans les conditions mentionnées ne parait être autre chose que la pseudo-indirubine. Ces caractères correspondent aux cholérythrines, spécialement à la cholérythrine-α de la carcoma anormale. La cholérythrine légitime de la carcoma normale n' apparaît pas. Il convient d'observer ici que le même bouillon avec bilirubine après six jours d' ensemencement, donne à l'alcool amylique une cholérythrine dans laquelle la teinte rosée se prononce davantage, mais il n'offre pas non plus la bande D-E de la cholérythrine légitime, ni les changements de couleur : violet, bleu et vert qui sont propres à ce colorant. Dans ces mêmes éprouvettes, surtout dans celle qui contient l'hématine, il se produit lentement un précipité obscur qui augmente à mesure que la culture progresse. Ce précipité est certainement un produit de la putréfaction du bouillon composé et non un précipité chimique ; on sait, en effet, que dans les solutions alcalines d'hématine, l'addition des sels de chaux ou de baryte produit des flocons rouge brun et que même les précipités comme celui du phosphate de chaux, entraînent l'hématine. Le précipité provenant de la grande éprouvette de culture dissous dans l'acide chlorhydrique dilué, chauffé légèrement et filtré, donne une matière colorante très intense et très pure, si on le traite convenablement. La matière colorante dissoute dans l'amylalcool présente une couleur rouge violacé et passe au bleu clair avec l'ammoniaque. Cependant, cette matière ne passe pas au *brun jaunâtre clair* à l'ammoniaque et ne doit pas par conséquent être considérée comme une cholérythrine. A titre de comparaison on a fait l'expérience suivante : on suspend l' hématine dans l'acide chlorhydrique, on porte à l'ébullition et après l'addition d.' eau, presque toute la matière passe au chloroforme avec couleur rouge brun clair ; il s'agit donc bien, dans le cas mentionné ci-dessus, de la précipitation par les sels de chaux d'un chromogène qui présente les caractères remarquables déjà décrits.

Ce sont les essais effectués. Au point de vue chimique les conclusions ne sont pas aussi favorables qu'on pouvait le désirer. J'ai effectué des centaines d'essais mais je ne suis pas parvenu à atteindre des résultats supérieurs à ceux déjà indiqués, car il s'agit de phénomènes très complexes de fermentation putréfactive et aujourd'hui la question de la flore intestinale, au lieu de gagner en clarté, devient chaque jour, après les derniers travaux bactériologiques, plus étendue et plus confuse. Le colibacille qu'on regardait autrefois comme l'hôte le plus important de l'intestin n'est aujourd'hui qu'un détail insignifiant ; C o h e n- d y a démontré en effet, que si on explore la flore intestinale en employant des moyens appropriés, le colibacille ne représente qu'une bactérie entre 200 isolées. L'étude des anaérobies, par contre, a pris un grand développement ; ces microbes représentent le 77% des espèces ensemencées. Un des éléments qui détermine une très grande variation dans le résultat bactériologique est la nature des moyens employés comme liquide de culture. Ainsi par exemple l'addition d' une décoction de foie à la gelose nutritive, fait apparaître des espèces nouvelles qui auparavant avaient passé inaperçues. La voie expérimentale reste désormais ouverte et il est à désirer que de nombreux investigateurs, plus heureux, obtiennent des récoltes plus abondantes et lumineuses pour la science et pour la pratique.

Il est intéressant, avant de terminer ce paragraphe, de faire la relation des expériences effectuées avec le glycocholate de soude. Le liquide de culture est composé de bouillon simple, jus de canne à sucre et acide glicocholique neutralisé par la soude, additionné de citrate de chaux en poudre, et stérilisé. On le fait bouillir un quart d'heure environ sous une couche épaisse de paraffine liquide ; on laisse refroidir et finalement on sème avec une pipette bactériologique. L'action se prolongea depuis le 29 Décembre jusqu'au 5 Janvier. Il se dégagea du gaz en abondance, il n'y eut pas de mauvaise odeur, (par l'addition simultanée du sucre), et le liquide est resté de couleur jaune clair. L'addition de HCl au 25%, après qu'on a enlevé la paraffine liquide et après un chauffage léger, a déterminé la production d'une intense couleur bleue qui s'est étendue de la partie supérieure à l'inférieure et qui ensuite a disparu rapidement, le bouillon restant de couleur jaune sans teinte rose. Le chloroforme dissout une matière colorante jaune assez intense; si on agite le chloroforme avec de l'eau ammoniacale, le colorant passe à cette dernière avec couleur orangée, l'acide nitrique donnant finalement au liquide une couleur rosée. Cette matière qui passe au chloroforme avec couleur rose, rappelle un peu la pseudo-urobiline-β du bouillon simple, et comme celle-ci prend une couleur jaune verdâtre au contact de l'ammoniaque. Il y a cependant une grande différence, c'est que cette roséine dérivée par l'action de l'acide nitrique sur la matière jaune de l'eau ammoniacale, passe facilement à cette dernière, est soluble dans l'amylalcool et ne présente pas de bande d'absorption. Pour abréger, nous dirons que l'alcool amylique achève d'enlever au bouillon sa couleur jaune ou xanthéine, que ce colorant se comporte aux réactifs indiqués d'une façon indentique à la précédente et qu'elle semble être par conséquent égale à celle-ci. L'intérêt que cette expérience présente, malgré les défauts d'observation chimique qu'elle peut avoir, est la production irréfutable d'un chromogène dérivé du glycocholate de soude.

Si l'on neutralise et qu'on rende du bouillon simple légèrement alcalin avec une solution de calculs biliaires de bœuf dans une lessive de soude très diluée, on obtient un liquide jaune qui prend peu après la couleur verte. On fait l'ensemencement avec des microbes fécaux sous une couche de paraffine liquide et on met à l'étuve après y avoir ajouté une pincée de citrate de chaux en poudre fine et stérilisée. Au bout de huit jours, l'apparence du liquide a changé complétement: le bouillon devient jaune et trouble et le précipité de citrate de chaux prend une couleur brun noir. Il ne s'agit pas ici d'une transformation purement chimique. Le précipité dissous dans l' acide chlorydrique dilué et chauffé légèrement donne un liquide vert dont la matière colorante n'est pas la biliverdine. Ce colorant de nouvelle formation, insolubilisé par le citrate de chaux, est insoluble dans le chloroforme; il est soluble dans l'alcool amylique avec couleur verte, passant à l'ammoniaque avec couleur jaune. Le passage inverse peut s'opérer. Le liquide de culture traité par l'acide chlorhydrique ne contient d'autre colorant que la pseudo - urobiline-β du bouillon simple. Cette expérience présente le double intérêt .de mettre en évidence le pouvoir précipitant très énergique des sels organiques de chaux et la formation d'un nouveau chromogène produit aux dépens des calculs biliaires. On pourrait dire aussi que ce chromogène parait exister dans quelques urines pathologiques.

Cultures en bouillon composé des bactéries isolées.

Je n'ai pas la prétention d'entreprendre l' analyse bactériologique des matières fécales sous ce climat et zone; c'est une investigation de grande transcendance qu'on pourrait bien recommander aux bactériologistes de profession ayant le temps et les facilités suffisantes. Ce que j'ai fait a été simplement l'isolement des micro-organismes vivants, de culture facile, qui existent en abondance dans les excréments, spécialement des personnes qui souffrent de carcoma fécale. Ces micro-organismes sont bien ceux qui ont effectué dans les bouillons simples et composés les changements leucochromogéniques déjà mentionnés. Cette manière de procéder tient à ce que le but principal de ces investigations est de démontrer que les bactéries fécales donnent naissance à ces chromogènes et que ces corps existent positivement dans les matières fécales, d'où, par résorption, ils passent au sang et à l'urine. Plus tard on fera ressortir l'importance de ces investigations pour éclaircir l'origine des urobilines et d'autres chromogènes des urines.

Dans les diverses occasions où j'ai fait l'ensemencement des microbes fécaux sur gélatine préparée avec du bouillon bilirubiné dans des plaques de Pétri, soit aérobiquement, soit avec l'exclusion soigneuse de l' air, la colonie qui se produit le plus abondamment et avec la plus grande facilité est celle que j'appelle la *colonie* B. Ces colonies ont l'apparence de gouttes de stéarine très petites, légèrement aplaties quand elles sont rapprochées de la surface, et, vues par transparence, de couleur brunâtre ; elles apparaissent comme si elles étaient formées d'anneaux concentriques plus obscurs ; ses bords, vus avec un grossissement de 60 diamètres, sont lisses et de texture granuleuse peu prononcée. Si on en fait l'ensemencement sur gélatine, elles se développent avec une grande violence à la température ordinaire (24° a 25° C) s'étendant à une partie de la surface en 24 heures. Elles troublent le bouillon au bout de 24 heures et sont composées d'un micrococcus qui ne prend pas le Gram.

Ce microbe est doué d'un pouvoir leucochromogénique très intense et se développe très bien dans le bouillon avec bilirubine ensemencé anaérobiquement sous une forte couche de paraffine liquide. Dans quelques essais l'action a duré 25 jours. On y ajoute un 25% de HCl, on le chauffe légèrement et l'on attend pendant quelques heures. Le liquide devient rose jaunâtre avec des reflets violacés. On agite plusieurs fois avec du chloroforme jusqu'à ce que ce dissolvant devienne incolore. Le chloroforme concentré par évaporation, la matière qui en est dissoute apparaît avec une couleur rose orangé. Il est formé de deux colorants : la pseudo-urobiline-β du bouillon simple et d'un autre très intéressant qui lui aussi nous est connu. Ce colorant s'obtient du chloroforme par le traitement avec l'eau ammoniacale ; le colorant au commencement paraît légèrement verdâtre, mais à l'agitation à l'air il prend une couleur rose rougeâtre. La production de ce colorant est abondante puisqu'il faut épuiser jusqu'à trois fois de suite le chloroforme avec l'eau ammoniacale. Quand on acidule avec HCl l'eau ammoniacale, cette couleur rose ne disparait pas. Elle ne passe pas de nouveau au chloroforme en liqueur acide. Elle passe avec la couleur rose à l'alcool amylique où elle présente la raie b-F ; l'eau d'abord rosée reste incolore. Dans l' alcool amylique ce colorant devient jaune au contact de l'ammoniaque, et ensuite rose rougeâtre avec fluorescence jaune au contact de HCl. Par tous ces caractères, cette roséine paraît être identique à la dénommée pseudo-urobiline-B de la carcoma anormale. La liqueur principale ou bouillon reste colorée et l'alcool amylique prend une couleur brun rose. Elle contient deux substances : une qui passe à l'ammoniaque avec couleur brun jaunâtre clair ; elle repasse par acidu-

lation chlorhydrique à l'amylalcool auquel elle donne la couleur jaune
orangé, ne présentant de bandes d'aucune espèce. Elle est identique
à la cholérythrine-α de la carcoma anormale. L'autre substance qui reste
dans l'alcool amylique rougit au contact de HCl, et présente une bande
b-F; elle est identique à la pseudo-urobiline-β du bouillon simple. Je
n'ai pu constater la formation de l'urobiline légitime dans ce bouillon de
culture.

Ce *Micrococcus leucochromogenes* de notre zone, si abondant dans les
matières fécales, promet d'être très intéressant pour la pathologie tropicale. Son action leucochromogénique paraît se réaliser dans les matières
fécales et y produire des substances toxiques qui imprègnent constamment l'organisme. L'extrait aqueux et légèrement *alcoolique* des fèces, *re-*
pris par le chloroforme, donne de l'urobiline à l'eau ammoniacale tiède; ce
colorant y passe, et si l'on continue le lavage à l'eau pure et qu'on l'agite,
l'eau prend une teinte rose; cette couleur passe à l'alcool amylique avec
teinte rose et présente la raie b-F. Cette roséine, par tous ces caractères,
parait identique à la pseudo-urobiline-B de la carcoma anormale.

Toutes ces circonstances font extrêmement probable que le *Micro-*
coccus leucochromogenes soit le principal agent de la fabrication de la
carcoma anormale.

Tous les microbes fécaux n'ont pas ce pouvoir leucochromogénique.
A côté des nombreuses colonies du Micrococcus leucochromogenes, en
apparaissent d'autres très rares, avec la même apparence, mais de couleur
rose. L'ensemencement en stries sur gélatine produit la couleur rose,
de sorte que la culture a la même apparence que la Sarcine rose de
S c h r ö t e r. Elles sont formées par un micrococcus qui pullule abondamment dans le bouillon avec de la bilirubine, et malgré cela ne présente aux réactifs aucune matière leucochromogénique.

J'ai eu l'occasion de semer un bouillon avec bilirubine, en y introduisant une larve d'une eau où pullulaient des *Stegomias*, déjà
infectée par la présence de détritus végétaux. Au bout de trois jours il
dégagea une odeur putride pareille à celle que produisent les bactéries
fécales. Ce bouillon présente au microscope de gros bacilles qui se colorent fort bien avec le Ziel-Neelsen, et d'autres plus ténus, plus décolo-

rés et excessivement longs.   Traité convenablement, il donne au chloroforme une pseudo-urobiline et la pseudo-indirubine en abondance.   Cette
dernière substance a été constatée en outre de sa couleur, par sa décoloration par la lessive de soude et la glucose et sa recoloration par l'agitation à l'air.   L'amylalcool dissout en outre un colorant brun rouge qui est
aussi une pseudo-urobiline.

L'urine d'un malade souffrant d'une cystite chronique qui s'étendait
jusqu'aux pelvis rénaux, fut aussi ensemencée dans le bouillon avec la
bilirubine.   Peu de jours après il se dégagea une odeur putride différente de la précédente, sentant quelque peu le moisi.   Le même procédé
ne donne rien à l'alcool amylique ni au chloroforme.   Dans cet essai,
la leucochromogenèse ne s'est point montrée et dans le précédent la pseudo-urobiline est apparue en même temps qu'un colorant très intéressant
qu'on trouve aussi dans les urines: *la pseudo-indirubine.*

Récemment G i l b e r t   et   H e r s c h e r (1) ont attribué la formation de l'hydro-bilirubine dans l'intestin, non à l'activité des micro-organismes qui s'y trouvent, mais à une enzyme ou ferment " de la classe
des catalases."   Ils appuient cette manière de penser sur l'expérience
suivante: les cultures des bactéries fécales sont dans l'incapacité de transformer la bilirubine en urobiline tandis que cette transformation peut
être faite avec l'extrait de la membrane muqueuse intestinale.   Sans nier
l'existence des enzymes réductrices ou réductases dans les extraits d'organes, nous pouvons affirmer qu'il nous a été possible d'obtenir maintes
fois non seulement l'urobiline mais l'urobilinogène.   D'ailleurs cette
transformation a été obtenue même en Europe par F r . M ü l l e r , le
premier qui l'ait effectuée au moyen d'une *culture anaérobique* des bactéries fécales dans une solution de peptone en excluant l'air au moyen de
l'hydrogène, et depuis par différents investigateurs A d . S c h m i d t ,
B e c k , E s s e r (2).   On sait qu'il y a des bactéries qui ne peuvent pas
effectuer cette hydrogénation de la bilirubine; peut-être que les bactéries

---

(1) Soc. de biolog. 1908. Ref. Arch. f. Verdauungskr. 1908. Pag. 565. Je n'ai pas vu la
communication originale de Gilbert et Herscher.

(2) Friedrich Müller, Siebzigster Jahres-Bericht d. Schlesischen Geseilsch. f. vaterl. Cui-
tur. 1892. Medic. Abtheilung 1. — Ad Schimidt, Verhandlung des 13 Congresses f. innere Med.
1895. P. 320. A. Beck, Wiener. klin. Wochenschr. 1895. P. 617. — Esser, Dissert. Bonn 1896.

employées par G i l b e r t et H e r s c h e r ont accidentellement appartenu à cette classe; ou que ces expérimentateurs n'ont pas effectué une rigoureuse culture anaérobique. En tout cas, comme sous ce climat cette dernière précaution n'est pas indispensable, on a le droit de conclure que les bactéries tropicales ont un pouvoir réducteur considérable.

Chapitre IV

Chromogènes urinaires et fécaux.

On a déjà vu que les bactéries des matières fécales ont la propriété de former des chromogènes quand elles pullulent dans les bouillons de culture, auxquels ont été ajoutés à l'instar de matières premières, des colorants biliaires ou hématiques. Il a aussi été établi que beaucoup de ces chromogènes sont semblables à ceux insolubilisés par la chaux dans l'intestin, sous forme de carcoma normiale ou anormale. Ce chapitre sera surtout consacré à la recherche de ces mêmes chromogènes existant dans l'extrait aqueux des fèces et de l'urine.

Le tableau ci-après renferme la liste des chromogènes constatés soit dans les carcomas, soit dans les bouillons bactériens, soit dans les urines ou dans l'extrait aqueux des fèces, et en outre les réactions caractéristiques des matières colorantes qui en dérivent.

Chromogènes.	Matières colorantes dérivées.
Pseudo-urobilinogène - α	La pseudo - urobiline-α de la carcoma normale est soluble en rose jaunâtre dans l'alcool amylique et donne la raie b - F; jaunit facilement au contact des alcalis fixes auxquels elle passe en petite proportion. Fluorescence verdâtre. L'ammoniaque lui donne une couleur rose rougeâtre.

Chromogènes.   **Matières colorantes dérivées.**

Cholérythrogène normal

La cholérythrine normale ne passe pas au chloroforme en liqueur acide; elle présente la raie D-E; elle la perd en passant aux lessives avec une couleur brun jaunâtre clair; elle ne la reprend pas en passant à l'amylalcool en liqueur acide, avec teinte jaune orangé. Elle est rouge pourpre et l'addition soigneusement faite de l'ammoniaque ou de carbonates alcalins la font tourner au bleu, au vert, et enfin au brun jaunâtre; c'est une substance altérable.

Pseudo-urobilinogène-β

Sa présence a été constatée, jusqu'à présent, dans les bouillons de culture et dans les fèces. Elle est soluble dans l'alcool amylique et dans le chloroforme. Elle prend une couleur rose rougeâtre au contact des acides et jaune verdâtre au contact des lessives. Elle donne la raie b-F; elle passe difficilement aux lessives et à l'ammoniaque, où elle reste plutôt suspendue que dissoute.

Pseudo-urobilinogène-B

Elle passe du chloroforme à la lessive de soude diluée donnant un liquide opalescent blanchâtre ; elle devient rose par l'addition d'ammoniaque et l'agitation; si on ajoute de l'acide, elle passe à l'alcool amylique avec une couleur rose par transparence et une belle fluorescence jaune à la lumière indirecte. Elle donne la raie b - F, elle passe faiblement, et opalescente, de l'alcool amylique à l'eau ammoniacale.

Pseudo-urobilinogène-γ

Elle passe du chloroforme à la lessive de soude très concentrée donnant un liquide jaunâtre et de celle-ci, par les acides, à l'alcool amylique avec couleur jaune. Etant bien purifiée, elle ne présente pas la bande b-F. L' ammoniaque ou les acides ne l'enlèvent pas à l'amylalcool qui demeure toujours jaune.

Chromogènes. **Matières colorantes dérivées.**

Cholérythrogène-α
> Est d'une couleur brun jaunâtre. Ne présentant pas de bandes d'absorption, elle passe complètement de l'amylalcool à la lessive avec une teinte brun jaunâtre clair, et inversement, après l'acidification.

Pseudo-indirubinogène
> La pseudo-indirubine se trouve dans l'extrait aqueux des fèces, dans l'urine et dans quelques bouillons de culture. Elle est soluble dans le chloroforme, l'éther acétique, l'alcool, le benzène et l'amylalcool. La solution dans l'eau alcoolisée se décolore avec la soude et la glucose pour reprendre sa couleur rosée par l'agitation à l'air. Elle obscurcit la région verte du spectre. Elle demeure rosée dans l'alcool amylique quand la cholérythrine l'abandonne pour passer à la lessive.

Dans l'urine de la grande majorité des habitants de ces régions, principalement chez les personnes qui souffrent de troubles gastro-intestinaux, il m'a été possible de constater l'existence de presque toutes les matières colorantes déjà nommées, se présentant dissimulées dans ce liquide sous forme de chromogènes.

Pour les mettre en évidence il faut dissocier ces chromogènes, ce qui se fait ordinairement au moyen de l'acide chlorhydrique ajouté à l'urine dans la proportion de 25 à 50% de son volume.

Parfois l'addition de quelques oxydants peut être utile, pourvu qu'ils ne soient pas très énergiques, parce qu'ils dégradent la cholérythrine normale en lui faisant perdre sa couleur et sa raie spectroscopique.

Pouvoir xanthogénique de la soude.

Avant de décrire minutieusement la méthode générale que j'emploie afin d'obtenir la dissociation, au moyen des acides, des chromogènes urinaires, qui avec de légères variantes est celle généralement employée pour mettre en évidence les colorants indoliques et autres pigments de la zone tempérée, tels que l'uroérythrine et l'uroroséine qui apparaissent aussi comme des chromogènes, mais non dans nos régions, je désire surtout appeler l'attention sur une autre méthode de dissociation ou dégradation des chromogènes urinaires, particulièrement du cholérythrogène de cette zone, et qui est destinée à acquérir une grande importance clinique, car elle se prête très bien pour déterminer le degré de réabsorption intestinale des chromogènes, particulièrement dans les fièvres. Par ce moyen d'investigation quantitative, on trouve dans les urines des différences notables, surtout chez les malades qui souffrent de pyrexies d'origine intestinale, dont il en donne le degré d'intoxication fécale.

La méthode consiste à déterminer colorimétriquement la couleur jaune de l'urine; puis à y ajouter une égale quantité de soude normale, filtrer sans altération de volume, et ensuite mesurer à l' aide du colorimètre le degré de teinte jaune que l'urine ainsi modifiée peut acquérir. Pour déterminer la couleur jaune de l'urine je n'ai pas fait la comparaison de cette couleur avec une solution de *echtgelb* ainsi que le conseillent certains auteurs. Il en résulte que la mesure est beaucoup plus exacte en interposant entre l'urine et l'observateur une solution de bleu de méthylène. On fait la comparaison avec une solution verte type: ainsi on fait abstraction des reflets orangés ou brunâtres de l'urine qui gênent beaucoup. Je me sers d'un petit colorimètre d'immersion (*Eintauchcolorimeter*).

L'appareil est pourvu d'un tube central de verre fermé à sa partie inférieure par une lame de verre. Les mouvements d'élévation et de descente sur le récipient dans lequel on a placé l'urine sont appréciés au moyen d'une échelle graduée en millimètres et dixièmes de millimètres. On met dans le tube intérieur I c.c. de la solution suivante:

    Bleu de méthylène (de la maison Becker et Franck)

        au 1 pour 10.000 dans l'eau distillée . . . . 10 c.c.

    Parties égales d'eau et d'alcool à 98° . . . . .90 c.c.

    La hauteur de cette solution dans le tube central

    mesure . . . . 7,5mm.

La solution du vert type de comparaison placée dans un petit cube de 15 millimètres d'épaisseur se compose de:

Acide picrique au 1 pour 1.000 .... 10 c.c.

Bleu de méthylène au 1 pour 10.000 ....10 c.c.

Eau et alcool ....80 c.c.

Le pouvoir colorant et la teinte de cette solution correspondent à une solution de biliverdine au I pour 1.000, qui était celle dont on se servait tout d'abord, mais qu'on fut obligé d'abandonner à cause de son altération rapide. Chez les individus à peu près sains (au point de vue intoxication fécale il n'existe pas de personne qui soit complètement saine) l'urine développe plus ou moins le double de son pouvoir colorimétrique par l'action de la soude normale.

Chez les personnes qui souffrent de troubles gastro-intestinaux et dont les urines sont chargées de cholérythrogène, ce qui est une preuve évidente que leur organisme offre de la résistance puisqu'il peut l'éliminer facilement, l'urine développe plus du double de son pouvoir colorimétrique. .

Pour en donner une idée je citerai les exemples suivants :

Urine non diluée chez l'individu sain ....15,7mm.

Urine diluée dans son volume d'eau ....31,3mm.

Urine diluée dans son volume de soude..........16,2.

Urine non diluée chez l'individu malade .... 8,9mm.

Urine diluée dans son volume d'eau ....18.0.

Urine diluée dans son volume de soude .... 7,5.

Dans un cas très grave, avec atrophie hépatique, suivi de mort 5 jours après l'examen de l'urine :

Urine non diluée .... 4,1 mm.

Urine diluée dans son volume d'eau ....8,2mm.

Urine diluée dans son volume de soude..........3,5.

L'urine avait une couleur rouge légèrement jaunâtre qui était dûe à la présence du cholérythrogène en partie dissocié; l'addition de la soude, faite avec soin, a donné directement une couleur verdâtre passagère.

Dans un cas de fièvre jaune on a observé les changements suivants:

Urine non diluée ....2,0mm.
Urine diluée dans son volume d'eau ....4,0mm.
Urine diluée dans son volume de soude ....3,5.

Dans ce cas, la quantité de colorant jaune a augmenté énormément, mais le développement par la soude a été peu prononcé. Cela provient de ce que l'urine contient une faible proportion relative de cholérythrogène, qui est le principal chromogène se transformant en jaune sous l'action de la soude; il se passe comme si cette substance produite toujours dans l'intestin, restait retenue dans l'organisme.

On peut observer que toutes ces matières prennent la couleur jaune avec la soude ainsi que le démontre le tableau qui réunit les propriétés des matières colorantes de l'urine.

Les cholérythrines existent dans l'urine sous forme de chromogènes, et ce sont ces corps qui produisent le changement le plus remarquable. Bien que les urobilines puissent se présenter comme chromogènes, elles existent presque toujours comme urobilines, et surtout dans la fièvre jaune, ainsi que le constate l'examen direct au spectroscope. Par conséquent on comprendra qu'une urine chargée de chromogène produira d'autant plus de substance jaune, que la proportion de chromogène qu'elle renferme est plus grande, et vice-versa. Dans l'urine d'une autre personne atteinte de la même maladie et qui a été durant deux ou trois jours presque anurique, puisque pendant ce temps elle émit un litre d'urine par petites portions, la quantité absolue de colorant jaune était si prononcée, que pour la déterminer il a fallu porter au double la proportion de bleu de méthylène du tube central du colorimètre, soit 2 c c. Cette urine était intensivement chargée de pseudo-urobiline, de telle sorte qu'elle donnait la raie b-F avec une parfaite netteté à l'examen direct au spectroscope, comme pourrait le faire l'extrait chlorhydro-alcoolique des fèces. Les chiffres colorimétriques de cette urine ont été:

Urine non diluée ....2,5mm.
Urine diluée au double avec de l'eau............5,0mm.
Urine diluée au double avec de la soude.........4,8mm.

L'examen chimique permet en effet de constater l'existence de grandes masses d'urobiline, et par contre de petites proportions de cholérythrine; il existait aussi des quantités minimes de bilirubine.

Les faits cités plus haut militent en faveur de l'explication déjà donnée, c'est-à-dire que le faible pouvoir que possède la soude de développer la couleur jaune, ou ce que l'on pourrait appeler le pouvoir xanthogénique de la soude, est dû à la faible quantité de cholérythrogène.

L'examen direct des fèces dans la fièvre jaune n'a pas prouvé la présence de la carcoma fécale, mais il existe une très grande quantité de cholérythrogène soluble. Dans d'autres pyrexies dont la nature n'est pas semblable à celles de la fièvre jaune, la quantité absolue de colorant jaune augmente et le pouvoir xanthogénique de la soude devient plus intense, de telle sorte que l'urine développe beaucoup plus du double de sa quantité normale de colorant jaune. Dans d'autres fièvres, le pouvoir xanthogénique de la soude devient nul, et cela provient de ce que l'urine contient d'autres chromogènes, comme par exemple, le pseudo-indirubinogène. Quelle que soit l'explication qu'on donne au sujet du pouvoir xanthogénique de la soude sur l'urine, il est indéniable qu'une urine chargée de cholérythrogène, traitée par la soude, développe une intense couleur jaune; si l'urine est pauvre en cholérythrogène, le pouvoir xanthogénique de la soude est presque nul.

A l'appui de cette idée, qui, comme on peut le voir, a une grande importance, puisqu'elle sert à déterminer la quantité de cholérythrine que peut contenir l'urine, et de cette mesure déduire la nature d'une fièvre, j'ai fait l'expérience suivante:

J'ai pris une urine très riche en cholérythrogène ainsi qu'en pseudo-indirubinogène. J'ai déterminé le pouvoir xanthogénique de la soude en y ajoutant son volume de soude normale; ensuite je défèque cette urine avec un dixième de son volume d'une solution aqueuse saturée de bichlorure de mercure, et, après l'avoir filtrée, j'y ajoute, calculés, les neuf dixièmes qui lui manquaient pour compléter le double de son volume primitif de soude normale. Après nouvelle filtration, le liquide résultant d'un jaune clair pur sans les nuances orangées si communes dans nos urines put être soumis à l'examen colorimétrique. Il se produit d'abord un précipité abondant gélatineux jaunâtre après y avoir ajouté le bichlorure de mercure; et ensuite un autre de couleur foncée après l'addition de la soude, peut-être parce que l'hydrate d'oxyde de mercure est réduit en partie. A l'investigation chimique, les deux précipités présentent, quand on les dissout dans l'eau chlorohydrique, une forte proportion de cholérythrine et presque aucune pseudo-indirubine, de sorte que le liquide final déjà déféqué et dilué avec la soude, qui passe au colorimètre, offre une constitution contraire; il est riche en pseudo-indirubine et très pauvre en cholérythrine. Il faut remarquer que la petite quantité d'urobiline contenue dans l'urine n'est pas entraînée par la défécation. Les chiffres trouvés sont:

> Urine non diluée ....25,0mm.
> Urine diluée avec son volume d'eau 50,3
> Urine diluée avec son volume de soude..........22,5
> Urine déféquée et diluée avec de la soude........55,2

Avec le sous-acétate de plomb on obtient plus facilement le même effet, mais la pseudo-urobiline est aussi entrainée. Voir le chapitre " Analyse chimique physiologique et pathologique."

Le pouvoir xanthogénique de la soude a été, après cette énergique défécation, non seulement nul, mais d'indication contraire, ce qui se comprendra aisément si l'on songe que l'urine a perdu une petite partie de son propre colorant jaune ou urochrome. Je considère que cette expérience répétée plusieurs fois avec les mêmes résultats, constitue une preuve décisive en faveur de l'explication donnée antérieurement, que le pouvoir xanthogénique de la soude repose presque entièrement dans son action sur le cholérythrogène. Je ne veux pas abandonner ce sujet sans recommander aux médecins qui exercent dans les régions tropicales de l'Atlantique, cette méthode de recherche colorimétrique. Il serait très intéressant de vérifier de quelle manière se comporterait l'urine de la zone tempérée dans ce genre de recherche colorimétrique. Si nous voulons être prudents, ainsi que le conseille le sain jugement des expérimentateurs qui n'osent juger à l'avance sur des faits vérifiables, nous n'en dirons rien, car jusqu'à présent nous n'avons pas reconnu dans nos urines la présence de certaines matières colorantes remplissant dans la zone tempérée un rôle semblable aux cholérythrines tropicales, comme le sont l'uroroséine et l'uroérythrine. On sait que la première donne avec la soude des sels incolores, et la seconde des solutions de couleur verte; mais il pourrait fort bien arriver que cet alcali n'eut aucune action sur leurs chromogènes.

Au point de vue pratique, cette méthode colorimétrique est assez simple et très précise. La solution vert type indiquée constitue un terme de comparaison, doit être diluée avec de l'eau, et en plus ou moins grande quantité selon la concentration de la couleur de l'urine; mais la mesure de la quantité de colorant jaune contenue dans l'urine, n' est donnée que par la solution de bleu de méthylène.

Le bleu de méthylène employé provient de la maison *Becker & Franck,* et, dans la plupart des cas, la quantité de solution employée a été de 1 c.c.; quand l'urine est très pauvre, je mesure exactement un demi-centimètre cube et dans les cas de grande concentration pigmentaire, j'ai élevé la dose à 2 c.c. La comparaison directe avec le *echtgelb* me paraît très inexacte à cause des teintes orangées des urines, tandis qu'avec cette méthode, et un peu de pratique, les erreurs ne portent que sur des dixièmes de millimètres.

Analyse des colorants urinaires et fécaux.

Nous pouvons maintenant commencer l'étude du procédé général que j'ai employé pour dissocier et séparer les mêmes chromogènes de l'urine au moyen des acides. Avant de soumettre l'urine à l'hydrolyse acide, je préfère la déféquer avec quelques gouttes d'une solution aqueuse saturée de bichlorure de mercure, au lieu du sous-acétate de plomb, parce que cette substance, employée en minime proportion, n'enlève à l'urine qu'une quantité insignifiante de cholérythrine, ayant l'avantage de mettre en évidence l'urobiline. Dans quelques circonstances, j'ai ajouté l'acide sans déféquer préalablement l'urine, malgré les difficultés qui se sont présenées dans la séparation et la décantation des dissolvants. L'emploi de l'eau saturée de bichlorure de mercure, ou eau sublimée, comme on l'appelle au laboratoire par abréviation, rend les chromogènes des urobilines ou autres matières premières peu connues facilement accessibles au dédoublement par les acides. On peut vérifier cette action par comparaison dans le même échantillon d'urine. Si l'urine n'a pas été déféquée par l'eau sublimée, le chloroforme n'entraîne pas l'urobiline (ou pseudo-urobiline dans notre cas) et s'il apparait teinté en rouge, il le doit aux colorants pseudo-indoliques; le même échantillon d'urine déféquée par l'eau sublimée laisse dissoudre au chloroforme une quantité appréciable de pseudo-urobiline, s'il y en a dans l'urine. Cette pseudo-urobiline ainsi soustraite à l'urine ne passe pas postérieurement à l'alcool amylique et les cholérythrines apparaissent dans un plus grand état de pureté, ce qui est un fait. Même quand une urine précipite abondamment avec de l'eau sublimée, il ne faut l'employer qu'en minime proportion.

La marche générale à suivre dans l'examen des colorants urinaires est la suivante: on défèque 60 cc. d'urine avec 8 à 10 gouttes d'eau saturée de bichlorure de mercure; on filtre et on ajoute la moitié de son volume d'acide chlorhydrique concentré; on chauffe légèrement ou on attend quelques heures, ce qui est toujours préférable. Après que le liquide a rougi ou bruni suffisamment, on agite à plusieurs reprises avec le chloroforme (10 à 15cc. chaque fois). Ce chloroforme concentré par évaporation dissout en général les colorants indoliques et les pseudo-urobilines. Je ne conseille pas de laver le chloroforme avec de l'eau ammoniacale tiède pour redissoudre les urobilines et laisser les colorants indoliques dissous dans le chloroforme, parce que généralement les pseudo-urobilines passent avec une extrême difficulté à l'eau ammoniacale, tandis que la pseudo-indirubine passe à la lessive et à l'ammoniaque. Une méthode très exacte de séparation consiste à porter à siccité et traiter le résidu par la benzine. Ce dissolvant prend facilement la pseudo-indirubine et laisse indissoutes les pseudo-urobilines qui sont ensuite très bien entraînées par l'amylalcool, où l'on peut constater la raie b-F qui doit toujours apparaître, et tous ses autres caractères. A ce point de notre description, il convient d'appeler spécialement l'attention sur les circonstances inverses, qui, à l'égard de la zone tempérée, se présentent au biochimiste tropical. Là-bas, l'eau ammoniacale ou la lessive de soude seraient très appropriées à la dite séparation parce que les urobilines y sont solubles et l'indirubine insoluble, tandis qu'ici c'est tout le contraire qui se produit: je conseillerais de toujours en agiter une petite quantité avec de l'eau ammoniacale et quelques gouttes de lessive de soude pendant longtemps et laisser reposer pour la recherche de la pseudo-urobiline-B qui, dans ces circonstances, devient opalescente et rose. Quelque exacts et répétés que soient les épuisements par le chloroforme, ce dissolvant n'entraîne pas tous les colorants pseudo-indoliques, de telle sorte qu'une petite quantité passe postérieurement à l'amylalcool, et en agitant celui-ci avec la lessive de soude ou l'ammoniaque pour déterminer le passage de la cholérythrine au liquide alcalin, on peut observer que l'alcool amylique reste teint en rose. Dans ce cas, le colorant rose dissous est dû à une petite quantité de pseudo-indirubine prise directement par l'alcool amylique au liquide primitif. On peut établir par conséquent que dans la majeure partie des cas, quand un liquide convenablement traité par le chloroforme laisse dissoudre postérieurement ses cholérytrines dans l'alcool amylique, si en agitant celui-ci avec un liquide alcalin il apparait teint en rose, c'est que le liquide primitif contenait de la pseudo-indirubine. La seule confusion possible provient de la présence dans l'alcool amylique de la pseudo-urobiline-B. On reconnaît cette substance dans l'alcool amylique en ce qu'elle présente sa raie b-F; elle est de couleur rose avec fluorescence jaune et modifie quelque peu sa couleur par l'agitation avec les liquides alcalins auquels elle passe dans une très faible proportion.

Comme il s'agit ici d'un nouveau colorant, qui se trouve fréquemment dans l'urine tropicale, dans l'extrait aqueux des fèces, et aussi dans les bouillons de culture de quelques-unes de nos bactéries fécales et bactéries des eaux, et comme ce colorant offre en même temps une certaine ressemblance avec la pseudo-urobiline-B, il convient d'insister ici sur ses propriétés et son caractère. Chez les adultes dyspeptiques, dans l'alimentation desquels entre le lait, ainsi que chez les fièvreux à températures peu élevées et prolongées qui sont soumis surtout au régime lacté, l'urine présente toujours des quantités notables de pseudo-indirubine. Bien qu'il ne m'a pas été possible d'isoler le microbe qui produit son chromogène spécial dans l'intestin, je suis incliné à le considérer comme produit par la pullulation d'un bacille et non d'un micrococcus. On a déjà vu que dans les cultures où on le rencontre en abondance les bacilles pullulent, tandis que le *Micrococcus leucochromogenes* ne donne pas naissance à la moindre quantité de ce leucoproduit.

L'urine de laquelle je me suis servi pour caractériser la pseudo-indirubine contenait de fortes proportions de ce colorant et était en outre extrêmement pauvre en cholérythrine anormale; en dehors d'un peu de pseudo-urobilines, il n'y avait d'autre matière colorante que l'indigotine. L'agitation sucessive par le chloroforme et l'alcool amylique laissait le liquide urinaire presque complètement incolore. Le chloroforme dissout la pseudo-urobiline, la pseudo-indirubine et en même temps que celle-ci le bleu indigo; je n'ai pas recherché la nature de cette substance qui après un examen superficiel m'a paru être l'indigotine. L'amylalcool ne prend qu'une très petite quantité de cholérythrine, la pseudo-indirubine et les pseudo-urobilines. Bien que l'urine soit constituée par ces matières colorantes, elle a une couleur jaune assez prononcée et une légère teinte orangée. Si on défèque cette urine avec de l'eau sublimée, que l'on y ajoute de l'acide chlorhydrique, et si avant que cet acide produise la dissociation du chromogène de la pseudo-indirubine et que l'urine devienne rouge, on agite avec l'amylalcool, celui-ci prend une couleur jaune orangé assez clair, montrant à l'investigation spectroscopique les raies de l'urobiline; agité avec l'ammoniaque cet alcalin prend à peine une légère teinte jaunâtre provenant de la cholérythrine. Presque toute la couleur jaune de l'alcool amylique reste dissoute sans passer à l'ammoniaque. L'examen colorimétrique de cette urine est très intéressant, car la soude n'y développe presque aucun pouvoir xanthogénique.

Les chiffres donnés par cet examen sont:

```
Urine diluée ............................... 7,5 mm.
Urine diluée avec de l'eau au double ...........15,0 mm.
Urine diluée avec de la soude au double.........14,7 mm.
```

Pour isoler cette substance, on défèque fortement un grand volume d'urine avec de l'eau sublimée et ensuite avec un peu de soude, pour séparer les autres colorants déjà nommés, le liquide restant peu coloré parce que le précipité n'entraîne pas le chromogène de la pseudo-indirubine. On acidule fortement avec l'acide chlorhydrique et on laisse reposer, après quoi le liquide prend une couleur rouge intense. On traite avec le chloroforme jusqu'à ce que ce dissolvant soit incolore, on le porte à siccité par évaporation et l'on dissout le résidu dans l'éther; ce dissolvant prend la pseudo-indirubine et laisse la majeure partie du bleu indigo dans le résidu. On répète de nouveau l'opération avec l'éther et enfin avec la benzine. Celle-ci laisse un résidu formé en majeure partie de pseudo-urobilines solubles dans l'alcool amylique avec couleur orange. Finalement, un nouveau traitement avec le tétrachlorure de carbone dissout la matière colorante à l'état pur, qui cristallise en aiguilles rouge rubis par évaporation. La pseudo-indirubine est soluble dans le chloroforme, l'éther et l'éther acétique avec couleur rouge rubis; dans l'amylalcool, l'éther de pétrole, la benzine et l'alcool éthylique donnant une coloration rose et non rouge. Elle ne peut être sublimée, et étant chauffée n'émet pas de vapeurs colorées. Sa solution dans l'alcool éthylique obscurcit la région verte du spectre, plus fortement vers l'orangé. Sa solution amylique peut être agitée avec les acides ou les alcalis sans que pour cela sa couleur rose se modifie. Sa solution alcoolique chauffée avec un peu de glucose et de lessive de soude, se décolore pour se recolorer par l' agitation à l'air. En dernier lieu, ce pigment urinaire peut être profondément modifié par l'action de l'acide nitrique étendu de son volume d'eau distillée; chauffée légèrement, la pseudo-indirubine étendue prend une couleur jaune, étant entraînée avec cette couleur par l'amylalcool. La solution, d'une belle couleur jaune picrique, ne présente pas de bandes d'absorption, et, agitée avec l'ammoniaque, prend une couleur jaune d'or vif, avec une légère teinte orangée, une grande partie restant dissoute dans l'amylalcool et passant clairement ailleurs à l'ammoniaque avec la même couleur.

Cette dernière propriété de la pseudo-indirubine est semblable à celle produite par le même acide étendu sur la cholérythrine normale. Voici la description détaillée de cette transformation si intéressante. Si l'on évapore à sec une solution amylique de cholérythrine normale il reste un résidu rouge, qui, par la seule addition d'eau, prend une couleur bleue; l'addition d'un volume égal d'acide nitrique lui donne au début une couleur rouge qui tourne rapidement au jaune (1). L'attaque par l' acide nitrique ne doit pas être prolongée parce qu'alors la substance prend une couleur jaune très clair, et demeure presque incolore. L'amylalcool l'entraîne du liquide donnant une solution jaune, également sans bandes, qui, par l'agitation avec l'ammoniaque, prend une couleur jaune d'or vif, se distinguant nettement de la forme jaune de la pseudo-indirubine en ce qu'elle passe complètement à l'ammoniaque, l'amylalcool restant entièrement décoloré comme c'est la règle pour les cholérythrines. La cholérythrine-α présente la même transformation, comme il a été dit. Si l'on défèque de l'urine avec du sous-acétate de plomb, qu'on y ajoute un volume égal d'acide nitrique concentré et qu'on l'agite avec l'alcool amylique, ce dissolvant prend généralement la couleur jaune citron. Alors trois cas peuvent se présenter si on agite de nouveau cet alcool amylique ainsi chargé de colorant jaune avec de l'ammoniaque:

1°. Il s'agit de la cholérythrine modifiée quand l'alcool amylique reste tout-à-fait incolore et que le colorant passe totalement en jaune vif à l'ammoniaque. — 2°. Les colorants dissous dans l'alcool amylique sont constitués par des pseudo-urobilines de couleur orange ou rose, si le passage ne s'opère pas; l'ammoniaque restant presque incolore. — 3°. Si le passage se fait en partie à l'ammoniaque avec couleur orangée, le pigment qu'on a entre les mains est la pseudo-indirubine ou tout au plus un mélange de cette substance et de cholérythrine. On trouve dans quelques urines une matière colorante jaune insensible aux changements du milieu, qui reste dissoute dans l'amylalcool après l'agitation avec l'ammoniaque et qui ne donne pas de bandes d'absorption au spectroscope: on peut considérer provisoirement cette matière comme étant la pseudo-urobiline-γ.

L'examen des chromogènes fécaux se fait d'une manière analogue à celle décrite pour l'urine. Dans l'extrait aqueux des fèces nous avons pu prouver l'existence de presque tous les pigments indiqués dans le tableau initial de ce chapitre. On y a vu quel est le contenu des carcomas

---

(1) Ces transformations s'observent également dans nos urines lorsqu'on y ajoute l'acide nitrique par gouttes (réaction de Rosenbach); l'addition postérieure de la soude ou de l'ammoniaque ne donne pas de précipité rouge brun, comme dans la réaction légitime de Rosenbach.

fécales dont les chromogènes proviennent certainement de la putréfaction intestinale. En outre, dans l'urine apparaissent de petites quantités d'autres pigments que nous nous proposons d'étudier, particulièrement un pigment qui teint en vert l'alcool amylique quand on en sépare la cholérythrine modifiée par l'acide nitrique. Les pseudo-urobilines contenues dans l'urine n'ont pu être différenciées entre elles comme celles que l'on a obtenues des carcomas fécales ou des liquides de culture; ceci est dû à leur faible proportion et à la modification qu'elles souffrent durant leur passage à travers l'organisme. En tout cas, ce n'est pas l'urobiline classique qui apparaît dans nos urines tropicales.

L'urobiline de nos urines est peu soluble dans l'ammoniaque et les lessives alcalines; quand elle est dissoute dans le chloroforme, son passage aux lessives ou à l'ammoniaque obéit plutôt à la solubilité du chloroforme dans l'eau qu'à un véritable passage aux lessives. La belle fluorescence verdâtre de l'urobiline classique ne se présente pas avec les sels de zinc, car dans la généralité des cas la même urobiline est fluorescente sans que cette fluorescence soit augmentée par les sels de zinc. Si quelquefois elle semble se dissoudre en plus grande proportion dans les lessives ou l'ammoniaque, cela provient de la cholérythrine-a qui l'accompagne comme impureté. Au contact des alcalis elle devient plus jaune et sa raie b - F rétrocède vers b. La pseudo - urobiline - a de la carcoma normale, jaunit au contact de la lessive, mais dissoute dans l'alcool amylique et agitée avec l'ammoniaque elle ne passe pas à ce dissolvant, et prend une couleur rose à son contact. C'est la seule pseudo-urobiline que j'aie vu apparaître en grandes masses dans l'urine dans le cas de fièvre jaune cité précédemment. Il est fort possible que toutes les pseudo - urobilines décrites ne soient en réalité que des formes distinctes de la même pseudo - urobiline et que pendant leur passage de l'intestin à l'urine elles subissent une transformation intra-organismique qui les change définitivement en pseudo-urobiline urinaire.

Après tous nos efforts pour faire une étude complète des chromogènes urinaires nous avouons sincèrement qu'il y reste de grandes lacunes. Malgré le soin apporté dans son exécution, le procédé de G a r r o d pour isoler l'urochrome de nos urines a donné entre nos mains des résultats si minimes qu'on peut les considérer comme nuls (on a employé 1 à 2 litres d'urine dans chaque opération.) Par le simple procédé de J a f f é j'ai isolé des urines des substances diverses donnant une forte raie b-F, qui ne peuvent être classées dans le tableau initial de ce chapitre et en tout cas ne correspondent pas aux caractères de l'urobiline classique. (Lire à la fin de l'ouvrage le chapitre " Analyse chimique physiologique et pathologique.")

———

Origine des chromogènes urinaires.

Dans la zone tempérée apparaissent dans l'urine sous la forme de chromogènes des matières colorantes entièrement distinctes de celles citées précédemment et qui remplissent dans cette excrétion un rôle analogue. Les principaux chromogènes décrits par les auteurs de la zone tempérée sont: l'urobilinogène, l'uroroséinogène, l'uroérythrinogène et les chromogènes correspondants aux mélanines. Dans les cas pathologiques, en dehors des mélanines, B a u m s t a r k a décrit, dans un cas de lèpre, deux nouvelles matières colorantes qui existaient dans l'urine sous la forme de chromogènes: l'urorubro-hématine et l'urofusco-hématine. Je me souviens fort bien d'avoir fait des recherches dans l'urine d'un lépreux et d'y avoir trouvé en même temps qu'une petite quantité des chromogènes connus dans cette zone, d'autres matières colorantes étrangères sous la forme de chromogènes qui ne purent être identifiées avec les pigments décrits par B a u m s t a r k. Je n'ai pas pu constater davantage la présence des matières colorantes décrites par L e u b e et par T h o r m a e l e n. La matière colorante de L e u b e a cependant une certaine ressemblance avec la pseudo-indirubine (solubilité dans les alcalis et recoloration par l'agitation à l'air après qu'elle a été réduite) mais la description que j'ai trouvée de cette matière colorante est si incomplète qu'il n'est pas possible de l'identifier avec notre pseudo-indirubine. Je peux dire la même chose de l'uro-hématine et du chromogène de G i a c o - s a. Parfois j'ai pu constater la présence de l'hématoporphyrine.

Cette différence indéniable entre les chromogènes urinaires de la zone tempérée et ceux de notre zone tropicale atlantique provient, comme il est rationnel de le supposer, de la nature du climat et non pas de la nature de l'organisme humain soumis à son influence.

Le climat n'est pas uniquement formé par l'ensemble de ses éléments météréologiques ou physiques; beaucoup d'entre eux, bien déterminés ou mesurés, comme le sont la température moyenne de l'air, ses oscillations extrêmes, la quantité et la fréquence des pluies, l'insolation ou durée de la lumière solaire, la pression atmosphérique, la durée ou l'intensité des vents dominants, &. et bien d'autres éléments encore peu précisés et peu connus tels que l'influence électrique, peut-être aussi le magnétisme et d'autres formes encore ignorées de l'énergie, qui méritent d'être pris sérieusement en considération et qui eux aussi concourent à la création du climat.

On sait aujourd'hui que le climat ne pourrait être déterminé d'une manière complète, même si on avait mesuré tous ses éléments physiques ou météréologiques, car il subsiste encore un autre ordre d'éléments différents de ceux déjà mentionnés, les *éléments biologiques*, qui concourent également à créer le climat, et s'ils manquent ou changent une plante déterminée ou un organisme quelconque, ils ne pourront ni s'acclimater ni prospérer, même si les autres conditions d'air et de terrain paraissent favorables.

Ces éléments biologiques du climat sont formés par la flore et la faune générales de la localité; leurs organismes luttent donc entre eux, et c'est cette lutte ou concurrence vitale qui détermine la persistance des plus aptes pour la vie. Les biologistes qui se sont spécialement consacrés à faire l'étude comparée de l'Histoire Naturelle de la Terre connaissent très bien les différences remarquables qui existent, non seulement entre les zones terrestres, mais encore dans les différentes régions d'une même zone, comme par exemple la région Atlantique de l'Amérique, l'Est Africain et le sud de l'Asie, l'Australie, et les côtes de l'Amérique baignées par le Pacifique, pour ne citer que quelques-unes des principales régions de la zone tropicale.

Parmi les divers organismes constitutifs de la flore et de la faune d'une région ou localité, se trouvent les organismes parasitaires de nature animale ou végétale qui jouent un rôle très important dans la lutte pour la vie. Comme les parasites abondent sous les tropiques, on peut affirmer aujourd'hui comme une vérité démontrée que la majeure partie de la Pathologie Tropicale se trouve écrite dans les pages de l'Histoire Naturelle.

En même temps, l'idée que les parasites par eux-mêmes et dans la plupart des cas ne sont pas la cause directe des maladies, mais bien les vecteurs ou moyens dont se servent les bactéries pour pénétrer jusque dans l'intimité des organismes supérieurs, se fait de plus en plus prononcée dans l'opinion des médecins naturalistes (1).

Le monde bactérien dans lequel vit notre organisme, non seulement se limite à attendre que les ectoparasites ou endoparasites lui forgent une voie de pénétration, mais plus envahisseur encore, il envoie constamment des régions intestinales où il a acquis un développement colossal les produits chimiques vénéneux de son activité incessante qui imprègnent et dégénèrent l'organisme supérieur, créant en lui des conditions spéciales, prédisposant ou déterminant les maladies de la localité.

Comme il est parfaitement démontré que les bactéries intestinales produisent des chromogènes semblables aux chromogènes urinaires; et comme d'autre part il est également démontré que la nature des chromogènes urinaires varie selon le climat ou la zone, il faut admettre que les chromogènes urinaires sont un produit de la vie bactérienne intestinale qui, à son tour, n'est qu'un cas particulier de la vie bactérienne de la localité.

Par conséquent le climat ne se présente pas à l'esprit comme un simple ensemble de conditions physiques et météréologiques agissant superficiellement sur l'organisme humain; au contraire, après ce que nous avons vu dans les chapitres précédents, il avance jusque dans l'intérieur du tube digestif, y crée des conditions microbiologiques particulières, pour pénétrer sous la forme de substances spécifiques et vénéneuses dans l'intimité des tissus.

L'organisme d'un homme qui habite la zone tropicale, principalement la région atlantique, comme c'est notre cas, est le siège non seule-

---

(1) Dr. Jules Guiart. Les parasites inoculateurs des maladies. Paris. 1911.

ment d'un procès d'intoxication chronique déterminé par des substances nuisibles d'origine climatérique, mais ces mêmes substances contribuent, comme nous le verrons plus loin, à la réalisation de la pathogénie des grandes maladies endémiques de la localité. Cette intoxication chronique d'origine climatérique, en apparence éloignée, dont la source pullule et se reproduit constamment dans l'intestin, ne se limite pas à la création de substances colorantes dérivées des altérations de la bile, dans la putréfaction des matières fécales, qui est excessivement intense sous les climats tropicaux; il se développe d'autres poisons chimiques de nature organique et minérale, qui, par un mécanisme particulier qui sera consciencieusement étudié dans la deuxième partie de ce livre, pénètrent dans la circulation, imprègnent les tissus, y forment des sédiments et y occasionnent les différentes dégénérations si prononcées et prématurées de l'organisme tropical.

L'homme vit plus dans son propre climat intestinal, dont il souffre directement les altérations microbiennes et chimiques, que dans le climat ambiant.

Ces considérations de chimie pathologique comparée projettent une très vive clarté sur quelques points qui sont aujourd'hui l'objet de discussions en biochimie.

L'origine des pigments urinaires s'éclaircit d'une manière remarquable. L'uroérythrine, l'uroroséine et quelques autres matières colorantes qui se présentent dans les urines comme chromogènes, dont le siège ne parait pas définitivement établi par la science, peuvent être considérées comme entérogènes, car si les dites substances avaient une origine intraorganismique autre que l'intestin, elles devraient se trouver, même en petite quantité, dans nos urines, ce que nous n'avons pu encore constater, et il y a plus de vingt ans que nous les examinons journellement dans le laboratoire. D'autre part, nous pouvons assurer que les dits chromogènes ne sont en aucune manière le produit de l'activité de quelque organe en particulier, car s'il en était ainsi, il serait presque impossible que les fonctions d'un organe, toujours identique à lui-même en quelque endroit de la terre que ce soit puisqu'il appartient au même

5

organisme humain, s'altèrent au point de n'en produire la moindre quantité ou de donner des produits tout à fait distincts.

Il est probable que si on renouvelle dans la zone tempérée les recherches que j'ai faites dans cette région, variant patiemment la nature des cultures de bactéries fécales ou les sollicitant par des méthodes appropriées dans l'extrait aqueux des fèces, on arrive à produire artificiellement lesdits chromogènes, leur origine microbienne intestinale restant établie par la méthode positive expérimentale. En ce qui concerne les urobilines et l'urobilinogène, les analogies ne conduisent pas à des conclusions aussi définies que celles que nous venons d'établir. J'ai essayé d'isoler l'urobiline en employant de plus grands volumes de nos urines très chargées de ce colorant, au moyen de la méthode indiquée par Hoppe-Seyler dans son traité d'analyse chimique, physiologique et pathologique (1), légèrement modifiée à cause de l'insolubilité de la substance dans l'ammoniaque, et je ne suis pas arrivé à obtenir l'urobiline légitime avec ses caractères bien définis, mais une pseudo-urobiline presque identique à la pseudo-urobiline de la carcoma normale, un peu plus soluble que celle-ci dans les liqueurs alcalines. Presque toutes mes investigations pour constater l'urobiline légitime ont échoué, et si des recherches ultérieures viennent confirmer définitivement son absence dans notre organisme tropical, l'origine exclusivement intestinale de l'urobiline serait parfaitement établie par la science. Aujourd'hui personne ne nie que l'urobiline a une origine intestinale, mais il s'agit de démontrer que cette origine est exclusivement intestinale, c'est-à-dire qu'elle ne peut avoir lieu ailleurs que dans l'intestin. Toutes les démonstrations qui ont été faites pour établir son origine non entérogène, si on les examine bien, offrent de grandes insuffisances d'interprétation ou des défauts de technique (2). On comprend dès lors toute l'importance que cela aurait pour la théorie, si

---

(1) Hoppe-Seyler's. Handbuch der physiologisch und pathologisch chemischen Analyse. Pag. 292. Berlin. 1903.

(2) Gilbert et Posternak, par exemple, font de grands efforts dans le champ des expériences pour démontrer la présence constante de très faibles quantités de bilirubine dans la sérosité sanguine des cholémiques pour en déduire que cette substance se transforme en urobiline au niveau du rein oubliant que le siège d'election pour l'élimination de la bilirubine du sang sont les voies biliaires. La pulpe rénale pent transformer la bilirubine en urobiline, ainsi que l'ont établi les mêmes auteurs, mais cette action peut provenir de l'intervention des bactéries ou du moins d'un phénomène autolytique et extra-physiologique.

l'on arrivait à élucider définitivement l'origine exclusivement intestinale
de l'urobiline. Il est bon de savoir que la bilirubine que j'ai employée pour
la confection de mes bouillons de culture a été préparée par la méthode
S t a e d e l e r et K ü s t e r (1) et purifiée par la recristallisation dans
la diméthylaniline bouillante. Dans mes notes figure un fait très intéressant, et qu'il est nécessaire de rapporter ici; c'est le suivant: Pendant le
long procès de l'obtention de la bilirubine, une partie de cette substance,
manifestement impure, fut réduite artificiellement par l'amalgame de
sodium, obtenant par ce moyen deux hydrobilirubines, ou, si l'on veut,
deux urobilines de propriétés assez différentes au point de vue couleur et
solubilité dans les différents dissolvants; l'une très soluble dans le chloroforme et l'autre insoluble dans ce dissolvant. Toutes les deux très
bien caractérisées spectroscopiquement et présentant une magnifique fluorescence verdâtre: Est-il possible que la réduction naturelle par le moy-
en des bactéries fécales de cette même bilirubine impure puisse donner
naissance à deux urobilines également différentes? La différence observée existe certainement, et il est plus rationnel de l'attribuer à l'impureté de la bilirubine employée qu'à la nature de l'agent réducteur. En
tout cas, ceci n'est pas une expérience capable d'apporter la lumière dans
un sujet si confus, mais elle a donné des résultats très intéressants;
le fait mérite d'être cité ici.

Un autre point qui demande à être mentionné est l'origine des
chromogènes des mélanines. On sait que les malades qui souffrent de
tumeurs carcinomateuses ou sarcomateuses mélaniques excrètent une
urine chargée de chromogènes. La naissance de ces chromogènes
a-t-elle lieu également dans l'intestin où iraient aboutir les mélanines
par excrétion, pour y subir une réduction bactérienne qui les conduirait
jusqu'à l'état de chromogènes, ou naissent-ils dans l'intérieur même des
tumeurs? Je n'ai pas eu l'occasion d'étudier cette classe de chromogènes
décrits par les auteurs; peut-être leur identité ou dissemblance donnerait
des éclaircissements sur leur origine.

Si l'on connait l'origine de la pseudo-urobiline - β du bouillon simple,
auquel on n'a ajouté aucune matière première biliaire qui puisse con-

---

(1) Hoppe - Seyler's. Handbuch der phys. u. path. chemischen Analyse. Berlin. 1903.
Pag. 287.

tribuer à sa formation, il est également un fait que les cholérythrines dont j'ai obtenu de la bilirubine la formation bactérienne, ne
l'ont jamais été du bouillon simple ou de l'hématine. Ceci est une
observation qui prouve que la cholérythrine est une matière dérivée de
la bilirubine. La même chose n'a pas lieu lorsqu'il s'agit de rechercher
l'origine de la pseudo - indirubine. On ne sait si cette substance est
réellement un colorant indolique ou un dérivé de la bilirubine. Dans
le premier cas sa formation dans l'intestin pourrait très bien provenir
de la simple putréfaction des matières albuminiques, et dans le second
cas l'altération de la bile serait un phénomène nécessaire. Cependant,
les deux suppositions ne se trouvent nullement exclues l'une de l'autre,
si l'on tient compte du grand pouvoir synthétisant des bactéries et de la
nature des noyaux chimiques qui se trouvent à leur disposition. Le
tryptophane ou acide indolaminopropionique est une pierre constructive
des albumines et aujourd'hui on sait par expérience que la putréfaction
de cette substance produit l'indol en abondance, et, avec ce corps, l'indigotine et peut - être aussi l'indirubine. D'autre part, des considérations
d'ordre biochimique laissent supposer que les cellules peuvent employer
la même pierre constructive, le tryptophane, pour la fabrication de
l'hématine et ses congénères: la biliburine ou l'hémoglobine. Parmi les
produits de la décomposition par la putréfaction du tryptophane on a pu
trouver en outre l'acide indolpropionique et l'acide indolacétique. Il faut
mentionner à ce sujet que selon les récentes recherches de C. A. H e r t e r
(1) l'uroroséine serait en relation directe avec ce dernier corps ou acide
indolacétique. Or, comme je n'ai jamais pu découvrir la présence de
l'uroroséine dans l'urine, les fèces ou les cultures bactériennes, et comme
en même temps je n'ai trouvé seulement que la pseudo-indirubine dans
les cultures avec la bilirubine, dans les fèces et les urines, j'ai tendance
à considérer son origine comme dépendant de l'action des microbes de
cette Région sur les matières biliaires. Cette opinion est fortifiée par
le fait que quelquefois dans des fièvres d'origine intestinale où l'alimentation des malades se compose exclusivement de lait, il existe une
grande quantité de pseudo-indirubine, et les autres chromogènes se pré-

---

(1) G. A. Herter. On Indolacetic acid as the chromogen of the Uroroseïn of the Urine.
The Journal of Biol. Chemestry. Vol. 4. Pags. 253 — 1908.

sentent en si faible proportion que l'urine reste presque incolore quand on lui a enlevé toute la pseudo - indirubine. Dans ce cas, on peut fort bien se demander quel est le sort de la bilirubine dans l'intestin, puisque l'urobiline et la cholérythrine (dérivées directement de la bilirubine) n'existent dans la même urine qu'en proportion minime. ¿Se convertit - elle entièrement en pseudo - indirubine ?

Le pouvoir xanthogénique de la soude sur les urines fébriles dont on vient de parler est presque nul et ce caractère coïncide avec celui présenté par les urines de la fièvre jaune, avec cette grande différence que dans l'urine de cette dernière maladie les pigments sont presque uniquement représentés par les pseudo-urobilines et un peu de bilirubine et cholérythrine avec absence de pseudo-indirubine, du moins dans les urines que nous avons examinées. S'il nous était permis d'exposer à cet égard notre opinion, bien que nous ne nous y croyions pas tout-à-fait autorisés, car dans une matière de si haute transcendance, il faut avant toute chose un grand nombre de constatations expérimentales, nous dirions que dans les fièvres jaunes plus ou moins intenses le pouvoir xanthogénique de la soude diminue considérablement, et qu'en même temps il existe dans les urines de grandes proportions de pseudo - urobiline. Le mécanisme biochimique sur lequel repose cette différence est le suivant: dans la fièvre jaune les pseudo - urobilines et les cholérythrines se produisent en abondance dans l'intestin, et tandis que les premières, c'est-à-dire les pseudo - urobilines, ou mieux dit leurs chromogènes, qui sont des substances éminemment diffusibles et incapables d'être retenues en baignant les tissus vivants, s'éliminent avec facilité par l'urine, les secondes, c'est-à-dire les cholérythrines, ou mieux dit leurs chromogènes, ont une tendance marquée à se sédimenter dans les tissus, parce qu'elles sont peu solubles (1).

Dans les pyrexies d'origine intestinale, les altérations putréfactives des colorants biliaires obéissent à une règle générale que les récentes recherches bactériologiques sur la flore intestinale ont mise au jour (2).

---

(1) On doit se rappeler à ce sujet le *Micrococcus leucochromogenes*, qui produit en abondance les deux colorants; ce fait a été constaté expérimentalement dans l'extrait aqueux des fèces jaunes.

(2) Schmidt und Strasburger. Die Fäzes des Menschen. Berlin 1910. Pags. 354 — 377.

Quand l'organisme est la proie d'une maladie infectieuse, il s'établit généralement dans l'intestin une pullulation prédominante et presque exclusive d'une seule espèce de bactéries, dont la nature est la même que celles qui occasionnent l'infection. On s'explique que la production des chromogènes doit se produire également dans une seule direction : la pseudo - indirubine dans le cas ci - dessus mentionné ; de là, la quasi - absence d'urobilines dans l'urine et sa faible élimination par cette excrétion. Si l'on examine attentivement les préparations microscopiques des bactéries fécales dans les cas de maladies infectieuses, l'impression qui se produit chez l'observateur est celle que donneraient des cultures pures offertes à son inspection. Cela provient de ce que dans ces conditions l'agent spécifique producteur de la maladie paraît se développer de préférence dans les matières fécales. Ceci arrive pour les micro-organismes qui possèdent des propriétés pathogènes indiscutables, comme le vibrion cholérique, le bacille d'Eberth, les bacilles para-typhiques, le bac. enteritidis de Gaertner, les bacilles dysentériques &, et aussi pour d'autres micro-organismes auxquels on attribue avec plus ou moins de certitude des propriétés pathogéniques, comme le bactérium-coli, le bacillus proteus vulgaris, le streptococcus et le staphylococcus; parmi ces derniers, il faudrait comprendre le diplococcus qui occasionne la diarrhée tropicale ou de Cochinchine. Dès lors *on comprend* le grand avenir scientifique et pratique qui est réservé à l'étude du pouvoir leuco-chromogénique de toutes ces espèces microbiennes et à la recherche des chromogènes urinaires. Ces études urologiques des pigments d'origine fécale pourraient acquérir un développement énorme et se convertir pour le médecin en un moyen de diagnostic rapide et sûr.

Avant de terminer ce chapitre, et en se reportant à ce qui a été expliqué dernièrement, je désire attirer l'attention vers les études réalisées dans le laboratoire par un de mes élèves qui a effectué quelques observations sur la flore intestinale des enfants (1). Ces études, bien qu'à peine ébauchées, sont de la plus grande importance, parce que les troubles digestifs chez les enfants de cette région sont extrêmement intenses, constituant la principale cause de la mortalité infantile, et sont presque

---

(1) Otto van Stenis. La flora intestinal y los trastornos digestivos de los niños. Caracas. 1912. Pag. 9 — 13.

toujours liés à la pullulation d'une flore intestinale sauvage et méconnue dans sa majeure partie. La flore du meconium, après que cette excrétion s'est infectée et avant l'apparition des selles propres du lait, représente très bien la nature de la flore générale de la localité, de laquelle elle n'est qu'un produit directement dérivé et modifié par la nature du liquide de culture. Cette flore, très bien étudiée par E s c h e r i c h à Münich et Vienne, par M o r o et S t r a s b u r g e r à Bonn, présente, en plus des microcoques, une forme très caractéristique des bacilles sporulés à leur extrémité: les bactéries à grosse tête (*Köpfchenbakterien*) semblables aux bacilles tétaniques. Or ici, dans cette Région, le meconium examiné à différentes heures de la naissance, ne présente jamais cette forme constante et caractéristique des bactéries à grosse tête.

Chapitre V

———

Granulations jaunes.

Le premier mars 1912, MM. les Docteurs F. G u e v a r a R o j a s, professeur d'Anatomie Pathologique et J o s é G. H e r n á n d e z, professeur de Bactériologie à l'Université de Caracas, ont présenté à l'Académie Nationale de Médecine du Vénézuéla le mémoire suivant, sous le titre: " Etude sur l'Anatomie Pathologique de la fièvre jaune." (1).

" Les études relatives à l'anatomie pathologique de la fièvre jaune sont peu nombreuses pour ce qui concerne l'analyse microscopique des lésions organiques.

Les auteurs classiques (S c h e u b e, D a v i d s o n, P a t r i c k-M a n-s o n) signalent dans le foie la tuméfaction trouble et la dégénérescence graisseuse des cellules hépatiques, accompagnées dans certains cas de la prolifération du tissu interstitiel, avec dilatation variqueuse des capillaires interlobulaires.

Dans le rein ils décrivent la même tuméfaction trouble et la dégénérescence graisseuse accompagnées du détachement de l'épithélium tubulaire, de l'oblitération des glomérules de M a l p h i g h i et de l'altération du tissu interstitiel.

---

(1) *Gaceta Médica de Caracas.* Año XIX. Mars 1912.

Dans la rate ils n'indiquent aucune altération microscopique, l'ayant trouvée quelquefois un peu augmentée de volume, hyperhémique et plus molle que d'ordinaire.

M o r n y, dans le "Traité de Pathologie" de B r o u a r d e l et G i l-b e r t, assure que les lésions de la fièvre jaune n'ont rien de caractéristique.

Nous avons entrepris l'étude de ces lésions anatomo-pathologiques, et comme il s'agit d'un travail qui va durer longtemps, nous nous permettons de donner une description des lésions rencontrées juqu'à présent dans les trois organes desquels nous avons commencé l'analyse, c'est-à-dire la rate, le foie et le rein, dont les lésions nous ont paru assez caractéristiques et, pourrait-on dire, spécifiques de la fièvre jaune.

Les matières organiques prises sur trois cadavres différents ont été fixées dans l'alcool formolé, déshydratées, enrobées dans la paraffine et les coupes en ont été colorées, quelques-unes par l'hématoxyline et le liquide de V a n G i e s e n , d'autres par le carmin urané de S c h w a n n , quelques-unes par l'hématéine, et finalement, nous en avons monté d'autres sans aucune coloration, ou après les avoir traitées par le ferrocyanure de potassium et l'acide chlorhydrique.   Toutes ont été montées au baume de Canada.

Dans la rate, on trouve les cellules des colonnes de B i l l r o t h ayant conservé leur grandeur et leur situation normale; dans leur protoplasma on trouve de très nombreuses granulations de pigment mélanique, quelques-unes très fines et difficiles à percevoir, d'autres plus grandes, et d'autres plus grandes encore qui forment de vraies concrétions dans le protoplasma, ou en dehors, dans le milieu cellulaire.   Cette substance est bien du pigment mélanique puisqu'elle se dissout facilement et disparait complètement en traitant la préparation par les dissolvants ordinaires et surtout par le sulfure d'ammonium.   Le noyau de beaucoup de cellules présente aussi le pigment situé de préférence sur le filament chromatique, de telle sorte que dans les coupes incolores le noyau est parfaitement visible à cause du pigment.

Les corpuscules de M a l p h i g h i , les parois vasculaires, les interstices des colonnes présentent aussi de nombreuses granulations de diffé-rentes grandeurs.

Dans le rein, nous avons pu démontrer les lésions signalées par tous ceux qui se sont occupés de cette étude, c'est-à-dire une notable tumé-faction des épithéliums tubulaires qui arrivent souvent jusqu'à faire dis-paraître la lumière du tube rénal; d'autres fois, la dégénérescence des cellules est complète avec disparition des noyaux; il y a des tubes qui présentent l'épithélium détaché et beaucoup d'entre eux sont pleins de cylindres granuleux et cellulaires. Le tissu interstitiel se trouve en état de prolifération assez prononcée comme l'avait dit B a b è s. Dans l'organe entier on trouve les mêmes inclusions pigmentaires que l'on rencontre dans la rate; dans le protoplasma et dans le noyau des cellules tubulaires, dans les glomérules de M a l p h i g h i , dans le tissu interstitiel et dans les parois des capillaires.

Le foie présente aussi la tuméfaction trouble de ses cellules propres et leur correspondante augmentation de volume; le protoplasma accuse la présence de fines granulations mélaniques, moins nombreuses que celles de la rate et du rein, situées en grande partie dans le noyau. On rencontre aussi le pigment dans les parois des capillaires interlobulaires de la veine porte et dans les capillaires sinusoïdales; mais les grandes masses pigmentaires sont rares et, en général, le pigment est plus fin que dans les autres glandes, ce qui nous fait voir que le foie se défend mieux que la rate et le rein contre l'invasion pigmentaire.

Comme résumé de notre travail actuel, nous pouvons présenter les conclusions suivantes:

1°.— On ne peut mettre en doute les affirmations des auteurs classi-ques relatives aux lésions du rein,du foie et de la rate, puisqu'on rencontre toujours la tuméfaction trouble correspondante des cellules propres des deux premières glandes, de même que la prolifération du tissu interstitiel;

2°. — Nous n'avons pas encore prouvé d'une manière décisive l'exis-tence de la dégénérescence graisseuse, ce que nous ferons plus tard;

3°. — Enfin nous avons rencontré une lésion caractéristique de la fièvre jaune dans ces organes, qui consiste en une invasion pigmentaire de leurs éléments constitutifs, de telle façon que cette lésion est suffisante pour expliquer les altérations fonctionnelles observées durant la maladie.

Pour terminer, nous avons le plaisir de remercier ici publiquement MM. Juan Barroeta, Horacio Bello et Alberto J. Fernández, qui ont coopéré à la partie technique de ce travail d'une manière vraiment digne d'éloges."

Personne ne peut méconnaître la grande importance que cette découverte des lésions de la fièvre jaune, dûe à l'analyse microscopique, a pour la pathologie tropicale.

Cette lésion microscopique est bien, comme l'établissent les auteurs, une lésion spécifique de la fièvre jaune, *surtout si on l'étudie au point de vue chimico - pathologique.* Les auteurs de l'Ecole de Médecine de Caracas établissent que les granulations jaunes forment de véritables concrétions dans le protoplasma ou en dehors dans le milieu cellulaire; ils pensent que dans la fièvre jaune il se produit effectivement une invasion pigmentaire qui fait que lorsque les défenses des tissus sont insuffisantes, on rencontre dans tout l'organisme des inclusions pigmentaires.

C'est en réalité l'impression que produit à tout investigateur l'examen minutieux des préparations microscopiques présentées par les auteurs, et la constitution chimique des granulations vient confirmer et donner plus d'ampleur à cette idée.

Comme O s w a l d l'établit, l'Anatomie Pathologique a des limites qu'elle ne peut dépasser et qui sont déterminées par la nature des moyens d'investigation dont elle dispose. " L'Anatomie Pathologique nous montre seulement les variations de structure et de forme que lui permettent ses moyens d'optique et la technique des colorations. En ce qui concerne les changements intimes inaccessibles à l'œil nu ou même pourvu d'appareils d'augmentation, pour ce qui touche la structure chimique (de la cellule) l'Anatomie Pathologique ne peut rien nous dire." Le même auteur donne à l'appui de cette thèse l'exemple suivant, que nous citons également en raison de l'importance qu'il a pour nous. Il y a déjà longtemps que les anatomistes connaissent comme " tuméfaction trouble " un changement particulier de la cellule, c'est-à-dire de son protoplasma; par les phénomènes qui l'accompagnent ils déduisent qu'il s'agit d'une espèce de dégénérescence ou *procès de mortification.* En quoi consiste ce

processus? de quel genre est-il? Ce sont des questions auxquelles l'histologie ne peut répondre. Mais depuis que l'investigation chimique a pé-
nétré dans l'étude du processus de l'autolyse, on a pu démontrer que la
"tuméfaction trouble" n'est autre chose que le premier état de la décomposition autolytique qui peut, d'autre part, s'obtenir dans l'éprouvette."

J'ai étudié très soigneusement les granulations jaunes et je suis
arrivé à me convaincre qu'elles sont constituées par le cholérytrogène légitime ou normal.

Cette conclusion n'a rien de surprenant si l'on considère la constante imprégnation de l'organisme tropical par ces substances d'origine
entérogène et les caractères colorimétriques de l'urine jaune qui laissent
supposer une rétention de ces substances dans l'organisme.

Comme l'ont soupçonné les auteurs vénézuéliens, il s'agit effectivement d'une invasion pigmentaire, d'une avalanche de substances entérogènes qui remplit tous les organes d'inclusions et aussi de concrétions
pigmentaires.

Ces altérations climatériques de la bile, ces putréfactions spécifiques des matières colorantes biliaires, sont de vrais poisons chimiques
qui agissent par leur quantité ou masse et diffèrent en cela des toxines
microbiennes. La pénétration vénéneuse des tissus glandulaires donne
lieu à un vrai processus autolytique dont la dégénérescence trouble décrite
par les auteurs classiques représente très bien le premier état.

L'anurie jaune, ce trouble fonctionnel du rein auquel l'infection doit
son caractère de terrible gravité, n'est, en dernière analyse, que le résultat d'un *empoisonnement chimique d'origine intestinale.* Il est très
probable qu'une fois la cause chimique de l'anurie jaune connue, on puisse l'éviter en traitant les malades d'une manière convenable. D'autre
part, à l'état d'apyrexie, dans ces régions, comme j'ai pu le prouver par
l'examen microscopique des sédiments urinaires des urines fraîches, la
tuméfaction trouble est très fréquente dans les urines qui sont excessivement chargées de cholérythrogène, en même temps que la quantité d'urine
émise dans les 24 heures est très réduite. Cette espèce de dégénérescence
albumineuse des cellules épithéliales, en dehors de leur apparence gra-

nuleuse particulière, a été confirmée par l'action différentielle à l'égard des gouttelettes graisseuses qu'exerce sur elles l'acide acétique.

Brève description des pigmentations anormales.

Nous empruntons à l'ouvrage d'anatomie pathologique de *Schmaus-Herxheimer* (1) l'idée générale concernant les pigmentations anormales que nous exposons ci après :

La pigmentation n'est autre chose que la dépositation de matière colorante dans les tissus du corps; cette matière colorante peut imbiber les tissus ou s'y déposer sous forme de fines granulations.

La pigmentation peut ou non s'accompagner de phénomènes dégénératifs; et le pigment peut provenir de l'extérieur, pigment exogène, ou de l'intérieur du corps, pigment endogène.

Les premiers ont pour nous peu d'importance; ils peuvent pénétrer dans la peau par le tatouage, et la substance colorante peut être en outre entraînée par le courant lymphatique à d'autres organes; ils peuvent provenir de l'aspiration de poussières de charbon, chaux, silice ou fer; et enfin quelques sels métalliques facilement dissociables et réductibles, tels les sels d'argent et de plomb, peuvent déposer leur métal sous forme de sédiment dans les tissus.

Les pigmentations endogènes, c'est-à-dire celles dont la matière colorante se produit dans le corps, peuvent provenir de deux sources distinctes; de sources connues, telles que les matières colorantes sanguines et biliaires, et de sources inconnues, mais que par le fait d'être en relation avec des modifications spéciales des tissus où elles se déposent on désigne sous le nom de pigmentations autochtones, c'est-à-dire fabriquées dans les tissus mêmes où on les rencontre.

Le pigment mélanotique, généralement dépourvu de fer et riche en soufre, fabriqué par l'activité spécifique des cellules aux dépens des matières albuminiques du sérum du sang, existe physiologiquement dans la choroïde et dans les tissus dermiques et épidermiques où il se dépose

---

(1) Schmaus - Herxheimer. Grundriss der pathologischen Anatomie. Zehnte Auflage. Pags. 70 -- 75. Wiesbaden. 1912.

de préférence à certains endroits et peut augmenter anormalement dans certains états pathologiques, comme la maladie d ' A d d i s o n , les tumeurs mélanotiques, les nävi, &., représentant le colorant de première classe des pigmentations autochtones. La deuxième classe de pigmentations autochtones est formée par un colorant qui se trouve physiologiquement dans beaucoup d'organes et qui est aussi dépourvu de fer, celui qu'on appelle pigment d'usure; ce pigment augmente beaucoup avec l'âge et dans les dégénérescences et processus atrophiques. Et enfin le pigment de l'ochronose, que l'on place, à tort, entre les pigmentations autochtones, est aussi un pigment mélanotique, qui, contenu dans le sang et dans l'urine, imbibe diffusément les tissus et peut s'y déposer sous forme de fines granulations.

Les pigmentations d'origine sanguine sont très fréquentes, mais leurs transformations ne sont pas bien connues. Quand la continuité de l'appareil circulatoire se rompt, l'hémoglobine ou le globule rouge même se décomposent dans les tissus comme il arrive dans les épanchements sanguins; la décomposition est en partie spontanée, mais l'on observe aussi l'intervention des cellules migratoires ou des cellules mêmes des tissus avec capacité phagocytoire, pour y transformer la matière colorante en petites masses de couleur brune ou jaune, qui donnent les réactions micro-chimiques du fer (noircissement par le sulfure d'ammonium ou bleuissage par le ferrocyanure de potassium et l'acide chlorhydrique) et reçoivent le nom d'hémosidérine; cette substance peut, par transformations successives, perdre son fer pour constituer l'hématoïdine. Dans les maladies du sang, comme l'anémie pernicieuse et le paludisme, dans les empoisonnements globulaires et dans les infections bactériennes, l'hémoglobine se dissout, sans que la continuité de l'appareil circulatoire se rompe, et apparaît comme hémosidérine granulaire plus ou moins répandue dans les différents organes (hémochromatose). Il se passe quelque chose de semblable dans les cachexies où l'on rencontre, en dehors de l'hémosidérine, l'hémofuchsine sous forme de fines granulations brun jaunâtre exemptes de fer. Dans le paludisme, en plus du pigment précédemment nommé, il apparaît dans les organes, par la décomposition que produit dans les globules rouges du sang le *Plasmodium malariæ,* un autre pigment noir dépourvu de fer, qu'on appelle pigment mélanotique des paludéens.

Il convient de rappeler qu'après la mort il y a, dans certains cas, production de granulations *d'origine sanguine,* d'une couleur noire assez prononcée: elles sont faciles à reconnaître par l'action lente que l'acide sulfurique exerce sur elles: on voit alors apparaître les couleurs caractéristiques des substances biliaires: bleu, vert, rouge, rose et jaune.

La seconde source connue des pigmentations anormales est constituée par les colorants biliaires. Lorsque les matières colorantes biliaires passent au sang, généralement à cause de l'obstruction des voies biliaires, comme il arrive dans l'ictère, les tissus des organes prennent une coloration qui varie du jaune au vert olive à cause de son imbibition par la bilirubine à l'état colloïdal. Cette même substance peut se sédimenter sous forme de granulations plus ou moins volumineuses, dans les cellules hépatiques, cellules étoilées de K u p f f e r du même organe, dans les épithéliums rénaux, et dans les cellules du tissu conjonctif de différents organes.

Comme nous le démontrerons plus loin, aux différentes classes de pigmentations déjà décrites on doit en ajouter une nouvelle, qui ne provient pas directement des matières sanguines ou biliaires, et ne se forme pas d'une manière autochtone dans les tissus; c'est la classe des pigmentations d'origine entérogène. Comme on peut le prévoir, une grande partie des pigmentations déjà décrites, et surtout celles dont l'origine nous est inconnue, devront, après avoir été étudiées plus attentivement, être placées dans la classe des *pigmentations entérogènes.*

Biochimie des pigmentations et leurs caractères microchimiques.

L'origine exclusivement sanguine ou biliaire d'une substance ne peut pas toujours s'établir d'une manière définitive. Si le pigment est très chargé de fer, son origine hématique est évidente; mais dans le cas contraire, c'est-à-dire quand le pigment ne contient pas de fer, on ne peut pas établir que son origine ne soit pas hématique; elle peut très bien l'être, la substance ayant perdu son fer au cours de ses transformations.

Pour bien déterminer ces transformations, il nous faut rappeler ici les notions de chimie physiologique suivantes: L'hémoglobine se dissocie en globine, substance albuminique non ferrugineuse, et hémochromogène ou noyaux ferrugineux. Ce corps donne par oxydation l'hématine. Celle-ci, à son tour, se dédouble en fer et hématoporphyrine ou bilirubine, suivant que son dédoublement se produit en dehors de la cellule hépatique ou par cet élément cellulaire spécifique. Cette différence fondamentale entre les deux moyens de dédoublement n'est pas admise par tous les auteurs. Il y en a, par exemple, qui croient que pendant les transformations qui se vérifient dans les épanchements sanguins, surtout dans leur partie centrale, sans l'intervention des éléments phagocytaires, les cristaux d'hématoïdine qu'on y rencontre sont identiques à ceux de la bilirubine. En résumé ils admettent que la bilirubine peut se produire en dehors de l'activité spécifique de la cellule hépatique. Comme preuve évidente de cette idée ils citent le fait que lesdits cristaux de bilirubine donnent la réaction de G m e l i n, ce qui concorde avec les changements de coloration que l'on observe dans la peau peu de temps après que le sang s'est épanché dans les tissus superficiels à la suite de coups ou de contusions. De toute manière il s'agit ici d'une façon d'envisager la question, mais non d'un fait prouvé. Les matières colorantes biliaires ne sont certainement pas les seuls corps qui donnent la réaction de G m e l i n , puisque l'hématoporphyrine peut aussi la donner. La découverte de l'hématoïdine dans les épanchements démontre que dans des conditions déterminées il se forme dans les tissus, aux dépens de l'hémoglobine, des combinaisons semblables aux matières biliaires. Il n'est pas démontré non plus que dans des conditions normales, de semblables corps biliaires puissent se produire dans des organes autres que le foie. Au contraire, comme l'établit l'observation suivante, la formation des colorants biliaires est une fonction des cellules hépatiques qui correspond à elles seules. Si, par exemple, on lie les voies biliaires d'un pigeon, on voit apparaître au bout de cinq heures le colorant biliaire dans le sérum du sang. Si au contraire, on en lie les vaisseaux sanguins, on empêche le passage des

6

colorants biliaires à la circulation générale, et le plasma en reste dépourvu. Les mêmes résultats on été obtenus par M i n k o w s k y et N a u n y n par l'extirpation du foie chez les oies. Telles sont les idées acceptées sur ce sujet par A b d e r h a l d e n dans son traité de chimie physiologique (1).

Ces distinctions entre les faits et les idées hypothétiques ont, comme il est facile de le comprendre, une très grande importance pour établir l'existence de certaines infections qui sont accompagnées par la formation de pigments dérivés des matières colorantes biliaires, et c'est pour cette raison que je me suis permis d'insister plus particulièrement sur ce point.

Au point de vue microchimique, nous dirons que les cristaux ou granulations de bilirubine ont une couleur rouge jaune, sont solubles dans les alcalis et dans le chloroforme et donnent la réaction de G m e l i n au microscope. L'imbibition des tissus par l'eau saturée de bichlorure de mercure donne aux granulations de bilirubine une couleur verte, ce qui ne se produit pas avec les colorants sanguins. La dissolution des granulations par les alcalis, si elles sont très abondantes, donne au tissu une couleur jaune, mais jamais rose ou rouge.

Le caractère des granulations d'hémosidérine repose sur la preuve du fer. Ceci fait supposer que le fer de l'hémosidérine se trouve dissocié de sa combinaison organique. Au commencement il se formerait une hémosidérine avec son fer uni dans la molécule et qui à cause de cela même n'est pas démontrable par les réactifs chimiques (comme l'hématine qui ne donne pas les réactions du fer libre), et ensuite une combinaison dont le fer est facilement démontrable. M i l n e r désigne la première sous le nom d'hémosidérine I et la seconde, d'hémosidérine II. Les granulations d'hémosidérine ont une couleur brune, noircissent avec le sulfure d'ammonium et bleuissent par l'action successive du ferrocyanure de potassium et de l'acide chlorhydrique. Il existe, en outre, d'autres granulations incolores de la même apparence, qui donnent aussi les réactions microchimiques du fer (préexistence de combinaisons incolores de fer). D'autre part, on peut rencontrer le fer diffusément réparti et suffi-

---

(1) E. Abderhalden. Lehrbuch der Physiologischen Chemie. Berlin une Wien. Pag. 747.

samment concentré pour donner les réactions microchimiques caractéristiques dans les cellules normales des organes, surtout ceux chargés de détruire l'hémoglobine du sang; et on peut aussi rencontrer dans ces cellules quelques granulations colorables en bleu par le ferrocyanure de potassium et l'acide chlorhydrique, comme j'ai eu occasion de le démontrer sur des coupes faites dans la rate normale d'un taureau. Les réactifs doivent être tout à fait purs, parce que s'ils ne le sont pas on s'expose à rencontrer du fer partout. Au point de vue microchimique il y a une différence entre le sulfure d'ammonium et le ferrocyanure chlorhydrique. Le premier donne une coloration qui va du vert au noir, selon la quantité de fer existante; en outre la coloration vert foncé du sulfure d'ammonium est difficile à entraîner par le lavage, tandis que la coloration bleue du ferrocyanure de potassium et de l'acide chlorhydrique disparait facilement par des lavages d'eau et d'alcool lorsqu'il ne s'agit pas de granulations, mais de fer diffusément réparti dans la cellule. Ces distinctions sont très importantes pour l'interprétation des résultats obtenus et c'est pour cela qu'il convient d'insister sur ce point.

Lorsqu'on imbibe une coupe de rate jaune dans une solution concentrée de sulfure d'ammonium, on observe une coloration verte très foncée par endroits qui n'affecte d'aucune manière les granulations jaunes de grand volume, comme on peut le prouver par l'examen microscopique avec un faible grossissement et même à l'œil nu. Cela provient du fait que la rate jaune se surcharge de fer, facilement verdi par le sulfure d'ammonium. Le même phénomène se produit dans la muqueuse intestinale de souris empoisonnées avec des sels de fer, comme l'ont observé K u n k e l, Q u i n c k e et H o c h h a u s (1). Ces auteurs ont fait des études comparatives sur des souris en les nourrissant pendant longtemps avec du lait qui, comme on sait, est un aliment extrêmement pauvre en fer; si l'on met le tube digestif de ces animaux dans du sulfure d'ammonium et de l'ammoniaque, on n'obtient aucune réaction de fer, on tout au plus une trace de coloration verte. Les autres organes des mêmes animaux montrent une très faible coloration verdâtre. Chez les animaux empoisonnés

---

(1) Une riche littérature scientifique se trouve dans l'ouvrage d'Abderhalden. L. d. physiol. Chem. Pags. 500 — 501. 1909.

par les sels de fer l'aspect est complétement différent: dans l'estomac on ne trouve aucune coloration verdâtre, mais dans le duodénum la coloration verdâtre est très prononcée, surtout aux extrémités des villosités. Si l'on examine au microscope les tissus de l'intestin, on trouve le protoplasma des épitheliums intestinaux incrusté de fines et nombreuses granulations ferrugineuses. Le foie et la rate montrent une réaction intense puisque ces deux organes servent de dépôts où se décharge le fer ingéré et aussi celui qui provient des dédoublements internes pendant les infections qui s'accompagnent d'une intense destruction globulaire. Il n'y a donc rien d'extraordinaire à ce que la rate jaune présente une coloration vert foncé, lorsqu'on l'imbibe dans une solution de sulfure d'ammonium. Elle présente une coloration bleue lorsqu'on l'imbibe successivement avec du ferrocyanure de potassium et de l'acide chlorhydrique; cette coloration est diffuse et à l'examen microscopique on observe seulement quelques fines granulations colorées en bleu tandis que les nombreuses et grandes granulations jaunes restent intactes. A notre connaissance le sulfure d'ammonium n'a aucune action sur les granulations de pigment mélanique; cependant il peut les noircir dans le cas où la mélanine qui les compose contienne du fer, ce qui arrive quelquefois avec certaines classes de mélanine.

Les granulations de pigment mélanique n'ont pas une constitution chimique invariable; quelques-unes sont riches en fer et d'autres n'en contiennent pas du tout; la même chose se passe à l'égard du soufre. Elles ont différentes origines physiologiques et pathologiques. Les physio-chimistes discutent aujourd'hui sérieusement sur l'origine chimique de ces granulations. Quelques-uns soutiennent qu'elles proviennent de la destruction des matières albuminiques par l'activité des ferments intracellulaires par un procès semblable à celui qu'exercent sur les mêmes matières les acides minéraux concentrés; d'autres croient que les matières colorantes du sang sont nécessaires à leur production. Des arguments biochimiques de grand poids militent en faveur de la première opinion (1).

Ces pigments mélaniques ont une couleur qui varie du brun jusqu'au

---

(1) Oswald. Lerhbuch der chemischen Pathologie. Leipzig. 1907. Voir spécialement le chapitre " Pigments pathologiques." Pags. 469 — 493.

noir brun. Ils ne se dissolvent pas dans les dissolvants ordinaires, eau, alcool, chloroforme, benzine, &., et sont également insolubles dans les acides; ils se dissolvent au contraire dans les alcalis avec plus ou moins de facilité. Toutefois il y a quelques mélanines qui ne se dissolvent que très difficilement dans les alcalis. Dans ce dernier cas ils donnent un liquide brun foncé susceptible d'être précipité par les acides mais qui ne présente aucune coloration rouge. A ce point de notre description il convient d'insister spécialement sur les différences de coloration que présentent les solutions alcalines de mélanine, d'hématine, et du chromogène de la cholérythrine. Une solution alcaline d'hématine, vue par transparence, présente une couleur rouge si la couche est épaisse, et vert olive si la couche est plus mince. Une solution alcaline du cholérythrogène donne au commencement une intense coloration rouge qui vire ensuite au jaune et reste de cette couleur. Ceci est le caractéristique du cholérythrogène. Quand celui-ci se trouve dissous en très petite proportion, il donne avec la lessive de soude une coloration rouge très fugitive qui tourne ensuite au jaune. Nous ne connaissons en biochimie aucune autre substance propre des tissus animaux, normaux ou pathologiques, qui donne cette coloration rouge passagère. Elle m'a servi pour prouver la présence du cholérythrogène dans un bronchiolite, et sa constatation dans les réactions microchimiques me paraît décisive. Si une granulation pigmentaire mise en contact avec la lessive de soude prend une coloration rouge passagère qui, par une action plus prolongée, passe au jaune pour finalement disparaître, on est en droit de croire que cette granulation est du cholérythrogène; et cette supposition peut devenir une certitude absolue si d'autres réactions microchimiques concordent avec la précédente. L'acide nitrique exerce une action semblable à la soude sur le cholérythrogène, quoiqu'elle ne soit pas exclusive; mais on ne peut l'utiliser en microchimie parce qu'elle est excessivement violente.

Caractérisation microchimique des granulation jaunes.

Nous venons de décrire les réactions différentielles que présentent avec la lessive de soude la cholérythrine, l'hématine et les mélanines. L'action de la lessive de soude sur le cholérythrogène est caractéristique et exclusive de cette substance. En présence de la lessive de soude les granulations de cholérythrogène, comme nous l'avons déjà décrit dans le premier chapitre, se gonflent, deviennent plus transparéntes, et prennent une intense couleur rouge carmin (1) par oxydation spontanée à l'air du chromogène. Si on examine à l'œil nu une coupe de rate jaune éclaircie et montée au baume de Canada en mettant le verre sur un fond blanc, elle offre un aspect microscopique spécial : elle produit la même impression que donnerait sur une plaque de verre la pointe d'un pinceau trempé d'ocre jaune qu'on appuierait sur le verre sans le laisser glisser ; on voit des points et des lignes éparpillés sur la préparation, de couleur brun foncé presque noir. Avec un petit grossissement de 60 à 100 diamètres on voit sur un fond jaune sale translucide des milliers de granulations amoncelées par endroits, les unes très petites d'une couleur brun foncé, d'autres plus grandes et presque noires, avec des contours bien marqués et opaques ; avec un grossissement plus fort, leur nombre et leur grandeur augmente, mais l'apparence microscopique est celle que nous venons de décrire. (Pl. I. fig. 1) Si on dépose sur cette coupe une goutte de lessive de soude au 15%, que l'on chauffe légèrement la lame durant deux ou trois minutes, et qu'ensuite on lave avec de l'eau froide, on observe le même phénomène notable de l'oxydation rouge de la carcoma normale : la préparation a changé complétement d'aspect et se présente alors comme un petit morceau de toile transparente de couleur écarlate, qui serait comprimée entre les deux verres. Si on l'examine au microscope, après l'avoir séchée et montée convenablement au baume de Canada, elle présente aussi à cet examen un aspect différent ; le fond jaune sale que l'on voyait

---

(1) La carcoma normale donne avec la soude, rouge carmin par oxydation ; traitée par l'acide chlorhydrique, elle donne rouge pourpre par hydratation (avec reflets violacés).

avant s'est transformé en un fond rose orangé, les fines et moyennes granulations ont disparu, et les plus grandes ont une couleur carmin intense, sont plus transparentes, et leurs contours indécis indiquent que la dissolution a commencé par eux, répandant et dissolvant la matière rouge alentour. (Pl. I. fig. 2.) Cette opération du traitement par la lessive de soude concentrée requiert une attention spéciale pour ce qui concerne le lavage avec de l'eau qui doit se faire rapidement dès que la préparation atteint le maximum de sa rougeur; après, on sèche et on monte au baume de Canada. Si l'action de la soude se prolonge, les granulations se dissolvent alors davantage et la préparation prend une couleur orangée, chaque fois moins rosée, jusqu'à ce qu'elle reste d'une couleur jaune (Pl. I. fig. 3). Cette coloration jaune est susceptible de pâlir si l'on ajoute à la soude quelques gouttes d'eau oxygénée. (Pl. I. fig. 4.) Toutes les phases décrites correspondent parfaitement à la propriété du cholérythrogène de donner une coloration rouge passagère quand il s'oxyde à l'air dans un milieu alcalin (1). Les meilleurs résults sont obtenus avec les préparations très chargées de granulations qui ont l'apparence d'être teintées par les matières colorantes dérivées de l'aniline.

L'acide chlorhydrique a une action semblable à celle que la lessive de soude exerce sur la carcoma normale; il n'y a pas d'oxydation rouge mais hydrolyse et production de couleur pourpre. Le fond de la préparation devient orangé rose et l'aspect microscopique de la préparation est très différent de celui de la soude; celui-ci était rouge intense tandis que l'autre est rose orangé plus pâle, plus déteint. Les petites granulations se dissolvent pour teindre en orangé le fond granuleux organique de la préparation; les plus grandes prennent une couleur rubis foncé, deviennent plus transparentes qu'avant le traitement et conservent toujours leurs contours bien marqués (Pl. I. fig. 5).

L'emploi successif du *ferrocyanure* et *de l'acide chlorhydrique* chimiquement purs, versés sur un petit morceau de papier à filtrer, de celui qu'on emploie pour les analyses et qui, comme on sait, a été lavé avec différents agents de dissolution énergiques, entre autres l'acide chlorhydrique

---

(1) La carcoma normale attaquée par la soude et l'eau oxygénée se transforme rapidement en un résidu jaune pâle.

et l'acide fluorhydrique, ne produit pas la moindre trace de bleuissement, ce qui arrive lorsque les réactifs ne sont pas absolument purs ou si le papier n'a pas été convenablement préparé. Si on traite par ces réactifs une coupe de rate jaune et qu'on la lave légèrement avec de l'eau et de l'alcool, elle prend une couleur bleue assez prononcée qui provient du fer tissulaire plus ou moins largement diffusé dans le protoplasma, ou en dehors, comme le démontre l'examen microscopique; les granulations jaunes légitimes restent intactes, bien qu'elles aient pris une légère teinte rouge par leur contact avec l'acide chlorhydrique, et par endroits on rencontre quelques rares granulations bleues de forme et d'aspect différents qui sont de nature ferrugineuse. (Pl. II. fig. 6). La rate normale de taureau, (1) quoiqu'elle ne prenne pas la couleur bleue de l'organe malade, présente très clairement à l'examen, dans certains endroits, quelques granulations bleues dont l'aspect est le même que celles de la rate jaune (Pl. II. fig. 7.)

Sulfure d'ammonium. — Ce réactif n'affecte en rien les granulations jaunes. On peut facilement percevoir toutes les granulations d'une même préparation avec ses bords bien nets si on a le soin de les amener exactement au foccus du microscope. Les granulations qui ne sont pas bien mises au foccus du microscope apparaissent très confuses, beaucoup plus que dans les autres préparations, ce qui pourrait bien faire croire à une dissolution chimique. La coupe, en outre, apparaît microscopiquement avec une couleur vert foncé due à l'action du sulfure d'ammonium sur le fer du tissu. (Pl. II. fig. 8).

L'acide sulfurique n'a aucun effet sur les granulations jaunes, même si on prolonge son action jusqu'à ce que la coupe noircisse par un commencement de carbonisation. (Pl. II. fig. 9).

S'il est vrai que *l'acide nitrique* modifie profondément les substances albuminiques des tissus qu'il attaque en leur donnant une couleur jaune (réaction xanthoprotéique), son activité rapidement dissolvante sur la granulation jaune, donnant un produit qui tourne au *jaune or vif* par l'addition d'ammoniaque, a une valeur négative appréciable. Les autres

---

(1) Il convient d'appeler l'attention sur le fait que la Fièvre du Texas, produite comme on sait par un piroplasme sanguin (Babesia bigemina,) est une maladie très répandue dans le pays.

matières sanguines connues, dans le cas où elle constitueraient les granulations jaunes, résistent davantage à l'action oxydante de l'acide nitrique, surtout l'hématine que cet acide attaque difficilement, même à l'ébullition. (Pl. II. fig. 10).

J'ai employé en vain beaucoup d'autres dissolvants et réactifs pour le traitement chimique des granulations jaunes: eau, alcool, éther, benzine, éther de pétrole, chloroforme, diméthylaniline, &. L'eau saturée de bichlorure de mercure, qui verdit avec facilité les colorants biliaires, comme on peut le contrôler facilement au moyen d'une suspension de bilirubine dans de l'albumine en la faisant adhérer sur une lame de verre, n'a aucune action sur les granulations jaunes, sauf un léger noircissement qui provient de quelque action réductive du chromogène sur les sels de mercure. L'action de l'eau sublimée sur les préparations microchimiques naturelles, telles les granulations jaunes, ou sur les artificielles préparées avec de l'albumine, ou d'autres substances comme l'hématine, la carcoma naturelle pulvérisée, l'urobiline, &., est également très intéressante. Comme nous l'avons déjà dit, l'eau sublimée n'a aucune action sur la carcoma normale pulvérisée suspendue dans l'albumine; elle verdit la bilirubine, comme nous venons de dire, et rougit l'urobiline (A d. S c h m i d t). Elle n'a aucune action sur la carcoma, même lorsque celle-ci contient de l'urobiline, parce que l'eau sublimée n'a aucune action sur l'urobilinogène, mais sur l'urobiline. Tout ceci nous prouve que les granulations jaunes ne contiennent pas d'urobiline, ou si elles en contiennent, c'est à l'état d'urobilinogène. Je suis porté à croire que les granulations jaunes ne contiennent pas du tout d'urobiline, à cause de la grande diffusibilité de cette substance, de son incapacité pour être retenue dans les tissus, et surtout de son abondance dans les urines des malades atteints de fièvre jaune.

Toutes ces réactions microchimiques et surtout l'action de la lessive de soude concentrée, démontrent d'une manière indiscutable que les granulations jaunes sont constituées par le cholérythrogène légitime.

Quelques considérations sur la pathogénie et l'étiologie de la fièvre jaune.

Il est démontré que la fièvre jaune se transmet par la piqûre d'un moustique; on sait aussi positivement que la pathogénie de la fièvre jaune, dans ses manifestations les plus graves, se fait par l'intermédiaire de substances intestinales d'origine climatérique, puisque ces substances constituent les granulations jaunes et en même temps qu'elles circulent habituellement dans l'organisme humain durant l'état d'apyrexie dans ces mêmes régions où la fièvre jaune est endémique. Ici s'arrêtent les faits prouvés; nous allons aborder les hypothèses.

Les recherches bactériologiques sur l'agent pathogène de la fièvre jaune, après avoir laissé de côté les premières tentatives, se trouvent aujourd'hui en plein développement, suivant deux chemins différents, mais qui se rapprochent chaque jour davantage de la solution définitive. Les anciens micro-organismes incriminés comme agents spécifiques de la fièvre jaune: *Bact. sanguinis febris flavae* de R i c h a r d s o n, *Peronospora lutea* de C a r m o n a J. V a l l e, *Fungus febris flavae* de L a c e r d a, *Cryptococcus xanthogenicus* de F r e i r e, *bacilles* de H a v e l b u r g et G i b i e r, celui de D u r h a m, n'ayant pas résisté à la critique des preuves expérimentales, sont aujourd'hui complètement abandonnés. Il est arrivé la même chose au *Bact. icteroides* de S a n a r e l l i que l'on a a considéré pendant quelque temps comme agent causal de la fièvre jaune, et qui a été complétement répudié après que les investigations de la commission américaine, française et portugaise pour l'examen de la fièvre jaune et les non moins importantes recherches de O t t o, R. O. N e u - m a n n, F i n l a y, R e e d, C a r o l l, A g r a m o n t e, R i b a s, L u t z, M a r c h o u x, S a l i m b e n i, et S i m o n d, faites sur l'homme, paraissent avoir démontré que l'agent producteur n'est pas une bactérie, mais un *organisme invisible,* qui se transmet à l'homme par la piqûre du *Stegomia fasciata*. Les recherches de O t t o et N e u m a n n sont très intéressantes puisque ces auteurs n'ont pas pu voir l'agent pathogène, même avec l'aide de l'ultramicroscope. Ce que l'on sait de lui jusqu'à présent c'est qu'il se trouve dans le sang et dans le sérum sanguin des malades de fièvre jaune, mais seulement jusqu'au troisième jour. Le sang et le sérum inoculés à l'homme sain en petite quantité, produisent la fièvre jaune. Les moustiques (*Stegomia fasciata*), sucent le sang des malades durant les trois premiers jours de l'infection et, après une certaine période d'incubation, peuvent infecter les sujets sains. Le chauffage du sérum à 55 degrés pendant 5 minutes tue l'agent pathogène. Si l'on conserve le virus dans le vide, il perd de sa virulence après 48 heures. Le sang défibriné peut toujours produire la maladie, après avoir été gardé pendant 5 jours. L'agent pathogène passe par les bougies de porcelaine et par le Cumberland F. Selon M a r c h o u x et S i m o n d les œufs des Stegomias infectés contiennent l'agent infectieux, de telle sorte que les moustiques qui en naissent peuvent transmettre la maladie sans qu'il y ait besoin d'une nouvelle infection.

Récemment, H a r o l d S e i d e l i n (1) a prétendu, quoique, à ce qu'il semble, avec très peu de succès, incliner le criterium scientifique à admettre la nature animale parasitaire de l'agent pathogénique en cherchant peut-être une explication plus acceptable de la période d'incubation à laquelle est soumis l'agent producteur de la maladie dans le corps du cousin.

D'autre part, je n'ai pu produire la cholérythrine légitime dans mes cultures leucochromogéniques; j'ai obtenu la formation du cholérythrogène-*a* pareil à celui que l'on rencontre dans la carcoma anormale et semblable aussi à celui que produit le *Micrococcus leucochromogenes*. S' agissant d'une culture pure, cette dernière circonstance ne laisse aucun doute à propos de *l'origine bactérienne des cholérythrines;* mais je ne suis pas arrivé à isoler le microorganisme producteur de la cholérythrine légitime ni à la reproduire par les mélanges microbiens semés dans mes liquides de culture. Il est possible que ce soit le même *Micrococcus leucochromogenes* qui la produise dans des conditions inconnues, puisqu'une même personne peut changer la nature de sa carcoma normale en anormale; mais il peut se faire aussi qu'il s'agisse d'autres microorganis-

---

(1) The Incorporated Liverpool School cf tropical Medicine. Yellow Fever Bureau. Vol. I. No. 7. November 1911. The etiologie of yellow Fever, by Harold Seidelin, J. 229 — 240.

mes, ou du concours d'autres éléments vivants de la flore et de la faune intestinales. Nous entrons déjà dans le champ des suppositions, des hypothèses; mais le fait de la contribution d'une matière d'origine intestinale à la production de la fièvre jaune, au moins dans ses plus graves manifestations après la première période, subsiste.

Arrivé à ce point, je désire manifester une fois de plus mon profond respect envers la distinction entre les faits bien établis et leurs interprétations hypothétiques, sans laquelle la science ne peut faire de progrès rapides et positifs.

On ne peut pas établir d'une manière absolue que le cholérythrogène - a de la carcoma anormale, de même que celui produit par le *Micrococcus leucochromogenes* soient le cholérythrogène légitime. C'est un fait. Ce sont des substances entièrement nouvelles que l'on ne peut identifier indiscutablement qu'après une étude très approfondie de la question. A mon avis, il est extrêmement probable que les substances déjà nommées soient une espèce de cholérythrogène, parce qu'il y a beaucoup de raisons d'ordres différents, chimiques, physiologiques et pathologiques, exposées dans le deuxième chapitre, qui militent en faveur de cette supposition; mais enfin il s'agit d'une simple hypothèse et non d'un fait positivement démontré. On comprend la grande importance qu'aurait la confirmation de cette hypothèse.

La fièvre jaune serait produite par un microorganisme plus ou moins visible qui infecterait d'abord le sang, et après se multiplierait ou provoquerait la multiplication d'autres agents dans l'intestin, pour produire dans cet organe la formation des altérations biliaires indispensables aux plus graves manifestations pathologiques de la maladie.

L'infection sanguine primitive et l'infection des colorants biliaires dans l'intestin sont deux procès pathologiques complètement séparés, même dans le cas où ils seraient produits par le même agent microbien. Le second processus de la maladie peut manquer si la forme de la maladie est légère ou si le traitement a été très bien conduit et appliqué à temps. Dans le cas contraire, lorsque les colorants biliaires s'altèrent et passent en abondance dans le sang, la vie du malade se trouve exposée à un péril imminent.

D'autre part, il est un fait indiscutable: c'est que l'infection des colorants biliaires dans la fièvre jaune n'est pas un processus exclusif de cette maladie puisqu'on peut la rencontrer à l'état normal et sans fièvre. En outre, cette infection des colorants biliaires est de nature exclusivement climatérique parce qu'on la rencontre dans la région Atlantique où la fièvre jaune est à l'état endémique. En résumé, la fièvre jaune est en soi-même une infection sanguine passagère et sans gravité. Elle ne devient réellement très grave que s'il survient une complication intestinale, qui, à son tour, dépend d'une transformation biochimique des colorants biliaires d'origine climatérique et qui existe indépendamment d'elle.

Ce sont des faits qui méritent d'être mis en évidence pour éviter les erreurs d'interprétation à propos des investigations que j'ai faites. Il est très difficile de prévoir ce que la science expérimentale nous dira dans l'avenir, mais il est évident, après ce qu'on dit dans la première partie de ce livre, que le concours de la chimie pathologique sera absolument indispensable pour résoudre ce difficile problème.

Je ne veux pas terminer sans appeler l'attention sur un livre ancien dont le titre est "Travaux scientifiques de L o u i s D a n i e l B e a u p e r - t u i s , docteur en médecine des Facultés de Paris et de Caracas, naturaliste français et micrographe," édité à Bordeaux, 1891. Imprimerie Nouvelle. A. Bellier et Cie. Les investigations de cet auteur, qui datent de 1854, démontrent qu'il fut sans aucun doute le premier ayant attribué l'infection jaune à la piqûre d'un moustique. A part une légère incorrection à propos des agents vivants qu'il indique comme producteurs de la fièvre jaune, " *Animalcules de la Fièvre jaune* - Vermisseaux lymphatiques," excusable pour cette époque, ses observations relatives aux conditions physiques, topographiques, météorologiques dans lesquelles se produit le virus jaune méritent d'être prises en considération.

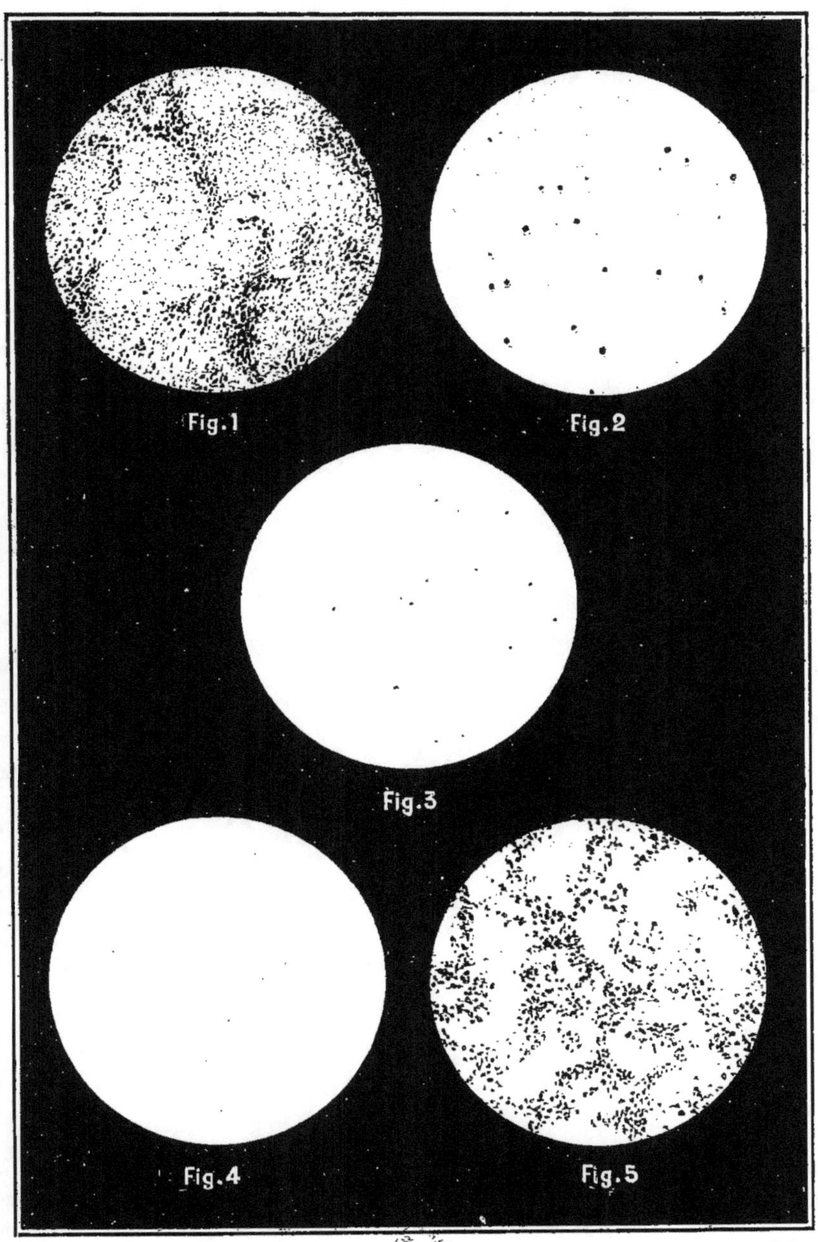

Planche I

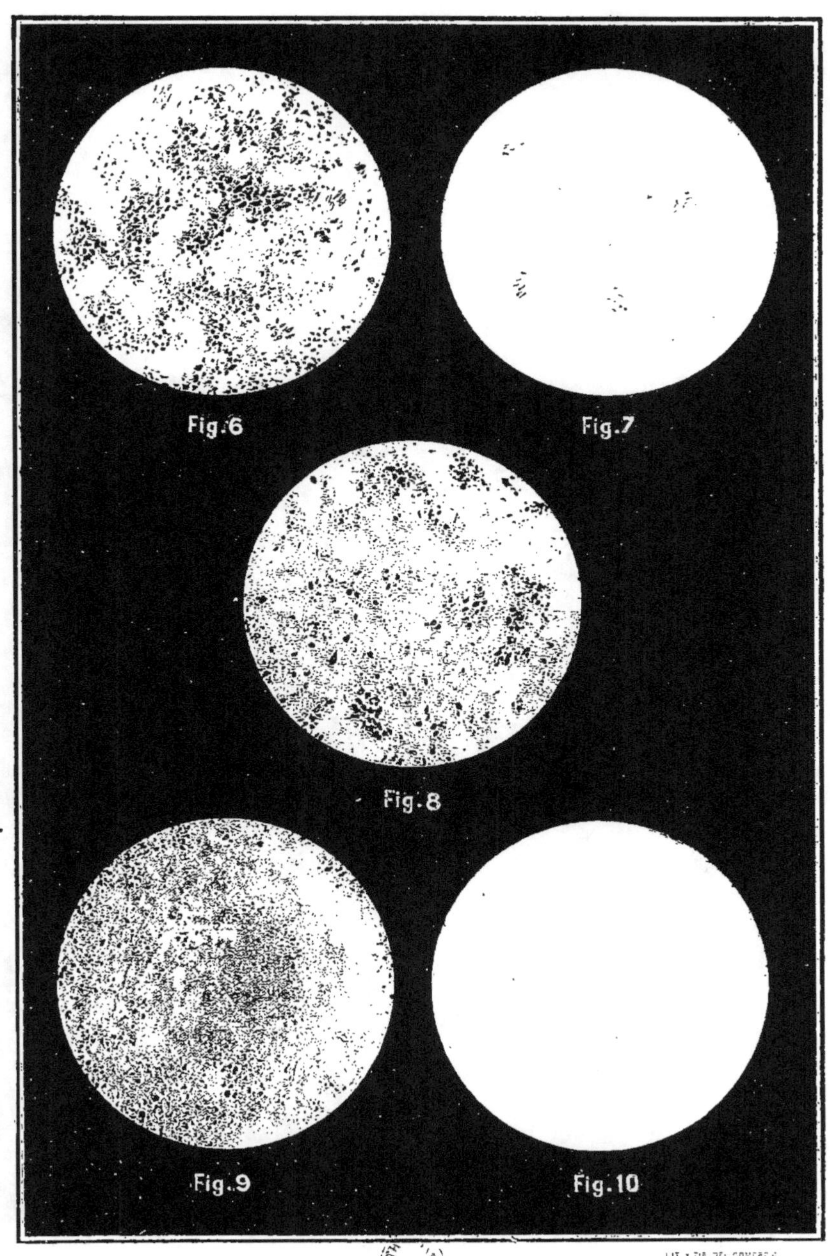

Planche II

DEUXIÈME PARTIE

DÉGÉNÉRESCENCES D'ORIGINE FÉCALE

Chapitre I

Circulation de la chaux dans l'organisme humain.

La chaux entre dans l'alimentation sous forme de combinaisons organiques (dans le lait, les œufs et les grains), ou sous forme de sels inorganiques (carbonates, sulfates et phosphates de chaux) ; dans ce dernier cas c'est surtout par l'eau potable et par les eaux minérales qu'elle est introduite dans l'organisme. La chaux peut être absorbée sous ces deux formes, mais à des degrés différents, et lorsque nous traiterons de son absorption, nous indiquerons quelles sont les conditions qui favorisent ou qui retardent son passage du tube digestif au courant circulatoire.

On ne connait pas exactement la quantité de chaux nécessaire à l'organisme humain, mais on ne peut pas non plus affirmer que cette quantité, si réduite qu'elle puisse être, se trouve toujours contenue en proportion suffisante dans une alimentation déterminée. B u n g e (1)

---

(1) G. v. Bunge. Lehrbuch der Physiologie des Menschen. T. 2. Leipzig. 1901. Pag. 88.

affirme, au contraire, que la chaux forme avec le fer un groupe de constituants minéraux dont l'insuffisance dans l'alimentation est très souvent
constatée, car, à l'exception du lait, la plupart des aliments sont pauvres
en chaux.   On peut, comme l'a indiqué R u m p f , (1) constituer par jour
trois formes de diètes contenant des quantités très diverses de chaux: la
première, la plus forte, avec 4,289 g. comprend deux litres et demi de
lait, la seconde 1,365 g. et la troisième 0,315 g.

Il est facile de s'imaginer à quelle extrême pauvreté en chaux l'organisme humain peut être éventuellement soumis, si on se nourrit exclusivement et durant un certain temps, avec un ou deux aliments comme
par exemple la viande et le pain.   Ce fait, que nous traiterons d'une
façon plus étendue à d'autres points de vue, est mis en évidence dans
le tableau suivant, dressé par B u n g e , et qui présente les aliments les
plus importants, classés suivant leur teneur croissante en chaux, calculée
sur 1.000 g. de matière sèche.

1.000 grs. de Sucre	contiennent	0,000	grs. de chaux.
" " " Miel	"	0,067	" " "
" " " Riz	"	0,12 — 1,70	" " "
" " " Pain noir	"	0,26	" " "
" " " Viande de bœuf	"	0,29	" " "
" " " Pain blanc	"	0,46	" " "
" " " Raisins	"	0,60	" " "
" " " Pain graham	"	0,77	" " "
" " " Poires	"	0,95	" " "
" " " Pommes de terre	"	1,00	" " "
" " " Dattes	"	1,08	" " "
" " " Blanc d'œufs	"	1,30	" " "
" " " Pois	"	1,37	" " "
" " " Farine d'avoine	"	1,42	" " "
" " " Prunes	"	1,66	" " "
" " " Lait de femme	"	2,43	" " "
" " " Jaunes d'œufs	"	3,80	" " "
" " " Figues	"	4,00	" " "
" " " Beurre	"	4,11	" " "
" " " Fraises	"	4,83	" " "
" " " Thé (solide)	"	6,90	" " "
" " " Lait de vache	"	15,10	" " "
" " " d'Epinards	"	19,50	" " "

____

(1)   Th. Rumpf Berl. Klin Wochenschrift 1897. No. 13.

Bien que le corps puisse s'adapter à un approvisionnement donné en chaux par l'alimentation, en mettant la sortie de cet élément en rapport avec l'importance de son entrée, il existe certains états physiologiques dans lesquels la dépense s'en augmente énormément en raison des besoins auxquels cet élément minéral doit faire face. La femme enceinte, et celle qui allaite, consomment la chaux qu'elles doivent fournir pour la formation du squelette du fœtus et pour la croissance de l'enfant, en plus de la quantité nécessaire à leur propre organisme pour remplir les fonctions de nutrition. Comme on le conçoit aisément, l'organisme de l'enfant qui croît ou de l'embrion qui se forme dans le ventre de la mère jusqu'à sa sortie à la lumière présente ces mêmes besoins en chaux. Il résulte des analyses de H u g o u n e n q (1) que le sang et les viscères du nouveau-né contiennent en effet une abondante provision de chaux, aussi abondante que celle de fer qu'ils présentent à cette même époque, prête à subvenir aux exigences du développement rapide du squelette dans les premières faces de la croissance.

On ne connaît pas très exactement le maximum de chaux nécessaire à l'organisme pour se maintenir en état d'équilibre calcaire, et s'il est vrai que certains chercheurs comme B e r t r a m (2) qui, dans un essai pratiqué sur lui-même, se trouvait en équilibre avec 400 mg. de chaux par jour, et R e n v a l l (3) avec 688 — 860 mg., on ne peut admettre que ces chiffres représentent la quantité réellement indispensable pour satisfaire à tous les besoins en chaux de l'organisme, dans les conditions d'alimentation, extra-physiologiques ou pathologiques, dans lesquelles on se trouve ordinairement placé. La chaux remplit, en effet, certaines fonctions chimiques défensives dans le tube intestinal, fonctions qui se trouvent étroitement liées aux phénomènes chimiques compliqués qui se produisent dans cet organe. Comme en l'a vu en partie précédemment et comme on le verra plus loin, la putréfaction intestinale devient une source extra - physiologique constante de poisons qui ont une tendance à envahir l'organisme, et la chaux, dans certaines conditions de solubilité,

---

(1) L. Hugounenq, C. R. de la Société de Biologie. T. 51. Pag. 537.
(2) J. Bertram. Zeitschr. f. Biologie. T. 14. 1878.
(3) G. Renvall. Skandin. Archiv f. Physiologie. T. 16. 1904.

tend à empêcher la production de ce phénomène. Par conséquent, le minimum physiologique de chaux indiqué par les auteurs cités précédemment est insuffisant pour faire face aux besoins créés par l'état de putréfaction dans lequel se trouve constamment le contenu intestinal. La chaux, d'autre part, joue un rôle semblable dans l'intimité des tissus, rôle bien distinct des fonctions physiques et chimiques qui correspondent au ion calcium dans les phénomènes physiologiques. A l b u et N e u b e r g (1) reconnaissent également que ce minimum physiologique présente certainement un grand intérêt théorique et expérimental-physiologique ; mais au point de vue de la pratique de l'alimentation, comme aussi pour ce qui regarde la pathologie et la thérapeutique, la recherche de la moyenne normale dans les diverses conditions d'alimentation acquiert une grande valeur, et, tout en tenant compte des expériences effectuées jusqu'à ce jour, les docteurs A l b u et N e u b e r g élèvent le chiffre du minimum physiologique de CaO à 1,5 g. par jour. Toute ration alimentaire dont la teneur en chaux s'abaisse au-dessous de cette limite doit être considérée comme pauvre en chaux. Je crois que si on veut retirer de cette base tous les avantages qu'elle peut procurer pour la conservation de la santé, chaque fois que le permettent son état spécial de solubilité, la réaction du contenu intestinal et la production concommitante des substances qui tendent à l'insolubiliser ou à la sédimenter, on doit élever la teneur moyenne jusqu'à 2,5 g. à 3 g. de CaO par jour. Si les conditions mentionnées précédemment ne sont pas convenablement remplies, la chaux se convertit, même si elle ne se rencontre qu'en très faible proportion dans l'alimentation, en un produit nocif très enclin à réduire l'intensité normale de la nutrition et à se sédimenter dans les tissus, aidant ainsi à la ruine des éléments cellulaires nobles et à leur invasion par les tissus sclérosants.

La circulation de la chaux, c'est-à-dire l'ensemble des échanges quantitatifs et qualitatifs que subit cette base alcalino-terreuse depuis son entrée dans l'organisme jusqu'à sa sortie par les fèces et l'urine, s'effectue par une voie bien déterminée. Elle entre par la bouche formant partie

---

(1) A. Albu und C. Neuberg. Physiol. u. Pathol. des Mineralstoffwechsels. Berlin. 1906. Pag. 113.

essentielle des aliments, et se dissout dans l'estomac et dans l'intestin grêle jusqu'au point où l'acidité de ces compartiments du tube digestif le lui permet; une grande partie, évaluée par F o r s t e r (1) à 60% des sels de chaux donnés dans l'alimentation, comme le démontrent les expériences effectuées chez les animaux, passe ensuite à l'absorption. Le reste, c'est-à-dire la partie non absorbée, dont la proportion peut être bien supérieure à celle qui a passé aux canaux d'absorption, suit directement la voie intestinale et est expulsée par les fèces. Toute la partie absorbée et annexée au sang n'est pas excrétée par le rein; une faible proportion, qu'on peut évaluer dans les conditions normales à 5 ou 10% seulement de la masse totale ingérée, atteint l'émonctoire rénal; le reste de la chaux absorbée, comme l'ont démontré les expériences faites sur les chiens par E. V o i t (2) retourne au conduit alimentaire et est excrétée par la muqueuse du gros intestin. Se basant exclusivement sur l'analyse des urines, beaucoup d'autres ont prétendu établir sur la nutrition minérale de quelques maladies, comme dans la pathogénie de la tuberculose, des doctrines qui ont été depuis rejetées définitivement parce qu'elles manquaient de base.

Mais si la route générale suivie par la chaux dans les échanges nutritifs est bien déterminée, il n'en est pas de même pour ce qui a trait aux quantités relatives de cette base qui se distribuent dans les diverses sections de la circulation décrite.

Ces quantités relatives varient considérablement selon l'état physiologique, l'âge, l'individu, la quantité ingérée et surtout la qualité de l'aliment. J'ai spécialement dirigé mes recherches dans le but de préciser quelles sont les circonstances qui déterminent cette variation dans la distribution quantitative de la chaux, c'est-à-dire quels en sont les facteurs, et comment ils influent pour faire suivre à cette base une direction donnée, ou la faire s'éliminer en plus grande proportion par une voie donnée plutôt que par les autres.

La chaux éliminée par l'urine est unie principalement à l'acide phosphorique et en moindre quantité aux acides carbonique, sulfurique ou

(1) I. Forster. Archiv für Hygiene. T. 2. 1885.
(2) E. Voit. Zeitschr. f. Biologie. T. 16. 1880.

urique (on peut noter qu'elle sort unie aux acides avec lesquels elle forme des combinaisons très peu solubles). Son élimination relativement à la magnésie est dans la proportion de 1 : 3. La quantité journalière de cette chaux urinaire, en relation manifeste avec l'espèce d'aliment, varie, suivant les données fournies par divers auteurs: (N e u bauer, Senator, v. Noorden, Schetelig, Ott, Gautier) et autres, entre 0,15 à 0,50 grs. CaO.

J'ai fixé, certes un peu abitrairement, comme moyenne générale, à titre de comparaison dans nos conditions de milieu et d'alimentation, le chiffre de 0,25 g. CaO. La chaux des fèces représente le reste et les proportions relatives dans lesquelles les deux se trouvent liées, subissent de grandes variations, non seulement dans l'état pathologique, mais aussi chez l'homme sain. Chez les enfants au sein, d'après B l a u b e r g, (1) durant la période d'alimentation maternelle, la chaux urinaire est avec la chaux fécale dans la proportion de 76 : 24 ; dans l'alimentation au lait de vache, chez les mêmes enfants, il existe de grandes variations qui vont de 45 : 55 jusqu'à 22 : 78 (et s'il était possible d'établir une moyenne, elle serait de 33,5 : 66,5).

Bien que cette différence entre les uns et les autres puisse s'attribuer sans hésitation à la qualité de l'aliment, un examen plus serré de la question, comme nous le démontrerons plus loin, permet d'affirmer que cette différence provient de la concommitance de la putréfaction intestinale que l'alimentation artificielle cause avec plus d'intensité et de fréquence. Dans les recherches de B e r t r a m (l.c.) la proportion fut chez les adultes de 41 : 58, et dans celles de R e n v a l l (l.c.) de 45,5 : 55,5 en moyenne, (avec des variations depuis 25 : 75 jusqu'à 64 : 36). v. N o o r d e n (2) trouva chez cinq personnes malades, soumises aux recherches, des variations de 3, 9 à 28,3% pour la chaux éliminée par voie urinaire. On doit mentionner le fait observé dans ces déterminations que c'est précisément la personne évacuant la plus grande quantité de chaux par l'intestin qui en éliminait le moins par l'urine. D'après R u m p f (3) on peut augmenter cette sortie de chaux par l'urine jusqu'à 26,8% de la

---

(1)   M. Blauberg. Zeitschr. f. Biologie. T. 40. 1900.
(2)   v. Noorden und Belgrad. Berl. Klin. Wochenschr. 1894. No. 10.
(3)   Th. Rumpf. Berl. klin. Wochenschr. 1897. No. 13.

chaux totale, au moyen de divers agents thérapeutiques parmi lesquels figurent les acides. Nous nous étendrons davantage sur ce point plus loin.

En ce qui concerne les proportions relatives de chaux, celle qui provient de l'excrétion de la membrane intestinale après avoir parcouru le cycle nutritif intermédiaire décrit précédemment, et celle non absorbée qui entre dans l'alimentation et passe directement aux fèces, il n'est pas possible de les fixer définitivement, si on tient compte des résultats contradictoires obtenus par les investigateurs dans leurs expériences. On a essayé deux méthodes différentes de recherche pour démontrer la valeur de la chaux excrétée par la muqueuse de l'intestin : la première, effectuée par F r. M ü l l e r, (1) T i g e r s t e d t (2) et R e n v a l l (3) et dernièrement par S a l o m o n et V a l l a c e (4) basée sur l'analyse des fèces des jeûneurs Cetti et Breithaupt, et sur l'analyse des mêmes fèces au cours d'une alimentation excessivement pauvre en azote et phosphore et libre de sels, ce qui, en réalité, équivaut plus ou moins au jeûne lui-même.

La seconde méthode, employée d'abord par S a l k o w s k i (5), et reprise ces derniers temps par U r y (6) est fondée sur la supposition que les matières minérales solubles contenues dans l'extrait aqueux des fèces sont excrétées par la muqueuse intestinale. La première méthode est la seule qui soit digne de foi ; la seconde est inadmissible parce qu'elle repose sur une idée hypothétique fausse, ainsi qu'il va être démontré.

S a l o m o n et V a l l a c e ont trouvé pour les adultes soumis à la diète avec du sucre que l'excrétion de la chaux par la muqueuse intestinale est en 24 heures de 0,211g. et 0,189 g. dans les deux cas examinés. Comme ces chiffres l'indiquent, les quantités de chaux excrétée par la muqueuse intestinale sont bien petites.

L'intestin grêle, surtout dans ses dernières portions, est le siège principal de l'excrétion de la chaux et du fer. Les études expérimentales faites par F r. V o i t (7) sur les fèces produites par une anse intes-

(1) Dr. Müller. Virchows Archiv. T. 131. Supplementheft. 1893.
(2) C. Tigerstedt. Skand. Archiv f. Physiologie. T. 16 — 1903.
(3) G. Renvall. Skand. Archiv f. Physiologie. T. 16. 1903.
(4) Med. Klin. 1909. No. 16.
(5) E. Salkowski. Virchows Archiv. T. 131. 1871.
(6) H. Ury. Deutsch. med. Wochenschr. 1901. No. 41.
(7) Fritz Voit. Zeitschr. f. Biologie. T. 29. Pag. 325. 1892.

tinale isolée ne laissent aucun doute à ce sujet. Les sécrétions pancréatiques et biliaires n'apportent à l'intestin que de très minimes quantités de chaux. La même chose arrive pour le gros intestin, ainsi que K o b e r t et K o c h (1) l'ont démontré, puisqu'en faisant l'analyse des sécrétions du gros intestin ces investigateurs n'ont pu trouver que de très petites quantités de chaux et de fer (1,006 mg. *pro die* contre 6 mg. de l'évacuation totale à jeun *pro die*).

Le gros intestin est plutôt un organe de réabsorption qu'un organe d'excrétion, du moins pour les matières digérées, parce qu'elles l'ont déjà été dans les parties supérieures du tube digestif; au fur et à mesure que les résidus alimentaires avancent dans le gros intestin, ils s'épaississent de plus en plus pour constituer finalement les matières fécales avec leur consistance normale, tout ceci étant la conséquence de la réabsorption de l'eau et des matières solubles qu'ils contiennent. Dans les cas de constipation opiniâtre, la rétention fécale permet le durcissement des matières au point que leur teneur en eau s'abaisse jusqu'au 60% (2). De véritables phénomènes de digestion n'ont lieu dans le gros intestin que dans des limites très étroites; c'est seulement dans les cas de catarrhes étendus de l'intestin grêle ou chez les animaux, quand on a fait l'extirpation d'une grande partie de cet intestin ($\frac{7}{8}$ parties), que les hydrates de carbone et les albumines peuvent être digérés et absorbés dans le gros intestin, par une action vicariante, si l'on a soin de choisir soigneusement les aliments (3).

T i g e r s t e d t (4), après avoir discuté son action sur les aliments, et les effets de son extirpation chez les animaux, arrive à cette même conclusion, c'est-à-dire que le gros intestin est plutôt un organe de réabsorption que de digestion. Cet auteur dit: "La tâche principale du gros intestin est donc d'effectuer l'absorption des aliments non absorbés, mais absorbables, et de donner au contenu intestinal une consistance plus solide en le desséchant."

---

(1) Deutsche med. Wochenschr. 1894. No. 47.

(2) Schmidt und Strasburger. Ouvrage cité. Pag. 116.

(3) R. Fleischer. Spezielle Pathologie u. Therapie der Magen-Darmkrankheiten. Pag. 1.066. Wiesbaden 1896.

(4) R. Tigerstedt. Lehrbuch der Physiologie des Menschen. P. 395. Leipzig. 1911.

En dehors des cas mentionnés précédemment, les fonctions du gros intestin se limitent à la réabsorption de l'eau et des composés solubles que la putréfaction intestinale produit dans les matières fécales pendant leur trajet et leur séjour dans le gros intestin. La putréfaction intestinale, en effet, rend solubles dans l'extrait aqueux des substances organiques et minérales diverses (qui seront étudiées plus tard) et, parmi ces dernières, une petite quantité de chaux. La petite proportion de chaux déterminée par U r y dans l'extrait aqueux des fèces n'est pas précisément celle qui est excrétée par la muqueuse du gros intestin, mais celle qui s'y rencontre comme un résidu non encore absorbé. Comme il se peut qu'une partie de la chaux contenue dans l'extrait aqueux ait été excrétée par les dernières parties de l'intestin grêle, ainsi qu'il a été dit, on ne peut nier a priori et d'une manière absolue, la supposition de U r y. Pour que cette hypothèse soit pleinement confirmée dans le sens que lui donne l'auteur, qui va jusqu'à la considérer comme une excrétion complémentaire de celle de l'urine, il serait nécessaire de démontrer :

1°.— Que l'excrétion de la chaux dans les dernières parties de l'intestin grêle s'effectue à l'état soluble; et 2°. que les transformations putréfactives qui ont lieu dans le gros intestin ne donnent pas effectivement naissance à des composés solubles de chaux aux dépens des composés insolubles de chaux qui existent en abondance dans toute matière fécale. Ce sujet est assez important pour faire une étude complète de la circulation de la chaux dans l'organisme animal; et comme d'autre part, de cette manière de concevoir ces phénomènes découle une nouvelle voie qui suit la chaux dans son chemin à travers l'organisme, avec ses grandes conséquences pour la physiologie et la pathologie, il est nécessaire de faire une étude approfondie de la question.

Circulation anormale et rétrograde de la chaux.

Avant de faire connaître notre opinion sur l'origine et le sort que souffrent dans l'organisme les matières solubles de l'extrait aqueux des fèces, il est indispensable d'exposer les résultats comparatifs obtenus par

U r y entre les matières minérales de l'urine et celles obtenues par une extraction à fond avec de l'eau de fèces fraîches. Le tableau suivant condense très bien les résultats de ces recherches.

Répartition pendant deux jours de l'azote et des matières minérales.

	DANS L'URINE	Dans l'extrait aqueux des fèces	Fèces totales	Dans l'extrait p ⁰/₀	SÉCRÉTION TOTALE	
					Urine p ⁰/₀	Extrait aqueux des fèces
Azote. N.	33,516	1,051	3,2495	32,5	97	3
Chlore. HCL.	22,2403	0,0624	0,1347	46,34	99,7	0,3
Acide sulf. SO³.	5,3839	0,017	0,0279	60,9	99,7	0,3
Chaux. CaO.	0,7011	0,242	2,245	10,08	74,3	25,7
Magnésie. MgO.	0,3235	0,2223	0,5492	40,50	59,3	40,7
Phosphate { comme P²O5	6,441	0,7509	2,8573	26,2	89,6	10,4
Phosphate { comme P	2,8123	0,3279	1,2476			

On voit par ce tableau, établi d'après le cas d'un adulte soumis à une alimentation mixte, que la plus grande partie des matières des fèces se trouvent à l'état de phosphate de chaux. Chez les adultes à la diète lactée, ainsi que chez les enfants au sein, les fèces sont extrêmement riches en cendres. F r. M ü l l e r a trouvé 32,8 pour 100 de cendres par rapport à la matière sèche des fèces dans trois déterminations, c'est-à-dire 3 fois la quantité contenue dans la fèce de l'alimentation mixte. Ceci provient, sans doute, de la haute teneur en chaux non absorbée que contient la cendre des selles de lait. De cette forte proportion de chaux une petite partie seulement se fait soluble dans l'extrait aqueux des fèces, soit le 10,8 pour 100 selon les déterminations de U r y citées précédemment. Pour ma part, j'ai pu confirmer cette donnée en faisant le dosage comparatif de la chaux soluble contenue dans l'extrait aqueux, et de la chaux totale de la fèce. Les résultats se rapportent à 100 g. de matière fraîche.   Dans les deux cas examinés, le lait figurait dans l'alimentation, mais dans le second, en proportion beaucoup plus forte.

	Chaux soluble.	Chaux totale.	Chaux sol.%.
B. de T. 100 g. de fèces contiennent 0,167		1,321	12,6
A. C. " " " 0,146		1,705	8,6

Urine de 24 heures chez B.de T. 973c.c. qui contiennent en chaux 0,312 g.
Urine de 24 heures chez A. C. 1231c.c. qui contiennent en chaux 0,224 g.

La description des différentes formes de phosphaturie pathologique mentionnées par les auteurs, en donne une idée très confuse ainsi que le disent avec raison A l b u et N e u b e r g (1). La chimie pathologique est la science appelée à y apporter quelque clarté. Tandis que M o r a c- z e w s k i (2), dans la forme de phosphaturie qu'il a décrite, la considérant comme une *anomalie essentielle de la nutrition,* a démontré, au moyen d'une détermination exacte des échanges minéraux, qu'il se produit dans cette maladie une augmentation d'élimination de l'acide phospho- ment déterminé chez une femme et un enfant, par une analyse minutieuse, on observe quelque chose entièrement différent dans d'autres formes de phosphaturie, particulièrement chez les enfants. Ici il s'agit manifestement d'un trouble profond des échanges calcaires. S e n d t n e r (3) a été le premier qui a placé la question de la nature et des causes de la phosphaturie dans une voie nouvelle et exacte. Il a constaté que dans ce cas l'excrétion de la chaux par l'urine était augmentée. Les investigations de S o e t b e e r (4), faites en partie avec la collaboration de K r i e g e r, ont apporté une plus grande précision; après avoir exactement déterminé chez une femme et un enfant par une analyse minutieuse l'entrée de la chaux dans l'alimentation, ils ont trouvé que la malade a excrété par l'urine, en 24 heures, 0,263 g. de chaux de plus qu'une personne normale alimentée de la même manière, et au contraire 0,31 g. de moins par les fèces. Cette chaux en plus qui apparait dans l'urine,

(1) Ouvrage cité. Pag. 143.
(2) V. Moraczewski. Zentralblatt f. innere Medizin. 1905. No. 16.
(3) J. Sendtner: Münch, med. Wochenschr. 1888. No. 40.
(4) F. Soetbeer. Jahrbuch f. Kinderheilkunde. T. 56. 1902.

provient de la chaux alimentaire absorbée, laquelle, contrairement à ce qui arrive normalement dans la grande majorité des cas, ne s'excrète pas par l'intestin, mais par les reins. *Soetbeer a attribué cette anomalie des échanges calcaires à l'existence d'une colitis qui empêchait l'excrétion par la membrane muqueuse intestinale de la chaux déjà réabsorbée.* Tandis qu'à l'état normal la relation P^2O^5: CaO est dans l'urine 12: 1, cette même relation s'est montrée chez les malades de S o e t b e e r à 4: 1. T o b l e r,(1) qui récemment a pleinement confirmé, dans trois cas de phosphaturie chez des enfants, l'existence de la calcariurie découverte par S o e t b e e r, n'est pas d'accord en ce qui concerne le coefficient, qu'il ne considère pas comme la règle, puisque selon lui la sortie de l'acide phosphorique ne peut être déterminée avec certitude par la seule hauteur du chiffre qui représente l'excrétion de la chaux. T o b l e r fait observer, en outre, que cette nouvelle conception de la nature intime de la phosphaturie ne présente pas seulement un intérêt théorique, mais a une grande portée pratique en ce qui concerne la thérapeutique. Dans tous ses cas, qu'il a soumis à une diète pauvre en chaux, il a vu disparaître, après très peu de temps, la phosphaturie, et, avec elle, tous les symptômes subjectifs qui l'acompagnaient.

Les mêmes auteurs, A l b u et N e u b e r g, avec une prévision scientifique rigoureuse, arrivent, dans le paragraphe que je cite plus loin en entier, à la conclusion suivante: *L'hypothèse de Soetbeer concernant la pathogénie de la phosphaturie n'est qu'une supposition non encore démontrée.* " Pour établir avec certitude les relations qui existent entre la " calcariurie " et les échanges du phosphore et du magnesium, des investigations plus étendues sont nécessaires. Que le phosphore soit excrété par l'intestin ou par les reins, ceci. parait provenir en premier lieu, ainsi que pour la chaux, de la classe d'alimentation, particulièrement des relations quantitatives entre les matières alimentaires végétales et animales. Du moins la différence de nutrition phosphorée entre les animaux carnivores et herbivores parait être fondée sur cela. Il est nécessaire aussi d'entreprendre des investigations plus précises encore pour établir l'influence réciproque entre la teneur des aliments en phosphore

---

(1) L. Tobler. Archiv. f. experim. Pathol. u. Pharmakol. T. 35. 1904.

et l'absorption de ces substances. C'est alors seulement que l'hypothèse de S o e t b e e r sur la pathogenèse de la phosphaturie, qui dérive d'une supposition non encore démontrée, c'est-à-dire, que l'épithélium intestinal rendu malade par l'inflammation perd dans ses propriétés sécrétives, peut être soumise à une critique décisive."   .

De cinq cas de calcariurie que j'ai observés, trois seulement ont pu être soumis à l'investigation chimique. Dans tous mes cas, l'urine était trouble, *très augmentée de volume,* avec une quantité de chaux 2 à 3 fois supérieure à la moyenne normale que j'ai établie pour cette localité, soit 250 mg. par 24 heures. De ces trois cas, nous en laisserons un de côté qui, à cause des particularités chimiques de l'urine, sera étudié plus tard. Il s'agit, dans les cas que nous examinons maintenant, de deux adultes, dans l'histoire clinique desquels figurent la dysenterie et l'infection intestinale avec fièvre, et qui, à l'époque où ils ont été examinés, étaient affectés de catarrhe intestinal chronique avec symptômes nerveux bien développés (insomnie, palpitations, céphalalgie, vertiges, etc.) Les investigations chimiques n'ont pas été dirigées uniquement dans le but de constater une pauvreté relative en chaux dans les fèces et un excédent dans l'excrétion de la même base par les urines, comparativement à ce qui se passe chez les adultes normaux alimentés de la même manière, ce qui, d'autre part, est fort difficile, étant données les divergences individuelles, mais dans le sens bien déterminé de mettre en évidence l'état de solubilité de la chaux qui se trouve dans les matières fécales des malades. F. W. prenait surtout des aliments végétaux et un demi-litre de lait par jour; L. C. suivait un régime mixte et ingérait beaucoup plus de lait, soit un litre. La selle du premier pesait 90,5 g.; celle du second 142,3 g. Les résultats se rapportent à 100 g. de fèces fraîches.

	Chaux sol.	Chaux tot.	Chaux sol.%
F.W. 100 g. de fèces contiennent	0,2890	0,4767	60,6
L. C. 100 g. contiennent.......	0,5340	1,0293	51,9

Urine par 24 heures chez F. W. 3202 c.c., contenant en chaux 0,576 g.
Urine par 24 heures chez L. C. 1939 c.c., contenant en chaux 0,512 g.

Si l'on compare ces chiffres avec ceux donnés précédemment et qui se rapportent à l'état normal, on voit qu'il y a une différence notable dans la forme sous laquelle se trouve la chaux dans les fèces: dans la "calcariurie à forme polyurique" la chaux soluble se trouve dans la proportion de 50 — 60 pour 100, tandis qu'à l'état normal elle monte à 12 pour 100 tout au plus.

Etant donné l'état de grande solubilité de la chaux dans les matières fécales des malades qui souffrent de "calcariurie polyurique" et le passage beaucoup plus accentué de cette même base dans l'urine, il est rationnel de penser que la réabsorption de l'eau des matières fécales, conjointement avec les substances minérales qui y sont dissoutes, apporte au sang cet excédent en chaux qu'on voit apparaître dans les urines. Cette constatation constitue une forte présomption en faveur de l'opinion soutenant que l'excédent de chaux urinaire provient directement de la réabsorption de la chaux fécale, mais ne constitue pas une démonstration absolument décisive. Peut-être y a-t-il là une simple coïncidence ou peut-être que les deux phénomènes dérivent d'un même mécanisme pathologique, mais on ne peut pas établir une relation causale directe, c'est-à-dire que ce soit la même chaux fécale qui passe directement à l'urine. Cependant c'est cette dernière supposition qui est la vraie, comme on peut s'en convaincre en examinant plus profondément la question.

Si l'on fait le dosage comparatif des acides gras volatils contenus dans les urines de 24 heures des cas examinés et de personnes normales, ou du moins qui ne souffrent pas de ladite maladie, on constate une grande différence, ainsi que le met en évidence le tableau suivant:

Acides gras volatils exprimés en soude. $\dfrac{n}{10}$

	Sujets Normaux.	Sujets calcariuriques.
B. de T.	28,1 c.c.	
A. C.	21,3	
F. W.		58,0 c.c.
L. C.		49,2

Il était tout naturel de penser, en présence de cette notable différence dans la constitution chimique des deux classes d'urine, en ce qui touche la chaux et les acides gras volatils, qu'il pourrait bien arriver que les acides gras inférieurs qui se forment constamment dans la putréfaction des matières fécales, aient pu produire, en attaquant les carbonates et phosphates de chaux, des sels que la réabsorption fécale transporterait facilement au sang. Arrivées directement à ce liquide sans l'intermédiaire de la digestion stomacale, et contrairement à ce qui arrive pour les sels à acides gras des métaux alcalins qu'apportent les aliments, lesdits sels de chaux ne se détruiraient pas par oxydation dans l'intimité dés tissus et seraient éliminés en nature par les urines. Cette dernière supposition est celle qui se réalise, ainsi que le démontre l'expérience. Pour mener à bien cette expérience et la mettre à l'abri de toute erreur de technique ou d'interprétation, on commence par soumettre le sujet à un régime invariable d'alimentation pendant la durée de l'expérience. Les *méthodes employées* pour faire les dosages de la chaux et des acides gras dans l'urine qui constituent, comme on sait, la condition essentielle pour la bonne réussite de tout travail de chimie physiologique, ont été appliquées d'accord avec les prescriptions techniques des auteurs les plus compétents dans la matière, H o p p e - S e y l e r (1), N e u b a u e r - H u p p e r t (2), A b d e r h a l d e n (3), P e m b r e y (4) et R e a - l e (5), etc.

Dans un chapitre spécialement dédié à cet important sujet, on trouvera la description détaillée des méthodes employées pour faire les recherches mentionnées dans le présent ouvrage. La quantité d'eau a été mesurée, sauf les jours où on a fait augmenter intentionnellement le volume de l'urine, soit par l'ingestion forcée d'eau, soit par un mécanisme particulier (injection rectale de sels ammoniacaux des acides gras), qui n'a rien à faire avec l'expérience en question, si ce n'est au point de vue de l'action que la quantité d'eau excrétée par le rein exerce sur l'élimination urinaire de la chaux. Comme on peut s'en convaincre par la lecture du tableau suivant, la proportion de chaux éliminée par 24 heures, bien

---

(1) Hoppe-Seyler's Handbuch der physiologisch und pathologisch chemischen Analyse. Bearbeitet von Dr. H. Thierfelder. Berlin. 1903.

(2) Neubauer-Huppert. Analyse des Harns. Bearbeitet von Ellinger, Falk, Henderson, Schultz, Spiro Wiechowski. Wiesbaden. 1910.

(3) Emil Abderhalden. Phfsiologisches Praktikum. Berlin. 1912.

(4) M. S. Pembrey. Practical Physiology. London. 1910.

(5) Dott. E. Reale. Manuale di Chimica Clinica. Napoli. 1907.

que variant d'un jour à l'autre, dans les conditions où l'expérience a été
réalisée, constitue un phénomène fixe de l'économie animale. On peut
en dire autant des acides gras.

Première Série. Etat Normal.

Volume par 24 heures.	Chaux.	Acides gras en soude. $n|10$
1265 c.c.	0,235 g	22,0 c.c.
1314	0,253	24,5
1295	0,241	24,7
1411	0,215	20,9
1342	0,270	25,0
1192	0,237	25,3
1215	0247	29,2
Moyennes 1290,6	0,2426	24,51

Seconde Série. Polyurie provoquée par les sels ammoniacaux.

Volume par 24 heures.	Chaux.	Acides gras en soude. $n|10$
1886 c.c.	0,233 g.	31,3 c.c.
1588	0,333	34,9
1916	0,296	32,5
2284	0,315	31,9
2874	0,297	28,7
2884	0,304	31,7
2325	0,314	29,9
Moyennes 2248	0,2989	31,56

Troisième Série. Hypurie provoquée par l'acétate de chaux.

Volume par 24 heures.	Chaux.	Acides gras en soude. $n|10$
1540 c.c.	0,431 g.	83,8 c.c.
1495	0,469	73,2
1118	0,451	49,1
Moyennes 1384 c.c.	0,4503 g.	68,7 c.c.

Quatrième Série.   Polyurie provoquée par l'ingestion de l'eau.

Volume par 24 heures.	Chaux.	Acides gras en soude. $n|10$
1344 c.c.	0,181 g.	24,9 c.c.
1841	0,290	20.1
2263	0,302	29,1
1861	0,284	27,4
1537	0,222	25,4
Moyennes 1769,2 c.c.	0,2558 g.	25,38 c.c.

La seconde série d'expériences a suivi immédiatement la première, et la troisième la seconde, mais non la quatrième série, qui a été faite après une série semblable à la seconde, dans une autre occasion, en poursuivant un autre but.

Dans les trois dernières séries d'expériences on peut voir une augmentation indéniable dans l'excrétion de la chaux par les urines, si on rapproche de la moyenne normale les chiffres donnés par les moyennes de chaque série.   C'est dans la troisième série qu'on peut constater l'élévation la plus considérable. Comme on pouvait s'y attendre, il est très naturel qu'il en soit ainsi.   On sait, en effet, d'après T h. R u m p f (1) que l'ingestion de sels solubles de chaux ou l'addition d'acide chlorhydrique aux aliments augmente la teneur en chaux des urines.   Mais ce qui donne à nos expériences un intérêt tout particulier, c'est que l'augmentation de la chaux dans les urines a lieu conjointement avec une augmentation plus considérable encore des acides gras volatils.   L'acide acétique constituait la plus grande partie de ces acides.   Quand on a employé le phosphate ou le carbonate de chaux dissous dans une solution de butyrate d'ammoniaque comme liquide pour les injections rectales, l'acide butyrique a constitué la plus grande partie des acides gras volatils qui sont apparus en excès dans l'urine.   A cet égard, l'examen du mécanisme chimique qui préside à la genèse pathologique du troisième cas de " calcariurie polyurique " que nous avons laissé de côté précédemment, vient

---

(1)   Cité par Hammarsten: Lehrbuch d. phys. Chemie. 5 aufl. Wiesbaden. 1904.

apporter une nouvelle confirmation de ce passage à l'urine des acides gras produits par la putréfaction des matières fécales.

Dans les fèces et l'urine de cette malade qui souffre de " calcariurie polyurique, " sous une forme qu'on pourrait qualifier d'anormale au point de vue chimique, on trouve :

	CaO sol.	CaO tot.	CaO sol.%
100 g. de fèces fraîches contiennent.	0,0721	1,7083	4,2
L'urine par 24 heures		0,522	
Acides gras vol...................	109,0 c.c.	NaOH $\frac{n}{10}$	

L'urine de cette malade contenait, outre les acides acétique, formique et butyrique, une forte proportion d'acide lipopectique, (1) c'est-à-dire, de cet étrange acide qu'on trouve presque constamment dans les excréments de notre région et qui apparait toujours en très minime quantité dans les urines normales, donnant après sa transformation en acide gras entraîné par la vapeur d'eau, un peu d'opacité au distillat de ces mêmes urines. Les combinaisons calcaires de cet acide étant insolubles, il reste immobilisé par la chaux dans les fèces, et ce n'est que dans des conditions pathologiques qu'il peut passer au sang et à l'urine. On a le droit de penser que dans ce cas la production putréfactive des acides gras volatils a été très limitée, que le dépôt des sels solubles de chaux a été presque épuisé par la réabsorption fécale, et, en conséquence, que l'extrait aqueux des fèces contient une proportion très réduite de chaux soluble, c'est-à-dire 4 pour 100, au lieu des très fortes proportions de chaux soluble que j'ai constatées chez mes autres malades de calcariurie; la proportion de chaux soluble dans ce cas a été inférieure même à celle de l'état normal, c'est-à-dire 10 pour 100. Arrivés à ce point, il est indispensable de mentionner que les selles de cette malade étaient fétides, recouvertes de grosses mucosités, et de consistance ferme, la malade souffrant presque toujours de cons-

------

(1) Ce fut le premier cas de calcariurie dont je faisais l'étude, et à cette époque je n'avais pas la connaissance complète de l'acide gras qui passait à la distillation; mais son odeur, son aspect, ses solubilités et ses autres propriétés chimiques concordaient avec l'acide gras dérivé de l'acide lipopectique. Malheureusement je n'ai pas pu faire l'analyse de son sel de cuivre.

tipation, tandis que chez les autres malades la consistance des fèces
était pâteuse, bien que souffrant de catarrhe intestinal chronique. Pour
ce qui touche à ce cas très intéressant, j'ai trouvé dans mes notes de laboratoire les données suivantes: il s'agit d'une femme de 24 ans, dans
l'histoire clinique de laquelle on n'avait pu constater que des manifestations pathologiques peu nombreuses: deux fois elle avait eu de l'infection intestinale avec fièvre, cette maladie étant fréquente dans la localité,
et en plus une varicelle très prononcée. A l'époque de l'examen, la malade souffrait depuis un an d'une polyurie notable avec des phénomènes
nerveux prononcés, sans que par les méthodes ordinaires on ait pu constater dans les urines la présence du sucre (polarimètre, liqueur de Fehling,
phénylhydrazine, fermentation, etc.) La première fois qu'on en a fait
l'analyse, le volume pour les 24 heures était de 3445 c.c.; l'urine, de
couleur jaune clair et opalescente, renfermait toutes les matières minérales, à l'exception de la chaux, dans des proportions normales, comparativement aux moyennes établies pour la localité. L'urine renfermait,
en outre, des traces de matières colorantes biliaires et une forte proportion
de pseudo-indirubine. L'alimentation de la malade consistait en 1 kilo
de pommes de terre, 500 c.c. de lait, 80 g. de beurre, du riz et de la
viande sans sel; (elle avait été soumise par le médecin à la diète déchloru-
rante).

D'autre part, cette réabsorption constante des acides gras des fèces
a bien été admise par la science. S c h m i d t et S t r a s b u r g e r (1)
l'établissent clairement dans leur ouvrage fondamental. " Chez une même
personne on a pu établir que dans la constipation provoquée pendant trois
jours (par la suppression volontaire du désir d'aller à la garde-robe) la
quantité des acides gras diminue, tandis que dans la diarrhée occasionnée
par l'huile de ricin, lesdits acides volatils augmentent jusqu'à deux ou
trois fois le chiffre de la constipation. Les différences constatées proviennent manifestement des changements dans la quantité réabsorbée. "

Dans la deuxième série de notre expérience, les moyennes de la chaux
et des acides gras volatils se trouvent un peu augmentées par rapport à

---

(1) Schmidt et Strasburger. Ouvrage cité. Pag. 228.

l'état normal. Cette légère augmentation, bien accusée, ne parait pas provenir de l'augmentation concommitante de l'urine, ainsi que le prouve la quatrième série, c'est-à-dire la polyurie provoquée par la simple ingestion de l'eau. ¿ D'où peut provenir cette petite augmentation de la chaux et des acides gras volatils durant la deuxième série? Elle n'a pas une origine *nutritive* comme on pourrait le croire tout d'abord. Une observation un peu soigneuse des conditions dans lesquelles l'expérience a été réalisée, va nous le dire. Le liquide de l'injection consistait en une solution très concentrée de butyrate d'ammonium; il a été préparé en partant de l'acide butyrique légèrement dilué d'eau: on a fait la neutralisation avec de l' ammoniaque et deux ou trois gouttes d'acide rosolique, jusqu'à obtenir une faible réaction alcaline, l'expérience ayant prouvé qu'il est très pénible de supporter un liquide neutre ou légèrement acide. L'analyse a donné les chiffres suivants: ammoniaque 3,825 g. et acide butyrique (calculé) 19,8 g. pour 100 c.c. Durant les deux premiers jours, l'injection mesurait 50 c.c., les deux jours suivants 75 c. c. et 100 c.c. le reste de la série. On a été obligé de faire le fractionnement du liquide en cinq portions, faisant la dilution avec de l'eau distillée tiède. Cependant il a fallu au liquide toute la journée pour être réabsorbé, mais son passage au sang était complet, ainsi que l'a démontré l'analyse des fèces. Au cours de l'expérience avec le butyrate d'ammonium, la selle de la matinée d'un des jours a pesé 65,6 g. et donné à l'analyse 0,034 g. d'ammoniaque, faite au moyen de la méthode de K r ü g e r - R e i c h - S c h i t t e n h e l m et confirmée par la titration au formol. Comme on peut le voir, la teneur en ammoniaque de cette selle était notablement inférieure à la moyenne des fèces normales dans cette région, ainsi que le démontre le tableau comparatif suivant:

AzH^3

100 g. de fèces de l'injection contiennent. 0,051

100 g. de fèces normales renferment depuis 0,0595 jusqu'à 0,1123

Bien que la réabsorption du liquide ait été complète, son passage au sang demandait toute une journée pour s'effectuer, et pendant qu'il était encore dans l'intestin, il y avait des chances pour qu'il se mêlât intimement aux matières fécales, ainsi qu'on pût le vérifier dans de très rares occasions où se produisait la sortie occasionnelle d'une petite quantité. Si l'on malaxe bien intimement de la matière fécale avec une solution de butyrate d'ammonium, et on filtre, le liquide filtré contient de la chaux, ainsi qu'il est très facile de le mettre en évidence en ajoutant une solution d'oxalate d'ammonium: dans ce cas il se produit un trouble d'oxalate de chaux. Le même phénomène se produit de la même façon si au lieu d'une solution de butyrate d'ammonium, on emploie de l'eau, mais, dans le premier cas, le précipité est plus abondant. D'autre part, un dosage comparatif, fait dans les même conditions, montre que la solution de butyrate d'ammoniaque dissout une plus forte proportion de chaux que l'eau distillée. En voici un exemple:

Chaux.

200 c.c. d'extrait aqueux par l'eau distillée. . .0,0292 g.

200 c.c. d'extrait aqueux par la solution. . . . .0,0438 g.

Si je suis entré dans tous ces détails, c'est pour bien démontrer qu'on n'a pas le droit d'établir que les 56 milligrammes de chaux et les 7 c.c. d'acides gras volatils qu'on trouve en excès dans la seconde série sur la moyenne normale, proviennent de la nutrition, c'est-à-dire des échanges chimiques qui se produisent dans l'intimité des tissus. C'est possible, mais ce n'est pas démontré, tandis que les phénomènes qui ont lieu dans l'intestin suffisent à l'expliquer.

Comme il a été dit précédemment, la troisième série suit immédiatement la seconde. On voit ici que le volume des urines de 24 heures diminue rapidement depuis 2884 c.c. jusqu'à 1118 c.c., avec les injections d'acétate de chaux. J'ai observé quelquefois cette diminution que les sels de chaux déterminent dans le volume des 24 heures, mais cette action hypurique de la réabsorption intestinale des sels de chaux à acides gras, d'origine putréfactive, n'a pas toujours lieu, puisqu'elle peut être contrebalancée et excédée par *l'effet polyurique* des sels ammoniacaux des mêmes acides. Après une série semblable à la deuxième, où on a fait diverses expériences sur la même personne, en poursuivant un autre but, on dissout dans le liquide de l'injection (solution de butyrate d'ammoniaque) du phosphate tribasique de chaux, et, après filtration, on en mesure 100 c.c. On fait de même avec du carbonate de chaux. Voici le résultat comparatif des trois jours:

Le 22 (butyrate et dextrine)	2210 c.c.	0,299	31,50 c.c.
Le 24 (butyrate et phosphate)	2867	0,434	63,07
Le 25 (butyrate et carbonate)	1826	0,425	51,14

La différence notable qui existe entre le phosphate et le carbonate de chaux, en ce qui touche le volume des urines, reste inexpliquée, mais le passage de la chaux aux urines avec l'augmentation simultanée des acides gras, se reproduit.

L'effet pharmacologique que produisent les injections rectales de ces sels de chaux est des plus instructifs, surtout si on le compare avec l'effet que produisent chez la même personne les injections rectales de butyrate d'ammoniaque. Tandis que les injections de butyrate d'ammoniaque ne produisent qu'une petite incommodité au rectum, disparaissant d'ailleurs rapidement, et que leur effet général s'est montré favorable à l'organisme, les actions locales et générales de l'acétate de chaux ont été, de beaucoup, plus énergiques et plus désagréables, de telle manière que l'expérience a dû être suspendue au bout du troisième jour. On a observé au rectum les effets suivants: sensation d'incommodité, d'irritation, de poids douloureux, qui ne se dissipe pas, et qui, au contraire, va en augmentant. Le premier jour la selle était couverte de mucosités et d'une multitude d'écailles blanches; le deuxième jour l'enduit muqueux et calcaire a augmenté jusqu'à former une véritable couche blanche, et le troisième jour se produisit la sortie d'une grande mucosité glaireuse semblable au blanc d'œuf, parsemée de points blancs. Les symptômes généraux ont été presque opposés à l'influence bienfaisante des injections avec le butyrate d'ammoniaque: insomnie complète, état congestif à la tête, courbature, frilosité, anorexie et absence de soif tandis que quatre jours auparavant la personne se trouvait parfaitement bien, le sommeil était profond et réparateur, et la soif et l'appétit étaient plutôt exagérés.

A première vue il parait presque impossible qu'une substance pharmacologique qu'on peut prendre dissoute dans l'eau, presque sans ressentir aucun trouble, puisse produire des symptômes aussi intenses, mais si on songe que lorsque la substance est introduite par la bouche elle souffre une transformation complète, tandis que déposée dans le rectum elle passe directement au sang, où elle constitue une substance complètement étrangère à la composition normale de ce liquide, on ne doit pas être surpris d'observer des effets aussi forts que désagréables. En effet, l'acétate de chaux est décomposé dans l'estomac par l'acide chlorhydrique, du moins la partie qui va être absorbée, et donne du chlorure de calcium, sel soluble et stable, qui, après avoir passé au sang, est éliminé par l'urine et par les dernières parties de l'intestin grêle ; et en acide acétique qui disparait par oxydation dans le milieu alcalin du sang. La partie inabsorbée dans l'estomac passe à l'intestin où le calcium se combine aux acides gras supérieurs, carbonique ou phosphorique, en s'insolubilisant. Introduit par le rectum, l'acétate de chaux, au contraire, après avoir traversé la muqueuse qu'il irrite fortement, passe inaltéré au sang, circule un certain temps dans ce liquide et s'élimine en substance par les reins. On y reviendra plus loin pour faire une étude plus approfondie des effets pathogéniques de la chaux provenant de la réabsorption fécale.

En laissant de côté les symptômes généraux occasionnés par les sels mentionnés dont l'intensité et le caractère peuvent varier selon la susceptibilité individuelle, l'action locale exercée par la solution d'acétate de chaux est indéniable et à l'abri de tout soupçon d'influence suggestive. Après ce qui a été dit précédemment sur l'action inflammatoire des sels organiques de chaux, on a le droit de penser que le contact prolongé et le passage incessant à travers la membrane muqueuse du gros intestin des sels mentionnés qui existent en abondance dans l'extrait aqueux des fèces, bien qu'à une concentration moindre que le liquide de l'injection, peuvent très bien être la cause de la colitis observée dans le cas de calcariurie. A une concentration moindre, les sels de calcium ont une action différente sur l'intestin, bien étudiée par M a c - C a l l u m , L o e w et d'autres.

Un autre phénomène observé dans les urines de l'injection de chaux a été la production abondante de cristaux d'oxalate de chaux, particularité digne d'être mentionnée parce que l'examen microscopique du sédiment urinaire de la même personne à l'état normal, ou sous l'influence des injections de butyrate d'ammoniaque, n'avait pas montré la présence des dits cristaux. *Malheureusement le dosage de l'acide oxalique n'a pas été fait.* En tout cas, la formation de cristaux d'oxalate de calcium dans les urines de cette série s'explique facilement, si l'on pense que la concentration de l'urine et la prédominance relative de la chaux sur la magnésie dissoutes dans le liquide sont des facteurs qui favorisent la précipitation des cristaux d'oxalate de chaux, ainsi que l'ont établi les recherches de K l e m p e r e r et T r i t s c h l e r (1). En outre, il est très intéressant de mentionner que l'apparition dans les urines d'un précipité abondant de cristaux d'oxalate de chaux est un phénomène très fréquemment observé chez les neurasthéniques dyspeptiques.

L'augmentation simultanée de la chaux et des acides gras volatils dans l'urine des diabétiques, vient apporter une nouvelle confirmation du passage au sang et aux urines des sels mentionnés produits par la putréfaction des matières fécales. Cette augmentation de la chaux et des acides gras volatils a été constatée par les investigations concordantes de divers auteurs. R u m p f, C. A. H e r t e r et W a k e m a n n cités par S c h u l z (2) ont constaté dans l'urine diabétique de 24 heures 86 c.c., 200 c.c. et jusqu'à 300 c.c. de solution décinormale chez les adultes, et jusqu'à 80 chez un enfant de 5 ans. *L'augmentation de la chaux,* ainsi que celle de la magnésie, a été constatée maintes fois dans l'urine des diabétiques. D'après D. G e r h a r d t et W. S c h l e s i n g e r (3), cette sortie exagérée serait dûe à l'augmentation des acides qui se produisent constamment dans l'organisme des diabétiques, le système osseux fournissant la chaux nécessaire à sa neutralisation. T o r a l b o, cité par R e a l e (4), rapporte un cas où il a trouvé le chiffre extraordinaire de 2,58 de chaux dans un volume d'urines de 7850 c.c. en 24 heures; (avec une alimentation composée de viande, végétaux,

---

(1) G. Klemperer u. F. Tritschler, Untersuchungen über Herkunft und Löslichkeit der im Urin ausgeschiedenen Oxalsäure. Zeitschr. f. klin. Medizin. T. 44 P. 337. 1902.

(2) F. N. Schulz. Neubauer-Huppert. Analyse des Harns P. 196. 1910.

(3) D. Gerhardt et W. Schlesinger. Ueber die Kalk-und Magnesiaausscheidung beim Diabetes melitus und ihre Beziehung zur Ausscheidung abnormer Säuren (Acidose) Arch. f. exp. Pathol. u. Pharm. T. 42. P. 83. 1899.

(4) E. Reale. Manuale di Chimica clinica. Pag. 252. Napoli. 1907.

œufs et vin, le volume urinaire est descendu rapidement à 2740 c.c. et la chaux à 0,38 g). Pour ma part, j'ai pu confirmer cette augmentation simultanée de la chaux et des acides gras volatils dans trois cas de diabète sucré qui ont été spécialement examinés dans ce but. Voici les résultats obtenus sur des malades exempts d'inflammation des voies urinaires, évitant l'altération des urines.

	Vol.	CaO.	Ac. gras.	Sucre.
C. R.	2377 c.c.	0,580	98,2 c.c.	32,4 g.
Z. de M.	2840	0,615	108,9	43,2
M. T.	3518	0,663	127,2	115,8

On doit faire observer en passant que dans nos régions, le volume des urines des diabétiques, de même que la quantité de sucre, sont très réduits. Nous nous croyons autorisés à attribuer cette augmentation des acides gras excrétés par les urines (*lipacidurie*) et l'augmentation simultanée de la chaux (*calcariurie*) bien acceptées aujourd'hui par tous les auteurs dans le diabète sucré, *à la formation putréfactive des sels à acides gras dans les matières fécales*. Il s'agit dans ce cas d'un mécanisme pathogénique plus facilement contrôlable que celui qui suppose une dissolution du tissu osseux par un sang surchargé d'acide. A cet égard, on peut dire que les investigations très précises de B e n e d i c t (1) sur la soi-disant acidité du sang des diabétiques, même dans l'état de coma, sont tout à fait contraires à cette hypothèse. La réabsorption et la déposition des sels calcaires dans les tissus peuvent se produire, mais ces phénomènes obéissent à d'autres causes, ainsi qu'il sera dit plus loin.

La comparaison entre la quantité journalière des acides gras volatils excrétés par les urines dans la zone tempérée et celle obtenue sous notre climat est très instructive, *pourvu qu'elle soit déterminée en employant les mêmes méthodes*. En Europe, on trouve de grandes différences entre les chiffres donnés par les auteurs, mais ceci provient surtout de la méthode qu'ils ont employée. J'ai toujours adopté celle de H.

---

(1) H. Benedict. Der hydroxylionengehalt des Diabetikerblutes. Pflüger's Arch. T. 115. P. 106. 1906.

S t r a u s s et H. P h i l i p p s o h n (1). Ces auteurs, avec un régime alimentaire déterminé, ont trouvé 40-80 c.c. de soude décinormale. *Dans la constipation ils trouvèrent une valeur moyenne de 105 c.c. 1|10 N.;* les déterminations ont été particulièrement élevées dans un cas de colique de plomb. Par contre, dans cette région, et avec la même méthode, j'ai trouvé des chiffres moitié moindres, soit 20-40 c.c. 1|10 N.

C'est seulement dans les cas pathologiques ci-dessus mentionnés, ou aù cours des expériences, qu'on a vu apparaître des chiffres élevés. La différence observée provient sans aucun doute des phénomènes qui ont lieu dans l'intestin, c'est-à-dire qu'elle a une cause entérogène. Si l'on fait le dosage des acides gras volatils contenus dans les matières fécales, on trouve également une proportion moitié moindre dans cette région que dans la zone tempérée. La méthode employée a été celle décrite par S c h m i d t et S t r a s b u r g e r (2) et adoptée par d'autres auteurs pour obtenir des déterminations concordantes: 50 g. de matières fraîches sont dilués jusqu'à 200c.c. avec de l'eau distillée; on y ajoute 10c.c. d'acide phosphorique de 1,275 de densité, et en conservant le même volume dans le ballon, on conduit soigneusement la distillation, jusqu'à obtenir 400 c.c. Le distillat présente une opalescence blanche très prononcée, et, à sa surface, nagent des petits grumeaux blancs de l'acide gras solide qui se produit en abondance par la décomposition de l'acide lipopectique des fèces. On filtre, on lave, et on fait la titration au moyen de la soude décinormale en présence de la phtaléine. *Si on ne fait pas la filtration indiquée,* on obtient des chiffres plus élevés, mais en tous cas inférieurs à ceux correspondants de la zone tempérée. Les résultats se rapportent à une selle de 24 heures et ont été comparés aux dosages faits par U r y (3).

Moyenne des 4 déterminations selon U r y dans une selle de 24 heures.

	Liqueur décinormale.	Calculés en acide acétique.
Dans la selle de 24 heures (U r y)	151,0 c.c.	0,906 g.
Dans la selle tropicale { Sans filt.	105,0 c.c.	0,630 g.
après filt.	93,0 c.c.	0,558 g.

(1)   H. Strauss u. H. Philippsohn. Zeitschr. f. klin. Med. 40. 369. 1900.
(2)   Ad. Schmidt u. J. Strasburger. Die Fäzes des Menschen. p. 224. 1910.
(3)   Deutsch. med. Wochenschr. 1904. P. 700.

Voici la marche de la distillation d'une selle extrêmement riche en acide lipopectique, les résultats se rapportant au poids de 24 h. (112,8 g).

		Ac. gras vol. en	Calculés en ac. acétique.
On a distillé chaque fois 400 c.c.	1/10 N.		
1º dist. 400 c.c. { sans filt.	56,4 c.c.	. . . . .	0,338 g.
après filt.	48,7	. . . . .	0,292
2º dist. 400 c.c. { avant filt.	27,1	. . . . .	0,162
après filt.	23,6	. . . . .	0,142
3º dist. 400 c.c. { avant filt.	10,8	. . . . .	0,065
après filt.	8,3	. . . . .	0,050
4º dist. 400 c.c. { avant filt.	12,4	. . . . .	0,074
après filt.	9,8	. . . . .	0,059
5º dist. 400 c.c. { avant filt.	10,8	. . . . .	0,065
après filt.	6,9	. . . . .	0,041

L'anomalie dont on vient de parler, et la faible proportion des acides gras volatils, qui, à leur tour, proviennent de la nature des fermentations qui se produisent dans les matières fécales de cette région, sont suffisantes pour expliquer la proportion beaucoup moindre dans laquelle apparaissent les acides gras dans les urines tropicales.

Après ces longs développements, nous nous croyons autorisés à établir le principe suivant: *la chaux, après avoir circulé dans l'organisme selon les voies que lui ont assignées les auteurs, suit un nouveau chemin, extra-physiologique, repasse au sang et s'excrète par les urines.*

Dans quelle proportion la chaux urinaire proviendrait-elle de la réabsorption fécale? C'est ce qu'on ne peut pas dire à l'heure actuelle, parce que de longues recherches quantitatives sont nécessaires. Maintenant on peut faire à cet égard quelques considérations, fondées en partie sur des faits, en partie hypothétiques. Si l'on admet une excrétion de 0,250 g. de chaux par l'urine en 24 heures, proportion qui correspond à peu près à la moyenne de la personne en expérience, cette quantité exigerait en acides gras 89,2 c.c. de liqueur décinormale, tandis qu'en réalité on n'en trouve que 25 c.c. environ. Si on fait passer au sang un excédent de 207 miligrammes de chaux, on pourrait s'attendre à trouver dans les urines, en acides gras, 74 c.c. de liqueur décinormale, tandis qu'en réalité il y a seulement un excédent de 44 c.c.

Le tableau suivant condense plus clairement ces données:

| | Ac. gras. | Ac. gras. | Ac. gras. |
	Calculés.	trouvés.	perdus.
Chaux urinaire normale (0,250 g.)	89, c.c.	25,0	64,0
Chaux urinaire en excédent (0,207 g.)	74,0	44,0	30,0

On voit donc que la chaux ne protège pas complètement les acides gras contre la destruction ou transformation. On sait très bien que l'acétate d'ammoniaque, quelle que soit la voie de pénétration au sang, est transformé par le foie en urée, mais on ne connait qu'une partie du sort que court l'acétate de chaux quand il est introduit directement au sang par la voie rectale; le reste, qui n'est pas éliminé par les urines, pourrait bien être oxydé jusqu'à l'état de carbonate ou d'oxalate de chaux et éliminé sous cette forme par la voie rénale, ou bien il sortirait de nouveau par l'intestin, ou finalement, il resterait sédimenté dans les tissus. D'autre part, toute la chaux qui s'élimine par le rein ne se trouve pas entièrement combinée aux acides gras. A première vue on peut supposer que l'excédent de chaux urinaire non combinée aux acides gras n'a pas une origine entérogène, mais en matière de chimie physiologique ou pathologique on doit être extrêmement prudent dans les interprétations. La chaux a, en effet, une tendance marquée à s'éliminer par l'urine, combinée à certains acides qui donnent avec elle des composés insolubles. G a e t h j e n s a vu s'élever trois fois la quantité de chaux urinaire après l'ingestion d'acide sulfurique et Caspari (1) en a observé une augmentation dix fois plus grande avec l'acide oxalique. Dans les expériences de Caspari, cet investigateur augmentait l'ingestion de l'acide oxalique jusqu'à produire une véritable intoxication chronique. Quand l'ingestion se fait par les petites quantités qu'apportent naturellement les aliments, une minime partie apparait en nature dans les urines, tandis que lorsque l'introduction se fait par la voie hypodermique, il sort intégrale-

---

(1) W. Caspari. Berl. klin. Wochenschr. 1897. No. 6.

ment par les urines. En tout cas, l'arrivée de l'acide oxalique au sang parait être en rapport avec des phénomènes intestinaux, ainsi que l'a observé H a r n a c k , (1) qui, après avoir fait une injection sous-cutanée d'oxalate de sodium à un chien, vit apparaître une forte *indicanurie.*

On a fait d'autres expériences avec l'acétate de chaux, mais cette injection étant mal supportée, on s'est trouvé amené à dissoudre le carbonate de chaux dans une solution de butyrate d'ammoniaque, afin d'obtenir une action moins agressive sur la muqueuse du rectum. La première série a duré seulement 4 jours; dans la seconde, dont la durée a été égale, on a employé, les deux premiers jours, l'acétate d'ammoniaque (5 c.c. d'acide pur neutralisé par l'ammoniaque) et pendant les deux autres 50 c.c. de la solution de butyrate d'ammoniaque décrite précédemment. La troisième série n'a duré qu'un seul jour, le sujet d'expérience refusant de s'y soumettre à cause des manifestations très désagréables qu'il ressentait (insomnie, congestion à la tête et palpitations). Voici les chiffres :

Première série.	Volume des urines de 24 heures	Chaux	Acides gras en $1|10$ N.
1° jour	975 c.c.	0,313 g.	28,1 c.c.
2° —	1022	0,328	27,3
3° —	893	0,403	26,9
4° —	935	0,348	29,5
Moyennes	956,2 c.c.	0,348, g.	27,95 c.c.

Seconde série.	Injection des sels ammoniacaux.		
1° jour	1464 c.c.	0,314 g.	23,8 c.c.
2° —	1349	0,368	38,3
3° —	1588	0,333	34,9
4° —	1693	0,344	30,5
Moyennes	1523,5 c.c.	0,3397 g.	31,87 c.c.

---

(1) E. Harnack u. v. Der Leyen, Ueber Indikanurie infolge von Oxalsäure-Wirkung. Zeitschr. f. physiol. Chem. T. 29. P. 205. 1900.

Troisième série.   Butyrate d'ammoniaque et carbonate de chaux.

1°   1241 c.c.   0,541 g.   68,2 c.c.

Ici, l'expérience ne s'est pas montrée aussi satisfaisante que dans le cas précédent, mais l'accroissement simultané de la chaux et des acides gras s'est effectué. En ce qui concerne ce cas, on doit dire que l'alimentation, toujours uniformément suivie, se composait de lait (1500 c.c.) pain de blé et de maïs, et végétaux. L'urine de ce sujet a toujours été très réduite, dépassant rarement un litre, bien qu'il but constamment un litre d'eau par jour. On observe très fréquemment ici cette diminution du volume des urines, et je crois avoir observé que dans ce cas l'ammoniaque et la chaux urinaires sont augmentés.

Les deux autres expériences qui ont été faites avec l'acétate de chaux sont incomplètes parce que la quantité de chaux de 24 heures a été déterminée pendant un jour seulement, et que l'injection a été moindre: 1,15 de CaO au lieu de 2,38 g. En tout cas les résultats n'en sont pas moins concluants.

	Vol.	CaO.	Ac. gr.
I. 0. Etat Normal	1259,5 c.c.	0,211 g.	19,2 c.c.
— Après l'injection	1103	0,389	54,2
L. E. Etat Normal	1251	0,164	22,5
— Après l'injection	918	0,403	77,7

Les actions locales et générales se sont montré aussi intenses qu'auparavant. Il faut appeler l'attention sur l'effet bien différent qu'exercent les sels de chaux sur la muqueuse intestinale, suivant la nature de l'acide qui les forme. Bien que la concentration du liquide injecté ait été presque analogue à celle de la solution employée par M a c C a l l u m (1) dans ses expériences, les résultats ont été bien différents. Cet investigateur provoque et inhibe successivement une action purgative lorsqu'il verse alternativement sur les anses intestinales de lapins laparatomisés 3 c.c. d'une solution à 1 pour 8 de citrate de sodium, et, après lavage au

---

(1) J. E. Mac Callum. Mode d'action des purgatifs salins. Biologie Médicale. Sep. 1906.

sérum physiologique, une autre solution de chlorure de calcium à la même concentration; le premier liquide excite le système glandulaire et musculaire; le second tarit les excrétions et réduit à l'immobilité le péristaltisme tumultueux qui existait auparavant. L'acétate de chaux provoque une abondante sécrétion de mucus, les mouvements de l'intestin étant plutôt la conséquence de l'irritation produite.

Chapitre II

La rétention calcaire dans l'organisme.

La chaux peut être retenue dans l'organisme animal en différents états: normal, anormal et pathologique.

La rétention normale ou physiologique.

La rétention physiologique de la chaux a lieu chez l'enfant où elle constitue le phénomène normal de l'ossification: dans les derniers mois de la grossesse, et pendant l'allaitement, les cartilages de l'enfant, retenant une forte proportion de chaux, se transforment en tissu osseux; on peut en juger par ce fait que le squelette d'un enfant, durant la première année, augmente de 1 kilogramme environ et que cet enfant fixe, suivant E. Gley (1), pendant ladite année, 4 à 5 grammes de phosphate de chaux par semaine. C'est le lait qui fournit toute cette chaux. Suivant divers auteurs, l'organisme de l'enfant a une tendance très marquée à retenir la chaux, et, dans l'alimentation naturelle, cette rétention est beaucoup plus prononcée que dans l'alimentation artificielle. Les investigations compa-

---

(1)   E. Gley. Traité élémentaire de physiologie. P. 137 — 138. Paris. 1910.

ratives de S ö l d n e r (1) établissent les faits suivants relatifs à ce sujet: durant les premiers mois l'enfant emploie dans la construction de son corps le 50% des composés minéraux qu'il reçoit chaque jour (1,4 g. environ,) tandis qu'il n'emploie pour le même but que le 9% du carbone et de l'hydrogène introduits; à leur tour, la chaux, la magnésie et l'acide phosphorique constituent le 65% des matières minérales de l'alimentation. Ces chiffres mettent en évidence la grande valeur que l'assimilation minérale a pour l'organisme de l'enfant, et en même temps ils font voir comment un trouble dans les échanges minéraux peut conduire aux maladies les plus graves de la nutrition, par exemple, *le rachitisme*. Mais ce qui a pour nous la plus grande importance, c'est que ce trouble de la nutrition calcaire chez l'enfant, quel qu'il soit, n'aboutit pas toujours à la production du rachitisme. Il y a certaines régions de la terre où le rachitisme n'existe pas. Ici, au Vénézuéla, on ne l'observe jamais, pas plus que l'ostéomalacie. On a déjà mentionné certains pays, le Japon, par exemple (2) où cette maladie est presque inconnue.

Nous croyons que le rachitisme et l'ostéomalacie sont des maladies climatériques, c'est-à-dire qui ont une pathogénie entérale. Cette idée fait partie d'une thèse plus générale encore, *la théorie de l'intoxication fécale*, dont les fondements les plus généraux sont esquissés dans le présent ouvrage: *la réabsorption fécale apporte constamment au sang des substances diverses, plus ou moins toxiques, produites par la putréfaction intestinale, et dont la nature est sous la dépendance des espèces de bactéries qui les élaborent; ces substances, à leur tour, déterminent des formes différentes d'intoxication ou de dégénération, aigües ou chroniques, d'origine climatérique, telles que la fièvre jaune et les troubles gastro-intestinaux, les atrophies et dégénérations, aussi fréquentes que prématurées dans cette région tropicale et atlantique; le rachitisme, l'ostéomalacie, et plusieurs autres maladies, dans les régions européennes.*

Cinq grandes théories chimico - pathologiques ont été proposées pour expliquer la pathogénie du rachitisme, mais jusqu'à présent elles n'ont

---

(1) Söldner. Zeitschr. f. Biologie. Vol. 43. Pag. 19. 1903.

(2) J. Tashiro. Ueber das endemische Auftreten rachitischer und osteomalacischer Erkrankungen in der Provinz Toyama. Mitt. d. med. Gesellschaft zu Tokio. T. 21. 20 février 1907.

pas abouti à fonder une théorie subsistante et de véritable utilité pratique. Nous devons les mentionner: 1°. Insuffisance dans la recette par l'organisme des sels calcaires de l'alimentation; 2°. Insuffisance dans la réabsorption des sels mentionnés; 3°. Troubles dans la nutrition calcaire des tissus ostéogènes; 4°. La théorie physico-chimique de P f a u n d l e r qui se rapporte à un trouble dans l'adsorption de la chaux; et 5°. La théorie qui admet une connexion étiologique entre les perturbations ou insuffisances fonctionnelles des glandes à sécrétion interne et les troubles dans l'accroissement et la nutrition des os. A l b u et N e u b e r g (1) établissent à ce sujet que l'histoire du rachitisme s'est enrichie dans ces dix dernières années d'une multitude d'hypothèses nouvelles, mais avec un nombre de faits très limité. "Il n'est pas possible d'espérer un progrès sérieux dans la connaissance de la pathogénie du rachitisme, à moins d'entreprendre des investigations sérieuses et étendues de la nutrition, dans lesquelles on pourrait mesurer les recettes et les sorties calcaires au moyen de méthodes exactes (investigations faites comparativement avec celles qui auraient été conduites chez des enfants du même âge et alimentés de la même manière." Malgré le caractère rigoureusement scientifique de la méthode indiquée par les auteurs, il subsisterait toujours l'influence décisive du climat, qui constitue aujourd'hui un fait incontestable: il y a des régions de la terre où on ne connait pas le rachitisme, tandis qu'il y en a d'autres où la maladie est fréquente.

D'accord avec les connaissances exposées dans le présent ouvrage, on sait que l'influence pathogénique du climat se produit au moyen de substances matérielles qui, pénétrant jusque dans l'intimité des tissus, y produisent un trouble de leur nutrition; de cette manière le rachitisme pourrait fort bien n'être autre chose que le résultat d'une infection d'origine climatérique siégeant primitivement dans l'intestin. On pourrait citer, à ce sujet, les expériences de M o r p u r g o (2). Cet investigateur a obtenu, au moyen d'une infection produite par un diplococcus sur des jeu-

---

(1) A. Albu et G. Neuberg. Physiologie und Pathologie des Mineralstoffwechsel. Pag. 124. Berlin 1906.
(2) Cité par Schmaus-Herxheimer. Grundriss der pathologischen Anatomie. Pag. 730. Wiesbaden. 1912.

nes animaux, une maladie semblable au rachitisme, et une semblable à l'ostéomalacie sur des animaux plus âgés. Dans cet ordre d'idées, il est très intéressant d'appeler l'attention sur une ancienne théorie, émise pour la première fois en 1847 par C. S c h m i d t (1), relative à la pathogénie de l'ostéomalacie. D'après cette théorie, les déformations du squelette seraient dûes à une lixiviation des sels calcaires des os par l'acide lactique produit en abondance. Divers expérimentateurs ont cherché en vain à obtenir chez les animaux la décalcification des os au moyen des acides: on n'a réussi à produire un ramollissement des os semblable, du moins macroscopiquement, à l'ostéomalacie, qu'avec un seul acide: l'acide oxalique. Et bien, ne pourrait-on pas attribuer cette action singulière de l'acide oxalique, ainsi qu'il a été dit précédemment, à *l'infection secondaire* qu'il détermine dans l'intestin quand il arrive en abondance au sang ? La forte *indicanurie* que déterminent chez les chiens les injections hypodermiques d'oxalate de sodium dans les expériences de H a r n a c k ne peut être expliquée que par une infection secondaire provoquée par l'acide oxalique, l'indicanurie étant considérée aujourd'hui comme un produit de la putréfaction intestinale (2).

Différents auteurs ont en outre observé la coexistence de l'oxalurie et de l'indicanurie; nous pouvons citer M o r a c z e w s k i (3) W e s e n e r (4) K i s c h (5). Ici, dans cette région, nous avons pu trouver maintes fois l'oxalurie associée à l'excrétion d'autres produits de la putréfaction intestinale. (Voir à la fin de cet ouvrage le chapitre Analyse chimique physiologique et pathologique.)

En matière de chimie physiologique, on doit être extrêmement réservé dans les conclusions à déduire d'une expérience donnée. C a s p a r i produit le ramollissement des os au moyen de l'acide oxalique; mais cela ne veut pas dire que ce soit l'acide oxalique qui le produise directement; comme il s'agit d'une intoxication chronique, il se peut que dans l'infection

---

(1) C. Schmidt, Ann. d. Chem. u Pharm. T. 61, Pag. 281. 1847.

(2) A. Oswald. Lehrbuch der chemischen Pathologie. Chapitre "Indikanurie". Leipzig. 1907.

(3) W. v. Moraczewski, Ueber das Zusammentretten von Oxalurie und Indikanurie Zentralbl. f. inn. Med. No. 1. 1903.

(4) J. Wesener. Die Beziehungen der Indikanurie und Oxalurie zur gastro-intestinalen Gärung. Arch. f. Verdaungskrankheiten. T. 8. Pag. 174. 1903.

(5) Kisch. Wien. med. Wochenschr. 1894.

intestinale provoquée par l'acide oxalique naissent, en plus de l'indol, d'autres substances élaborées par l'activité du microbisme latent éveillé par l'intoxication oxalique, et qui, à leur tour, seraient les agents directs de la dissolution des sels osseux. Ici, dans la région atlantique, ce sont la cholérythrine, et surtout la pseudo-indirubine, les substances putréfactives intestinales qui accompagnent ordinairement l'oxalurie, et qui apparaissent parfois en énorme quantité.

Rétention calcaire anormale.

La chaux peut être retenue dans l'organisme d'un adulte, quand il est soumis au régime lacté, c'est-à-dire à une alimentation entièrement impropre à son état physiologique. Le régime lacté a ses avantages thérapeutiques, mais il a le grand inconvénient que pendant son emploi quelque peu prolongé, une partie de la chaux reste déposée dans l'intérieur du corps; ceci a été établi par les investigations exactes de H i r s- c h l e r et T e r r a y (1). A première vue, on pourrait croire que cette rétention calcaire est dûe à la grande quantité de chaux contenue dans cet aliment, supérieure aux besoins de l'organisme adulte; mais si on examine la question de plus près, par la méthode expérimentale, on arrive à la conclusion que la rétention calcaire provient plutôt d'une cause intestinale que de l'excessive proportion de chaux. On peut empêcher la rétention calcaire occasionnée par la diète lactée, si l'on ajoute à cette classe de régime alimentaire, de la cellulose, de l'eau en abondance et des acides organiques, afin d'assurer une meilleure utilisation de la chaux dans l'intestin, et une circulation plus intense de cette base dans l'organisme.

Pour réaliser cette expérience, on a choisi un sujet convenable. C'est un adulte de 63 kilogrammes, qui a tendance à la constipation, avec la diète lactée pure, et dont le volume d'urine est plutôt réduit: environ un litre par 24 heures. L'expérience a été divisée en deux séries. Dans la première, le sujet a été soumis pendant 6 jours à une diète prépa-

---

(1) Hirschler u. v. Terray, Zeitschr. f. klin. Medizin. T. 57. 1905.

ratoire et uniforme composée de lait, 500 c.c. d'eau, 300 g. de pain de maïs, café et confiture de goyave; pendant 6 autres jours le sujet a suivi le même régime, et dans cette période, on a recueilli les urines et les fèces pour l'analyse. Dans la seconde série, le même sujet a été soumis à une **diète composée de lait en plus grande quantité, eau en abondance, de la** cellulose sous la forme de cassave, et un acide végétal, l'acide citrique, sous la forme de jus de citron. Cette seconde investigation diététique a été précédée d'une période de 6 jours avec le même genre d'alimentation.

Les fèces ont été recueillies, leurs cendres pesées chaque jour à titre de simple indication et réunies pendant les 6 jours; le sixième jour, on les a mêlées intimement au mortier et on a pratiqué alors l'analyse de la chaux. Les urines, à leur tour, ont été recueillies chaque jour, et leur volume déterminé à la température du laboratoire (24°) au moyen de la pesée, les pipettes et les ballons jaugés étant gradués à la même température. La quantité de chaux a été trouvée en séchant un volume déterminé, et, après calcination, on a fait le dosage de la chaux dans les cendres, la mesure directe dans l'urine m'ayant toujours donné un chiffre légèrement inférieur. On a pris toutes les précautions possibles pour éviter les pertes de matière. Pour le lait, on a pratiqué l'analyse chaque jour, l'expérience m'ayant démontré que la proportion de chaux peut varier d'un jour à l'autre dans des limites assez étendues. Les autres aliments plus pauvres en chaux ont été analysés une fois pour toutes. Pour empêcher les variations relatives à la composition du lait, et les dosages répétés, on en a stérilisé une provision suffisante et on a déterminé la proportion de chaux, une fois pour toutes, la moyenne par kilo étant 1,966 g. de chaux. Le poids consommé était déterminé par un trébuchet sensible au demi-décigramme, et dans la série antérieure, dans des ballons jaugés. Les six jours de cette série ont été subdivisés en deux périodes, la première de 4 jours et la seconde de 2. Pendant la première période, on a recueilli les fèces comme il a été décrit précédemment; les urines de 4 jours ayant été réunies pour faire l'analyse de la quantité totale.

La méthode employée pour analyser les fèces des cinquième et sixième jour mérite une description spéciale. Après avoir recueilli et pesé la fèce, on l'a malaxée intimement avec une quantité déterminée d'eau, 200 c.c.; ensuite on a ajouté 200 c.c. d'alcool et 200 c.c. d'éther sulfurique. On a passé le tout à un filtre d'une grandeur déterminée, jusqu'à ce que le liquide fût complètement incolore. Puis, il a été épuisé par le même mélange précédent, additionné de 5 pour 100 d'acide chlorhydrique, jusqu'à ce que le liquide, d'abord coloré, soit devenu complètement incolore. Le résidu fut désagrégé avec son filtre dans l'eau distillée, où on l'a laissé au repos; le liquide, qui tout d'abord se montra uniformément trouble, fut décanté, et cette opération répétée jusqu'à ce qu'il devint transparent. Examiné au microscope, on le trouva composé de bactéries à l'état pur et son apparence était la même que le liquide qu'on obtient dans la méthode par la pesée de S t r a s b u r g e r (1). Il suffit d'ajouter son volume d'alcool et un peu d'éther à ce liquide trouble pour voir se sédimenter par le repos une grosse couche de bactéries qu'on recueille, sèche et calcine pour en doser la chaux. Le résidu mentionné précédemment, qui était dépourvu de matières colorantes, avait l'apparence de la pâte à papier, un peu transparent et incolore; on fit la pesée des cendres et le dosage de la chaux. On fit la même chose avec les liquides alcooliques et éthérés neutres et acides cités précédemment et qui sont désignés dans le tableau avec les lettres L. é. n. et L. é. a. On a tenu compte de la chaux que le mélange acide enlève au filtre, et de celle qui y reste.

Voici les tableaux démonstratifs des deux séries d'investigation:

Diète lactée neutre.

Recettes:

Lait. 800 c.c. par jour:

Le 1° jour   1,605 g. CaO.
— 2°   —   1,677
— 3°   —   1,582
— 4°   —   1,512
— 5°   —   1,761
— 6°   —   1,505

Chaux du lait pendant 6 jours................9,642 g.

(1) Ad. Schmidt u. J. Strasburger. Die Fäzes des Menschen. Seconde édition. Pag. 257 — 259. Berlin 1905. Je me réfère à la méthode par la pesée décrite dans la seconde édition;

Autres aliments et boissons par jour:

Pain de maïs (300 g.) ....0,0855 g. de CaO.

Beurre (12 g.) 0,0420

Une tasse de café (260 g.) ...0,0690

Confiture de goyave (60 g.) 0,0591

500 c.c. d'eau 0,0440

Chaux des aliments et boissons pendant 6 jours...1,797 g.

Totaux des recettes en chaux pendant les 6 jours..........11,439 g.

Sorties:

Fèces:

		Poids.	Cendres.	CaO.
Le 1°	jour	43,3 g.	2,237 g.	—
— 2°	—	110,2	4,360	—
— 3°	—	183,1	5,654	—
— 4°	—	84,5	4,112	—
— 5°	—	212,5	6,008	—
— 6°	—	155,4	5,321	—

Totaux.....789,0 g. 27,692 g.

Chaux des fèces pendant 6 jours...........10,242.

Urines:

		Volume.	CaO.
Le 1°	jour	964,1 c.c.	0,141 g.
— 2°	—	1144,0	0,150 —
— 3°	—	712,3	0,117 —
— 4°	—	1120,5	0,168 —
— 5°	—	1211,0	0,148 —
— 6°	—	915,6	0,138 —

Totaux ...6067,5 c.c. 0,862 g.

dans la troisième édition, la méthode a été modifiée afin d'obtenir des résultats comparables, (modification proposée par Ehrenpfordt). A l'époque indiquée, les chiffres que j'ai obtenus pour cette région ont été les mêmes que les européens, soit 8 — 10 g. de substance sèche ou 25 à 35 pour 100 de la substance sèche de la fèce. (Aujourd'hui, 5,3 g. ou 20 pour 100).

Chaux des urines pendant 6 jours 0,862

Totaux des sorties en chaux pendant les 6 jours.....11,104 g.

Chaux retenue pendant la diète neutre..............0,335 g.

Diète lactée acide.

Recettes:

Chaux du lait pendant 6 jours: 6868 g. à 1,966 g. CaO par kilogramme.

13,502 g.

Autres aliments et boissons pendant 6 jours:

Pain de maïs........1910 g.   0,544 g.
Cassave 812   0,480
Fruits desséchés 260   0,270
Méringue 322   0,053
Jus de citron 180   0,021
Café 1115   0,296
Eau distillée 9000   0,000

Chaux des aliments pendant 6 jours........1,664 g.

Totaux des recettes en chaux pendant les 6 jours...15,166 g.

Sorties:

Fèces:

	Poids.	Cendres.	CaO.
Le 1° jour	190,3 g.	6,860 g.	—
— 2° —	173,0	6,905	—
— 3° —	145,8	5,629	—
— 4° —	200,1	7,140	9,379 g.
— 5° —	187,4		
a) L. é. n.	1,872	0,126	
b) L. é. a.	3,51!	1,942	
c) Résidu	0,387	0,023	

d) Bactéries		0,0244	0,0145
— 6° — .... 203,5 g.			
a) L. é. n.	1,744		0,148
b) L. é. a.	4,583		2,341
c) Résidu	0,405		0,035
d) Bactéries	0,0350		0,0168

1100,1 g.   39,0954 g.   14,0253 g.

Chaux des fèces pendant 6 jours ....14,0253 g.

Urines:

	Volume.	CaO.
Le 1° jour —	—	—
— 2° — —	—	
— 3° — —	—	
— 4° —	6260 c.c.	0,8019 g.
— 5° —	1606	0,234
— 6° —	1613	0,167
	9479	1,203

Chaux des urines pendant 6 jours 1,203

Totaux des sorties en chaux pendant les 6 jours...15,228 g.

Chaux retenue pendant la diète acide........... 0,062 g.

La différence remarquable qui existe entre la quantité de chaux retenue pendant la diète lactée neutre et pendant la diète lactée acide (0,335 pour la première et 0,062 pour la seconde) démontre que malgré la plus grande quantité de chaux qui a circulé (15 g. au lieu de 11 g.) dans cette seconde forme de diète lactée, la déposition anormale de la chaux dans l'intérieur du corps diminue, quand le volume des urines et le poids des matières fécales augmentent (9,5 litres au lieu de 6 litres d'urine et 1.100g. de fèces au lieu de 800.) On peut donner une explication très simple des faits constatés. L'excès d'eau qui a circulé dans le sang a entraîné au dehors, par la voie rénale, une plus grande quantité de chaux (1,20 g.

au lieu de 0,86 g.) La cellulose du cassave, en excitant le péristaltisme intestinal, a empêché la rétention fécale dans les dernières portions du gros intestin, et de cette manière un passage moins abondant des sels de chaux d'origine putréfactive au sang.

On voit donc que la rétention anormale de la chaux que détermine la diète lactée dans l'organisme de l'adulte est sous la dépendance d'une cause d'origine intestinale qu'on peut modifier à volonté.

La rétention pathologique de la chaux.

La chaux peut se sédimenter à l'état pathologique dans l'intérieur de l'organisme, c'est-à-dire dans les tissus, sous deux formes différentes: ou bien, dans de grandes extensions tissulaires, constituant la *calcinose généralisée*, ou bien, dans certains organes ou tissus en particulier, où elle constitue la *calcinose localisée*. La calcinose généralisée peut se présenter à son tour sous la forme sous - cutanée ou sous une forme plus rare encore, la forme interstitielle ou musculo - tendineuse, les formes du passage de l'une à l'autre ayant été observées. Toutes ces formes de la calcinose généralisée ont été décrites par L h e r m i t t e (1). Suivant l'auteur, la pathogénie de la calcinose généralisée est difficile à établir ; après avoir discuté les diverses hypothèses qui peuvent se présenter, l'auteur reconnait leur inanité, nos connaissances sur le métabolisme du calcium étant encore trop rudimentaires, et il pense qu'il faut rattacher le mécanisme de l'incrustation calcaire disséminé du tissu intertitiel à des perturbations profondes du système glandulaire et endocrinien, et considérer la calcinose (assez étroitement apparentée à la sclérodermie) non comme une maladie locale, mais comme un processus morbide très général, dans lequel se combinent et s'intriquent les déviations ou les insuffisances fonctionnelles des glandes vasculaires sanguines. Au point de vue chimico - pathologique nous pouvons exclure ces idées, peu précises, exposées par l'auteur, relatives aux glandes vasculaires sanguines puisqu'elles se réfèrent à des causes pathogéni-

---

(1) J. Lhermitte. La Semaine médicale, 23 nov. Pag. 553.

ques peu accessibles à la critique expérimentale. En dehors de ce que les déviations ou les insuffisances des glandes vasculaires sanguines ont été invoquées pour expliquer la pathogenèse d'états pathologiques entièrement opposés, comme par exemple, le rachitisme (F r i e d l e b e n , v. M e t t e n h e i m e r , F. M e n d e l), on ne peut pas établir si les dégénérations des dites glandes sont elles - mêmes sous la dépendance de la cause qui produit la dégénérescence calcaire des tissus. Même dans le cas ,où l'extirpation d'une glande vasculaire sanguine, ou sa dégénérescence provoquée artificiellement, pourrait conduire à une calcinose plus ou moins généralisée, on n'est pas en droit d'attribuer cette calcinose à l'absence ou à la dégénérescence de la glande sus-mentionnée, parce que dans l'organisme un même mécanisme pathogénique peut être mis en activité par des moyens différents. Plus loin, nous aurons l'occasion de revenir à cette question ; pour le moment nous nous rapportons à ce qui a été dit à propos des injections hypodermiques d'oxalate de soude.

Nous devons à L o e p e r et B é c h a m p (1) un bon résumé de nos connaissances sur la rétention calcaire dans les maladies et sur les proportions de la chaux qui reste déposée dans les tissus et liquides organiques.

"La diminution parallèle de la chaux urinaire et de la chaux fécale dans certains états pathologiques, malgré la richesse assez considérable en chaux de l'alimentation, semble attester une rétention de sels calcaires dans l'intimité des tissus.

Cette rétention est locale et générale suivant que la chaux s'accumule dans un tissu, dans un organe, dans une séreuse ou dans l'ensemble même des différents parenchymes et tissus de l'organisme.

La rétention existe dans l'athérome au sein même des artères malades, dans les cavités séreuses au cours des pleurésies, des hydrothorax ; dans le poumon, au cours de la tuberculose, de la pneumonie et des congestions intenses ; dans tous les tissus, au cours de l'asystolie, de l'urémie et de la plupart des états infectieux phlegmasiques. La fièvre typhoïde et les enteritis aigües, en raison de l'exagération du flux intestinal, ne donnent lieu à aucune rétention.

---

(1) M. Loeper et G. Béchamp. C. R. de la Société de Biologie. 23 Juillet 1910.

I. — Voici les résultats donnés par les exsudats et transsudats:

CaO p. 1000. CaO p. totale.

Pleurésie tuberculeuse (2 litres) 0,22   0,44

Pleurésie hémorragique (2½ litres) 0,215.   0,53

Pleurésie purulente (2 litres) 0,27   0,54

Ascite cirrhotique (12 litres) 0,198   2,37

Ascite tuberculeuse (5 litres) 0,25   1,25

Ascite cardiaque et tuberculeuse (6 litres) .0,18   1,08

Ascite cirrhotique (12 litres) 0,175   2,10

Hydarthrose rhumatismale (300 grammes) .0,26   0,086

On voit que la quantité de chaux retenue dans les grands épanchements est considérable et qu'elle est plus forte dans les exsudats inflammatoires que dans les transsudats.

II. — Les inflammations limitées à certains organes nous ont donné:

	CaO totale.	CaO. p. 1000.	CaO. p. 1000
Poids du poumon			
Tuberculose aiguë (1200 grammes) . .	0,165	0,11	0,80
Tuberculose cavitaire (1500 grammes)	0,22	0,156	1,25
Pneumonie. (1400 grammes)	0,25	0,15	1,25
Poumon congestionné (700 grammes)	0,07	0,095	0,95

Il est intéressant de rapprocher de ces résultats les chiffres obtenus avec les expectorations qui ne sont que des exsudats bronchiques ou pulmonaires extériorisés.

CaO. pour 1000 parties sèches.

Crachats pneumoniques 0,46

— broncho-pneumoniques . . .0,50

— broncho-pneumoniques . . .0,70

— tuberculose avancée. 0,30

— tuberculose avancée. 0,38

— tuberculose avancée. 0,56

— tuberculose avancée. 0,90

— bronchite asthmatique 0,36

— bronchite simple 0,24

III.—L'accumulation de chaux dans les aortes athéromateuses, ou en voie de transformation calcaire, peut être très appréciable.

	Pour 1000 parties	
	fraiches	sèches
Aorte normale	0,15	0,35
Athérome	0,40	2,00
Athérome	0,56	2,8
Scléreuse	0,31	0,61

IV. — Enfin au cours des maladies générales la rétention de la chaux se fait dans tous les tissus. Voici les résultats que nous avons obtenus pour le cœur et le cerveau :

	CaO totale.	CaO pour 1000	
Cœur de pneumonie	0,51	0,115	0,47
— d'urémie	0,044	0,077	0,33
— d'athérome	0,027	0,087	0,35
— d'asystolie	0,049	0,11	0,44
— d'asystolie	0,054	0,12	0,48
— normal	0,027	0,065	0,29
— d'entérite	—	—	0,28
Cerveau normal	—	—	0,066
— d'entérite	—	—	0,052
— d'asystolie	—	—	0,081

V.—La chaux, ainsi retenue dans les organes au cours des maladies aigües et de l'asystolie, peut s'éliminer en partie par les voies respiratoires. C'est ainsi que nous avons trouvé jusqu'à 0,60 de chaux pour 1.000 chez un brightique œdémateux qui rendait par jour 5 à 600 grammes d'un liquide spumeux et albumineux.

Lorsque survient la crise, la chaux s'élimine plus ou moins rapidement par l'urine et par l'intestin."

Migrations internes de la chaux.

Qu'il s'agisse d'une alimentation inappropriée à l'état adulte, comme est la diète lactée, ou qu'il s'agisse des différentes formes pathologiques de calcinose, le fait est que dans l'organisme et dans ses tissus ou liquides, il se produit une rétention calcaire, une sursaturation de sels de chaux qui est au-dessus du pouvoir de dissolution des liquides organiques.

Cette sursaturation du plasma sanguin et autres liquides tissulaires au-dessus de leur pouvoir dissolvant, ainsi que les migrations de la chaux qui en résultent, sont les idées qu'ont mises en lumière les investigations récentes de l'école allemande (1).

Après qu'un aliment s'est transformé en la substance même qui forme le protoplasma cellulaire, au lieu d'y rester immobilisé, il commence de nouveau à se dissocier par le processus de la désassimilation, pour être finalement rejeté en dehors de la cellule. Il arrive la même chose à la chaux: cette matière souffre dans le tissu osseux, aussi bien que dans les autres tissus, un renouvellement incessant. L'état d'équilibre des os chez l'adulte se soutient par une recette et une sortie constantes de combinaisons calcaires. Si on soumet des animaux au jeûne ou à une alimentation pauvre en chaux, les éliminations en chaux continuent pendant un certain temps, principalement sous la forme de phosphate de chaux. Dans ce cas, il se produit une déminéralisation du tissu osseux en particulier, qui se dissout pour fournir la chaux nécessaire à la nutrition des tissus essentiels à la vie. Ici, il se produit une véritable réabsorption du tissu osseux, peut-être par le processus de la désassimilation; mais quand le tissus osseux disparait sous l'action de diverses causes pathologiques, par exemple: la proximité d'un anévrisme ou d'une tumeur, la dissolution des dépôts calcaires que produit dans le rein la ligature artérielle, ou même les dépôts que produit l'implantation du périoste sur les gros vais-

---

(1) F. Hofmeister. Ueber Ablagerung und Resorption von Kalksalsen in den Geweben. Asher u. Spiro Ergebnisse der Physiologie. Wiesbaden 1910. Pags. 429 — 53. Pour la rédaction de cette partie de notre ouvrage, nous avons utilisé ce magnifique travail, dicté par la critique scientifique la plus rigoureuse, et très documenté.

seaux, il ne s'agit pas alors d'un processus normal de réabsorption ou de désassimilation, mais d'un véritable processus de corrosion du tissu osseux, s'ans nul doute indépendant des phénomènes vitaux de la part du tissu qui souffre la corrosion, comme le prouve le fait que le même phénomène se produit quand on introduit dans les tissus des morceaux d'ivoire, ou du tissu osseux mort.

En opposition aux phénomènes de réabsorption calcaire dont on vient de parler, la chaux peut aussi se déposer dans les tissus, unie aux acides carbonique, phosphorique et aux acides gras supérieurs, avec les combinaisons correspondantes de la magnésie, pour y constituer les diverses formes de calcinose précédemment mentionnées.

Le mécanisme de la dépositation et de la réabsorption des sels de chaux dans les tissus obéit principalement aux changements qui ont lieu dans le sang touchant son pouvoir de dissolution. Ce liquide a un pouvoir constant de dissolution qui provient de sa composition en albumines, et un autre pouvoir variable qui est en rapport avec sa teneur en acide carbonique. Si l'acide phosphorique et la chaux qui existent dans le sang s'unissaient entre eux pour former des phosphates de chaux secondaires ou tertiaires, en plus *qu'il existerait toujours un excès de chaux*, le plasma du sang ne suffirait pas à maintenir en parfait état de dissolution la quantité de sels de chaux ci-dessus mentionnés, dans le cas où son pouvoir de dissolution serait égal à celui de l'eau distillée. H o f m e i s - t e r, G. W e l l s, P a u l i y S a m e c admettent que les sels calcaires se trouvent en dissolution par l'intermédiaire de l'état colloïdal des albumines du sérum du sang; celles-ci étant unies aux premiers par adsorption, la combinaison chimique n'est pas nécessaire. La constitution colloïdale du sérum, c'est-à-dire sa haute teneur en substances albuminiques, rend possible le transport des substances insolubles dans l'eau comme les phosphates, les savons calcaires et les lipoïdes. On ne sait pas à l'heure actuelle à quelles matières albuminiques déterminées appartient cette propriété. Cependant, ce pouvoir de dissolution attribué aux albumines ne suffit que pour expliquer le transport des sels de chaux, mais, en aucun cas, la réabsortion et la dépositation anormales des sels de chaux dans les tissus. Les solutions de savons alcalins ont aussi un pouvoir de dissolution semblable pour les substances ci-dessus mentionnées. Pour la réalisation de ces intéressantes migrations, H o f m e i s t e r et T a n a k a font intervenir l'anhydride carbonique du sang, qui, comme on sait, est soumis à des augmentations et diminutions considérables de pression et de quantité dans différents territoires sanguins. Quand les premiers phénomènes prédominent, il se produit la réabsorption, et la dépositation a lieu quand les seconds phénomènes s'effectuent en plus grande proportion. Ces investigateurs ont constaté que l'action dissolvante des liquides riches en acide carbonique est très marquée, et elle suffit pour expliquer les corrosions qu'on observe à l'état pathologique, avec d'autant plus de raison que ces processus de corrosion durent très longtemps. Il résulte de ces expériences que l'action dissolvante d'une solution de sel marin saturé d'acide carbonique est la plus grande, tandis que cette action est la plus petite quand il s'agit du sérum du sang saturé avec le même gaz ; cette constatation suffit pour expliquer le pouvoir protecteur que parait avoir sur les os le sérum du sang, les préservant de la corrosion que l'acide carbonique du sang tend à produire. Cette différence de dissolution observée entre les deux liquides, parait simplement provenir de ce que le sérum du sang contient déjà du phosphate de chaux en dissolution. De ce qui vient d'être dit, on peut conclure que l'action corrosive des liquides tissulaires doit augmenter quand leur teneur en chaux diminue (par exemple, pendant le jeûne, ou quand l'entrée des sels de chaux est insuffisante).

H o f m e i s t e r a fait la division des phénomènes de calcification pathologique, au point de vue de l'étiologie, en deux grandes classes : la calcification dystrophique et la calcification métastatique. La première affecte les tissus qui se trouvent dans un état de nutrition défectueuse depuis les simples changements de la vieillesse jusqu'aux dégénérations les plus intenses, *sans qu'il soit possible de constater aucun* changement du squelette. On observe toujours la calcification métastatique associée à des variations étendues du tissu osseux, et elle parait se cantonner dans des tissus antérieurement sains, surtout aux reins, aux poumons, aux parois des vaisseaux et dans la membrane muqueuse de l'estomac.

Il y a deux théories pour expliquer le processus de la calcification dystrophique. La première, très ingénieuse, dûe à K l o t z, se trouve aujourd'hui complètement abandonnée. D'après la conception de cet auteur, la calcification des tissus nécrobiotiques a lieu dans les phases suivantes: infiltration graisseuse, saponification de cette graisse, formation de savons calcaires, décomposition de ces savons par les phosphates alcalins de la lymphe, d'où il résulterait une formation nouvelle de savons alcalins, lesquels prendraient encore une fois de la chaux, et ainsi de suite, on pourrait dire catalytiquement, jusqu'à ce que le processus aboutisse à la formation d'un dépôt de phosphate de chaux dans le tissu. La seconde explication est fondée sur la théorie de l'adsorption de P f a u n d l e r : suivant cet auteur, si on laisse séjourner des morceaux de cartilage, de muscle, de rein ou de thymus dans une solution de chlorure de calcium, cette solution perd une partie notable de son calcium, tandis qu'on n'observe aucune diminution du chlore, si insignifiante qu'elle soit. Cette union de la chaux aux tissus est due à une adsorption élective des ions calcium. C'est le tissu cartilagineux qui montre la plus grande avidité pour le calcium, ainsi que G. W e l l s l'a démontré expérimentalement en introduisant dans la cavité péritonéale de lapins des morceaux de tissus divers. Tandis que les autres tissus accusent un ramollissement et une réabsorption plus ou moins forts, la matière cartilagineuse souffre un changement complet. Au bout de 14 semaines, le cartilage se trouvait transformé en une masse infiltrée et recouverte d'écailles calcaires. L'investigation chimique de la masse cartilagineuse a donné une teneur en acide phosphorique approchant de celle des os normaux.

Comme H o f m e i s t e r le fait remarquer, l'existence dans les tissus prédisposés à la calcification des affinités électives, mécaniques ou chimiques, pour les ions calcium (et éventuellement pour les ions phosphoriques) n'explique par la prise et la précipitation répétées du phosphate de chaux qui sont nécessaires à la production de la calcification compacte, puisque, *a priori*, on devait s'attendre à une cessation de la prise du sel calcaire aussitôt que les affinités correspondantes auraient été satisfaites. Pour que cette déposition puisse être complète, il est nécessaire que de nouvelles affinités apparaissent, ou que celles qui primitivement étaient satisfaites deviennent libres de nouveau. C'est précisément ici que les différentes circonstances qui font varier la teneur et la pression de l'acide carbonique dans les territoires sanguins et lymphatiques, entrent en action.   D'autre part, une des circonstances ou conditions qui a la plus grande influence sur la calcification est la dégénérescense préalable du tissu.   En effet, les intéressantes investigations de K ó s s a démontrent que les processus dégénératifs du protoplasma amènent une augmentation dans la prise des sels calcaires.   L'ingestion du iodoforme chez les lapins amène la dégénérescence et l'infiltration calcaire du foie.   Si l'on fait en même temps des injections sous-cutanées de sels de chaux, les dépôts calcaires apparaissent plus prématurément.

V i r c h o w considère les infiltrations calcaires du poumon, des reins et de la membrane muqueuse de l'estomac comme des caractéristiques de la calcification métastatique, et, en effet, la statistique démontre que dans la grande majorité des cas (19 sur 23) il existe une affection étendue du système osseux.   L'idée qui naturellement surgit à l'esprit est qu'il y a là une connexión causale, c'est-à-dire de cause à effet entre la maladie osseuse et la déposition calcaire ; mais, au point de vue de l'interprétation correcte des faits, un doute subsiste : ou bien, la maladie des os est le phénomène primitif, la sursaturation des tissus et l'infiltration calcaire étant des phénomènes dérivés (V i r c h o w) ; ou bien l'affection du tissu commence la première, indépendamment de la maladie osseuse, et elle ne souffre l'infiltration calcaire que comme une conséquence de l'excès de chaux disponible.   (K o c k e l).   Dans ce dernier cas, la sursaturation calcaire pourrait bien être considérée comme une "cause concommitante" et la calcification métastatique elle-même comme une forme de la calcification dystrophique.

H o f m e i s t e r et T a n a k a ont pu reproduire la calcification métastatique en pratiquant dans la cavité péritonéale des lapins de grandes injections de sels de chaux, principalement de lactate de chaux. Les infiltrations calcaires observées ne se produisent pas seulement dans la zone avoisinant le siège de l'injection, mais, dans les cas d'injections répétées, elles s'étendent aux autres organes de la cavité péritonéale, intestin, esto-

10

mac, diaphragme, épiploon et glandes lymphatiques, et même à des organes très éloignés comme le cœur et muscles du tronc et des extrémités. Il
est vrai que jusqu'aujourd'hui on n'a pu reproduire les calcifications qui se
produisent chez l'homme, principalement dans les parois des vaisseaux,
les poumons et la muqueuse gastrique; mais il n'est pas difficile, en faisant intervenir des circonstances diverses, chimiques, physiologiques et
pathologiques, de donner une explication satisfaisante des causes qui
chez l'homme déterminent la métastase calcaire dans ces sièges d'élec-
tion. La transcription détaillée de toutes ces circonstances nous mènerait trop loin, mais il est facile de s'en faire une idée, en tenant compte
que dans tous ces organes il se produit une excrétion de substances acides
d'où dérivent les différents phénomènes suivants : augmentation de l'al-
calinité du sang, combinaison plus avancée de l'acide carbonique, diminution correspondante de sa capacité de dissolution pour les sels calcaires et finalement précipitation de ces derniers. Dans les parois
des vaisseaux le contact du sang artériel, relativement riche en alcali,
soustrait l'acide carbonique à la lymphe tissulaire favorisant la précipitation des combinaisons calcaires, précisément dans la zone de contact entre
le sang artériel et les tissus sursaturés de chaux.

Pour terminer ce résumé des idées actuelles exposées par l'auteur
précédemment nommé, sur les échanges calcaires, normaux et pathologiques, qui ont lieu dans le sang et dans l'intimité des tissus, il nous reste
à indiquer que l'analyse chimique de la matière qu'on trouve dans les
dépôts calcaires ne correspond pas toujours à la composition normale
des os; au contraire, ainsi que divers chimistes l'ont démontré, il y a des
séparations considérables du type normal.

Quelle peut être la cause qui, à son tour, produit cette sursaturation
calcaire? Quelle peut être la source qui apporte au torrent circulatoire
cet excès de combinaisons calcaires dans des conditions spéciales de solubilité pour qu'elles puissent se sédimenter dans les tissus? Sans
aucun doute, dans les expériences de H o f m e i s t e r et T a n a k a,
ce sont les injections de sels dans le péritoine, spécialement celles du
lactate, qui ont déterminé l'inondation calcaire et les sédimentations observées. Il semble aussi que dans les cas de métastase calcaire la corro-

sion concommitante du système osseux soit la cause de la sursaturation indiquée. En tout cas, la sursaturation calcaire des liquides de l'organisme reste encore à déterminer quand il n'est pas possible de constater la corrosion du système osseux, c'est-à-dire dans les sédimentations calcaires dystrophiques. H o f m e i s t e r admet la possibilité d'autres causes de sursaturation calcaire, quand il écrit: " Même si on accepte que la métastase calcaire typique puisse se présenter sans aucune maladie du système osseux, ceci ne contredit pas la doctrine de W i r c h o w , parce que, comme le fait observer A s c h o f f , nos connaissances actuelles sur le métabolisme du calcium ne nous autorisent pas pour exclure en pareil cas une sursaturation par les sels de chaux. W i r c h o w avait déjà songé à une rétention calcaire consécutive à des altérations qu'on peut constater aux reins; mais on a aussi le droit de croire à une diminution dans la sortie de la chaux par l'intestin (avec d'autant plus de raison qu'on a trouvé occasionnellement des crétifications dans la membrane muqueuse intestinale). On peut aussi imaginer une absorption plus abondante en chaux, soit par une alimentation riche en chaux, soit parce que des causes anormalement favorables viennent aider l'absorption de la chaux dans l'intestin." Sans nul doute, H o f m e i s t e r se réfère ici à *l'absorption digestive* de la chaux dans l'intestin, et non à la *reabsorption fécale* de la même base, ainsi qu'il a été établi précédemment. Le même auteur, parlant des crétifications qu'on a trouvées dans la membrane muqueuse intestinale, croit qu'elle constituent un obstacle à l'excrétion de la chaux par le même organe. Comme nous l'avons dit, la chaux s'excrète normalement par les dernières parties de l'intestin grêle et il n'est pas improbable que des crétifications siégeant dans ce lieu, puissent opposer un obstacle à l'excrétion normale de la chaux; quant aux autres crétifications du gros intestin, et même de l'intestin grêle, on doit les considérer comme des phénomènes primitifs.

Dans les chapitres qui vont suivre, nous essaierons de démontrer que la réabsorption fécale de la chaux est un mécanisme pathogénique des plus importants.

Chapitre III

Causes de la rétention calcaire.

Dans le chapitre qui précède nous avons essayé de donner une idée générale de nos connaissances sur la rétention calcaire dans différents états. Maintenant nous allons étudier les causes qui produisent cette sursaturation calcaire des liquides organiques.

Au point de vue théorique, on peut proposer trois classes de causes pour expliquer la sursaturation calcaire de l'organisme: 1°. Augmentation des recettes par suite d'une alimentation riche en chaux, ou par des causes qui favorisent l'absorption digestive de la chaux; 2°. Diminution des sorties pour des causes qui opposent un obstacle à l'excrétion de la chaux par la voie intestinale ou rénale; et 3°. Une réabsorption fécale plus intense des combinaisons calcaires d'origine putréfactive. Ces différentes causes ne s'excluent pas les unes des autres.

Augmentation des recettes calcaires.

Une alimentation riche en sels calcaires ne conduit pas toujours à une absorption plus abondante de la chaux, comme on pouvait s'y attendre; c'est le contraire qui a lieu généralement. Chez l'enfant, le lait de vache, beaucoup plus riche en chaux que le lait de femme, est moins bien utilisé par le nouveau-né (15 à 25 p. 100 en moins) ; c'est ce qui ressort des travaux de R u b n e r et H e u b n e r, (1) B l a u b e r g (2) et T a n g l (3) ainsi que des recherches de S ö l d n e r (4) effectués par une autre méthode.   On peut attribuer cette mauvaise utilisation des sels du lait de vache aux perturbations digestives si fréquentes chez les enfants nourris artificiellement.   La nature organique des composés dans lesquels se trouvent engagés les sels minéraux dans le lait de femme tend aussi à expliquer sa bonne utilisation.   Le fait est qu'on trouve une différence dans la réaction des fèces chez les enfants : chez les nouveaux-nés nourris au sein, la selle est toujours faiblement acide, et cette acidité est dûe aux acides gras supérieurs de la graisse du lait et à l'acide lactique, les acides gras volatils existant en petite quantité ; la selle du lait de vache, surtout quand on ajoute au lait des décoctions de céréales, est neutre ou légèrement alcaline.

Chez l'adulte, l'alimentation au lait conduit, ainsi qu'il a été dit, à la rétention calcaire, mais contrairement à ce qu'on pouvait espérer, l'absorption et l'entrée des sels de chaux au sang sont plutôt diminuées, comparativement à ce qui se passe chez la même personne avec un autre genre d'alimentation.   La teneur en chaux du sang devient plus petite. H i r s c h l e r et T e r r a y (5) ont constaté chez un malade qui souffrait de endo-arteritis déformante chronique, que le sang contenait 0,0051 pour 100 de chaux pour une alimentation mixte, tandis qu'avec la diète lactée cette proportion s'abaissait jusqu'à 0,0023 pour 100.   Quelque étrange que ce résultat puisse paraître, il est un fait, démontré par plusieurs auteurs, que la quantité de chaux excrétée par l'urine (comparée à la chaux ingérée avec les aliments et à la chaux excrétée par les fèces) est bien plus sous la dépendance de la *qualité* de l'alimentation que de sa *richesse* en chaux.

Les proportions dans lesquelles l'acide phosphorique et les graisses sont contenues dans un aliment, ont une influence décisive sur la

(1)   Rubner u. Heubner: Zeitschr. f. Biologie. T. 36, 1898 et T. 38. 1899.
(2)   M. Blauberg. Zeitschr. f. Biologie. T. 40. Pags. 1 et 36. 1900.
(3)   F. Tangl. Pflügers Archiv. T. 104, 1904.
(4)   Söldner. Zeitschr. f. Biologie. T. 43. 1903.
(5)   Hirschler u. Terray. Zeitschr. f. klin. Med. T. 59, 1905.

quantité de chaux excrétée par l'urine. Il existe, entre la chaux et l'acide phosphorique, les relations les plus étroites, quant à leurs excrétions par l'urine et par les fèces. Dans l'alimentation carnée, la plus grande partie du phosphore apparaît dans l'urine, et de minimes résidus seulement demeurent dans les fèces. Dans l'alimentation végétale, au contraire, bien que celle-ci soit extrêmement riche en phosphore, la majeure partie de cet élément apparaît dans les fèces, parce que l'abondante teneur en chaux de cette alimentation entraîne avec elle le phosphore sous une forme insoluble. A cause de cette action précipitante qu'a la chaux sur l'acide phosphorique dans le tube digestif, cette base, dans ces derniers temps, a été proposée comme un médicament par v. N o o r d e n (1) dans la thérapeutique des goutteux. Cet auteur a constaté, en effet, qu'après l'ingestion de la chaux l'excrétion urinaire de l'acide phosphorique s'abaisse, particulièrement celle du phosphate monosodique, qui, comme on sait, favorise la précipitation de l'acide urique. Partant de cette idée, H e r x h e i m e r (2) a fait ingérer aux goutteux un pain de seigle renfermant 25 pour 100 de carbonate de chaux, et a obtenu de cette manière une diminution de l'acide phosphorique urinaire. A ce sujet, on doit mentionner que K i o n k a (3) a également déterminé chez les poules, après une riche ingestion en chaux, une diminution dans la formation, l'excrétion et la déposition de l'acide urique. C z e r n y et K e l l e r (4) ainsi que B i r k (5) ont constaté des faits semblables relatifs à l'importance qu'a la quantité des graisses alimentaires sur l'absorption des sels de chaux et leur excrétion par l'urine. Après ce qui vient d'être exposé, il n'y a rien d'étonnant que dans la diète au lait de vache, aliment très riche en acide phosphorique et en acides gras supérieurs, on ait constaté une forte diminution dans le passage de la chaux au sang et à l'urine.

En ce qui concerne les causes qui peuvent favoriser ou retarder l'absorption digestive de la chaux, nous pouvons citer les expériences de

---

(1)   v. Noorden. XIV Kongress f. inn. Med. Wiesbaden. 1896.
(2)   G. Herxheimer. Berl. klin. Wochenschr. No. 20. 1897.
(3)   H. Kionka. Berl. klin. Wochenschr. No. 1. 1900.
(4)   A. Czerny u. A. Keller, Jahrb. f. Kinderh. T. 45. Pag. 274. 1897.
(5)   W. Birk. Monatsschr. f. Kinderh. T. VII. Pag. 450. 1908.

K o c h m a n n et P e t s c h (1) qui ont déterminé l'influence des aliments sur la nutrition calcaire. Les expériences ont été effectuées sur des chiens dans l'alimentation desquels on a employé les gâteaux de S p r a t t (0,792 pour 100 de CaO). Ces investigateurs ont constaté des pertes calcaires, même quand les animaux étaient en état d'équilibre azoté ou qu'ils avaient gagné en azote. La chaux apparaît dans l'urine dans la proportion de 5,4 à 5,6 pour 100; le reste est sorti par les matières fécales. L'addition de graisses augmente les pertes calcaires. Le sucre de raisin exerce une action semblable. Des chiens ont aussi été alimentés avec de la viande de cheval dégraissée, matière très pauvre en chaux. Dans ces cas, on a observé aussi une perte en chaux. En toutes ces circonstances, les perties en chaux se sont effectuées par la voie intestinale, sous la forme de phosphate de chaux. Si l'on fait de petites additions de chaux à cette alimentation, on n'obtient d'abord qu'une augmentation des pertes calcaires et phosphoriques; pour atteindre l'équilibre calcaire, il devient nécessaire d'ajouter des quantités de chaux bien supérieures aux pertes qui s'effectuent pendant cette alimentation pauvre en chaux. Si l'on augmente la quantité de viande afin d'obtenir un gain en azote, le dit équilibre calcaire se trouble dans un sens défavorable; la rétention phosphorique, au contraire, a été supérieure, même à celle qui correspondait au gain azoté. *Dans ce cas, la chaux qui a abandonné le corps de l'animal n'a pu le faire uniquement à l'état de phosphate.* L'addition de la graisse à l'aliment a conduit à de fortes pertes en chaux et en acide phosphorique, particulièrement par la voie intestinale. Dans ces conditions, si l'on ajoute de la chaux à l'aliment, on obtient une rétention de chaux et d'acide phosphorique, ce dernier dans une proportion beaucoup plus grande que celle qui correspond au gain azoté, de telle sorte que le corps parait gagner en phosphate de chaux. Des ces longues expériences, les auteurs concluent que les différentes matières alimentaires produisent de la perte calcaire à divers degrés, particulièrement quand

---

(1) Martin Kochmann u. Ernest Petsch. Ueber die Abhängigkeit des Kalkstoffwechsels von den organischen Nahrungskomponenten beim erwachsenen Hunde, nebst Bemerkuken über Stoffumsatz der Phosphorsäure und der Magnesie. Jahres-Eericht u. d. Forscritte der Thier-Chemie. T. XLI. P. 511. Je n'ai pas pu lire les mémoires originels publiés dans la Biochemische Zeitschrift. XXXI, 361 — 76 et XXXII, 10 — 26; 27 — 42. mais le résumé fait par Koppel est assez étendu pour s'en faire une idée exacte.

les animaux se meuvent dans des limites restreintes. La chaux est empruntée au squelette à l'état de phosphate de chaux, et est utilisée dans la nutrition intermédiaire comme un agent antitoxique. L'addition de sels de chaux peut conduire à l'équilibre calcaire. La sortie de tous ces éléments par les matières fécales, se produit dans les proportions suivantes: azote 2,6—8,8% acide phosphorique 6,0 — 43,3% ; chaux 80,0 — 95,3% ; magnésie 43,7 — 88,9%.

Dans ces investigations de K o c h m a n n et P e t s c h les pertes et les gains en chaux dont l'organisme animal a été le siège, peuvent être considérés comme physiologiques: avec une alimentation pauvre en chaux, le squelette a fourni le déficit dont la nutrition avait besoin, et la perte s'est effectuée par la voie intestinale sous la forme de phosphate de chaux; quand on a ajouté des sels de chaux, la rétention physiologique, qui en est la conséquence, s'est produite au moyen d'un gain en phosphate de chaux. Cette rétention, après que l'animal a été soumis à la disette calcaire, peut être considérée comme physiologique, et on ne l'obtient qu'après avoir fait d'abondantes additions de sels calcaires, pendant lesquelles la teneur en chaux du sang augmente, à cause de l'absorption digestive. Pendant la diète lactée, on n'observe pas de pertes calcaires; bien au contraire, l'organisme se trouve dans un état favorable aux gains, et le plus petit excès de chaux qu'on y apporte par l'ingestion sous la forme de sels solubles, détermine une forte rétention, *sans que le sang et l'urine cessent d'être pauvres en chaux.* En confirmation de ces idées, nous pouvons citer les investigations que F. O f f.r i n g a(1)a réalisées sur l'homme. Le sujet d'expériences n'était pas soumis à la diète lactée pure, mais dans son régime alimentaire figurait un litre de lait, et la quantité de chaux qui entrait par jour dans l'organisme s'élevait à 1921 mg. De cette quantité totale, la chaux du lait représente la majeure partie, soit 1600 mg. par kilo, qui est la teneur en chaux du lait des vaches européennes (2). La moyenne que nous avons établie est supérieure, peut-être parce que nos vaches laitières ne donnent que 7 litres par jour au plus. On a donc le droit de considérer le régime alimentaire auquel

---

(1) Diss. Groning 1911. Pag. 147. Je n'ai pas consulté la Thèse d'Offringa, mais seulement l'extrait que Zeehuisen en a fait dans le Maly's J. B. f. Thier-Chemie, T. 41. Pag. 509 — 510. 1911.

(2) Schall u. Heisler. Nahrungsmitteltabelle. Würzburg. 1910. Pag. 36.

s'est soumis O f f r i n g a , comme un régime lacté atténué. L'expérience a été divisée en deux périodes pendant lesquelles on a suivi une diète uniforme, avec la seule différence que dans la seconde on a ingéré 675 mg. de chlorure de calcium. La relation entre la chaux urinaire et la chaux fécale, qui ordinairement est sujette à de grandes variations, a été, dans ces expériences, assez régulière. Voici les chiffres moyens par jour des deux périodes:

Première période.   Sans ingestion de sels calcaires.

> Chaux urinaire . . . . 206 mg.
> Chaux fécale . . . . 1697 —

Seconde période. Ingestion de 675 mg. de CaCl².

> Chaux urinaire . . . . 272 mg.
> Chaux fécale . . . . 1917 —

Durant cette seconde période, on a observé dans la rétention calcaire un excédent de 443 mg. de CaO.   Dans le résumé de ces expériences que donne le M a l y's J a h r e s - B e r i c h t ü b e r d i e F o r t s c h r i t t e d e r T h i e r - C h e m i e il parait s'y être glissé quelque erreur, mais ceci n'affecte en rien nos conclusions: 1ª. Dans la diète lactée, ou dans une diète dont la plus grande partie de la chaux alimentaire est représentée par la chaux du lait, l'organisme se trouve plus particulièrement exposé à souffrir la rétention calcaire, une petite proportion de la chaux s'excrétant par les urines (10,8 pour 100 des sorties) ; 2ª. L'ingestion des combinaisons solubles de chaux n'a augmenté que dans des limites très restreintes l'élimination urinaire de la chaux (12,4 pour 100 des sorties) la plus grande partie s'excrétant par la voie intestinale. L'ingestion de 675 mg. de chlorure de calcium ou 340 mg. de chaux n'a provoqué dans le rein qu'un excès d'excrétion de 66 mg. sur la moyenne de la première période; la plus grande partie s'élimine par les fèces ou reste immobilisée dans les tissus. La chaux, unie à l'acide chlorhydrique pour former un sel soluble et stable, ne sort pas par la voie rénale comme on pouvait le supposer; c'est une nouvelle confirmation d'un fait sur lequel nous avons précédemment insisté, c'est-à-dire que la chaux a plus de tendance à sortir par la voie rénale, unie aux acides avec lesquels elle forme des combinaisons peu solubles, comme l'acide sulfurique ou oxalique. D'autre part, nous avons déjà dit que la chaux parait s'éliminer, de préférence par la voie rénale, quand on la fait arriver au sang par le rectum sous la forme de butyrate ou d'acétate de chaux. Nous avons pu produire dans nos expériences, ainsi qu'il a été établi, des augmentations urinaires de 100 mg. et de 200 mg. de chaux par 24 heures. La pénétration au sang des combinaisons calcaires inorganiques parait s'effectuer dans des limites très restreintes. Chez l'adulte soumis à un régime riche en chaux, l'ingestion d'une dose inférieure à 545 mg. d'un sel soluble de chaux, lactate ou chlorure, n'arrive pas à augmenter la teneur en chaux du sang; pour obtenir une augmentation remarquable, il devient nécessaire d'aller jusqu'aux doses de 2727 mg. de chaux sous une forme soluble, ainsi qu'il a été établi par F. V o o r h o e v e (1). Cette absorption difficile de la chaux par la voie gastrique parait provenir de l'action précipitante des phosphates solubles sur le chlorure de calcium, même avec production d'une petite quantité d'acide chlorhydrique libre. On peut de cette manière expliquer le passage plus abondant de la chaux au sang chez les enfants, quand ils sont nourris au sein, que quand ils sont alimentés artificiellement: on sait que la plus grande partie du phosphore du lait de femme se trouve engagé dans des combinaisons organiques (77 pour 100). Les dosages que R. N e u r a t h (2) a effectués récemment dans le sang ont donné des chiffres plus élevés chez les enfants nourris au sein. L'augmentation des recettes n'explique pas suffisamment la rétention calcaire dans la diète lactée.

Diminution des sorties calcaires.

C'est un champ dans lequel nous ne pouvons entrer sans avouer qu'il est rempli d'hypothèses. La teneur du sang en chaux, tant à l'état normal qu'à l'état pathologique, varie extraordinairement jusqu'à attein-

---

(1) N. Voorhoeve. Biochem. Zeitsch. XXX. 195 — 206.
(2) R. Neurath. J. B. über die Fortschritte der Thier-Chemie. T. 41. Pag. 467. Wiesbaden. 1911.

dre dix fois la moyenne établie. A l b u et N e u b e r g(1) disent à ce sujet: " Tandis que B u n g e a trouvé au sang 0,004% CaO, D e n s t e d t et R u m p f en ont observé jusqu'à 0,027% et plus; l'augmentation de la chaux s'étend tant aux sels solubles qu'aux insolubles, y compris les organes internes. Cette constatation de R u m p f ne se réfère pas aux sujets sains, mais aux malades avec néphrite, c'est-à-dire artério-sclérose compliquée de néphrite. On ne peut pas établir s'il existe ici une relation causale entre la néphrite et la haute teneur en chaux du sang et d'autres organes. Les quantités de chaux du sang que E r b e n a constatées dans la néphrite chronique (0,0175 — 0,0219%) contredisent cette supposition. On ne sait pas si les néphritis qui sont sous la dépendance d'une calcification des vaisseaux se comportent d'une autre manière." Etant donnée cette incertitude sur l'état de nos connaissances relatives à la composition du sang et des organes, en chaux et autres matières minérales, il serait à désirer qu'on instituât des *expériences comparatives chez la même personne* à l'instar de celles que H i r s c h l e r et T e r r a y ont entreprises pour déterminer l'influence de l'alimentation sur la teneur du sang en chaux.

Il est très difficile de constater une diminution de chaux dans l'urine par une simple analyse de ce liquide. On ne peut pas établir une moyenne pour l'élimination urinaire de la chaux ; les chiffres varient dans de très grandes proportions d'un individu à un autre, et chez une même personne varient également suivant le genre d'alimentation. Un auteur a constaté chez soi-même, dans des conditions normales, jusqu'à 513 mg. de chaux (2). Les chiffres minima que N e u b a u e r (3) indique dans ses analyses se sont abaissés jusqu'à 120 mg. Dans le cas où l'on constaterait une diminution dans la sortie de la chaux urinaire, ceci ne voudrait pas dire qu'il y ait rétention de la chaux. Le seul moyen de constater sûrement une rétention calcaire *intra vitam* dans une maladie quelconque est constitué par *les recherches comparatives de nutrition*. Après la mort, le dosage de la chaux dans les organes peut conduire à l'établissement de la rétention calcaire, mais il est néces-

(1) Albu et Neuberg. Ouvrage cité à la page 129. 113 — 114.
(2) Schetelig, Virchows Archiv. T. 82, Pag. 437. 1880.
(3) Neubauer-Huppert. Analyse des Harns. Pag. 165. Wiesbaden 1910.

saire que l'augmentation de la chaux soit constatée dans divers organes à la fois, et qu'il n'existe pas en même temps une corrosion concommitante du système osseux, parce que la chaux, comme on l'a vu précédemment, peut être soumise à des migrations dans l'intérieur de l'organisme, sans qu'il s'agisse pour cela d'une véritable rétention calcaire dans le corps entier. Avec ces restrictions, on peut dire que quand on constate une diminution permanente de la sortie urinaire de la chaux dans une maladie quelconque, on peut croire à une rétention calcaire.

Le premier auteur qui constata une diminution de la chaux urinaire dans l'athéro-sclérose fut H i r s c h b e r g (1) en 1878. Plus tard S c h e w e l e w (2) H i r s c h l e r et T e r r a y (3) ont fait la même constatation. Récemment R u m p f (4) a confirmé les données antérieures. R e a l e (5) est d'accord avec H i r s c h b e r g dans cette diminution de la chaux urinaire chez les vieillards. Moi-même, chez 3 vieillards de 67, 72 et 90 ans, j'ai constaté une diminution de la chaux urinaire; les chiffres étaient de 101, 173 et 70 mg. respectivement par 24 heures, tandis qu'il était étonnant de voir un jeune homme habitant la même maison que le plus âgé des trois vieillards et suivant le même régime alimentaire, excréter 278 mg. de chaux dans le même laps de temps.

Les investigations analytiques de L o e p e r et B é c h a m p, que nous avons citées précédemment, ont une grande importance. Ces auteurs parlent d'une diminution dans l'excrétion urinaire et fécale de la chaux au cours des maladies, mais malheureusement ces investigateurs n'ont pas fait de recherches comparatives de nutrition, et n'ont pas donné les chiffres de l'élimination urinaire et fécale de la chaux. En tout cas, ces recherches ont la plus grande importance, parce que les auteurs ont suivi le cours de l'élimination urinaire et fécale de la chaux, et constaté une augmentation dans la sortie de la chaux durant la crise. La connaissance de l'excrétion urinaire et fécale de la chaux, chez une même personne, pendant la maladie, pendant la crise et pendant la convalescen-

---

(1) L. Hirschberg, Zentralbl. f. d. med. Wissensch. 1878, Pag. 90.
(2) Schewelew. Cité dans les Malys Jahresb. f. Thierchemie. T. 27.
(3) Hirschler et v. Terray. Le même annuaire. T. 33.
(4) Th. Rumpf, Münch. med. Wochenschr. No. 9. 1905.
(5) E. Reale. Manuale di chimica clinica. Pag. 250. Napoli, 1907.

ce, pourvu que le régime soit uniforme, donnerait une histoire chimique des échanges calcaires absolument digne de foi.

Dans le cas où on constate avec certitude une diminution urinaire de la chaux, on ne peut pas établir si la rétention calcaire est la conséquence d'un défaut dans l'élimination rénale de la chaux, ou si, au contraire, la rétention calcaire dans les tissus et l'appauvrissement du sang sont la cause de la faible excrétion par l'urine. A ce sujet, on peut commencer par établir qu'un défaut dans l'élimination urinaire d'une matière minérale peut se produire dans deux états opposés du sang. M o - r a c z e w s k i (1) a pu constater ce qui vient d'être dit, à propos du chlorure de sodium. M o r a c z e w s k i écrit: " Dans les anémies (chlorose, anémie pernicieuse, anémies carcinomateuses) le chlore demeure retenu dans l'organisme, tandis que le phosphore est excrété en plus grande proportion. Par conséquent l'urine devient *pauvre en chlore* et riche en phosphore; le sang se comporte d'une manière opposée: riche en chlore et pauvre en phosphore. Chez les pneumoniques et autres patients fiévreux, il a été possible de constater une rétention du chlore dans le corps et une perte en phosphore. Dans ces cas, l'urine était *pauvre en chlore* et riche en phosphore, le sang, d'une manière corrélative, pauvre en chlore et riche en acide phosphorique" (2). Ce n'est pas le lieu de discuter l'opinion que M o r a c z e w s k i se forme sur la rétention dans les anémies par suite de l'analyse des organes en matières minérales et qui font l'objet du mémoire qu'il a publié; nous observons simplement qu'on a le droit de croire que dans les anémies il doit exister quelque obstacle à l'excrétion rénale du chlore, soit dans le rein lui-même, soit dans le sang malade.

Nous pouvons maintenant examiner la part qui correspond à l'élimination urinaire dans la rétention calcaire produite par la diète lactée. S'il

____

(1)   W. v. Moraczewski. Hoppe - Seyler's Zeitschr. f. physiol. Chemie. T. XXIII, Pag. 483. 1897.

(2)   L'appauvrissement de l'urine en chlore, dans les états infectieux et phlegmasiques, a été rapporté par divers auteurs, la diminution prononcée des chlorures étant considérée comme un pronostic très grave. A ce sujet je me souviens d'un cas où le malade, affecté d'une fièvre intense avec état comateux, fut sauvé par trois injections de sérum physiologique au chlorure de sodium. Il s'agissait d'un sujet ayant été amené à Caracas (1000 m. au dessus de la mer) des terres basses de l'intérieur du pays où règne le paludisme; cependant l'examen du sang ayant été fait par un bon hématologiste ne donna que des résultats douteux. L'urine de 24 heures ne contenait que quelques centigrammes de chlorures et de traces de corps uriques. Les injections ayant produit un effet étonnant, on est en droit de supposer un appauvrissement du sang en chlore, bien qu'on ne fit pas l'analyse du sang à ce point de vue.

est vrai que l'élimination absolue de la chaux augmente dans la diète que nous avons précédemment nommée acide (1,203 de CaO au lieu de 0,862) ; il n'en est pas de même en ce qui concerne la quantité *relative* de chaux qui sort par l'urine dans les deux classes de diète, ainsi que le démontre le petit tableau suivant :

Diète lactée neutre :

    Quantité de lait ingérée par jour .... 800 g.
    Moyenne de la chaux urinaire par jour....... 143,6 mg.

Diète lactée acide :

    Quantité de lait ingérée par jour ....1144,6 g.
    Moyenne de la chaux urinaire par jour .... 200,5 mg.

Si on détermine par le calcul la quantité de chaux qui devrait s'éliminer par l'urine dans cette seconde diète, en prenant comme base la proportion suivant laquelle la chaux s'excrète dans la première, on trouve le chiffre de 200,8 mg. A cet égard, la proportion de chaux urinaire relative à la chaux introduite avec tous les aliments dans les deux formes de diète est non moins instructive ; elle est environ la même, soit 7,5% dans la première et 7,8% dans la seconde. Tout ceci parait prouver que l'élimination urinaire n'intervient pas pour expliquer le phénomène de la rétention calcaire pendant la diète lactée. Cependant, ce genre d'investigation étant extrêmement délicat, puisqu'il s'agit de petites quantités de chaux, on doit tenir compte de la faible différence que présente la chaux urinaire comparée avec la chaux des aliments ; cette différence est de 0,3%. Or, ce minime pourcentage suffit pour expliquer avec une exactitude frappante la différence constatée dans la rétention calcaire, soit 273 mg., puisque le 0,3% de la quantité de chaux totale ingérée pendant la diète acide (15,166 g. de CaO) multiplié par les six jours de la série donne 274 mg. Pour empêcher la rétention calcaire, les reins ont dû effectuer un double excès de travail : l'un absolu, l'élimination de 1,203 g. de CaO au lieu de 0,862 g., et l'autre relatif, soit un excès de 0,3% sur la tâche qu'ils auraient dû effectuer s'ils avaient travaillé corrélativement dans les deux cas avec la même vitesse. Cette hyperfonction bénéfique des reins est dûe manifestement au plus grand volume d'eau qui les a traversés. Il a été déjà dit qu'une augmentation de la diurèse élève l'excrétion urinaire de la chaux. En outre, on comprend facilement que si on n'avait pas pris la précaution d'empêcher la stagnation fécale dans la seconde forme de diète lactée, le travail des reins, avec la plus grande quantité de chaux qui a circulé dans le tube digestif, n'aurait pas suffi à excréter le grand excès de chaux que la constipation apporte au sang et à l'urine et, par conséquent, dans la seconde forme de diète lactée, la rétention calcaire aurait été plus grande que dans la première. On peut déduire de ces constatations que les causes principales de la rétention calcaire dans la diète de lait, sont la stagnation fécale et la diminution du volume des urines. Nous convenons qu'une seule expérience n'autorise pas pour en tirer une conclusion aussi affirmative, mais elle peut être acceptée provisoirement jusqu'à ce que de nouvelles recherches viennent la confirmer. Il serait à désirer qu'on instituât des séries plus longues de cette classe, en ne faisant intervenir qu'un seul des éléments dont on veut connaître l'influence empêchante sur la rétention calcaire. De cette manière on obtiendrait des connaissances positives sur l'influence que les diverses circonstances de la vie humaine exercent sur l'élimination des substances nuisibles à l'économie, plus instructives encore que celles qu'on peut établir, sur ce genre de questions, chez les animaux. J'ai vu fréquemment des personnes qui ne boivent jamais d'eau, et d'autres qui ne boivent abondamment qu'aux repas; chez les unes, soit par une déviation d'un instinct naturel, soit par crainte de la dilatation gastrique, et chez les autres par une habitude vicieuse, les urines sont très concentrées et très diminuées de volume, ces gens étant voués à souffrir les effets de l'intoxication fécale chronique, et la rétention calcaire qui en est la conséquence. On doit boire de l'eau tous les jours, aux heures où elle peut exercer son effet diurétique, même quand on n'a pas soif.

Quant à une diminution de l'excrétion de la chaux par l'intestin lui-même, les expériences rapportées ne nous disent que peu de chose. On sait que la chaux s'absorbe·dans l'estomac et les premières parties de l'intestin grêle, dans la mesure que l'acidité de ces parties le permet, et, après avoir circulé dans le sang, s'excrète de nouveau par les dernières parties de l'intestin grêle. C'est une espèce de nutrition intermédiaire de la chaux. D'après les recherches de F o r s t e r (1) sur les animaux, le 60 pour 100 des sels de chaux donnés sont absorbés, et, de cette partie absorbée, une minime proportion seulement s'élimine par les reins. Il est très étrange de constater que des sels donnés par la voie buccale, ce soient précisément les plus insolubles qui s'éliminent en plus grande proportion par la voie rénale (le sulfate de chaux, le phosphate de chaux et surtout l'oxalate de chaux). Il est très intéressant de faire observer ici *que sur l'homme soumis au régime lacté* l'absorption de la chaux dans l'estomac et les premières parties de l'intestin grêle doit être très restreinte. La circulation intermédiaire de la chaux ne se réaliserait que dans des limites presque insignifiantes. La pauvreté du sang en chaux pendant la diète lactée, ainsi que l'ont directement établi H i r s c h l e r et T e r r a y , ne laisse aucun doute à cet égard. Moi-même, en suivant une autre méthode, j'ai pu constater non-seulement cet appauvrissement du sang en chaux, mais aussi, et c'est ce qui nous intéresse spécialement à ce point, qu'en augmentant le flux intestinal, au moyen d'un purgatif approprié, on n'observe pas une augmentation dans la sortie de la chaux par les fèces.

On sait que les purgatifs salins produisent leur effet en suivant une voie détournée, différente du chemin direct que parcourent d'autres agents purgatifs, comme par exemple l'huile de ricin; ils s'absorbent dans l'estomac et les premières parties de l'intestin grêle, passent au sang et s'excrètent par le gros intestin et les dernières parties du même intestin grêle, c'est-à-dire qu'ils suivent la même voie intermédiaire que la chaux dans ses échanges nutritifs. Le purgatif que j'ai choisi a été le citrate de magnésie, parce que l'ingestion de sels magnésiens augmente l'élimination des sels de chaux, suivant M a l c o l m (2). Cet auteur dit: " Il parait évident que l'ingestion de sels solubles de magnésie produit une perte de chaux chez les animaux adultes et empêche sa déposition chez les jeunes animaux, tandis que les sels solubles de calcium n'exercent pas le

---

(1) J. Forster. Archiv f. Hygiene. T. 2, 1885. .

(2) J. Malcolm. On the inter-relationship of calcium and magnesium excretion. Journal of Physiology. T. XXXII. 1905.

même effet sur l'excrétion du magnesium." Le purgatif a été pris pendant le régime lacté acide, 3 jours après que l'expérience de nutrition était ,terminée. La quantité de MgO était de 7,143 g. Voici les résultats analytiques obtenus pendant les jours que l'expérience a duré :

	Poids des fèces.	M.org.	Cendres.	CaO.	MgO.
Le jour qui a précédé le purgatif.	218,2 g.	31,392	7,085	2,381	0,432
Le même jour au matin........	159,5	23,134	5,907	2,115	0,321
Effet du purgatif	731,0	31,250	9,868	1,952	0,828
Effet du purgatif	74,7	5,394	1,589	0,393	0,185
Moyennes de 4 jours avec le même régime	177,3		6,633	2,344	0,340
Effet du purg. 24 heures.......	805,7	36,644	11,457	2,345	1,013
Pendant les 24 heures de l'effet du purgatif l'urine se comportait	612,7 c.c.			0,1230	0,2331
Moyenne urinaire..............	1579,8			0,2005	0,2001
Moyennes de l'excrétion totale par jour				2,5445	0,5401
Le jour du purgatif les sorties sont				2,4680	1,2461

Le purgatif n'a pas amené une augmentation dans la sortie des combinaisons calcaires. L'excrétion de la chaux urinaire s'est abaissée considérablement comme c'est le cas quand il se produit une stimulation du tube intestinal, par exemple avec l'huile de ricin, tandis que les opiacés, suivant R u d e l (1) produisent un effet opposé. Comme l'excrétion urinaire de la chaux a notablement diminué, et comme en même temps l'excrétion totale du jour du purgatif a été égale à celle du jour moyen, on pourrait croire à une sortie plus abondante de l'excrétion intestinale de la chaux, mais elle peut très bien être expliquée par un entraînement plus complet des matières fécales au dehors. Il est étonnant de constater que pendant l'action purgative, plus de 6 grammes de magnésie sont restés retenus dans l'organisme. Peut-être la sortie pendant les jours suivants de cette forte quantité de magnésie accumulée dans l'organisme avait provoqué une excrétion plus abondante de combinaisons

---

(1) Rudel, cité par Sinnhuhuber. Zeitschr. f. klin. Med. LIV. Pag. 38. 1904.

calcaires, mais malheureusement on n'a pas suivi les échanges calcaires et magnésiens. Une autre constatation des plus intéressantes est que la magnésie retenue a été remplacée par une quantité équivalente d'alcalis dans les excrétions intestinales. Dans une partie aliquote de la selle diarrhéique, détruite par le mélange acide de N e u m a n n , on a dosé la potasse et la soude pesées ensemble à l'état de chlorure; ce poids était de 3,137 g. L'introduction brusque au sang de 6 grammes de magnésie a provoqué de la part du gros intestin une transsudation active de 3 grammes de chlorures alcalins, mais les combinaisons calcaires *sont demeurées retenues, du moins pendant le jour du purgatif.* Tout ceci porte à croire que pendant la rétention occasionnée par la diète lactée les combinaisons calcaires ne circulent qu'en minime proportion dans le sang et restent sédimentées dans les tissus.

Nous ne voulons pas passer à un autre sujet sans insister sur les considérations qui ont été exposées à propos de l'action des purgatifs salins, parce que nous aurons l'occasion d'y revenir plusieurs fois. L'ancienne conception de L i e b i g et P o i s e u i l l e a été aujourd'hui complètement abandonnée: suivant cette théorie les sels purgatifs attireraient vers l'intestin, par une action osmotique, de l'eau du sang et de la lymphe. La théorie de M a c C a l l u m se trouve à l'heure actuelle en pleine vigueur. H e r t z , C o o k et S c h l e s i n g e r (1) ont fourni des preuves décisives démontrant que l'action des purgatifs salins se fait par l'intermédiaire du sang. Ils ont employé pour cette constatation les rayons X et l'analyse chimique. Ils ont fait prendre à 3 personnes, une demi-heure avant le déjeuner, 2 onces d'oxychlorure de bismuth dans un demi-verre d'eau; environ 4 heures après le déjeuner, les gargouillements et l'ombre au cœcum indiquent que le bismuth et les résidus du repas étaient arrivés au commencement du gros intestin. En faisant prendre aux mêmes personnes le bismuth, l'eau et en plus une poudre de Seidlitz, il se produisit une selle aqueuse une heure environ après le déjeuner, c'est-à-dire 3 heures avant que le bismuth et les restes des aliments aient atteint le cœcum. Les auteurs concluent ainsi: " De ce qu'il vient d'être dit, il semble que

---

(1) A. F. Hertz, F. Cook and F. G. Schlesinger, The actions of saline purgatives. Proc. of the Royal of Med. December, 1908.

beaucoup de sels purgatifs, après avoir été absorbés dans l'estomac et l'intestin et passé au sang, peuvent agir directement sur l'appareil nevro-musculaire du colon, augmentant l'action motrice et sécrétoire de cet organe, ainsi que l'a décrit M a c C a l l u m . Cette action augmentée parait limitée au colon, bien que peut-être l'apparition prématurée des gargouillements cœcaux, quand le sel eut été ingéré, provenait d'une sécrétion de l'intestin grêle qui était arrivée au cœcum avant que le bismuth et la partie du sel non absorbée aient eu le temps d'y parvenir." L'analyse chimique a conduit à des résultats non moins intéressants dans le détail desquels nous ne pouvons pas entrer ici; nous dirons seulement que les auteurs ont constaté que la sécrétion purgative est un phénomène actif de la muqueuse intestinale, et qu'une selle solide après l'action purgative peut contenir une plus forte proportion de sel purgatif qu'une selle aqueuse.

L'expérience que nous avons rapportée plus haut, faite au moyen d'un purgatif salin, parait démontrer que la chaux n'existe dans le sang qu'en minime proportion, inférieure à 100 mg. par litre, même après une diète lactée très prolongée. On a déjà dit que quelques auteurs ont constaté des proportions jusqu'à 287 mg. de chaux par litre de sang; dans ce dernier cas la sécrétion intestinale de trois quarts de litre provoquée par le purgatif aurait amené au dehors plus de 200 mg. de chaux, quantité que l'analyse aurait facilement constatée.

———

Réabsorption fécale des combinaisons calcaires.

La chaux, qui devient soluble dans le gros intestin à la suite des phénomènes putréfactifs, passe au sang et s'élimine par la voie rénale. Ce nouveau chemin que suit la chaux, et qu'on peut qualifier d'extra-physiologique, a déjà été mis en lumière par des expériences directes chez l'homme et par l'examen des échanges qui ont lieu dans les cas pathologiques. Le passage au sang de la chaux, qui devient anormalement soluble pendant la putréfaction de la matière fécale, varie dans de grandes limites ainsi qu'il a été précédemment établi. Comme on peut facilement le prévoir, la proportion de ce passage est en relation avec trois ordres de circonstances: 1°. La réabsorption de l'eau dans le gros intestin; 2°. La production d'acides qui peuvent la dissoudre. 3°. La production de substances autres que les acides qui peuvent également la faire passer à l'état soluble.

On sait que les résidus alimentaires et autres produits de la digestion arrivent au cœcum avec une consistance liquide et que c'est dans le gros intestin qu'a lieu la réabsorption de l'eau et des substances solubles. La stagnation des matières fécales dans ce compartiment du tube digestif et l'état plus ou moins avancé de dessèchement qu'elles y souffrent, peut faire passer au sang une forte proportion d'eau saturée des produits solubles de la putréfaction intestinale. On a déjà dit que dans la constipation la proportion de chaux et des acides gras volatils augmente fortement dans les urines. On peut dire la même chose d'autres composés urinaires dont l'origine putréfactive intestinale ne laisse aujourd'hui aucun doute: indol, skatol, phénol et acides sulfo-conjugués. Divers auteurs (J a f f é , B r i e g e r , S a l k o w s k i , H o p p e - S e y l e r , O r t w e i l e r , &.) ont rapporté les chiffres les plus élevés du taux urinaire de ces substances dans des cas d'oclusion intestinale. A ce sujet on doit faire observer que la rétention fécale ne conduit pas toujours seule à ce résultat et que la préexistence d'une putréfaction de caractère mauvais ou une baisse dans le pouvoir défensif de l'antisepsie naturelle de l'intestin paraissent nécessaires.

La production des acides, spécialement des acides gras volatils qui peuvent former avec la chaux des composés solubles, parait avoir une grande influence sur la quantité de cette base qui passe au sang et à l'urine. La réaction acide des fèces, quand elle est bien prononcée, provient des acides gras volatils qu'on peut facilement constater. Sa réaction alcaline, au contraire, dérive de la présence de l'ammoniaque: dans ce cas, suivant S c h m i d t et S t r a s b u r g e r (1) la décomposition putréfactive des matières albuminoïdes excède la proportion ordinaire. On peut facilement s'assurer par une simple expérience que la réaction des matières fécales exerce une influence décisive sur leur teneur en chaux

---

(1) Schmidt u. Strasburger. Die Fäzes des Menschen. 1910. Pag. 111.

soluble. On prend d'une même selle, rendue bien homogène par la trituration, trois portions de 20 grammes chacune. On en fait l'extrait aqueux avec la même quantité d'eau distillée, en ajoutant à la seconde 5 gouttes d'ammoniaque, et 5 gouttes d'acide acétique à la troisième. Voici les résultats se rapportant à 100 g. de matière.

Chaux soluble de la fèce normale 0,167

—   —   — —   —   avec 5 gouttes d'ammoniaque..0,031

—   —   — —   —   avec 5 gouttes d'ac. acétique...0,268

Les proportions des acides gras volatils, d'ammoniaque et de chaux qui sont contenus dans une selle, ne donnent qu'une idée, dans certains cas erronée, des quantités de ces mêmes substances qui ont été entraînées par la réabsorption fécale. On dose seulement les quantités que la réabsorption du gros intestin a laissées dans les matières fécales. Les liquides d'épuisement neutres et acides des selles du cinquième et du sixième jour de la diète mentionnée précédemment, donnent les proportions de la chaux soluble et de celle qui reste inabsorbée. Voici ces chiffres et ceux de la chaux urinaire correspondants :

	CaO sol.	CaO total.	CaO sol. p. 100.
5° jour ....0,126 g.		2,1055 g.	5,98
6° jour 0,148		2,5408	5,82
Chaux urinaire du 5° jour.0,234			
Chaux urinaire du 6° jour.0,167			

Pour avoir une idée plus rapprochée de la vérité en ce qui concerne la quantité des acides gras volatils pendant la putréfaction et la formation de la matière fécale dans le gros intestin, il devient nécessaire de provoquer l'évacuation de cet organe au moyen d'un purgatif drastique. Comme on l'a vu précédemment, l'huile de ricin provoque l'expulsion d'une quantité d'acides gras volatils trois fois supérieure au chiffre de la constipation. Dans nos expériences comparatives chez une même personne au moyen de purgatifs divers, nous avons confirmé ces résultats. Les chiffres relatifs aux proportions d'acides gras volatils, d'ammoniaque et de

chaux seront cités plus loin à propos de la pathogénie du diabète. Dans
cette dernière maladie, nous avons obtenu des valeurs de beaucoup supérieures à celles de personnes normales, et ceci explique pourquoi l'urine
et l'extrait aqueux des fèces sont plus chargés en sels de chaux à acides
gras volatils chez les diabétiques. Chez une diabétique qui était légèrement constipée nous avons trouvé une baisse remarquable dans le taux
de la chaux et des acides gras volatils dans l'urine, mais dans ce cas
la distillation de la matière fécale a donné une énorme proportion d'acide lipopectique. Ce même acide existait en abondance dans l'urine, de
telle manière qu'à la distillation ordinaire pour faire le dosage des acides
gras volatils, l'acide lipopectique passait en abondance, put être recueilli
dans un filtre, lavé à l'eau distillée et titré à la phtaléine. Le même phénomène se produit dans les urines d'autres diabétiques, mais à un moindre
degré. En tout cas, les valeurs de la chaux et des acides gras volatils sont
notablement inférieurs aux chiffres européens et cette différence, qui
peut-être s'étend à l'ammoniaque, explique le volume moindre des urines
des diabétiques qu'on observe presque sans exception dans cette région.

D'autres substances, qui se produisent pendant la putréfaction de la
matière fécale, peuvent amener la chaux à l'état soluble et absorbable.
Ainsi qu'il a déjà été établi, les sels ammoniacaux à acides gras volatils
peuvent dissoudre la chaux, et, de cette manière, nous avons pu introduire
du phosphate ou du carbonate de chaux dans le sang par la voie rectale.
Plus loin, nous donnerons les chiffres correspondants aux dosages de ces
sels dans le contenu de l'intestin évacué par des purgatifs drastiques. On
ne peut pas avoir une idée de l'importance de ce processus, mais il contri-
bue sans aucun doute à augmenter le passage de la chaux fécale au sang.
Cette action dissolvante des sels ammoniacaux des acides gras volatils
pour la chaux est connue depuis longtemps dans la tannerie où on les
utilise pour entraîner la chaux qui a servi au dépilage des peaux. " Dans
ce procédé, les peaux, qui ont souffert la dépilation au moyen de la chaux,
sont immergées dans un bain ou " bate " d'excréments de pigeon ou de
chien. Les bactéries produisent des enzymes digestives qui ont une action dissolvante sur les fibres de la peau en la rendant plus souple. En
même temps, les acides, l'ammoniaque et les amines qui se développent

favorisent la dissolution de la chaux qui a servi pour le dépilage de la peau " (1). Nous allons décrire les réactions qui ont lieu entre la chaux et les colorants biliaires, parce qu'elles produisent de la chaux soluble et d'autres matériaux qui passent à la réabsorption intestinale. On commence par préparer une solution de bilirubinate de sodium dans l'eau distillée; le liquide obtenu est transparent et a une couleur brun rougeâtre. Le lactate de chaux donne un précipité floconneux, brun foncé, avec une légère teinte verdâtre, et le liquide filtré a une faible coloration jaunâtre. La bilirubine a été précipitée dans sa plus grande partie. Le chlorure de calcium se comporte d'une manière semblable au lactate: le précipité est plus gélatineux, entièrement comparable au peroxyde de fer hydraté; le liquide reste bien teinté de jaune. Le bilirubinate de sodium n'a aucune action sur le carbonate de chaux, même à l'ébullition. Si l'on ajoute une pincée de citrate de chaux, la couleur du liquide change complètement: il prend une couleur jaune clair semblable à la couleur des fèces de nourrissons sains. Un léger chauffage à 40° C. n'altère pas le phénomène. Si on laisse au repos le tube d'essai, il se sépare un fond de couleur jaune et le liquide reste presque complètement décoloré. La bilirubine a été insolubilisée par le dépôt de citrate de chaux. L'urobiline extraite des fèces donne avec une trace de soude une solution aqueuse de couleur rouge brunâtre qui s'adhère au citrate en lui donnant une couleur rose, le liquide restant en partie décoloré; cependant il est facile de constater dans ce liquide la présence de la chaux. De toutes ces constatations on peut déduire que le citrate de chaux, *composé normal du lait de femme, de vache et de chèvre*, est celui des sels de chaux qui possède au plus degré la propriété de précipiter les colorants biliaires, tant normaux qu'altérés, par la putréfaction intestinale. A ce sujet, on doit se souvenir de ce qui a été dit dans la première partie de cet ouvrage sur l'action que le même composé a dans la formation de la carcoma fécale, et la précipitation des divers chromogènes obtenus artificiellement, à l'exception de la pseudo-indirubine.

La chaux parait remplir un rôle semblable envers les acides biliaires,

---

(1) Gilbert J. Fowler. An introduction to bacteriological and Enzyme chemistry. London 1911. Pag. 211.

bien qu'il soit moins prononcé. Les sels alcalins de l'acide cholalique
sont solubles dans l'eau, tandis que l'acide cholalique lui-même se dissout
difficilement (1 partie pour 4000). Une solution neutre de cholate de
soude est précipitée abondamment par une solution de. chlorure de calcium, chose qui n'arrive pas avec le glycocholate de soude. On admet
généralement que l'acide cholalique existe en petite quantité dans l'intestin grêle, et que sa proportion augmente dans le gros intestin: il parait
s'y produire par suite de l'influence hydrogénante de la putréfaction.
Cette idée n'est pas acceptée par tous les auteurs: tandis que T s c h e r -
n o f f (1) calcule le pourcentage en acide cholalique de la matière fécale sèche de l'adulte en 0,1 — 0,9.   U r y (2), à l'aide d'une méthode
soigneuse, ne rencontre dans les fèces normales que des traces d'acide
cholalique, même dans les cas pathologiques (diarrhées). Ceci est vrai
pour les diarrhées du gros intestin; pour celles de l'intestin grêle, il a
trouvé, en forte proportion, de grandes quantités d'acides biliaires non
dissociés.   Peut-être la présence de la chaux à l'état soluble pourrait expliquer ces divergences.   En tout cas, l'urine ictérique est chargée d'acides biliaires, et comme ces substances sont toxiques (elles produisent le
ralentissement des battements cardiaques, etc.) on a le droit de supposer
qu'elles sont réabsorbées, soit dans les voies biliaires, soit dans l'intestin.
Il est extrêmement probable que la réabsorption de ces substances ait lieu
dans le gros intestin: 1°. parce que dans l'ictère, l'urine, suivant N e u -
b a u e r et V o g e l ,(3) est chargée d'acides biliaires, et cet état coïncide
avec une augmentation des acides gras volatils dans la même urine, suivant J a k s c h (4), c'est-à-dire avec une augmentation de substances
qu'on a le droit de regarder comme apportées au moyen de la chaux par la
réabsorption fécale.   2°. Parce que l'urobiline prédomine dans les urines
ictériques (à moins qu'il ne s'agisse d'une oclusion complète des voies
biliaires) et les recherches récentes et fondamentales de H . F i s c h e r (5)

(1)   Tschernoff. Cité par Schmidt u. Strasburger. L. c. Pag. 257.
(2)   H. Ury. Cité par Schmidt u. Strasburger. L. c. P. 257.
(3)   Neubauer u. Vogel. Analyse des Harns. Wiesbaden 1898, Pag. 229.
(4)   R. v. Jaksch. Ueber physiol. u. pathol. Lipacidurie. Zeitschr. f. physiol. Chemie.
T. X., Pag. 536. 1886.
(5)   Hans Fischer. Zur kenntniss der Gallenfarbstoffe. Zeitschr. F. Physiol. Chemie.
T. 73. Pag. 204 — 39.

sur la nature chimique des colorants biliaires, paraissent démontrer que l'urobilinurie, phénomène manifestement d'origine fécale, dérive d'un trouble dans la nutrition intermédiaire des acides biliaires et de la cholestérine, cet investigateur ayant constaté que la stercobiline est un mélange d'un corps azoté et d'un dérivé, libre d'azote, de la cholestérine ou des acides biliaires. Ce passage des acides biliaires au sang et à l'urine, constituant la *cholémie acide,* a été bien étudié par O l i v e r (1) dans son livre injustement oublié. On ne peut pas entrer ici dans l'examen plus approfondi du rôle que paraît remplir la chaux dans la réabsorption fécale des acides biliaires, vu l'état peu avancé de nos connaissances sur cette question et le manque d'expériences directes, semblables à celles que nous avons effectuées pour la réabsorption fécale des sels de chaux à acides gras inférieurs. Pour ce genre de recherches, la voie stomacale est infidèle, parce que les matières souffrent des transformations nombreuses et inconnues. En tout cas, la présence de ces acides biliaires dans les fèces est un fait aujourd'hui bien établi. H. F i s c h e r (l.c.) a, en effet, extrait de 1005 selles humaines: 160 g. de stercobiline, 40 g. de coprostérine cristallisée, 27 g. d'acides biliaires et 280 g. de sel de barium des acides biliaires et des acides gras mélangés.

Tant l'examen microscopique des fèces que la comparaison des extraits hydro-alcooliques et éthérés, neutres et acides, des mêmes matières, démontrent que la chaux apparaît combinée, sous la forme insoluble, aux acides gras supérieurs, carbonique et phosphorique, et à beaucoup d'autres substances de caractère acide. Les petits corps d'aspect homogène et de forme irrégulièrement ovalaire appelés grumeaux des fèces (*Schollen*) sont formés de phosphate dicalcique uni aux acides gras supérieurs; ces grumeaux sont particulièrement fréquents dans les selles de lait.On trouve également des masses, plus larges, homogènes, transparentes, de carbonate de chaux en combinaison avec les acides gras supérieurs, dans les selles des enfants; bien qu'on les trouve dans les selles des enfants nourris au sein, elles sont plus fréquentes chez ceux qui sont nourris artificiellement. Elles sont abondantes aussi dans les selles de lait des adultes. Ces constatations de l'analyse microscopique des fèces

---

(1)   George Oliver (de Harrogate) Bedside-urine testing. London 1885.

viennent donner une nouvelle confirmation du fait indiqué précédemment maintes fois; les acides: gras supérieurs, carbonique et phosphorique, s'opposent à la pénétration de la chaux au sang. On peut indiquer les trois mécanismes suivants pour expliquer la présence de ces sels insolubles de chaux dans les fèces. 1°. Les expériences récentes tendent à démontrer que l'excrétion de la chaux au niveau de l'intestin se produit principalement sous la forme de phosphate de chaux. 2°. Dans les conditions ordinaires de la digestion, l'acide chlorhydrique du suc gastrique ne parait pas produire la dissolution des sels insolubles de chaux, phosphates et carbonates) qui arrivent à l'estomac. L'acide chlorhydrique, à la concentration de 5 ou 6 p. 1000 (1) et à la température de 38 — 40° C. ne dissocie pas l'union physique entre le carbonate de chaux et les acides gras supérieurs. L'acide margarique ou l'acide stéarique, fondus dans de l'eau bouillante contenant du carbonate de chaux en poudre, donnent une masse dure, après que le liquide a été rapidemment refroidi; cette masse, suspendue dans l'acide chlorhydrique à la concentration indiquée, ne laisse pas dégager d'acide carbonique. Si l'on chauffe jusqu'à la fusion, ou quand la proportion d'acides gras est insuffisante, on observe l'attaque et le dégagement d'acide carbonique. Peut-être l'observation suivante sur l'homme tend à confirmer l'expérience faite in vitro: chez les adultes qui sont soumis à la diète lactée, il se produit une ou deux mictions abondantes après chaque repas de lait; le dosage de la chaux contenue dans ces mictions, qu'on pourrait appeler " urina potatoria " du lait, ne laisse pas constater une augmentation sensible, en tenant compte du temps écoulé, sur la teneur en chaux des autres mictions. 3° L'acide chlorhydrique à faible concentration n'a pas tendance à dissoudre le phosphate de chaux, s'il y a dans le liquide des phosphates alcalins. La théorie primitivement proposée par R. M a l y (2) pour expliquer la formation d'acide chlorhydrique libre dans l'estomac, c'est-à-dire que cet acide se forme d'une manière étrange quand on mêle deux solutions neutres de phosphate disodique et de chlorure de calcium, peut très bien être in-

---

(1) C'est la concentration à laquelle se trouve l'acide chlorhydrique dans le suc gastrique pur, suivant les dernières investigations de A. Verhaegen, F. Umber et A. Bickel. Ces auteurs sont cités par H. Röttger. " Lehrbuch der Nahrungsmittelchemie. T. 1, 1910. Pag. 51.
(2) R. Maly. Liebigs Annal. 1874 — 173 — 250.

voquée ici en faveur du mécanisme qui protège le phosphate de chaux de l'action dissolvante de l'acide chlorhydrique de l'estomac. De toutes ces constatations, il se dégage que la chaux existe dans la matière fécale dans un état de réserve facilement attaquable par toute substance acide qui pourrait s'y produire pendant la putréfaction intestinale. Pour compléter cette exposition, on doit ajouter que la faible teneur de la matière fécale en phosphates alcalins ne peut s'opposer ici à la formation de combinaisons solubles de chaux.

Dans l'état actuel de nos connaissances, il n'est pas possible d'avoir une idée exacte de la réabsorption des lipoïdes des fèces au niveau du gros intestin, et de l'intervention de la chaux pour favoriser ou retarder leur passage au sang. A cet égard, on doit se limiter à des présomptions, plus ou moins autorisées au point de vue scientifique.

L'existence de lipoïdes dans les fèces est aujourd'hui un fait acquis. Dans l'extrait éthéré des fèces, il a été possible de constater la présence de différentes classes de lipoïdes ou substances solubles dans l'éther, à l'exception des matières grasses: cholestérine, éthers de cette substance, coprostérine, acides gras supérieurs, savons alcalins de ces acides; cérébrine; lécithine, jécorine, etc. Nous avons suivi la classification de A s c h o f f qui divise ces substances en: 1°, composés libres d'azote et de phosphore; 2°, composés libres de phosphore ne contenant pas d'azote; et 3°, composés contenant les deux éléments en même temps. D'autre part, la présence de ces composés dans l'urine a été constatée maintes fois: la cholestérine dans la lipurie et chylurie, suivant E. S p a e t h (1), dans certains calculs urinaires rares (2), et même à l'état de traces dans l'urine normale (3). F a l k et V. S i e b e n r o c k (4) ont dernièrement confirmé la présence de gouttelettes de lipoïdes dans le sédiment urinaire des néphrites aiguës et chroniques. Des lipoïdes appartenant au groupe des cérébrosides entraient dans la constitution de ces

<hr>

(1) Eduard Spaeth. Die chemische und mikroskopiche Untersuchung des Harns Leipzig. 1903. Pag. 383.

(2) J. Horbaczewsky. Analyse zweier seltener Harnstaine. Zeitschr. f. physiol. Chemie. XVIII, 335. 1894.

(3) Er. Gerard, Traces de cholestérine dans l'urine normale. C. R. de la Société de Biologie. T. 70. 998.

(4) Fritz Falk und Leo von Siebenrock. Zur Frage der Lipoidtröpfchen im Harnsediment. Med. Klin. VII. 739 — 42.

gouttelettes qui présentaient la double réfraction. Il n'est pas nécessaire d'insister sur la présence constante des lipoïdes dans le sang normal et de leur augmentation dans certaines maladies. De la même manière, divers auteurs ont constaté l'existence de la cholestérine, du protagon, de la jécorine et d'autres lipoïdes, en de fortes proportions, dans la dégénérescence graisseuse, athéromateuse des organes.

La constatation des lipoïdes dans ces différentes parties de l'organisme, à l'état normal ou pathologique, est un fait établi. Quant à l'origine des lipoïdes et à leurs mutations nutritives, cette question est aujourd'hui l'objet de vives discussions. Les idées actuelles à ce sujet paraissent suivre les mêmes directions qui dominent dans le monde scientifique touchant la nature chimique de la dégénérescence graisseuse. Ou bien les lipoïdes peuvent s'accumuler dans certains organes à l'état normal (parties corticales des glandes surrénales, thymus et glandes lutéiniques) et dans certaines formes de dégénérescences graisseuses surnommées aussi *lipoïdiques* et *cholestériques* (athéro-sclérose, pseudo-xanthomes, etc.,) par suite de l'activité autochtone des tissus aux dépens des matériaux non lipoïdiques qu'apporte le sang; ou bien les lipoïdes, dans les mêmes endroits et dans les mêmes circonstances, étant entrainés en nature par le sang et autres liquides organiques, peuvent se déposer par un processus de sédimentation, tant que le permettent les troubles de la vitalité des tissus. Sans nier la possibilité de la synthèse des lipoïdes par les tissus de l'animal, peut-être aux dépens des matériaux de même nature qui prennent naissance dans l'hydrolyse digestive des lipoïdes alimentaires, on peut assurer que la théorie de la migration des lipoïdes paraît mieux satisfaire les faits observés. La dégénérescence graisseuse et la dégénérescence lipoïdique paraissent courir le même sort pathologique: les lipoïdes s'accumulent là où les graisses se déposent en abondance. Cete coïncidence peut être expliquée par la proche parenté des deux classes de matières et en outre parce que les matières grasses sont le dissolvant naturel des lipoïdes ainsi que des autres matières insolubles dans l'eau. Tous ces questions méritent un examen plus approfondi pour bien comprendre le mécanisme qui fait passer au sang les lipoïdes des matières fécales, et le rôle que jouent dans ce phénomène la chaux et les alcalis.

La théorie de la migration graisseuse, dont le plus ardent défenseur a été R o s e n f e l d (1) c'est-à-dire la théorie qui suppose que la graisse se transporte de ses dépôts jusqu'à la cellule en dégénérescence, a été fortement appuyée par les investigations de S h i b a t a (2) sur la migration graisseuse qui se produit au cours de l'intoxication phosphorée. D'après ces investigations, qui ont été faites avec le plus grand soin, les dépôts graisseux de l'organisme diminuent tandis que la teneur en graisse du foie augmente. L'auteur soutient aussi dans ce mémoire l'hypothèse de K u m a g a w a , c'est-à-dire que le transport vers le foie de la graisse des dépôts naturels, quand ils se consomment, a lieu aussi à l'état normal: *" il est nécessaire que la graisse, pour être oxydée et utilisée par l'organisme, soit décomposée par le foie en glycérides des acides gras inférieurs."* Pendant ses migrations, la graisse entraîne avec elle les substances qu'elle dissout, particulièrement les lipoïdes et les matières colorantes insolubles dans l'eau. Le phénomène est assez remarquable avec la cholestérine. Dans les endroits où la graisse s'accumule en grande quantité, principalement dans les foyers en nécrobiose, on voit fréquemment la cholestérine apparaître sous la forme de fines tablettes rhomboïdales qui se superposent les unes sur les autres, au point, quand elles sont abondantes, de former au sein des tissus des écailles nacrées visibles à la simple vue (3). Nous avons déjà dit que la cholestérine qui n'apparait pas dans l'urine, peut y arriver quand elle est entrainée par les graisses, comme cela se produit dans les cas de lipurie et de chylurie. Cette idée que les lipoïdes sont entrainés par les graisses jusqu'aux cellules normales ou jusqu'aux foyers de dégénérescence, vient trouver un nouveau point d'appui dans les recherches de M e n d e l et D a n i e l s (4) sur la manière dont ce comportent les matières colorantes solubles

---

(1) G. Rosenfeld. Gibt es eine fettige Degeneration? Verhandlungen des XV Kongress f. inn. Med. 427. 1897.

(2) Nagamichi Shibata. Ein experimenteller Beitrag zur Kenntnis der Fettwanderung bei der Phosphorvergiftung mit Berücksichtigung der Herkunft des Fettes im Thierorganismus. Biochem. Zeitschr. XXXVII, Pag. 345 — 398. 1911.

(3) Schmaus-Herxheimer. Grundriss der pathologischen Anatomie. Wiesbaden 1912. Pag. 61.

(4) L. B. Mendel and A. L. Daniels. Proced. soc. experim. biology a. medic. VIII, Pag. 126 — 27.

dans les graisses quand elles traversent l'organisme. Le *soudan* III est une matière colorante soluble dans les graisses, et, pour cette raison, s'accumule facilement dans les dépôts graisseux; si on vient à produire la migration de ces dépôts, au moyen du jeûne ou de l'intoxication par la phloridzine ou le phosphore, la matière ne passe pas au foie, mais au sang. On s'expliquera facilement ce phénomène, si on pense que la matière colorante s'excrète avec la bile dans l'intestin, où elle est de nouveau absorbée. Elle ne passe pas à l'urine, mais on peut la faire y arriver en provoquant chez les lapins ou chez les rats une lipurie alimentaire. La matière colorante est soluble dans la bile ainsi que dans une solution de sels biliaires. Toute une série de matières colorantes insolubles dans l'eau, mais solubles dans les graisses, se comporte de le même manière que le soudan III. Elles sont réabsorbées dans l'intestin, mais seulement en présence de la bile. La distribution des matières colorantes dans l'organisme est sous la dépendance de la graisse et de ses migrations. On peut expliquer de cette manière le passage des matières colorantes au lait et au jaune d'œuf.

Nous connaissons diverses matières, solubles dans l'eau, qui passent à l'absorption et arrivent ainsi à pénétrer dans l'intérieur des cellules. Par contre, on connait différents corps qui sont entièrement insolubles dans l'eau, et cependant ils sont facilement pris par les cellules. Ici les graisses remplissent le rôle de dissolvants. On connait encore d'autres substances qui sont solubles à la fois dans l'eau et dans les graisses, et cette circonstance explique comment certaines cellules, suivant leur constitution et leur état, peuvent les absorber. M e y e r (1) et O v e r t o n (2) se sont appuyés sur ces idées pour donner une explication de l'action de certains narcotiques. Suivant l'opinion de E. A b d e r h a l d e n (3) il est très probable que de tels phénomènes ont lieu dans la nutrition cellulaire. Peut-être que des constatations expérimentales semblables à celles de C a l a b r e s e (4) serviront à mettre en évidence les

---

(1) H. Meyer. Zur Theorie der Alcoholnarkose. Welche Eigenschaft der Anästhetica beding ihre narkotische Wirkung. Archiv f. experim. Path. u. Pharmak. T. 42. Pag. 109. 1899.

(2) Overton. Studien über die Narkose. Arch. f. exp. Pathol. u. Pharmak. T. 42. Pag. 109. 1899.

(3) E. Abderhalden. Lehrbuch der physiologischen Chemie. 1909. Pag. 143.

(4) Donato Calabrese. Influence du chloroforme sur les lipoïdes des reins. Bull. Scien. Med. 1911. Pag. 576 — 78.

actions réciproques que ces diverses substances exercent les unes sur les autres. Cet investigateur a produit l'intoxication de cochons d'Inde avec le chloroforme et a observé la dissolution de la graisse des reins, à un tel point que le protoplasma des cellules parait souffrir une espèce d'imbibition de substances lipoïdiques.

Toutes ces considérations qui viennent d'être exposées nous conduisent à admettre que les savons alcalins, les graisses et beaucoup de lipoïdes qui existent dans les matières fécales, plus ou moins altérés par la putréfaction, peuvent passer au sang au moyen de la réabsorption fécale. Le fait à déjà été établi pour diverses substances organiques et minérales. La nature climatérique d'une substance est l'indice certain de son origine fécale exclusive. L'uroroséine des urines européennes, qui n'existe pas dans la région atlantique, doit être une substance d'origine exclusivement fécale. On peut dire la même chose des graisses ou des acides gras supérieurs. Si on distille nos urines pour faire le dosage des acides gras volatils on voit toujours le distillat sortir assez opalescent. Si l'urine est d'un diabétique, on y voit apparaitre presque toujours d'abondants grumeaux blancs, d'odeur sui generis, qu'on peut recueillir dans un filtre, laver à l'eau distillée, dissoudre dans l'alcool et titrer avec la soude décinormale. C'est l'acide lipopectique des fèces tropicales. Cet acide, d'origine exclusivement fécale et climatérique, qui donne au diabète une physionomie spéciale dans cette région atlantique, passe en forte proportion au sang et à l'urine. On y reviendra plus loin, dans un chapitre consacré à l'étude de la pathogénie du diabète. Pour le moment, ce qu'il intéresse de faire ressortir, c'est que dans la région européenne cet acide n'apparait pas, et, à sa place, on a constaté maintes fois chez les diabétiques l'augmentation de la graisse dans le sang et dans les urines. Nous pouvons citer N a u - n y n (1), D e g e n h a r d t (2) M a r t e n s (3), R a u c h (4), G r a u p n e r (5), Z a u d y (6) S t a d e l m a n n n (7), B. F i s c h e r

(1)   B. Naunyn, Der Diabetes melitus. Nothnagels Handb. 7. VI Partie, Pag. 239, 1898.
(2)   C. Degenhardt. Lipämie bei Diabetes melitus. Inaugural Diss. Götting. 1899.
(3)   C. Martens. Ueber lipämie. Inaug. Diss. Rostock. 1899.
(4)   Rauch. Lipämie bei Diabetes melitus. Inaug. Diss. Berlin, 1898.
(5)   Graupper. Ueber Lipämie bei Diabetes melitus. Inaug. Diss. Berlin, 1898.
(6)   Zaudy. Beiträge zur Lehre von der Lipämie und von Coma diabeticum, etc. Deutsch. Arch. f. klin Med. 70. 301. 1901.
(7)   Stadelmann. Ueber Lipämie bei Diabetes melitus. Deutsch. med. Wochenschr. 1902.

(1), et plus récemment J a v a l, A m a d o et B o y e r (2) K i m u r a
et S t e p p (3). Dans plusieurs de ces cas, quand la lipémie est intense,
on a vu apparaître la graisse dans l'urine, et, avec elle, la cholestérine et la
lécithine. On peut se demander si la réabsorption fécale des graisses,
plus ou moins saponifiées, et celle des lipoïdes n'ont pas le même droit à
figurer entre les autres causes de production de la lipémie et de la lipurie
observées dans ces maladies: c'est-à-dire les graisses alimentaires et les
graisses provenant de la fusion pathologique des tissus. J'espère démontrer plus loin qu'il existe la relation la plus étroite entre la réabsortion
fécale et les phénomènes pathologiques observés dans le diabète, relation
plus étroite encore qu'on peut le supposer.

L'extrait aqueux des fèces ne peut donner une idée exacte des substances qui passent au sang par la réabsorption. C'est seulement l'extrait hydro-alcoolique et éthéré qui peut indiquer la nature des composés
que la réabsorption fécale peut entrainer à l'intérieur de l'organisme.
Dans cet extrait on trouve les graisses, les savons alcalins des acides gras
supérieurs, les acides biliaires (acide glycocholique, acide taurocholique,
ac. cholalique, ac. désoxycholalique (4) les matières colorantes biliaires: stercobiline, pseudo-urobilines, cholérythrine, pseudo-indirubine,
uroroséine, uroérythrine, etc., et finalement les divers lipoïdes (cholestérine, lécithine, jécorine, protagon, etc.) On connait quelques-unes
des transformations putréfactives dont souffrent ces composés: la cholestérine, d'origine alimentaire ou non (?) est réduite en partie; la bilirubine
court un sort semblable, mais dans certains cas ses transformations sont
plus profondes et inconnues; les acides biliaires sont en partie absorbés et
en partie dissociés et l'acide cholalique qui en résulte est réduit à son tour
(acide désoxycholalique). Les investigations expérimentales sont muettes
en ce qui concerne les lipoïdes; on ne connait pas leurs altérations putré-

---

(1)   B. Fischer. Ueber Lipämie und Cholesterämie, sowie über Veränderungen des Pan-
creas und der Leber bei Diebetes melitus. Virchows. Arch. 172. 30. 1903.

(2)   Javal, Amado et Boyer. Lipémie chez le diabétique. C. R. de la Société de Biologie.
T. 70. Pag. 163.

(3)   K. Kimura et W. Stepp. Teneur du sang en phosphore soluble dans l'éther. Les
chiffres sont exprimés en lécithine; le plus élevé correspond au sang diabétique, 2, 6 g. pour
1000 c.c. Archiv. f. klin. Med. 104. Pags. 209 — 16.

(4)   Hans Fischer. Cité à la page 169.

12

factives; on sait seulement que quelques-uns sont saponifiables et quelques
autres peuvent être dissous par des solutions de savons alcalins ou de sels
biliaires. En tout cas, la chaux parait s'opposer à cette solubilité des lipoïdes en précipitant les acides gras supérieurs et les acides biliaires.
L'état actuel de nos connaissances ne nous permet que d'avoir une idée
plus ou moins confuse des transformations que ces substances subissent
dans les matières fécales et l'influence que la chaux et les alcalis ont sur
leur absorption. Les dosages de la chaux, des alcalis et de l'acide phosphorique, faits comparativement dans les extraits hydro-alcooliques et
éthérés, neutres et acides, des matières fécales, offrent une voie d'investigation pour déceler ce difficile problème.

L'investigation se réfère à la selle du 5° jour de la diète lactée. La
selle pesait 187,4 g. Le liquide d'épuisement neutre (L. é. n.) mesurait
3305 c.c. et celui d'épuisement acide (L. é. a.) 1129 c.c. La moitié de
ces liquides a été évaporée au bain-marie jusqu'à siccité et, après une
longue permanence dans l'exicateur, calcinée à basse température pour
faire le dosage des cendres et de la matière organique. Ces dosages,
comme on le comprend, ne sont qu'approximatifs, mais ils donnent une
idée de l'abondance de ces corps dans les extraits. L'autre moitié a été
détruite par le mélange acide de N e u m a n n pour faire le dosage des
matières minérales. En voici les données analytiques:

Extrait neutre.

Poids de l'extrait sec ....7,968 g.
Cendres 1,872
Matière organique 6,096

Matières minérales.

CaO ....0,127 g.
K_2O 0,518
Na_2O 0,373
MgO 0,045
Ph_2O_5 0,124
Cl_2 0,129

Extrait acide.

Poids de l'extrait sec..............9,190 g.
Cendres 3,511
Matière organique 5,679

Matières minérales.

CaO ....1,942 g.
K^2O 0,108
Na^2O 0,092
Ph^2O^5 1,120

Ces analyses mettent en évidence un fait de la plus haute importance: la prédominance des alcalis et la pénurie de la chaux dans l'extrait neutre. C'est le contraire qui a lieu dans l'extrait acide: richesse en chaux et pauvreté en alcalis. La première partie représente le résidu qui n'a pas été réabsorbé dans le gros intestin, et la seconde la partie qui n'a pu être réabsorbée parce qu'elle se trouve sous une forme insoluble. Il est intéressant de faire observer que la partie organique qui est entrée en dissolution sous l'influence du pouvoir dissolvant du mélange neutre, et sans l'intervention d'aucun acide, est plus grande que la partie immobilisée par la chaux. Cette partie soluble peut encore être réabsorbée, et, si elle ne l'a pas été, cela provient de la haute teneur en cellulose de la selle qui a opposé un obstacle à la stagnation fécale dans la diète acide, ainsi qu'il a été précédemment établi.

Les réactions microchimiques des sédiments fécaux, surtout des savons qui apparaissent dans les fèces sous diverses formes, viennent expliquer la constitution chimique de l'extrait neutre. S c h m i d t et S t r a s - b u r g e r (1) font la description de ces réactions de la manière suivante: "La base des savons qui se trouvent dans les fèces, est constituée en un très minime pourcentage par un métal alcalin. Ces savons se dissolvent facilement dans l'eau bouillante et dans l'alcool. D'après leur apparence microscopique, ils semblent constitués par des aiguilles, sans qu'on puisse les distinguer par quelque particularité dans leur forme, L i n c h (2). Tous

<hr>

(1)   Schmidt und Strasburger. Die Fäzes des Menschen. 1910. Pag 71.
(2)   Linch. Coprologia. Tesis. Buenos Aires. 1896. Pag. 70.

les autres, tant les grumeaux que les aiguilles et les " Gimblettes " sont constitués par des sels de chaux. M ü l l e r (1) et son élève K i m u r a (2) l'ont démontré avec des raisons convaincantes pour les aiguilles, tandis qu'auparavant ils avaient été considérés comme des sels magnésiens par O e s t e r l e i n (3). Pour les grumeaux jaunes des fèces, la démonstration a été apportée par N o t h n g e l. On peut facilement s'en convaincre en ajoutant de l'acide sulfurique à la préparation et en chauffant: les savons calcaires disparaissent, et, en leur lieu et place, on voit se former, par le refroidissement, des amas de cristaux de plâtre." Comme on le voit, les alcalis facilitent la dissolution des graisses et de leurs proches parents, les lipoïdes. La réabsorption fécale de ces substances, ainsi que celle des autres dérivés des aliments ou des excrétions intestinales, dépend de la proportion des alcalis. Une abondante provision de chaux et la réabsorption des alcalis dans les parties supérieures du tube digestif s'opposent à la réabsorption de ces matières dans le gros intestin. Plus est forte la proportion des alcalis qui arrivent dans le gros intestin, plus intense aussi est la réabsorption fécale des graisses et de ses dérivés. Cette action des alcalis est utilisée dans la pratique pour favoriser la réabsorption des matières grasses des injections nutritives rectales. D e u c h e r (4) a observé sur l'homme une réabsorption des graisses de 10 g. par 24 heures, au plus. D'après les investigations de H a m b u r g e r (5) chez le chien, les graisses et les savons sont absorbés plus richement par le gros intestin, quand on les émulsionne dans une solution de savons au lieu d'une lessive. M u n k et R o s e n s t e i n (6) ont vu réapparaitre dans la lymphe d'une petite fille qui servait à leurs expériences, affectée, à la suite d'un accident, d'une fistule chyleuse, jusqu'à 1 gramme de graisse quand ils eurent introduit dans le gros intes. tin 15 - 20 g. d'huile d'olive émulsionnée dans une solution de soude faiblement alcaline. C. E w a l d (7) est arrivé à obtenir l'équilibre azoté chez certains patients ruinés par la maladie en leur faisant absorber jusqu'à

(1)   Fr. Müller. Zeitschr. f. klin. Med. XII. 1897. Pag. 110.
(2)   Kimura. Münch. med. Wochenschr. No 15. 1904.
(3)   Oesterlein. Mitteilungen aus der med. Klinik zu Würzburg. I. 1885.
(4)   P. Deucher. Deutsch. Arch. f. klin. Med. 58. Pag. 210. 1897.
(5)   H. J. Hamburger. Arch. f. Anatomie u. Physiologie. P. 433. 1900.
(6)   J. Munk u. A. Rosenstein. Arch. f. Anatomie u Physiol. Pag. 433. 1890.
(7)   C. A. Ewald. Arch. f. Anatomie u. Physiologie. 1899. Suplement, 161.

7 — 8 g. Az = 45 — 50 g. d'albumine sous une forme facilement absorbable par le gros intestin (du lait, du jaune d'œuf, de l'encasine, etc.) avec une proportion suffisante d'hydrates de carbone (glucose) et de graisses (jaune d'œuf, lait). La présence des sels de sodium paraît nécessaire à l'absorption des albumines, du moins c'est ce qui ressort des expériences de R e a c h (1) sur les chiens: chez ces animaux l'absorption des solutions de gélatine a lieu dans une moindre proportion que celle des albumoses; l'addition de sel marin dans la proportion de 0,7% accélère la réabsorption de la gélatine. On comprend donc que l'addition des alcalis fait passer à l'état soluble plusieurs substances organiques d'un caractère faiblement acide, et on doit faire observer que la grande majorité de ces substances sont précipitées par la chaux. On pourrait facilement en citer un grand nombre. L'excès de chaux à l'état soluble tend plus à empêcher la réabsorption des matières solubles du mélange neutre que l'excès d'alcali à la favoriser. La chaux fait passer à l'état insoluble ces matières, et c'est seulement par l'intervention des acides qui peuvent s'y développer que ces composés peuvent entrer en dissolution. Il s'établit entre la chaux, les acides et les alcalis un certain état d'équilibre qui règle la nature et la proportion des composés qui entrent en dissolution. Une augmentation des acides gras volatils (d'origine putréfactive) dans les fèces, fait passer à l'état soluble une plus grande proportion de chaux, augmentant en conséquence la quantité des acides gras supérieurs qui entrent en liberté. Si on ajoute du chlorure de calcium à l'extrait neutre, on détermine la formation d'un précipité des savons calcaires et d'autres matières précipitables par la chaux.

On ne peut pas dire si la nature des composés dissous par le mélange neutre coïncide avec la nature des composés que l'épithélium peut absorber. En tout cas, l'extrait aqueux n'est pas le moyen d'y parvenir, parce que la réabsorption intestinale ne se limite pas à prendre des substances solubles dans l'eau en suivant les lois de l'osmose. La réabsorption, dans le gros intestin, repose en grande partie sur l'activité physiologique de ses épithéliums. Comme H e i d e n h a i n (2) l'a fait obser-

(1) R. Reach. Pflügers Archiv. 86. 247, 1901.
(2) Heidenhain. Pflügers Archiv. 56, 584, 1894.

ver, la diffusion ne peut par elle seule expliquer pourquoi le sérum du sang de chien déposé dans l'intestin d'un chien est absorbé avidement, et pourquoi une solution de chlorure de sodium à 1 p. 100, dont la pression osmotique est supérieure à celle du liquide sanguin, peut cependant passer au sang. Pour faire comprendre l'activité physiologique de l'épithélium intestinal, on a eu recours à une théorie très ingénieuse qui est d'accord avec tous les faits connus. I. M u n k (1) la condense assez clairement dans le paragraphe suivant: "La conception de F r i e d e n t h a l (2), pour expliquer les faits observés, nous semble juste. Celui-ci n'a fait que développer une idée primitivement émise par O v e r t o n, c'est-à dire que *l'affinité des cellules épithéliales de l'intestin pour les matières solubles dans le protoplasma,* eau, matières minérales, sucre, albumine, graisse lécithine, savons, est la cause du passage de ces substances du chymus aux cellules absorbantes. Arivées à ces cellules, les matières sont en partie utilisées, mais la plus grande proportion passe au sang et à la lymphe, puisque ces liquides en sont plus pauvres. De cette manière, de nouvelles affinités apparaissent constamment dans les cellules, et le passage des substances solubles dans le protoplasma a toujours lieu. Suivant l'opinion de F r i e d e n t h a l, l'osmose et la filtration suffisent pour expliquer qualitativement le phénomène de l'absorption."

Quant à la quantité de substances que la réabsorption fécale apporte au sang, on doit la considérer comme très importante si on prête attention aux expériences que H a r l e y (3) a faites sur les chiens. Il en a extirpé le gros intestin et abouché directement l'ileum dans le rectum, l'analyse des fèces ayant été faite avant et après l'opération. Chez les chiens opérés, les excréments étaient *5 fois plus riches en eau* que chez les normaux. Il n'observa aucune différence dans la teneur en graisses et en hydrates de carbone, ces substances ayant été complétement absorbées dans l'intestin grêle. La réabsorption des albumines, au contraire, est notablement abaissée: à 84% de 95% qu'elle était auparavant. Bien que cette expérience ait été effectuée chez les animaux, on peut en déduire ce qui se pas-

(1)   Munk. Ergebnisse der Physiologie. Biochemie. 1902. Pag. 327.
(2)   H. Friedenthal. Archiv. f. Anat. u. Physiol. Pag. 217. 1900.
(3)   V. Harley. Proced. Roy. Society. T. 64. Pag. 255. 1899.

se chez l'homme et surtout chez l'homme malade. Chez ce dernier, les déchets alimentaires, fréquemment augmentés par suite d'une mauvaise utilisation dans l'intestin grêle, deviennent facilement la proie d'une intense putréfaction intestinale, parfois développée dans une direction unique de caractère mauvais.

On doit accorder à la réabsorption qui a lieu dans le gros intestin, c'est-à-dire à la *réabsorption fécale*, un rôle plus important encore qu'on attribue actuellement à la réabsorption interstitielle des tissus pour la genèse chimique des maladies. On a déjà vu dans la première partie de cet ouvrage que la flore microscopique d'une région donnée vit intensivement dans les matières fécales des hommes qui l'habitent, et qu'elle y produit des substances climatériques et spécifiques suffisantes pour expliquer la pathogénie chimique des maladies propres à la localité. Plus loin nous ne ferons autre chose que suivre le développement de ces idées.

De l'ensemble des connaissances exposées précédemment, on peut établir les conclusions suivantes :

1°. — En présence des sels alcalins de l'acide phosphorique ou des acides gras supérieurs, la chaux ingérée, même à l'état soluble, trouve un grand obstacle à sa pénétration dans l'organisme animal. On peut expliquer de cette manière l'insuffisance de la chaux dans le sang et dans l'urine pendant la diète lactée, et la difficulté de la faire apparaître dans l'urine quand on donne par la voie gastrique de faibles doses de sels de chaux (cette expérience ayant été faite pendant une diète riche en chaux).

2°.— La chaux pénètre plus facilement au sang et à l'urine par la réabsorption fécale, ou quand on l'introduit par la voie rectale.

3°. — La chaux, à son tour, s'oppose à la réabsorption des matières différentes d'origine alimentaire ou sécrétoire, plus ou moins altérées, en l'absence des acides, même de l'acide carbonique. On peut expliquer ainsi son action antitoxique.

4°. — Une fois arrivée au sang, la chaux est maintenue en dissolution par les albumines du plasma et par l'acide carbonique. Quand ce dernier composé diminue, elle a tendance à se déposer dans les tissus sous la forme de phosphate et de carbonate de chaux. Elle s'élimine aussi sous la forme de phosphate de chaux par la muqueuse intestinale. Ces deux phénomènes paraissent complémentaires (élimination et déposition).

5°. — Les investigations de nutrition laissent supposer que dans certaines conditions la chaux abandonne le corps sous la forme d'un composé qui n'est pas le phosphate de chaux, et en effet, les recherches analytiques démontrent que la chaux sort par la voie urinaire, combinée à d'autres acides qui ne sont pas l'acide phosphorique. A cet égard, on peut se demander si à ces éliminations anormales de la chaux par la voie urinaire et probablement aussi par la muqueuse intestinale, ne correspond pas une sédimentation anormale de la chaux au point de vue chimique.

6°. — L'insuffisance relative de la chaux et l'abondance des alcalis dans l'extrait hydro-alcoolique et éthéré des fèces expliquent très bien le passage des graisses et des lipoïdes au sang, dans plusieurs maladies pour lesquelles on admet généralement une intense réabsorption fécale de matières colorantes.

Chapitre IV

———

Mécanisme de la Rétention calcaire.—Etiologie
et Pathogénie de l'athéro-sclérose.

Pour exposer avec la plus grande clarté possible les idées renfermées dans ce chapitre, nous le diviserons en trois paragraphes. Dans le premier, on trouvera la description du mécanisme qui préside à la rétention calcaire, et les relations de ce phénomène avec les diverses formes de calcifications. Le second paragraphe comprendra les principales données anatomo-pathologiques et chimiques qu'on possède actuellement sur l'athéro-sclérose et autres formes de calcifications. L'objet du troisième paragraphe sera constitué par l'étude de l'étiologie et de la pathogénie de l'athéro-sclérose.

———

Mécanisme de la rétention calcaire et diverses formes de calcifications.

On peut dire que la calcification d'un tissu donné équivaut à la rétention calcaire dans ce même tissu, c'est-à-dire à l'augmentation de sa teneur en chaux, si on la compare avec l'état normal. La calcification physiologique de la chaux dans les cartilages s'appelle *ossification nor-*

male. La calcification pathologique de la chaux constitue la *calcification dystrophique* ou si l'on veut la *dégénérescence calcaire*. Au point de vue chimique, ces deux phénomènes sont entièrement différents. On ne peut pas dire quelle est la légitime désignation qui correspond à la rétention calcaire occasionnée par la diète lactée, mais il est extrêmement probable qu'il s'agit dans ce cas d'une espèce de calcification pathologique, parce qu'on peut l'éviter en augmentant le volume urinaire et la stagnation fécale. Finalement, la rétention, localisée à un tissu donné, peut se produire sans qu'il y ait en même temps de la rétention générale dans l'organisme comme il arrive dans la *métastase calcaire*.

La calcification physiologique est constituée par un processus de déposition de *sels minéraux de chaux* dans les tissus. *On doit distinguer soigneusement ce phénomène de l'assimilation nutritive du calcium.* Quand un animal calcifie son squelette cartilagineux externe ou interne, ou quand il imprègne de sels calcaires un objet étranger introduit dans ses tissus, il répond à une nécessité physiologique, ou il se défend. La composition du dépôt calcaire est plus sous la dépendance du liquide sanguin que de la nature du tissu qui souffre la calcification. Ce dernier peut être le cartilage normal, un tissu quelconque, mort ou en dégénérescesce, ou même un sel de chaux (sulfate de chaux, carbonate de chaux ou un savon calcaire), ceci importe peu; à la longue on trouvera un dépôt de même composition que celle de la cendre des os. Les chiffres déterminés par Z a l e s k y et C a r n o t (1) pour les os de l'homme et du bœuf, sont les suivants: phosphate de chaux 83,8 — 87,8%, carbonate de chaux 9,2 — 12,8%, carbonate de magnésie 1,02 — 1,75%. H o f m e i s t e r et T a n a k a (1.c.) sont allés jusqu'à obtenir la transformation du phosphate de chaux en sel osseux en le soumettant pendant 12 jours à l'action d'un mélange artificiel semblable au sérum sanguin, soit: chlorure de sodium 0,9%, carbonate de sodium 0,1% et bicarbonate de sodium 0,1%. Toutes ces expériences, qui ont une grande importance pour expliquer le phénomène de la calcification normale, ont été confirmées par les investigations de W e l l s et M i t c h e l l (2) sur la calcification des diffé-

(1)   Cités par F. Hofmeister. Ergebnisse der Physiologie. 1910. Pag. 451.
(2)   H. G. Wells a. J. H. Mitchell. Jour. of medic. Research. 22. Pags. 501-516.

rents composés calcaires, quand ils sont introduits dans la cavité péritonéale des lapins. Il n'y a rien d'étonnant à ce que W e l l s (1) et d'autres auteurs aient trouvé dans leurs analyses des cendres des produits pathologiques une composition semblable à celle des os. Dans ces cas, il s'agit de produits pathologiques qui ont rempli un rôle purement passif: glandes lymphatiques tuberculeuses de bœuf, foyers tuberculeux pris dans le poumon de l'homme, nodule de la glande tyroïde, un thrombus de la jugulaire. On peut dire de ce phénomène qu'il consiste en une calcification normale d'un produit pathologique.

Bien que la calcification normale ou physiologique soit presque toute entière sous la dépendance de la composition du liquide sanguin, il peut arriver cependant que le tissu qui se calcifie présente une prédisposition ou avidité pour la chaux, ou se refuse entièrement à se laisser imprégner par cette base. Cette prédisposition ou avidité provient de l'affinité chimique des acides gras du tissu pour la chaux du sang. Ceci a été démontré expérimentalement par H o f m e i s t e r et T a n a k a avec une solution de phosphate de chaux traversée constamment par un courant d'acide carbonique, et dans laquelle on a introduit des morceaux de tissus divers; la graisse de l'épiploon fut la seule qui se présenta richement imprégnée de chaux. La même chose a été observée pour certains lipomes qui se calcifient; au début, le tissu est riche en savons calcaires; à la longue, sa composition se rapproche de celle des os sous l'influence du liquide sanguin qui échange avec lui ses composés calcaires. Le type de la calcification normale ou physiologique reste le même, bien que la composition du dépôt ait pu changer au début par l'activité chimique du tissu qui souffre l'imprégnation. H o f m e i s t e r et T a n a k a (1.c.) ont observé dans leurs nombreuses expériences que le parenchyme hépatique se conserve intact, tandis que les autres organes se laissent imprégner plus ou moins profondément par l'excès de chaux provoqué dans le sang. On peut donner une explication assez satisfaisante de ce fait, et nous nous permettons d'entrer dans quelques détails, étant donnée l'importance du sujet, pour bien comprendre le mécanisme de la calcification.

On a dit précédemment que le foie remplit un rôle important dans

---

(1) G. Wells. Pathological calcification. Journ of. med. Research. 14. 491. 1905-6.

l'assimilation des graisses. Il rend les graisses oxydables et utilisables en faisant la déconstruction des acides gras supérieurs. Cette hypothèse, dûe à K u m a g a w a , repose sur la migration physiologique des graisses : toutes les graisses de l'économie ne peuvent être assimilées sans arriver au foie pour y subir une élaboration préalable. Cette idée du transport au foie de la graisse de tout l'organisme remonte à L e b e d e f f (1) qui fut le premier à la constater expérimentalement ; après avoir été discutée vivement, ce sont principalement les investigations fondamentales de T a y l o r , (2) R o s e n f e l d et S h i b a t a (1.c.) qui l'on mise hors de doute (3). Le fait est que le foie, à l'état physiologique, retient les graisses et dédouble les acides gras supérieurs et les savons alcalins. Quand on injecte une quantité donnée de graisse neutre dans une branche de la veine porte, comme l'a fait F.R a m o n d (4), le tissu hépatique de l'animal, sacrifié plus ou moins longtemps après l'injection, manifeste une acidité très nette.

Nous parlerons plus loin de ce dédoublement des acides gras à propos de la pathogénie du diabète sucré. Cette action lipolytique du foie se produit aussi avec les savons, qui sont des produits toxiques de la saponification intestinale des graisses. Il suffit d'injecter par une veine de la circulation générale une dose de 0,10 g. d'un savon de soude par kilo d'animal pour amener l'affaiblissement des contractions du cœur, l'abaissement de la pression sanguine, la narcose et l'incoagulabilité du sang. Cette même dose, injectée par la veine porte ne produit aucun effet. Pour produire l'intoxication, il faut augmenter la dose jusqu'à 0,50 g. par kilo. Le phénomène de l'incoagulabilité du sang se produit aussi *in vitro,* quand on ajoute au sang un volume égal d'une solution de savon à 2 p. 100. D'après F. B o t t a z z i (5), ceci parait tenir à la précipitation de la chaux du plasma sanguin ; les savons agiraient donc sur la coagulation du sang à la manière des oxalates ou des fluorures. Dans cette expérience, le foie

(1) A. Lebedeff. Woraus bildet sich das Fett in Fällen der akkuten Fettbildung. Archiv f. Physiologie. T. 31. P. II — 59. 1883.

(2) Taylor. The Origin of fat from protein in the so-called fatty metamorphosis of phosphorus poisonng. Journal of experim. Med. Vol 4. Pag. 399. 1899.

(3) Voir à ce sujet A. Oswald. "Die fettige Degeneration" Chap. II. Pag. 27-36. Lehrb. d. chem. Pathologie. Leipzig. 1907. Voir aussi l'excellent mémoire de Georg Rosenfeld: " Fettbildung " Ergebnisse für Physiologie. L. Asher u. K. Spiro. Pag. 50 — 94. Wiesbaden. 1903.

(4) Cité par E. Gley. Traité élémentaire de Physiologie. 1910. L. Pag. 615.

(5) F. Bottazzi. Lo sperimentale. VII, 122-130, 1890 et Riv. di sc. biologiche. II. 1900.

retient le savon, l'hydrolyse, et décompose l'acide gras qui en résulte. Nous appelons l'attention sur le fait, assez important au point de vue physiologique, que pendant cette action lipolytique du foie, il se produit une abondante sortie des alcalis par la bile. Dans cette sécrétion les alcalis sont unis aux acides glycocholique et taurocholique et aussi aux acides gras supérieurs; la lécithine et la cholestérine, substances qui accompagnent les graisses dans leurs transformations, sont aussi abondantes dans la bile. Voici quelques analyses, les résultats se rapportant à 1000 parties de bile hépatique. (1).

Matières solides	25,20	35,26	25,40
Eau	974,80	964,74	974,60
Mucine et matière colorante	5,29	4,29	5,15
Sels alcalins des acides biliaires...	9,31	18,24	9,04
Taurocholate	3,03	2,08	2,18
Glycocholate	6,28	16,16	6,86
Acides gras obtenus des savons ...	1,23	1,36	1,01
Cholestérine	0,63	1,60	1,50
Lécithine	0,22	0,57	0,65
Graisse	0,22	0,96	0,61
Sels solubles	8,07	6,76	7,25
Sels insolubles	0,25	0,49	0,21

La prédominance des sels alcalins solubles sur les sels alcalino-terreux insolubles est ici très prononcée, et, contrairement aux anciennes données, les acides biliaires apparaissent combinés à la soude et non à la potasse. Les données qui précèdent jettent une vive lumière sur le phénomène de la calcification et expliquent très clairement le fait établi par H o f m e i s t e r et T a n a k a, c'est-à-dire que le parenchyme hépatique se refuse énergiquement à se laisser imprégner par la chaux minérale du plasma sanguin. D'une part, la décharge abondante des alcalis, et de l'autre, la production constante des substances acides, sont des mécanismes chimiques qui mettent la cellule hépatique à l'abri de la

---

(1) Olof Hammarsten. Lehrbuch. d. Physiol. Chemie. Pag 276. 1904.

calcification, même en présence d'une intense décomposition graisseuse.
Si l'on fait ingérer du iodoforme à des lapins, on obtient la dégénérescence et la calcification du foie (v. K ó s s a , l.c.) L'apport de la chaux par
la voie hypodermique fait apparaître plus tôt la dépositation calcaire. La
cellule hépatique intoxiquée, ne pouvant remplir ses fonctions normales
et défensives, se laisse imprégner par les savons calcaires qui tendent à
se précipiter. Nous devons faire observer que cette infiltration calcaire,
occasionnée par le iodoforme et les injections de chaux, est différente de
la dégénérescence graisseuse qu'on observe dans l'atrophie aiguë du foie,
dans l'intoxication par le phosphore, l'arsenic, etc. Dans ces dernières,
on rencontre de la graisse et d'autres produits azotés de l'autolyse hépatique, mais non les savons calcaires ni la cholestérine. Bien que les
investigations chimiques sur la nature de la graisse du foie phosphoré
et du foie lui-même aient été assez approfondies, on ne fait pas mention
de la cholestérine (1). Du moins cette substance n'apparaît pas aussi
abondamment qu'on pouvait s'y attendre. A l'examen microscopique, cette
substance ne se révèle pas davantage. S c h m a u s - H e r x h e i m e r ,
(2) dans la description que font ces auteurs des lésions anatomo-pathologiques de l'atrophie aigüe du foie ou de l'intoxication phosphorée, ne mentionnent pas la cholestérine, tandis que cette substance apparaît en grande
quantité, tant chimiquement que microscopiquement, dans d'autres formes de dégénérescence, par exemple, " dans l'athéro-sclérose; dans certains épitheliums des poumons et des reins dont la vitalité est troublée par
des causes circulatoires ou nutritives; dans les inflammations chroniques
et dans les cellules des tumeurs: particulièrement dans les tumeurs des
glandes surrénales, xanthomes (spécialement sous la peau) et dans les
pseudo-xanthomes. Sous ce nom on désigne des formations qui se trouvent au cours des inflammations de tissus différents et qui se font remarquer par leur intense couleur jaune: microscopiquement elles sont
composées de graisses neutres et d'éthers de la cholestérine, parsemées
de grosses cellules granuleuses; elles renferment aussi de grands amas de
cristaux de cholestérine fréquemment entourés par des cellules géantes
étrangères au corps." (S c h m a u s - H e r x h e i m e r l. c. Pag 59).

_____

(1) G. Rosenfeld. Ergebnisse d. Physiol. Zweiter Jahrgang. 1903. Pags. 69 — 74.
(2) Schmaus-Herxheimer. Grundriss d. patologischen Anatomie. Pags. 571 — 73. 1912.

¿Quelle peut être la cause de la pénurie de cholestérine dans la simple infiltration graisseuse, tandis qu'elle est abondante dans les dégénérescences athéromateuses? On peut en donner une explication simple qui est fondée sur des faits. Dans l'infiltration graisseuse du foie, la graisse se trouve en abondance et la chaux n'existe qu'en très minime proportion, tandis que dans l'athérome on rencontre des conditions contraires: pauvreté en graisse et richesse en chaux. A l'état pathologique, la calcification du foie est très rare (en dehors de la chalicosis) tandis qu'il serait impossible de trouver un athérome sans chaux. On a déjà décrit les conditions physiologiques dans lesquelles se produisent l'infiltration graisseuse et la décomposition des graisses dans le foie; à l'état pathologiques, ces conditions seraient les mêmes, mais poussées à un haut degré: riche production d'acides gras, supérieurs ou inférieurs, qui passeraient au sang en entraînant la chaux, et décharge abondante d'alcalis par la bile, combinés aux acides biliaires et aux mêmes acides gras supérieurs, c'est-à-dire sous une forme qui peut dissoudre et entraîner vers le tube digestif la cholestérine, la lécithine et peut-être d'autres substances de même caractère. Dans l'athérome, au contraire, l'abondance de la chaux détruit les propriétés dissolvantes de la graisse; d'où la précipitation des savons calcaires, cholestérine, éthers de la cholestérine et d'autres substances. Il s'agit dans ce cas d'un phénomène de calcification pathologique dont la production repose sur deux classes de circonstances: 1°. l'organe atteint ne dispose pas des recours chimiques et physiologiques du parenchyme hépatique, déjà indiqués; 2°. le sang est chargé de substances anormales qui ont tendance à se sédimenter: chaux, dans certains conditions de solubilité, savons alcalins, cholestérine, éther de la cholestérine, acide oxalique, acide urique, matières colorantes et, peut-être, divers lipoïdes azotés et phosphorés.

Les alcalis poussent les graisses à la migration, tandis que la chaux les ramène à l'immobilité. L'absorption digestive des graisses dans l'intestin grêle a lieu sous l'influence des alcalis. Les acides gras, devenus libres par suite de l'activité des lipases, se combinent en partie aux alcalis pour former des savons, et en partie sont dissous par la bile. Les sels biliaires et la lécithine jouent un grand rôle dans cette dissolution. La quantité d'alcali qui arrive à l'intestin dans des conditions normales, est supérieure à celle qui serait nécessaire pour saturer les *acides minéraux* qui s'y trouvent. Les savons, une fois absorbés, seraient dédoublés par les cellules épithéliales des villosités intestinales et, l'alcali provenant de leur décomposition, arrivant à l'intestin, servirait de nouveau à la saponification. Les investigations histologiques de ce qui se passe à l'intérieur des cellules épithéliales de la muqueuse intestinale confirment cette synthèse des graisses neutres aux dépens des acides gras absorbés. L'ancienne théorie de la saponification des graisses doit être rejetée, parce qu'elle n'a pu répondre aux sérieuses objections qui lui ont été présentées. (1) Nous avons vu que cette circulation des alcalis, nécessaire à la digestion et à l'absorption des graisses, paraît se produire aussi par l'intermédiaire du foie. Le fait est que la bile apporte constamment à l'intestin des sels biliaires et des savons alcalins; ces savons sont peut-être ceux qui ont échappé à l'activité synthétisante des cellules épithéliales des villosités. A cet égard on doit tenir compte que les investigations de J o a n n o v i c s et P i c k (2) démontrent que la plus grande partie de la graisse des aliments arrive au foie par la veine porte; ces auteurs disent qu'on ne peut pas soutenir aujourd'hui l'idée que la graisse alimentaire arrive par la voie lymphatique à la circulation générale, et de là au foie. Cet organe joue un rôle important dans l'élaboration des graisses, par oxydation ou par réduction; dans cet échange intrahépatique des graisses, les lipoïdes phosphorés paraissent prendre une part remarquable puisque leurs acides gras peuvent être remplacés par les acides gras des aliments, particulièrement les acides non saturés. On comprend donc, par ce qu'il vient d'être dit, que les villosités intestinales et le foie sont des organes chargés d'empêcher l'entrée au sang des savons, c'est-à-dire, des substances toxiques. *Le gros intestin, ne possédant pas de villosités, peut très bien être traversé par les savons alcalins provenant de la réabsorption fécale.* On a vu précédemment que ceux-ci existent en très petite quantité dans les matières fécales et que leur proportion tient

(1) R. Tigerstedt. Lehrbuch der Physiologie des Menschen. Erster Band. Sechste Auflage. Leipzig. 1911. Pags. 392 — 93 et 402 — 403.

(2) G. Joannovics u. E. Pick. Untersuchung der Leber bei der Fettresorption unter normalen und pathologischen Verhältnissen. Wien. klin. Wochenschr. T. 23, P. 573 — 77; Verh. d. Tagung d. path. Ges. in Erlangen 1910; Zentrabl. f. allg. Path. u. path. Anat. T. 21. Pags. 457-458.

à la quantité de chaux et à la nature des graisses qui sont entrées dans l'alimentation. Quand la digestion est normale, la quantité de chaux suffisante, et la nature des graisses alimentaires de bonne qualité, la proportion des savons alcalins des fèces se trouve réduite à l'état de traces.

On peut dire à cet égard que l'existence des savons alcalins dans le sang est un fait connu depuis longtemps. (1). On doit ajouter aussi que l'extrait hydro-alcoolique et éthéré des fèces, c'est-à-dire un extrait qui *contient des substances solubles dans le protoplasma des cellules*, est riche en alcalis, en savons alcalins et en lipoïdes. Partout le même système chimique: abondance d'alcalis, insuffisance de chaux, produisant le même effet physiologique, dissolution et migration des graisses et des lipoïdes: dans l'absorption digestive, dans la sécrétion de la bile et dans la réabsorption fécale.

L'existence dans le sang des autres composés organiques qui se précipitent avec la chaux pour constituer la calcification pathologique est facile à établir. La chaux tend à précipiter dans l'intestin diverses substances d'origine alimentaire ou excrémentitielle, minérales ou organiques: acides carbonique, phosphorique, oxalique, bilirubine, et surtout les acides gras supérieurs. On trouve toujours dans les fèces un fort résidu de savons calcaires dont la proportion augmente avec le point de fusion de la graisse digérée. C'est par la destruction des savons alcalins que la chaux détermine la précipitation de la cholestérine et des autres lipoïdes solubles dans les solutions savonneuses. Mais cette action précipitante ou antitoxique de la chaux est plus importante encore sur les substances d'origine putréfactive: urobiline, cholérythrine, acide cholalique, etc. En résumé, la chaux, quand elle existe dans le tube digestif sous certaines conditions de solubilité (spécialement le citrate de chaux, ainsi qu'il a été établi précédemment), forme avec les substances inutiles ou vénéneuses des composés insolubles, empêchant leur entrée dans le torrent circulatoire. Dans le sang, la chaux tend à produire ce même effet quand elle y existe en proportion relativement importante et quand

---

(1) Franz Hofmeister. Ergebnisse der Physiologie. Zehnter Jahrgang. 1910. Pag. 434. Cet auteur dit textuellement: "Der Kalkgehalt des Blutplasmas ist sonach kein Hindernis für die Aufnahme von Seifen ins Blut, wie denn die Anwesenheit von Seifen im Blut längst erwiesen ist."

13

elle se trouve en présence de ces mêmes matières d'origine entérogène.
La chaux fécale ou putréfactive passe au sang au moyen de deux mécanismes différents: 1°. dissoute par les acides gras inférieurs, et surtout
par l'acide butyrique, dont l'origine putréfactive et anaérobique ne peut
être mise en doute; 2°. dissoute par les sels ammoniacaux des mêmes
acides dont l'origine putréfactive est certainement établie. Le passage
de la chaux combinée aux acides gras inférieurs a été déjà étudié. Quant
au second mécanisme, nous démontrerons dans le chapitre suivant l'existence dans l'intestin de sels ammoniacaux dans des proportions de beaucoup supérieures à ce que l'examen des fèces pourrait le faire supposer.
Le pouvoir dissolvant de ces sels sur le carbonate ou le phosphate de
chaux est bien connu des chimistes agricoles qui emploient très fréquemment le citrate d'ammoniaque. Nous avons insisté précédemment sur
cette action dissolvante des sels ammoniacaux des acides gras sur la chaux
des fèces; pour l'intant nous nous limiterons à citer quelques réactions
chimiques assez intéressantes à ce point de vue: Une solution neutre de
citrate d'ammonium ou sodium dissout le carbonate de calcium en poudre.
Le bicarbonate de sodium exempt de carbonate n'empêche pas la dissolution de la chaux. Le carbonate neutre de sodium précipite la chaux dissoute. Les sels ammoniacaux des acides gras inférieurs se comportent
de la même manière que le citrate. Nous avons précédemment établi
que les acides gras inférieurs, quand ils arrivent au sang, combinés à la
chaux, sont détruits par l'oxydation organismique dans une forte proportion. Nous établirons prochainement que les sels ammoniacaux organiques qui entrainent la chaux fécale au sang, disparaissent aussi parce
qu'ils sont transformés en urée. Par ce mécanisme, quand la putréfaction des matières fécales est intense et l'entraînement des matières putréfactives abondante, il se trouve dans le sang un excès relatif de chaux
en présence des matières d'origine entérogène qui ont tendance à se sédimenter dans les tissus. On s'explique ainsi comment la chaux et d'autres substances d'origine fécale occasionnent l'intoxication et la dégénérescence des tissus. Le mécanisme de la calcification pathologique est
constitué.

Chez les diabétiques surtout, cette invasion au sang des matières fécales est prononcée ainsi que le prouve l'excès de chaux, des acides gras volatils et d'autres produits d'origine putréfactive, dans le sang et dans les urines. L'augmentation de la cholestérine, de la lécithine, des graisses et des savons dans le sang des diabétiques et aussi dans les urines dans certains cas, rentre en grande partie dans le même ordre de phénomènes. Cependant, chez le diabétique, cette tendance à la calcification pathologique se trouve très puissamment contre-balancée par la forte élimination urinaire, propre à la maladie. Les mêmes considérations peuvent être appliquées aux typhiques, brightiques, athéromateux, aux femmes enceintes quand elles souffrent de l'intoxication gravidique, et à beaucoup d'autres états infectieux. Dans ces états on a constaté la diminution de la chaux dans les fèces, malgré une alimentation riche en chaux (L o e p e r et B é c h a m p, l. c.) Nous nous croyons autorisés à interpréter ce fait de la manière suivante: si dans ces états la chaux des fèces se trouve en diminution, c'est parce qu'elle passe au sang, accompagnée d'autres produits putréfactifs, au moyen du mécanisme de la réabsorption fécale. On pourrait peut-être dire la même chose des femmes enceintes, en proie à l'intoxication gravidique, chez lesquelles la stagnation fécale et les troubles gastro-hépatiques sont de règle. Finalement, étant donné le mécanisme qui préside à la calcification pathologique, on comprend très clairement pourquoi les simples injections de sels minéraux de chaux pratiquées sur des animaux sains, n'ont pu aboutir à la production de l'athéro-sclérose des parois artérielles dans les expériences de H o f m e i s t e r et T a n a k a (l. c.)

Les conceptions actuelles sur le rôle physiologique et pathologique de la cholestérine ne sont nullement en opposition avec les idées exposées dans cet ouvrage. La cholestérine apparait assez profusément répartie dans tous les tissus et liquides de l'économie pour y jouer un rôle purement excrémentitiel. On sait cependant quelque chose de certain en ce qui touche son utilité physiologique: c'est l'antagonisme qui existe entre elle et la lécithine pour empêcher ou favoriser l'activité des toxines hémolytiques. En ce qui concerne le rôle physiologique ou pathologique de la cholestérine, plusieurs circonstances sont à considérer: elle se trouve dans les aliments, associée aux matières grasses, ou du moins aux matières qui peuvent être extraites par l'éther; dans ces conditions, elle peut être absorbée, mais cela ne prouve pas qu'elle doive toujours être utilisée par l'organisme; la cholestérine peut avoir une origine endogène, c'est-à-dire être fabriquée par diverses organes, notamment par le foie. Finalement, on est allé jusqu'à admettre sa destruction intestinale par les bactéries. Etant données ces différentes circonstances de la circulation de la cholestérine dans l'organisme, il serait difficile de déterminer l'origine de la cholestérine qu'on trouve abondamment dans l'athérome et autres sédimentations pathologiques. Cependant la co-existence de la cholestérine et de la chaux peut être admise comme une preuve de son origine fécale. Nous donnerons plus loin quelques chiffres qui mettent en évidence cette augmentation simultanée de la chaux et de la cholestérine dans la *dégénérescence calcaire*. (1).

Constitution anatomo-pathologique et chimique de l'athéro-sclérose.

Sous le nom *d'artério-sclérose, endarteriitis chronica deformans*, on désigne une maladie de forme typique qui apparaît dans les grosses et dans les artères moyennes. Comme dans cette maladie les processus dégé-

---

(1) En ce qui concerne le rôle physiologique et pathologique de la cholestérine, on peut voir les mémoires suivants que nous avons consultés et qui ont été publiés dans ces derniers temps. Grigault. Dosage rigoureux de la cholestérine par la méthode de dosage dans le sérum et dans les tissus. C. R. de la Société de Biologie. T. LXXIII 1912. Pag. 200 — 202. A. Grigault et A. L'Huillier. Taux comparé de la cholestérine des hématies et du sérum dans le sang normal et pathologique. C. R. de la S. de B. T. LXXIII. 1912. P. 202 — 203. A. Grigault et A. L'Huillier. Hyper-cholestérinémie d'origine alimentaire chez le chien. T. LXXIII. 1912. Pag. 304 — 307 A. Grigault et G. Laroche. Sur l'origine de la cholestérine et la valeur de la théorie de Flint. T. LXXIII. 1912. Pags. 413 — 415. J. Carles. La Cholestérinémie. Gaz. hebdom. des sc. méd. T. VIII. 1912. Pag. 25. A. Chauffard et G. Laroche. Pàthologie des Xantelasmas. La Semaine Médicale. T. 30. Pags. 241 — 244. A. Chauffard, G. Laroche et A. Grigault. Développement de la cholestérinémie au cours de la grossesse. C. R. de la S. de B. T. LXX. Pag. 537. A. Chauffard, G. Laroche et A. Grigault. Sur la teneur du sang en cholestérine chez les typhiques. Id. 70. 70. A. Grigault. Procédé colorimétrique de dosage de la cholestérine dans l'organisme. Note préliminaire. Pags. 791—793. Deuxième note. Pags. 827—829. C. R. de la S. de B. Année 1910. A. Windaus. Ueber quantitative Bestimmung des Cholesterins und der Cholesterimester in einigen normalen und pathologischen Nieren. Zeitschr. f. physiol. Chemie. T. 65, Pags. 110 — 117. H. A. Klein, Ueber die Resorption von Cholesterin und Cholesterinestern. Biochem. Zeitschr. T. 29, Pags. 465 — 471. J. Browinski, Ueber das Schicksal des Cholesterins im tierischen Organismus. J'ai consulté seulement l'extrait du mémoire originel que fait Bondzynski dans le Jahres-Bericht f. Tier-Chemie. 1910, Pag. 56. E. Abderhalden. Lehrbuch der physiologischen Chemie. Vorlesung VI. Sterine. Pag. 157. 1909. O. Hammarsten Lehrbuch der physiologischen Chemie. Achtes Kapiel. Verschiedene Sterine. Cholesterine, Pag. 415 — 19. 1910.

nératifs et prolifératifs se produisent parallèlement, et, comme d'autre
part, elle peut affecter les veines (*phlebo-sclérose*) il est préférable d'adopter la dénomination d'athéro-sclérose. Chez les adultes, à mesure qu'ils
avancent en âge, il se produit régulièrement une dilatation progressive et
lente des artères. Ce changement, qu'on pourrait croire physiologique,
est dû à la disparition des éléments musculaires et élastiques des parois
des vaisseaux; selon l'opinion de S c h m a u s - H e r x h e i m e r (1),
il est en relation étroite avec l'athéro-sclérose.

Nous empruntons aux mêmes auteurs la description du mécanisme
anatomo-pathologique de la production de l'athéro-sclérose.

Si nous voulons comprendre le processus sur lequel repose ce changement des vaisseaux, si répandu partout, on doit, (avec J o r e s et A s -
c h o f f), partir de l'état normal des vaisseaux et considérer les changements qui ont lieu à différents âges. Il se produit, principalement chez
les jeunes gens, un épaississement de la tunique interne; ce phénomène
provient du dédoublement de la *lamina elastica interna* dont les éléments
striés, élastiques et hyperplastiques se séparent de la lamelle élastique
principale (J o r e s). Ce processus a lieu aussi longtemps que l'organisme
croît. On peut désigner cette période sous le nom de *période de croissance* (période où les changements des vaisseaux augmentent. A s -
c h o f f .) De cette manière, les vaisseaux augmentent en diamètre et
en longueur, et cependant leur élasticité reste la même, tandis que leur
résistance élastique s'accroît. Cette période dure ordinairement vingt
ans; vient ensuite une autre période de même durée, la *période de repos*,
pendant laquelle l'intégrité fonctionnelle des vaisseaux résiste parfaitement à la pression sanguine. A l'âge de 40 ans environ commence la *pe-
riode d'usure* (période de décroissement). Le premier phénomène qu'on
observe dans cette série de changements des vaisseaux consiste dans la *dégénérescence graisseuse* de la couche longitudinale elastico-musculeuse
de l'intima. Il ne s'agit pas dans ce cas d'une dégénérescence graisseuse
des fibres élastiques proprement dites, mais d'une dégénérescence graisseuse et d'une dissolution de la substance qui les maintient réunis. Plus
tard survient le gonflement et l'hyalinisation du tissu conjontif. Les cel-

---

(1) Schmaus-Herxheimer. Grundriss der pathologischen Chemie. Pag. 418. 1912.

lules conjonctives des parties environnantes montrent aussi de la graisse, composée dans sa plus grande partie de lipoïdes, c'est-à-dire d'éthers de la cholestérine, et qui paraît pénétrer avec le plasma sanguin dans la tunique interne. *L'épaississement du tissu conjonctif* survient à la suite de ces métamorphoses régressives, et, selon l'opinion d'autres auteurs, il apparaît sans la préexistence de tels phénomènes primaires. Ainsi le tissu conjonctif envahit la tunique interne remplaçant les fibres élastiques raréfiées. Au cours de la vie, l'efficacité fonctionnelle du tissu élastique s'amoindrit; le tissu se détériore en partie, s'use. A sa place, apparaît un autre: le tissu conjonctif. Celui-ci est en réalité plus résistant que le tissu élastique, d'où il résulte que le vaisseau cède moins au rebondissement sanguin, mais comme l'élasticité du tissu conjontif est inférieure à celle du tissu élastique, il se produit une dilatation du vaisseau, parce que la paroi ne revient pas à sa position primitive sous l'influence de la pression, plus forte chaque fois. A la longue, il se produit une dilatation du tube artériel. Par conséquent, "un processus de compensation a lieu avec formation d'un matériel de moindre valeur" (A s c h o f f). Cependant la transformation ne se limite pas à cet accroissement du tissu conjonctif compensateur. Postérieurement, des *phénomènes de nature régressive* se produisent, provoqués par l'excès de pression. Ce tissu de nouvelle formation souffre la dégénérescence graisseuse, et, en réalité, il s'agit aussi, dans ce cas, de combinaisons de la cholestérine avec les acides gras (lipoïdes.) Les cellules se décomposent, la cholestérine devient libre; c'est ce qui arrive dans *l'athérome*. Les acides gras forment des savons avec la soude et la potasse, surtout des savons calcaires (K l o t z). Les savons calcaires, à leur tour, se transforment en phosphate et carbonate de chaux. L'athéromatose se convertit ainsi en sclérose, ou bien celle-ci s'ajoute à la première. (A s c h o f f). Dans la tunique moyenne et dans la tunique externe ou adventice des artères athéromateuses, on trouve aussi des changements régressifs dans des états plus avancés, principalement l'atrophie ou la dégénérescence graisseuse de la tunique moyenne, souvent la calcification; on trouve aussi des processus de prolifération sous la forme d'un tissu conjonctif jeune qui remplace les éléments musculaires ou élastiques perdus.

La sclérose des artères est en général une maladie amenée par l'âge, (principalement après 40 ans) et dans la vieillesse on la rencontre communément. D'autre part, elle apparaît aussi dans les états d'intoxication chronique produits par l'alcool, le plomb, le tabac, ainsi que dans la goutte et les maladies infectieuses. D'autres causes secondaires interviennent aussi pour faciliter sa production, et, à cet égard, on doit mentionner les circonstances mécaniques des artères elles mêmes: la maladie se localise spécialement dans les artères où la pression sanguine peut augmenter avec la plus grande fréquence ou intensité. En ce qui touche la propagation de la maladie, on peut dire que l'athéro-sclérose peut affecter tout le système artériel ou du moins sa plus grande partie, bien qu'à des degrés divers, comme il est de règle à l'âge avancé. La maladie peut se localiser dans certains territoires sanguins: aorte, artères coronaires, artères du cerveau, artères utérines, etc. Souvent les artères du cerveau et les coronaires sont affectées en même temps, tandis que l'aorte est relativement indemne. L'athéro-sclérose apparaît souvent au début dans la partie abdominale de l'aorte, particulièrement à la division des iliaques. On observe fréquemment chez les personnes très âgées que l'artère aorte reste saine dans sa première portion; autrement, elles n'auraient pu vivre aussi longtemps.

L'athéro-sclérose que nous venons de décrire est l'athéro-sclérose légitime, propre à la vieillesse. Il existe une autre forme d'athéro-sclérose qui, considérée au point de vue anatomo-pathologique, présente un type spécial: c'est la *mesaortitis calleuse;* elle possède divers caractères différentiels: elle apparaît chez les jeunes gens, affecte la tunique moyenne des artères, se localise aux artères coronaires et aux valvules semi-lunaires, et aboutit à la formation de callosités alternant avec des dépressions. La dégénérescence graisseuse et la calcification sont beaucoup moins accentuées dans cette forme que dans l'athéro-sclérose ordinaire. On a trouvé maintes fois dans ses lésions le *Spirochaeta pallida,* mais elle peut être produite par d'autres infections, par exemple, par les micrococci. On a décrit encore une autre forme de sclérose, la " sclérose fonctionnelle " (A s c h o f f). Elle affecte les artères qui, par leurs fonctions physiologiques, très intensives dans certaines occasions (ovulation, menstruation, placentation), sont exposées à souffrir des changements dans leurs parois. Ici apparaît la sclérose seulement.

· L'analyse des altérations que l'athéro-sclérose produit dans les parois des vaisseaux, démontre que ces changements sont lents et avancent conjointement avec les années, de telle manière qu'il serait difficile de trouver un homme d'âge très avancé sans qu'il présente les stigmates de l'athéro-sclérose. On serait tenté de croire que l'athéro-sclérose est une *maladie naturelle* de l'espèce humaine ou le *vieillissement physiologique* des parois des vaisseaux. Les intoxications chroniques provoquées par des poisons divers, organiques et minéraux, en accélérant ce processus, produisent le *vieillissement prématuré* des artères. Nous examinerons plus loin la question de la *pathogénie chimique* de l'athéro-sclérose; pour l'instant, nous devons parler de sa *nature chimique.*

Dans l'athéro-sclérose il ne s'agit pas d'une dégénérescence graisseuse simple, mais d'une *dégénérescence lipoïdique.* Déjà l'examen microscopique revèle l'existence de la cholestérine dès le début dans les lésions athéromateuses. L'analyse chimique a confirmé ces données histologiques. A d . W i n d h a u s (1), avec sa méthode de dosage de la cholestérine au moyen de sa précipitation por la digitonine, a fait des analyses comparatives de la teneur en cholestérine et *éthers de la cholestérine* de l'aorte normale et athéromateuse. Voici le résultat analytique:

	Cholestérine libre.	Cholestérine à l'état d'éther.
Aorte normale............0,119%		0,047%
Aorte normale 0,103		0,032
Aorte athéromateuse 0,741		1,053
Aorte athéromateuse 0,673		0,792

G. L e m o i n e (2) a fait aussi l'analyse chimique comparative des aortes saines et athéromateuses, ou simplement scléreuses. Cet auteur dose les lipoïdes et la cholestérine. Les résultats, très intéressants, confirment la prédominance des lipoïdes et surtout de la cholestérine dans

---

(1) Ad. Windhaus. Zeitschr. f. physiol. Chemie. et T. LXV. Pag. 110. 1910. T. LXVII. Pags. 174 — 76. 1910.

(2) G. Lemoine. Du rôle de la Cholestérine dans le développement de l'artério-sclérose et de l'athérome. Paris. 1911.

les parois athéromateuses des vaisseaux. Suivant cet auteur, "un fait reste donc bien établi, c'est que dans l'aorte athéromateuse, comme dans l'aorte simplement scléreuse, il se forme un dépôt relativement considérable de composés cholestériques. " Pour certains auteurs la présence de la chaux constitue un dépôt purement accessoire. (L e m o i n e) (1). D'autres sont allés jusqu'à considérer la chaux comme une substance utile qui donne de la résistance au tissu qui se débilite (R. v. Z e y n e k) (2). La chaux joue un rôle essentiel dans la genèse chimique de l'athéro-sclérose depuis le commencement du phénomène jusqu'à sa formation complète. Pour bien comprendre ce rôle, il faut faire le résumé de nos connaissances sur le mécanisme chimique de sa formation, ou pathogénie chimique.

La réabsorption fécale apporte au sang divers produits de la putréfaction intestinale, susceptibles de se sédimenter dans les tissus. Les principaux sont: les divers lipoïdes, et spécialement la cholestérine, dissous par les savons alcalins (et peut-être aussi par le cholate de soude) ; la chaux, en petite proportion, dissoute par les acides gras inférieurs, par les sels ammoniacaux des mêmes acides et par l'acide carbonique. Ces divers produits arrivent à la circulation générale, peut-être pour avoir échappé à l'action rectificatrice du foie, peut-être par l'intermédiaire de la lymphe; alors les agents de dissolution de la chaux tendent à diminuer, particulièrement les acides gras inférieurs, les sels ammoniacaux des mêmes acides et l'acide carbonique, et par conséquent le plasma sanguin se trouve dans un état de sursaturation calcaire; comme, en même temps, les savons alcalins sont des substances étrangères à ce liquide et plus résistantes à l'oxydation, il en résulte la formation de savons calcaires qui se précipitent électivement dans certains endroits. La cholestérine, les lipoïdes et diverses autres substances de même caractère, ne trouvant pas leurs dissolvants naturels, se précipitent aussi. Ce phénomène chimique de la précipitation des éthers de la cholestérine est

---

(1) G. Lemoine. Du rôle de la cholestérine dans le développement de l'artério-sclérose. Paris, 1911. Pag. 15 "Interprétation des dépôts calcaires."

(2) R. v. Zeyneck. Bemerkungen zu den Untersuchungen von A. Selig und F. Ameseder über atheromatöse Aorten. Zeitschr. f. physiol. Chem. T. 70, Pags. 464 — 65. " Die Verkalkung der Aorte nicht als eine krankhafte Erscheinung anzusehen ist sondern vielmehr der Kalk als Stützsubstanz des weniger resistent gewordener Aortengewebes aufzufassen ist."

bien connu des chimistes industriels qui l'utilisent dans la préparation de la lanoline. Ce processus est décrit par U b b e l o h d e (1) de la manière suivante: ' 'La graisse brute de la laine est obtenue des eaux de lavage par la précipitation simultanée des savons dissous au moyen des sels alcalino-terreux, la couche d'eaux étant alors séparée par centrifugation. La masse graisseuse, ainsi obtenue, est soumise à l'action de la chaleur pour en enlever l'eau, et, après un nouveau lavage, on l'extrait au moyen de l'acétone bouillante. Après la distillation de ce dissolvant, la graisse de la laine, déjà libre d'acides gras, est pétrie avec de l'eau pour la transformer en *lanoline*." Suivant la conception exposée, *l'athéro-sclérose n'est qu'un cas particulier de la calcification pathologique.* Plus tard le phénomène de la *calcification physiologique,* qui a lieu constamment dans l'organisme, transforme les savons calcaires en phosphate et carbonate de chaux. On ne sait pas quel rôle revient aux substances toxiques dans la genèse de l'athéro-sclérose, mais très probablement ces substances n'attirent pas la cholestérine pour sa neutralisation biochimique, parce que la cholestérine se trouve déposée pour la plus grande partie à l'état d'éther et en moindre partie à l'état cristallisé, aussi passivement qu'on la rencontre dans le tissu adipeux ou dans les graisses animales. La cholestérine renforce certainement le pouvoir antigène des extraits d'organes (2), ou agit comme un fort anti-complément dans la réaction de W a s s e r m a n n (3), et même a été invoquée, conjointement avec d'autres lipoïdes, par ce même auteur (4), pour expliquer l'action plus intense que développe le sérum syphilitique; mais toutes ces réactions qu'on voit se produire dans ces cas ne démontrent pas qu'elle doit remplir le même rôle dans la plaque athéromateuse. Ce qu'on voit au contraire se produire très activement est l'envahissement des éléments des vaisseaux par les tissus sclérosants, ainsi qu'il a été précédemment expliqué. Dès le début de la production de l'athérome, on voit figurer

(1) Otto Dammer. Chemische Technologie der Neuzeit. T. III. Stuttgart, Pag. 508. 1911.

(2) H. Sachs. Ueber den Einfluss des Cholesterins auf die Verwendbarkeit der Organextrakte zur Wassermannschen Syphilisreaction. Berl. klin. Wochenschr. T. 48. Pags. 2.066 — 67.

(3) C. H. Browning, J. Cruickshank und I. M'Kenzie. Gewebskomponenten, die bei der Wassermannschen Reaktion beteiligt sind insbesondere Lecithin und Cholesterin, Biochem. Zeitschr. T. 25, Pags. 85 — 87; voir aussi Journ. of Path. a. Bact. T. 48. Pag. 484.

(4) A. v. Wassermann. Hämolysine Zytotoxine und Präzipitine. Leipzig. 1910. Pags. 80 — 81.

ces trois éléments: les savons calcaires, les lipoïdes, principalement l'éther
de la cholestérine, et le tissu conjonctif de nouvelle formation. La présence de ces éléments dans la lésion athéromateuse sous toutes ses formes
est confirmée par l'examen chimique.

La chaux apparaît dans l'athéro-sclérose tout au commencement. On
la rencontre dans l'aorte scléreuse et dans l'aorte simplement dilatée,
c'est-à-dire déjà envahie par le tissu conjonctif.   Voici les chiffres que
donnent L œ p e r et B é c h a m p (l.c.) :

	Pour 1000 parties	
	fraîches	sèches
Aorte normale 0,15		0,35
Aorte scléreuse 0,31		0,61
Athérome 0,56		2,8
Athérome 0,40		2,0

Les investigations analytiques de S e l i g (1) sont plus étendues en
ce qui concerne l'athéro-sclérose.   Cet auteur a suivi les échanges dans
la teneur de l'aorte en élastine, graisse et chaux depuis l'état normal
jusqu'à l'athérome bien développé. Les chiffres trouvés sont:

	Aorte normale.		Aorte athéromateuse.	
Elastine 46,6		48,8	10,76	41,6
Graisse 3,66		4,0	3,54	14,58
Substance sèche			15,8	19,5
Cendres pour 100 de la substan-				
ce sèche			2,1	29,14
Chaux pour 100 des cendres......			15,28	53,38
Acide phosphorique (Ph^{2}O^5)......			25,66	40,19
Acide sulfurique (SO^3)...........			0,43	5,37
Magnésie pour 100 des cendres....			1,62	5,41

Dans certain cas, cet investigateur a trouvé en outre, dans les cendres,

(1) A. Selig. Ueber den Elastin, Fett - und Kalkgehalt der Aorta. Verh. d. Kongr. f.
innere Med. XXVII. Pags. 660—672. A. Selig. Chemische Untersuchungen Atheromatöser Aorten
Zeitschr. f. physiol. Chemie. T. 70 Pags. 451 — 457.

0,25 d'oxyde ferrique, 0,72 d'oxyde de sodium, 4,1 d'anhydride carbonique et des traces de potassium et de chlore. A m e s e d e r (1) qui a travaillé en collaboration avec S e l i g , a étudié la graisse isolée de plusieurs analyses. Cette graisse renfermait :

Cholestérine ....28,56 %
Acides gras solides (51° P. de F.)...14,4 %

Nous faisons tout de suite le résumé des conclusions auxquelles arrive S e l i g après ses nombreuses recherches analytiques. Les valeurs en élastine sont soumises à des variations individuelles. Les processus artério-sclérotiques s'accompagnent d'une diminution progressive de la proportion d'élastine. Il existe une proportionnalité inverse entre l'élastine et la graisse parce que les valeurs plus grandes en graisse ont été trouvées dans les cas où l'élastine a diminué plus fortement par suite du processus artério-sclérotique. Pendant ce processus il se produit une augmentation de la chaux qui marche de pair avec la diminution de l'élastine et l'augmentation de la graisse. Dans les aortes artério-sclérotiques figurent les plus hauts chiffres en chaux. Les quantités de cendres trouvées ont été très petites au commencement des altérations aortiques, mais le pourcentage en cendres de ces aortes pauvres augmente remarquablement pendant le processus artério-sclérotique.

L'étude qu'on vient de faire paraît démontrer que l'athéro-sclérose est constituée par un *processus de sédimentation* de substances étrangères au plasma sanguin. C'est une idée simple et rationnelle qui surgit dans l'esprit après l'analyse et l'interprétation des faits. En dehors de l'organisme animal, on trouve des phénomènes semblables dans le règne végétal, et même dans le monde minéral. Comme exemples très répandus on pourrait citer : dans le vieillissement des feuilles, la diminution des alcalis, c'est-à-dire des agents de dissolution, et l'augmentation et sédimentation de corps insolubles : les métaux alcalino-terreux et la silice ; dans les phénomènes géologiques : l'entraînement des sels solubles par les eaux qui les conduisent jusqu'à la mer et la sédimentation des terrains

---

(1) M. Ph. F. Ameseder. Ueber die Zusammensetzung der Einlagerungen in verkalkten Aorten. Zeitschr. f. physiol. Chemie. T. 70. Pags. 458 — 463.

calcaires, magnésiens et ferrugineux. Nous ne voulons pas établir que toutes les substances étrangères qui, dans le plasma sanguin, sont susceptibles de se sédimenter dans les tissus, sont apportées par la réabsorption fécale, mais la plus grande partie de ces substances y revient par suite de la putréfaction intestinale. Les organes excréteurs annexes du tube digestif et les résidus alimentaires amènent dans le gros intestin diverses substances insolubles destinées à être expulsées à l'extérieur. C'est le processus normal de la vie animale. La putréfaction intestinale intervient pour changer la direction naturelle de ce processus : elle y détermine la formation de matières différentes dont la nature est sous la dépendance du climat et des agents microbiens qui entrent en activité. Toutes ces substances, de nature vénéneuse et sédimentaire, en suivant une voie anormale et rétrograde, surchargent le sang de produits étrangers et pathogéniques dont l'élimination ou la destruction sont encore plus difficiles que celles des produits normaux que la vie des tissus déverse dans le sang. Nous avons démontré l'existence de beaucoup de ces produits dans les tissus et liquides de l'économie, dont la nature occasionnelle et climatérique constitue une preuve décisive de son origine *exclusivement fécale.* Ces recherches mettent en évidence un fait d'une grande portée physio-pathologique : *la réabsorption fécale constitue sous tous les climats une cause d'intoxication dont la nature et la persistance déterminent la production de plusieurs maladies, aigües ou chroniques, propres à la localité, ou concourent à la formation d'autres affections à un degré qu'on n'avait pas soupçonné jusqu'ici.*

Si on pense au commerce intime qui, durant la vie entière, existe entre le sang et les matériaux que la putréfaction fait naître dans l'intestin, d'où il résulte un passage incessant de composés anormaux, parfois plus intense encore que celui qu'apporte au même liquide la réabsorption interstitielle des tissus ; si on tient compte que ces composés incrustants qu'on peut extraire des matières fécales sont de même nature que ceux qu'on trouve sédimentés dans les parois des vaisseaux ; et finalement, si on observe que certains animaux, par suite d'une disposition spéciale du tube digestif, le cheval par exemple, dont le cœcum a une capacité de 30 litres et qui est le siège d'une putréfaction intense, sont plus enclins que l'homme à souffrir de l'athéro-sclérose sans qu'on puisse invoquer chez eux l'existence des intoxications chroniques par le tabac, l'alcool ou la syphilis, on est conduit à admettre que les deux ordres de phénomènes se trouvent étroitement liés, ou mieux encore que les uns sont sous la dépendance des autres, c'est-à-dire *que le vieillissement des artères est une conséquence anormale de la putréfaction intestinale.* Cette idée de considérer non-seulement l'athérome, mais la vieillesse toute entière, comme un processus anormal dont la durée peut être notablement accélérée sous l'influence d'une putréfaction intestinale active et persistante, a été soutenue sur le terrain scientifique par E l i e M e t c h n i k o f f. Ses deux livres: " Etudes sur la nature humaine " et " Essais Optimistes " sont bien connus dans les pays où on lit la langue française, c'est-à-dire dans presque tous les pays du monde. Après avoir lu les ouvrages de M e t c h n i k o f f, j'ai pu avoir à chaque instant dans mon entourage la confirmation de ses idées. Par ma profession de chimiste je me livre à l'examen des urines depuis de longues années; mon attention s'est portée sur la persistance et l'intensité de la putréfaction intestinale, sur la précocité du vieillissement, sur les dégénérescences prématurées des organes et leur envahissement par les tissus sclérosants, notamment la cirrhose hépatique et l'athéro-sclérose. Cependant, par un heureux phénomène de compensation, on trouve souvent dans notre région des individus âgés, remarquablement bien conservés. (1). A quoi tient ce phénomène d'apparence paradoxale ? En dehors de l'uniformité de la température qui épargne aux vieux organismes l'influence malfaisante des causes de refroidissements, on peut attribuer cette longévité à la *désinfection naturelle de l'intestin* qui s'établit comme une conséquence du développement prédominant d'une classe spéciale de bactéries leucochromogéniques dont

---

(1) L. Grandeau. Annales de la Science Agronomique. 1891.—11. Pag. 117. Agronomie et Statistique Agricole du Vénézuéla. " Tout le territoire de la République de Vénézuéla est situé dans la zone torride, entre 1o,40 latitude sud-est et 12o,16 latitude nord. Grâce au relief du pays, tous les climats de la terre s'y rencontrent, depuis les neiges perpétuelles jusqu'à celui des plaines équatoriales. D'après les recensements, dont les résultats étaient exposés dans le gracieux pavillon du Champ de Mars, aucun pays ne serait aussi favorisé sous le rapport de la longévité humaine. En 1881, on comptait au Vénézuéla 198 individus âgés de 100 à 125 ans, ce qui correspond à un centenaire pour 10.486 habitants, y compris les 70.000 indigènes des hauts territoires (Orénoque, Amazone.) Ce chiffre dépasse de beaucoup celui des nations européennes, où l'on ne rencontre qu'un centenaire pour 67.000 habitants (Espagne,) pour 71.000 habitants (Italie), et pour 190.000 habitants (France). La mortalité moyenne annuelle au Vénézuéla est de 21 pour 1.000.

le plus remarquable représentant es le *Micrococcus oxycyanogenes*. On y reviendra dans la quatrième partie de cet ouvrage.

On connaît exactement la structure et le mode de fonctionnement d'un moteur à vapeur, l'usure des machines et ses défauts: de construction ou accidentels, et la manière d'y remédier; mais, en ce qui touche la machine humaine, on ne sait pas en quoi consiste la nutrition, l'usure des cellules, et si ce qu'on nomme vieillissement est de nature pathologique ou non. Si on accepte en principe la conception qui est exposée dans cet ouvrage sur la genèse chimique de l'athérome, c'est-à-dire un processus anormal qui surcharge lentement le sang de substances putréfactives, qui, par leur nature, ont tendance à se sédimenter dans certains organes dont le fonctionnement est physiquement indispensable à la vie, la vieillesse est alors un phénomène pathologique, aussi anormal que peut l'être une maladie chronique quelconque: sa production peut être accélérée ou retardée suivant la nature des causes qui agissent sur la putréfaction intestinale. .Ceci est un phénomène d'observation courante: il y a des personnes qui vieillissent rapidement et d'autres qui paraissent se conserver dans le même état pendant de longues années. L'idée de M e t c h n i k o f f constitue un progrès réel pour la science qui étudie la nature humaine: elle limite la cause du vieillissement à un phénomène objectif, parfaitement accessible à la critique expérimentale, mais au fond c'est la même idée que soutenait H u f e l a n d (1) dans son ouvrage resté célèbre, c'est-à-dire que le cours de la vie humaine peut se prolonger extraordinairement, dans de bonnes conditions de santé, si on connaît les causes qui accélèrent le processus du vieillissement, en employant les règles hygiéniques qui s'en dérivent.

Suivant E. M e t c h n i k o f f (2), dans la dégénérescence sénile des tissus la scène est dominée par les altérations des éléments nobles et leur destruction par les différents macrophages (neuronophages, myophages, etc.) Ceux-ci finissent par occuper la place des premiers et les remplacent par le tissu fibreux. Suivant cet auteur, la métamorphose

---

(1) C. W. Hufeland. L'art de prolonger la vie. Nouvelle édition française augmentée de notes par le Dr. J. Pellagot. Paris 1871. La première édition de cet ouvrage parut en 1796 sous le titre "Makrobiotik, oder die Kunst das menchliche Leben zu verlängern." Berlin.

(2) E. Metchnikoff. Essais optimistes. 1907. Pags. 45 — 49.

sclérosante de la vieillesse est un phénomène secondaire qui ne se produit pas pour tous les organes, par exemple, le cristallin et la cornée. La cataracte et l'arc sénile qui se présente sous la forme d'un anneau laiteux à la périphérie de la cornée sont tous les deux très fréquents chez les vieillards. Ces modifications sont dues à l'imprégnation du cristallin et d'une partie de la cornée par des matières grasses (1) ce qui les rend troubles. On attribue à la nutrition défectueuse de ces organes le dépôt de graisse dans leur sein. Mais tandis que dans les autres parties de l'organisme, le début de cette dégénérescence graisseuse est bientôt suivi de réaction des macrophages, la cornée et le cristallin en restent exempts pour des causes surtout anatomiques. La plupart des organes ont, à côté des éléments nobles, leurs macrophages toujours disponibles. Les centres nerveux ont la névroglie comme source des macrophages; les muscles striés ont leur sarcoplasma pour la même fonction; le tissu osseux est muni d'obstéoclastes; le foie et les reins sont facilement envahis par des macrophages amenés par la circulation. Le cristallin et la cornée n'ont que peu ou point d'éléments capables de remplir le rôle des macrophages.

Le processus qui aboutit à la formation de la cataracte, du moins de la cataracte sénile, est entièrement comparable à l'athéro-sclérose. Suivant G a l e z o w s k i (2) l'opacification commence par le centre même du noyau cristallinien et envahit très lentement les couches voisines. D'après le même auteur, des cristaux de cholestérine apparaissent dans presque tous les cristallins cataractés. H. M ü l l e r, cité par G a l e z o w s k i, a trouvé souvent des amas de myéline sur le trajet des fibres, et par places, des vacuoles rondes. Les cataractes spontanées ou traumatiques peuvent subir, après de longues années, une métamorphose régressive; les fibres cristalliniennes se désorganisent de plus en plus et se transforment en une masse graisseuse et calcaire composée surtout de carbonate et de phosphate de chaux. Sous l'influence de ce travail régressif, la cataracte devient blanche, crétacée, pierreuse, très dure, et prend même quelquefois la forme d'une coque, avec une cavité centrale

---

(1) Fuss. Der Greisenbogen. Virchow's Archiv. 1905. T. CLXXXII Pag. 407. S. Toufesco. Sur le cristallin, Paris, 1906.
(2) X. Galezowski. Traité des maladies des yeux. Paris 1888. Pags. 400 — 406.

(cataracte siliqueuse). J'ai constaté moi-même la présence de la chaux dans des cataractes sans qu'elles aient atteint cette transformation crétacée. Voici les résultats:

Matière sèche libre de graisses.

CaO de 1000 parties de cristallins cataractés 2,203

CaO de 1000 parties de cristallins sains. 0,163

Le vieillissement du cristallin, qui commence déjà à l'âge de 40 ans, se révèle donc au point de vue chimique par l'apparition des mêmes substances qui se rencontrent dans l'athéro-sclérose: graisses, lipoïdes, cholestérine, chaux.

Nous avons déjà dit que la chaux peut se sédimenter combinée aux acides carbonique et phosphorique dans la calcification physiologique. Il a aussi été établi que cette forme de calcification minérale peut s'effectuer sur des parties en plein état de dégénérescence et finalement qu'un savon calcaire peut se transformer en phosphate ou carbonate de chaux. Ces divers changements, qui parfois ont lieu en même temps, s'opposent à une interprétation correcte des résultats que l'analyse chimique peut constater. Un autre facteur intervient pour rendre plus difficile encore l'interprétation des données analytiques: c'est le remplacement des tissus les uns par les autres. On sait que dans l'athéro-sclérose la substance élastique disparaît en grande partie et qu'à sa place apparaît le tissu fibreux; or, il semble résulter de mes analyses que ce dernier est moins pauvre en chaux que le tissu élastique. On peut dire la même chose du tissu musculaire lisse: il est très riche en chaux. Les quelques analyses que j'ai faites l'ont été sur un homme de 72 ans et une femme de 70. Les chiffres suivants se rapportent à 1000 parties de substance sèche à 110°, libre de graisse brute par épuisement à l'éther dans le Soxlet.

	Matière sèche.	Matière fraîche.
	CaO	CaO
Aorte sclérosée (femme).	4,525	1,056
Artère radiale entièrement crétacée (homme)	32,850	—

14

Rein (f)	1,195	0,201
Cartilage costal .(f)	2,957	1,149
Peau (h)	0,656	0,187
Peau (f)	1,275	0,246
Tissu tendineux	0,295	0,123
Tissu élastique (ligament jaune suspenseur)	0,358	0,160
Tunique musculeuse de l'intestin grêle...	1,809	0,243

Ces trois dernières analyses ont été faites sur un bœuf.

On n'est pas autorisé à tirer une conclusion d'un nombre aussi réduit d'investigations analytiques, mais on peut admettre provisoirement qu'il se produit dans la peau et divers organes des gens âgés une sédimentation calcaire. Cependant, on ne peut établir que ce dernier phénomène soit sous la dépendance de la calcification pathologique, ainsi qu'elle a été précédemment définie.

Etiologie et Pathogénie de l'athéro-sclérose.

L'étiologie et la pathogénie de l'athéro-sclérose constituent aujourd'hui une question très vivement discutée (1).

Les investigations chimiques et anatomo-pathologiques semblent démontrer que l'athéro-sclérose sénile est de la même nature que les plaques athéromateuses qu'on peut produire artificiellement par certaines intoxications. Notre étude dans ce paragraphe doit se limiter à rechercher jusqu'à quel point le processus chimique qu'on a admis comme producteur de l'athéro-sclérose est d'accord avec cette pathogénie expérimentale. Nous allons décrire tout d'abord les expériences qui ont été faites.

On a dit précédemment que les expériences pour produire l'athérome au moyen des injections de chaux combinée aux acides minéraux ont complètement échoué. Nous avons donné une explication rationnelle de cet

---

(1) On peut lire à ce sujet: " Quarto Congresso Medico Latino-Americano " réuni à Rio de Janeiro. Actas e Trabalhos. Secçao Terceira. Tomo IV. 1910. Pag. 257. Dr. Juan Servetti Larraya (Montevideo.) " Estado actual de la etiología y patogenia de la arterio-esclerosis."

insuccès. Il n'en est pas de même de certaines substances de nature alcaloïdique. M. J o s u é (1) a réussi à produire de vrais athéromes artériels chez les lapins, en leur injectant le poison des capsules surrénales: l'adrénaline. Cette expérience a été confirmée un grand nombre de fois et est devenue tout à fait classique: Plus tard B o v e r i (2) a obtenu un résultat analogue à la suite d'injections de *nicotine,* poison du tabac. K o b e r t (3), dans son compendium de toxicologie, en outre des substances dénommées, mentionne la strophantine et l'adonidine comme ayant produit l'athéro-sclérose, chez les lapins, si on les emploie par injections intraveineuses répétées. On a attribué cette action athéro-sclérosante des drogues citées, à l'élévation de la pression sanguine qu'elles occasionnent; mais, à cet égard, on doit se souvenir que tous les poisons mentionnés produisent une perturbation des fonctions de l'intestin en altérant sa musculature même, ou les nerfs, d'actions opposées, qui l'innervent (4).

Entre les divers poisons chimiques qui provoquent, par la voie expérimentale, la formation de l'athéro-sclérose se trouvent l'indol et le phénol. Ces composés présentent une importance extraordinaire pour la théorie qui soutient l'origine intestinale putréfactive de l'athéro-sclérose, parce que ce sont des substances qui prennent naissance pendant la décomposition bactérienne des matières fécales. L'action athéro-sclérosante de ces poisons putréfactifs a été mise en lumière par E. M e t c h n i k o f f (5). L'indol et le phénol, qui prennent naissance pendant la décomposition bactérienne des matières albuminoïdes dans l'intestin, passent par réabsorption au sang et s'éliminent par l'urine, unis à l'acide sulfurique ou glycuronique.

L'urine humaine contient de minimes quantités de phénol et d'indol, même celle de l'homme bien portant. Pour le phénol, suivant M u n k(6), la quantité excrétée par 24 heures varie entre 17 — 51 milligrammes. Suivant J a f f é (7), la quantité d'indol pour le même temps est de 5

(1) Josué. C. R. de la Société de Biologie, 14 novembre 1903.
(2) Boveri. Clinica medica, 1905. No. 6.
(3) R. Kobert. Kompendium der prakt. Toxikologie. Stuttgart. 1912. Pag. 60.
(4) R. Kobert. Komp. der prakt. Tox. 1912. Pags. 138 — 39.
(5) E. Metchnikoff. Annales de l'Institut Pasteur. T. XXIV. 1910.
(6) I. Munk. Archiv. f. d. ges. Physiol. T. XII, Pag. 145. 1876.
(7) Jaffé. Pflugers Arch. 3. Virchows Archiv. 70.

à 20 milligrammes. La proportion de ces deux corps dans l'urine peut augmenter dans de grandes proportions. Les investigations qui ont été faites pour démontrer l'origine putréfactive de l'indol sont très instructives. Les enzymes digestives dédoublent les albumines nutritives dans leurs noyaux composants ou pierres constructives et, parmi ces dernières, on trouve le tryptophane ou acide indol-amino-propionique. Ce dérivé albuminique injecté hypodermiquement à des lapins, ou ingéré par ces mêmes animaux, ne produit aucune action sur l'indican urinaire; mais si on l'injecte directement dans le cœcum, il détermine une forte indicanurie parce qu'il y souffre la putréfaction et se dédouble en donnant naissance à l'indol (1). Le phénol se produit d'une manière analogue, la tyrosine et la phénylalanine étant considérées comme des dérivés albuminiques qui, en se putréfiant, engendrent les phénols et ses proches parents. On voit donc que l'intervention de la putréfaction, en dégradant le processus normal de la digestion des albumines, est indispensable pour la genèse des composés indiqués. De cette manière l'homme est la proie, depuis sa naissance, d'une intoxication habituelle que la putréfction intestinale produit sans cesse. Dans certaines occasions, on ne peut pas constater dans l'urine la présence de l'indol par sa réaction caractéristique; cependant la putréfaction intestinale existe toujours: on peut la mettre en évidence dans ce liquide au moyen d'une réaction très sensible qui vise un autre produit se rattachant à la putréfaction intestinale: l'acide glycuronique. Ce fait a été récemment signalé par M a y - e r h o f e r (2) pour les urines des nourrissons où la réaction de l'indol manque souvent. Cet auteur, après avoir constaté la présence de la réaction de G o l d s c h m i e d t dans presque toutes les urines examinées, écrit: "on peut dire qu'un nourrisson alimenté artificiellement et qui ne montre pas des signes de putréfaction intestinale constitue une exception."

Depuis les travaux de B i e n s t o c k (3) on admet que la putré-

---

(1) Ellingen u. Gentzen, Tryptophan, eine Vorstufe des Indols bei der Eiweissfäulniss. Hofmeister's Beiträge. 4.— Hopkins a. Cole. Journal of Physiology. T. 27. Pag. 418.

(2) E. Mayerhofer, Die klinische Bedeutung der G. Goldschmiedtschen Glukuronsäurereaction für den Säuglingsharn. Zeitschr. f. physiol. Chem. T. 70. Pag. 391 — 97. Guido Goldschmiedt. Eine neue Reaction auf Glukuronsäure. Zeitch. f. physiol. Chemie. T. 65. Pags. 389—93.

(3) Voir à ce sujet le travail "Darmfäulniss" de D. Gerhardt dans les "Ergebnisse der Physiologie. Dritter Jahrgang. Biochemie. 1904, et spécialement le second paragraphe: Anaëroben und die Bedeutung der Mischinfektion." Pag. 118 — 121.

faction complète des albumines ne peut se produire sans l'intervention simultanée des deux classes de microbes: les aérobiques et les anaérobiques. Dans les cultures pures du B. putrificus de B i e n s t o c k on trouve: l'hydrogène sulfuré, l'ammoniaque, la peptone, des bases amidées, l'acide valérianique et l'acide butyrique, la leucine, l'acide paraoxyphénylpropionique, mais ni indol ni scatol. *Ces derniers corps ne prennent naissance qu'après le mélange de la culture avec certains aérobiques.* Pour la recherche de l'indol dans l'urine, on emploie généralement la réaction de J a f f é - O b e r m a y e r . L'urine est déféquée par l'acétate de plomb. Au liquide filtré on ajoute le même volume d'acide chlorhydrique qui contient 2,4 g. de perchlorure de fer par litre et 2 - 3 c.c. de chloroforme; si on agite, le chloroforme se dépose ordinairement coloré en bleu. Cette substance bleue, *l'indigotine,* est accompagnée d'une petite quantité d'une autre substance rouge, *l'indirubine.* La proportion de cette dernière devient plus grande quand l'oxydation se produit lentement, spécialement sous l'influence de la chaleur. On peut voir au sujet de cette transformation les travaux de R o s i n , B o u m a , W a n g , M a i l l a r d , E l l i n g e r et H e r v i e u x. (1). Suivant E l l i n g e r , il se produit, pendant la suroxydation de l'indoxyle, un peu d'isatine qui s'unit avec l'indoxyle en liqueur acide pour donner l'indirubine. L' opinion de M a i l l a r d est différente: cet auteur croit que la couleur bleue que prend le chloroforme n'est pas l'indigotine, mais une autre qu'il nomme " hémi-indigotine; " ce dernier corps, suivant que le milieu est alcalin ou acide se polymérise pour donner l'indigotine ou l'indirubine. Nous avons établi précédemment que dans la région atlantique, on trouve, à la place de l'indigorubine, une autre substance : la pseudo-indirubine. Cette substance apparaît dans l'essai de J a f f é - O b e r m a y e r ; elle a la même apparence que l'indirubine de la zone tempérée, est toujours accompagnée de l'indigotine, et on voit souvent le chloroforme bien teinté en bleu au début, et peu à peu, au bout de quelques heures, devenir rouge. Pendant longtemps, j'ai cru qu'il s'agissait des substances

---

(1) Rosin, Virchows Archiv. 123.— Bouma. Zeitschr. f. physiol. Chem. 27, 30, 32, 39.— Wang. Ebenda, 25, 27, 28.—Ellinger, Ebenda 38, 41.—Maillard, Bull. de la Soc. Chim. 329, et Comp. Rendu 136. L'indoxyle urinaire et les couleurs qui en dérivent. Paris 1903. Hervieux, Bioch. Zentralbl. 8, Pag. 54.

que décrivent les auteurs classiques.   C'est après une étude plus approfondie de la question que j'ai été convaincu de l'existence d'une substance
nouvelle.   Dans le Chapitre " Chromogènes urinaires et fécaux, " on
trouvera la description, les caractères spectroscopiques et la solubilité de
cette *pseudo-indirubine* que j'ai obtenue cristallisée des urines tropicales.
Sa proche parente, la pseudo-indigotine, sera décrite spécialement dans
le dernier chapitre de cet ouvrage.

Après cette digression, longue mais nécessaire, nous pouvons conti-
nuer l'étude de l'action sclérosante de l'indol et du phénol.   On a cru pendant longtemps à l'innocuité de ces substances. B a u m a n n et S t o l-
n i k o f f(1)ont fait ingérer à des lapins jusqu'à 2, 6 g. de phényl-sulfate
de potassium sans que ces animaux accusent le moindre symptôme.
M e t c h n i k o f f fait observer avec raison que les conditions de l'expérience ne sont pas d'accord avec ce qui se passe naturellement chez
l'animal: la production du phényl-sulfate de potassium a lieu au foie, la
réabsorption intestinale apportant le phénol nécessaire à la synthèse. En
ce qui touche l'indonyl-sulfate de potassium, P o r c h e r et H e r v i e u x
(2) ont démontré que l'injection de 1, 2 ou même 2,5 g. d'indol chez les
animaux ne produit aucun inconvénient; ces auteurs concluent de leurs
expériences que l'indol et le scatol ne doivent pas être compris parmi les
facteurs qui déterminent l'intoxication intestinale. M e t c h n i k o f f
croit très justement que la conclusion strictement scientifique qu'on a le
droit de déduire des expériences de P o r c h e r et H e r v i e u x est
l'incapacité de l'indol pour produire l'intoxication aigüe. Après des expériences très bien conduites, M e t c h n i k o f f arrive à la conclusion
suivante: tant l'indol que certains composés de la série aromatique, le
para-crésol, par exemple, qui forme la majeure partie des éthers sulfo-
aromatiques de l'urine, peuvent provoquer une intoxication lente de l'organisme animal *si on les administre d'une manière persistante par la voie
buccale, en petite quantité, et à l'état libre.* Cette intoxication chronique
se traduit par la formation de plaques athéromateuses dans la crosse de
l'aorte, et chez les animaux dont le système artériel est résistant à l'athé-

---

(1)   Pflüger's Arch. f. die gesammte Physiologie F. XIII. Pag. 285. 1876.
(2)   Porcher et Hervieux. Journal de Physiologie et de Pathologie générale. Vol. VIII,
Pag. 843. 1906.

rome, par une infiltration des cellules mononucléaires dans les spaces pé-
rivasculaires du foie, suivie d'une hypertrophie du tissu fibreux; on observe aussi des lésions de même nature dans les reins, mais à un degré
moindre. Par conséquent, suivant M e t c h n i k o f f, on ne peut pas
mettre en doute ce fait fondamental que les petites doses de phénol et
d'indol, acumulant leur action sur l'organisme, pendant un temps plus ou
moins long, peuvent amener la formation de lésions chroniques qui se
traduisent par des phénomènes de sclérose.

D'autres poisons chimiques peuvent aussi prendre naissance pendant la putréfaction intestinale des produits de la digestion des albumines d'une manière entièrement comparable à l'indol et au phénol. Les
diverses enzymes digestives, pepsine, trypsine, érepsine, dédoublent les
matières albuminiques et donnent origine aux différents acides aminés
et diaminés, produits solubles et cristallisables que la muqueuse intestinale peut facilement absorber et utiliser pour la synthèse des albumines
du sang. Ces acides azotés, à leur tour, sont anormalement décomposés
par les bactéries fécales. La putréfaction de la lysine produit la cada-
vérine ou pentaméthylènediamine, et la putréfaction de l'arginine produit
la putrescine ou tétraméthylènediamine. Ces deux poisons chimiques ou
ptomaïnes abaissent la pression sanguine. La paraoxyphényléthylamine
et la phényléthylamine proviennent respectivement de la putréfaction de
la tyrosine et de la phénylalanine; ces deux dérivés putréfactifs élèvent
au contraire la pression sanguine. Finalement la leucine, en perdant l'anhydride carbonique par la putréfaction, se transforme en isoamylamine.
Les bactéries fécales peuvent, en outre, en altérant la nature chimique
des mêmes amino-acides susnommés et autres, provoquer la formation
de différents composés non azotés, quelques-uns doués d'une activité remarquable. Le foie, par un processus général de nature antitoxique,
peut dédoubler ces divers poisons chimiques d'origine putréfactive en
produits inoffensifs. Ce qu'il importe de faire ressortir ici c'est que les
poisons chimiques d'origine putréfactive, qui ont la propriété d'élever la
tension sanguine, peuvent produire aussi l'athéro-sclérose. Ce fait a été
démontré par T c h e r m o t s k y , cité par M e t c h n i k o f f , du moins

pour l'isoamylamine. A. G a u t i e r (1) en a établi par l'expérimentation le caractère toxique. "L'isoamylamine est une base très toxique. 4
milligrammes de son chlorhydrate injectés à un verdier, sous la peau de
l'aile, le tuent en trois minutes, c'est-à-dire plus rapidement que la même
dose de venin du *naja tripudians.*" Cependant, l'isoamylamine, qui,
d'après le même auteur, constitue les deux tiers environ de la totalité des
alcaloïdes de l'huile de foie de morue médicinale, ne produit aucun effet
quand elle est ingérée; sa propriété athéro-sclérosante ne se manifeste
que par la voie hypodermique. De la description détaillée que G a u -
t i e r fait de l'action de l'isoamylamine, on peut déduire que cette substance produit aussi l'élévation de la tension sanguine.

De l'ensemble des faits qui viennent d'être exposés, on peut déduire
les conclusions suivantes: 1°. Certaines substances animales ou végétales de nature alcaloïdique qui élèvent la tension sanguine, produisent des
lésions athéromateuses. 2°. Certaines bases azotées d'origine putréfa-
tive, qui ont la même action sur la circulation sanguine, peuvent provoquer la formation de l'athéro-sclérose. 3°. D'autres substances encore,
qui ne produisent aucun effet sur la pression sanguine et n'ont pas la
nature alcaloïdique—quelques-unes ne sont même pas azotées—déterminent la naissance de véritables lésions athéromateuses. Ces deux dernières classes de substances seulement sont celles qu'on peut incriminer,
avec plus ou moins de probabilités de certitude, comme les agents anormaux qui provoquent le développement naturel de l'athéro-sclérose.

Si on tient compte que les agents naturels qui provoquent l'athéro-
sclérose sont tous d'origine putréfactive intestinale, et que, de par leur
nature, ils ont une constitution chimique très variable; si on observe
que dans certaines régions de la terre ces agents naturels sont remplacés
par d'autres de nature chimique différente, parce qu'ils proviennent du
développement d'une autre flore microscopique; et enfin, si on pense que
certains animaux qui, par la constitution de leurs organes digestifs, sont
en proie à une putréfaction intestinale intense, et extrêmement exposés à
souffrir de l'athéro-sclérose tandis que d'autres en sont relativement in-
demnes, on est obligé de conclure que l'athéro-sclérose est un produit

---

(1) A. Gautier. Les Toxines microbiennes et animales. 1896. Pag. 77.

direct de la putréfaction intestinale, c'est-à-dire de la réabsorption fé-
cale. *Les agents indiqués sont simplement des causes provocatrices d'un mécanisme propre à l'organisme animal.* Nous avons précédemment essayé de démontrer que ce processus est constitué par un mécanisme entièrement anormal, étant donnée la nature de l'organisme de l'animal supérieur.

TROISIÈME PARTIE

TROUBLES DE LA NUTRITION, D'ORIGINE FÉCALE

Chapitre Unique

Pathogénie du diabète.

La définition du diabète que G. H. R o g e r (1) donne dans son livre: "Introduction à l'étude de la médecine", est la suivante: "Affection caractérisée par une polyurie permanente, provoquée par un trouble nutritif. Dans la plupart des cas, la polyurie a pour effet d'entraîner au dehors de la glycose qui se trouve en excès dans le sang. C'est le *diabète sucré.*" Comme l'établit clairement cette définition, le diabète est une polyurie permanente provoquée par un trouble nutritif; elle constitue le fond, on peut dire invariable, des différentes formes de diabètes qui ont été décrites: *diabète sucré, diabète gras, diabète maigre, diabète bronzé, diabète insipide, diabète azoturique, diabète phosphaturique, diabète peptonurique, diabète hydrurique, diabète calcariurique, etc.* D'autre part, les différentes matières, généralement *anormales,* entraînées au

---

(1)   G. H. Roger. Introduction à l'étude de la médecine. 1904. Pag. 682.

dehors par la polyurie, et qui donnent au diabète son caractère spécifique, peuvent apparaître dans l'urine en plus ou moins grande proportion sans que la présence de la polyurie soit nécessaire; par exemple, les glycosuries: alimentaire, toxique, nerveuse, la calcariurie, l'azoturie, la phosphaturie, etc. On peut dire que la découverte des différentes formes du diabète est une conquête de la chimie. Les anciens, et surtout C e l s e , G a - l i e n , P a u l d'E g i n e , n'envisageaient la maladie que comme une exagération de la proportion des urines émises. Pour eux, le mot diabète signifiait *cachexie par flux urinaire* surabondant. La découverte du *sucre* dans les urines, faite par M a t t h a e u s D o b s o n (1), projeta la plus vive lumière sur la nature consomptive de la maladie. Toutes les investigations se dirigèrent alors sur l'étude du diabète sucré, et on laissa dans l'ombre le diabète insipide. Les recherches chimiques modernes ont démontré que les sujets atteints de *polyurie simple* ne rendent pas toujours des urines absolument normales. Les nombreuses tentatives expérimentales faites pour éclairer la pathogénie du diabète n'ont pas réussi à mettre en évidence la cause de son principal symptôme: la polyurie (2). On peut dire la même chose de la glycosurie envers le diabète sucré (3).

Mécanismes producteurs des polyuries.

A l'état normal, le volume de l'urine varie peu. Le climat et le genre d'alimentation ont sur lui une influence remarquable. On sait que la peau remplit un rôle important dans la régulation de la chaleur produite par l'organisme. Dans les climats tempérés et froids, la peau abandonne de la chaleur à l'air environnant par irradiation et par conductibilité, sa fonction physiologique de l'excrétion de l'eau étant bien amoin-

---

(1) On peut trouver l'histoire de la glycosurie, depuis Hippocrate jusqu'au commencement du 19e. siècle, dans Max Salomon. Deutsch. Arch. f. klin Med. T. 8. 1871.

(2) A. Oswald. Lehrbuch der Chem. Pathol. 1907. Die Harnabscheidung. Pags. 247 — 55.

(3) En ce qui concerne la littérature sur la glycosurie expérimentale, voir B. Naunyn. Der Diabetes mellitus. Wien, 1898.—R. Lépine. Les glycosuries toxiques. Archives de Médecine expérimentale. T. 15. 129 — 161. 1903. — Sur ce même sujet: Les glycosuries toxiques, on peut consulter aussi la bibliographie que S. Weber donne dans son mémoire: Ueber die Beeinflussung des Stoffwechsels durch einige pharmakologisch wichtige Stoffe. Ergebnisse der Physiologie. Biochemie. 1904. Pag. 256.

drie: 200 c.c. par 24 heures. Sous les tropiques, la fonction importante qui revient à la peau pour dépouiller le corps de son excès de chaleur, au milieu de l'atmosphère tiède qui l'environne, est plutôt de nature physiologique que physique: elle doit, pour produire le refroidissement nécessaire, excréter jusqu'à 850 - 1000 c.c. d'eau (1). On peut faire des considérations semblables en ce qui touche la perte d'eau par la respiration. De ce qui vient d'être exposé, il résulte que sous les tropiques la sécrétion urinaire, et aussi la proportion d'eau contenue dans les matières fécales, doivent diminuer. A Caracas, le volume urinaire, dans les conditions ordinaires de la vie et chez les individus sains, est environ un litre. D'après v. B u n g e (2) le volume urinaire est comparativement de 1672 c.c. avec une alimentation de viande, et 1920 c.c. avec le pain.

A l'état pathologique, l'excrétion urinaire de l'eau souffre de grandes variations. Le volume de l'urine est sous la dépendance étroite du volume du sang qui traverse le rein à un moment donné, lequel, à son tour, provient de la pression sanguine, pouvu que le tissu rénal soit sain, et que l'écoulement de l'urine ne soit pas empêché par une cause quelconque. Quand la pression sanguine ne change pas, la dilatation des artères rénales—comme il arrive expérimentalement quand on sectionne les nerfs des mêmes artères—occasionne l'augmentation du volume urinaire. On a cru pouvoir expliquer de cette manière la diurèse du diabète insipide, mais les recherches faites récemment à ce sujet semblent incliner le criterium scientifique vers un autre ordre de causes. La constitution du liquide sanguin exerce également une influence importante sur l'excrétion urinaire. Un excès d'eau dans le sang occasionne la polyurie, et la concentration du liquide sanguin, à la suite de sueurs abondantes, la diminution du volume urinaire ou hypurie. La présence de certaines substances dans le même liquide fait augmenter le volume des urines, en accélérant l'activité sécrétoire des reins; ces substances peuvent être des médicaments (diurétiques rénaux) ou des produits de l'activité normale ou malade des cellules, spécialement des cellules chromaffines surrénales. Nous y

---

(1)   C. Mense. Tropische Gesundheit und Heilkunde. Berlin. 1902. Pags. 16 — 17.

(2)   v. Bunge, cité par C. B. Schürmayer - Berlin. Harn - Untersuchungen und ihre diagnostische Bedeutung. 1910. Pag. 2.

reviendrons prochainement. La relation qui existe entre le chlorure de sodium et les autres composés dissous dans l'urine, est sous la dépendance de la rapidité de la circulation dans les reins. Cette relation est appréciée, soit au moyen de la concentration moléculaire, ainsi que l'a proposé v. K o r á n y i, soit au moyen de la densité .urinaire (1); cette dernière méthode, plus simple, donne dans la pratique des résultats aussi bons que la première, ainsi qu'il est facile de déduire de la relation étroite qui existe entre le poids spécifique et l'abaissement du point de congélation de l'urine: $\triangle = 75 \,(\,1\,s - 1\,)$. On a fait entrer d'autres éléments dans la formule de K o r á n y i : le volume de l'urine, le poids du sujet et aussi la concentration moléculaire du sang (2) ; mais le quotient primitif de K o r á n y i $\dfrac{\triangle}{Na\,Cl}$ semble préférable, étant donnée sa simplicité. Le fait est que quand la circulation sanguine intra-rénale augmente, le quotient s'élève, et ce dernier s'abaisse quand l'irrigation sanguine diminue. On donne à ce sujet une explication très ingénieuse qui satisfait un grand nombre de faits observés : le glomérule excrète l'eau et le chlorure de sodium ; le chlorure de sodium repasse au sang dans les tubes contournés, et chaque molécule qui y entre est remplacée par une molécule excrétive qui sort; un véritable échange moléculaire a lieu ici. De cette manière, on peut expliquer pourquoi le rein sain a la capacité de s'adapter à sa tâche: si la teneur du sang en eau augmente, le rein laisse passer beaucoup d'eau, mais les matières solides restent en grande partie retenues; quand l'eau du sang diminue, le rein en extrait beaucoup de matières solides. Le rein possède ainsi une " force de concentration " et une "force de dilution;" K o r á y i (3) désigne sous le nom d'hyposthénurie l'état du rein malade quand il perd la " force de concentration." Le rein, dans ce cas, continue à excréter une urine qui, malgré une riche ingestion d'eau, conserve un point de congélation invariable, souvent au dessus de celui du sang. De cette manière, une partie de l'eau reste

---

(1) L. L. Bizmon. Fórmulas crioscópicas y densimétricas. Tesis. Caracas. 1906.

(2) Voir à ce sujet: L. Bernard. Les méthodes d'exploration de la perméabilité rénale. Encyclopédie des aide-mémoires. Paris. 1903.

(3) A. v. Korányi. Phyiologische und klinische Untersuchungen über den osmotischen Druck tierischen Flüssigkeiten. Zeitschr. f. klin. Med. 33. 1. 1897 et 34. 1. 1898.

retenue, et avec elle une plus grande quantité de matières susceptibles d'être excrétées par le rein: il se produit ce qu'on nomme *l'oligurie moléculaire.* Cette manifestation rénale se présente dans tous les processus qui amoindrissent l'activité des cellules rénales: la dégénérescence amyloïde, les tumeurs, les suppurations, et l'atrophie rénale où le pouvoir d'adaptation s' établit lentement.

Dans tous les cas précédemment étudiés, l'hyposthénurie est relative, le rein conserve jusqu'à un certain point le pouvoir de concentrer l'urine, souvent au dessus de la concentration moléculaire du sang ($\triangle = 0.56°$). Dans le *diabète insipide,* suivant les investigations de E. M e y e r (1) l'hyposthénurie est absolue. Le rein a complètement perdu le pouvoir de produire une urine concentrée. Le point de congélation de l'urine est ordinairement de 0,3°. Comme on peut facilement s'en convaincre, il ne peut pas être question, dans ce cas, de rétention d'eau, ainsi qu'il arrive dans la néphrite parenchymateuse chronique; bien au contraire, le rein possède à un haut degré le pouvoir de diluer l'urine, et, de cette manière, il cherche à compenser la tendance qu'ont les substances solides à rester retenues dans le corps. Ceci se produit principalement pour le chlorure de sodium qui a besoin de grandes quantités d'eau pour son excrétion, tandis que d'autres sels se comportent d'une manière différente: si on donne quelques grammes de chlorure de sodium, on voit se produire une élimination rénale d'eau très prononcée; la concentration de l'urine dans cette expérience reste invariable, et l'excès de sel marin introduit est éliminé au moyen d'un abondante excrétion d'eau. Cette constatation, comme le dit O s w a l d (2), " a transformé nos conceptions sur la nature énigmatique de la maladie. Tandis qu'autrefois on plaçait la cause du mal à l'extérieur du rein, principalement dans les changements du courant sanguin, il résulte de la constatation de M e y e r que la maladie elle-même se trouve dans le tissu rénal. En ce qui touche l'essence de la maladie, on n'a pas gagné grand chose. La manière dont arrive ce changement de la perméabilité rénale, c'est-à-dire de la sécrétion, reste inexpliqué."

Tout d'abord, nous devons faire observer que ce comportement du

---

(1) E. Meyer. Ueber Diabetes insipidus und andere Polyurien. Deutsch. Arch. f. klin. Med. 82. 1. (1905).

(2) A. Oswald. Lehrbuch der chemischen Pathologie. Leipzig, 1907. P. 255.

rein du diabétique insipide envers le chlorure de sodium, paraît dépendre plus de la nature chimique de ce sel que de l'état maladif du rein. Déjà à ce sujet, M e y e r lui-même reconnaît le caractère singulier du chlorure de sodium, comme il a été dit. Nous avons observé dans certain cas que le chlorure de sodium produit un effet diurétique extrêmement prononcé; cet effet peut persister pendant quelques jours, sans qu'il s'agisse du diabète insipide ou d'une maladie quelconque du tissu rénal. Nous faisons tout de suite la description de ce cas. Il s'agissait d'une femme à l'état de grossesse, soumise par le médecin au régime lacté par menace d'éclampsie; elle était alitée et avait des vomissements. L'urine, de volume très réduit, était extrêmement pauvre en chlorure de sodium. Dans cet état, l'injection de sérum physiologique du chlorure de sodium et l'ingestion du même sel ont déterminé une polyurie relativement abondante, et soulagé la malade. Voici le rapport analytique:

Caracas: le 8 août 1905.—Mad. de M - Médecin: Dr. Louis Razetti.

	Avant le traitement.	Après le traitement.
Volume de l'urine	212 c.c.	1252 c.c.
Point de congélation	1,90°	1,07°
Densité	1026,0	1014,6
Chlorure de sodium par litre	0,72 g.	11,52 g.
Azote total par litre	19,88	3,24

Comme on le voit, le chlorure de sodium a exercé ici une influence énergique; l'urine a augmenté cinq fois de volume, la plus grande partie de la substance solide excrétée étant composée par le chlorure de sodium, tandis qu'auparavant c'était le contraire. Un autre cas du même genre se réfère à une femme à l'état de grossesse, soumise à la diète lactée pendant longtemps; chez cette malade, le chlorure de sodium, en injection et ingéré, a amené la guérison en provoquant une diurèse abondante qui a persisté quelques jours. Voici quelques chiffres empruntés au bulletin d'analyse:

Caracas: le 24 novembre 1905. Mad. de U. (Teques). Médecin: Dr.
L. Razetti.

	Avant le traitement.	Après-le traitement.
Volume de l'urine en 24 h..	763 c.c.	1705 c.c.
Point de congélation......	1,35°	1,22°
Densité 1017,7		1016,8
Azote total par litre........	14,67 g.	6,30 g.
Chlorure de sodium par litre.	0,40	8,00

En ce qui concerne ce cas, on pourrait faire les mêmes observations
que précédemment. Dans ces deux observations, qui ont toute l'apparence
d'une expérience de laboratoire, il s'agit d'un organisme dont les reins
sont sains et dont la secrétion urinaire, par une cause peu connue, a
diminué, et avec elle le chlorure de sodium, dans une forte proportion. Cette dernière substance a déterminé une polyurie bienfaisante.
En tenant compte du volume urinaire, on trouve que la quantité de
substance azotée excrétée, après le traitement, en 24 heures, est moindre,
ce qui peut paraître étonnant, car les malades ont été notablement soula-
gées, et en voie de guérison; mais si on examine la question de plus près,
on voit que la majeure partie de cette substance excrétée était de
l'urée avant le traitement, c'est-à-dire une substance inoffensive, tandis
qu'après le traitement, le rein a excrété, conjointement avec le chlorure
de sodium, des substances azotées plus ou moins toxiques qui étaient
retenues dans l'organisme, et dont l'élimination a duré quelque temps,
ainsi qui le démontre le coefficient azoturique:

Mad. de M :	Avant le traitement.	Après le traitement.
Azote total éliminé en 24 h.....	4,21 g.	4,05 g.
Coefficient azoturique........	97 p. 100	83 p. 100

Mad. de U :	Avant le traitement.	Après le traitement.
Azote total éliminé en 24 h.....	11,19 g.	10,74 g.
Coefficient azoturique........	91 p. 100	80 p. 100

15

Ces expériences démontrent que le chlorure de sodium a déterminé une polyurie abondante, a augmenté l'excrétion des substances azotées toxiques, *sans produire un abaissement notable de la concentration moléculaire.*

D'ailleurs, les récentes recherches sur l'action pharmacologique du chlorure de sodium ne semblent pas être d'accord avec la conception de M e y e r ; elles indiquent que la polyurie du diabète insipide paraît provenir d'une excitation du système nerveux central, qui, à son tour, s'accompagne d'une augmentation de la teneur en *adrénaline dans le sang.* C'est sur ce mécanisme producteur du diabète insipide que paraît agir le chlorure de sodium: suivant S t u b e r (1) la plus petite dose de NaCl produit la fièvre du sel. "Pour que cette fièvre se produise, une certaine prédisposition individuelle, qui se traduit par une excitation du sympathique, est nécessaire; cette excitation, à son tour, est occasionnée par une augmentation de la production d'adrénaline. La fièvre du sel se produit donc par l'intermédiaire de cette substance."

Les investigations de F r e u n d (2) et celles de ce même auteur, en collaboration avec G r a f e (3), viennent confirmer cette idée, parce qu'elles établissent une ressemblance étroite entre la fièvre produite par l'adrénaline et celle produite par le chlorure de sodium. Par conséquent, on peut donc admettre que la polyurie du diabète insipide paraît dépendre, jusqu'à un certain point, de l'augmentation de la teneur en adrénaline dans le sang, d'une *hyperadrénalinémie,* dont la cause serait encore à déterminer. L'action diurétique spéciale qu'exerce le chlorure de sodium sur le diabète insipide, se produit par l'intermédiaire de l'adrénaline, c'est-à-dire qu'elle excite les cellules chromaffines de la substance médulaire des capsules surrénales. (4). Il est probable que l'injection de chlorure de sodium, en déterminant l'excitation du splanchnique, provoque une excrétion plus abondante de la substance active des surrénales

---

(1)   B. Stuber. Ueber Diabetes insipidus, zugleich ein Beitrag zur Entstehung des Kochsalzfiebers.   Deutsch. Arch. f. klin. Med. T. 104. Pags. 394 — 401.

(2)   Hermand Freund. Ueber das Kochsalzfieber. Arch. f. exp. Pathol. u. Pharm. T. 65, Pags. 225 — 238. Med. Klinik Heidelberg.

(3)   H. Freund und E. Grafe. Stoffwechseluntersuchungen beim experimentellen Kochsalzfieber. Arch. f. exp. Pathol. u. Pharmak. T. 67, Pags. 55 — 71.

(4)   Pour la constitution histologique des capsules surrénales et la description des cellules chromaffines on peut lire: Dr. Philipp Stöhr, Lehrbuch der Histologie und der mikroskopischen Anatomie des Menschen. 14 Auflage. Jena 1910. Pags. 318 — 322.

dans le sang veineux, ainsi que l'établit l'expérience de A. B i e d l de Vienne, 1898, cité par G l e y (1). Le même mécanisme: excitation du splanchnique, est invoqué par K a h n (2) pour expliquer la glycosurie que produit la piqûre du quatrième ventricule. Suivant cet auteur, il s'agit dans ce cas d'une glycosurie adrénalinique.

La polyurie permanente du diabète est d'origine fécale.

Dans le paragraphe précédent, nous avons dit que les polyuries peuvent provenir de causes nerveuses, circulatoires et chimiques. Ces dernières ont une grande importance pour expliquer les polyuries permanentes: l'excès d'eau dans le sang n'a qu'une action passagère; parmi les autres substances qui peuvent exercer une action polyurique, le chlorure de sodium mérite une considération spéciale. Que ce sel puisse déterminer l'apparition d'une polyurie intense, soit en agissant par soi-même d'une manière physico-chimique, soit en augmentant la teneur du sang en adrénaline, ceci importe peu, il ne pourra jamais être la cause de la polyurie permanente du diabète. S'il est vrai que le chlorure de sodium, par le fait qu'il est ingéré constamment dans l'alimentation, peut rendre plus intense la polyurie permanente d'un diabète déjà existant, ceci ne veut pas dire qu'il soit la cause de la polyurie observée. Comme il a été précédemment établi, M e y e r (l.c.) a mis en évidence l'effet funeste qu'exerce le chlorure de sodium sur le rein diabétique; on peut expliquer de cete manière l'heureux résultat que la déchloruration méthodique produit parfois dans le diabète insipide. Suivant B e u t t e n -m ü l l e r (3) on doit toujours essayer la déchloruration dans le diabète insipide. La même méthode peut être utile aussi dans le diabète sucré, parce qu'en supprimant l'action renforçante que le sel exerce sur la polyurie, elle s'oppose jusqu'à un certain point à la production exagérée de l'adrénaline, ainsi qu'il a été précédemment indiqué, cette substance étant considérée aujourd'hui comme un agent qui provoque la glycosurie. Par

---

(1)   E. Gley. Traité élémentaire de Physiologie. Paris 1910. Pag. 648.

(2)   R. H. Kahn. Zuckerstich und Nebennieren. Pflügers Arch. T. 140. Pags. 209 — 255.

(3)   Dr. Walter Guttmann. Spezielle Diagnostik und Therapie. 1911. Pag. 116.

conséquent, le mécanisme producteur de la polyurie permanente du diabète reste à déterminer, c'est-à-dire l'élément le plus important de la *pathogénie du diabète.* Nos recherches semblent prouver que cette pathogénie est sous la dépendance de la putréfaction intestinale; du moins, nous avons pu reproduire artificiellement une forme intéressante de la maladie par ses rapports très étroits avec le diabète sucré: nous nous référons à la " calcariurie polyurique " déjà décrite dans la seconde partie.

Tout d'abord, nous devons faire observer que le *diabète insipide* classique est une maladie dont la constitution chimique n'a pas été recherchée par nous; peut-être n'existe-t-elle pas dans la région atlantique. B e u t t e n m ü l l e r (l.c.), dans le traité de G u t t m a n n , en fait le résumé suivant: " Le diabète insipide est une polyurie qui s'établit à la suite de l'insuffisance du rein pour produire une urine concentrée. Son étiologie est inconnue: on a incriminé les maladies du système nerveux central. La syphilis figure quelquefois dans l'histoire des malades; l'hérédité joue peut-être un rôle important. Le rein excrète jusqu'à 12 litres et plus par jour d'une urine pâle. Le poids spécifique est bas, au dessous de 1005, l'urine ne contient ni sucre ni albumine. Les malades ont une soif ardente, la peau est sèche et ils ressentent quelquefois une faiblesse générale. La polyurie hystérique s'en distingue par son inconstance; l'atrophie du rein s'accompagne d'hypertrophie du cœur, d'une augmentation de la pression sanguine, et dans l'urine apparaissent de l'albumine et un sédiment plus ou moins abondant ".

La *calcariurie polyurique* présente des caractères cliniques et chimiques qui la rapprochent beaucoup plus du diabète sucré que du diabète insipide. La maladie ne parait pas être en relation avec la syphilis, et l'hérédité semble ne jouer aucun rôle dans son apparition. Dans l'histoire des malades on trouve toujours la préexistence de la dysenterie ou d'une colitis plus ou moins grave et, après que ces maladies sont devenues chroniques, on voit la calcariurie s'établir lentement. Les malades examinés présentent divers symptômes se rapportant tous à la dyspepsie fermentative. Les phénomènes nerveux ont été presque toujours bien accusés: insomnie, céphalée, parfois migraine, palpitations, etc.; à l'exception des troubles cérébraux, de la rachialgie et de l'asthénie nevro-musculaire, on pourrait dire qu'ils présentent tous les stigmates de la neurasthénie, révélant une intoxication du système nerveux. La polyurie, peu prononcée, de 2 à 4 litres en 24 heures, existe toujours. L'excrétion urinaire peut diminuer parfois, mais passagèrement jusqu'à un litre et demi. Notre ouvrage étant surtout un livre de chimie, nous ne pouvons faire une analyse clinique de la maladie. D'ailleurs, le nombre très restreint des cas examinés ne nous permet pas d'en offrir un cadre nosologique complet et fidèle. Notre diagnostic a été établi sur les caractères urinaires, de beaucoup les plus importants, et sur quelques symptômes qui ne manquent jamais: polyurie permanente, absence de sucre, d'albumine et d'un sédiment organisé indiquant la néphritis interstitielle chronique (cylindres hyalines, cellules rondes rénales, etc.) ; préexistence d'une colitis infectieuse et présence de symptômes dyspeptiques et nerveux bien prononcés. L'ensemble de tous ces symptômes ne suffit pas pour établir le diagnostic d'une maladie. Ils pourraient tout aussi bien être reconnus au début d'une néphrite interstitielle chronique. Bien qu'un examen plus serré du malade aurait pu révéler quelque caractère différentiel, nous nous sommes fondés presque exclusivement sur la *constitution chimique* de l'urine pour établir la forme de l'état pathologique que nous étudions. Même dans le cas où on établirait que la néphrite interstitielle chronique se produit sous notre climat accompagnée de l'excrétion d'une urine dont la constitution chimique serait identique à celle de la calcariurie polyurique, ceci n'enlèverait rien à la réalité de l'état pathologique que nous étudions sous la dénomination de "calcariurie polyurique ".

La constitution chimique de l'urine de la calcariurie polyurique est la suivante: Volume urinaire, de 2 à 4 litres, rarement 1 litre et demi, et, dans ce cas, l'urine remonte rapidement à son volume habituel. Densité, 1005 à 1012; absence d'albumine et de sucre; le sédiment organisé est peu marqué; on n'y trouve jamais de cylindres hyalines ou granuleux. L'albumine a été constatée une seule fois, en petite quantité et chez une jeune femme. Les urines contiennent presque toujours du mucus et moussent abondamment. Elles sont très chargées de pigments fécaux, principalement de pseudo-indirubine, accompagnée en plus ou moins

grande proportion de son homologue: la pseudo-indigotine; la cholérythrine aussi est abondante.   Mais les trois éléments qui donnent à ces urines
leur caractère spécifique sont: *la chaux,* les *acides gras volatils* et *l'acétone.*   La chaux s'y trouve dans la proportion de 400 à 700 mg. par 24
heures.   Les acides gras volatils appréciés ensemble par la méthode de
S t r a u s s et P h i l i p p s o h n (l.c.) consomment, pour être neutralisés, 100 à 150 c.c. de soude décinormale.   L'acétone varie ordinairement de 100 à 300 mg. en 24 heures.   Cette dernière substance a été
caractérisée principalement par l'essai de G u n n i n g (1) qui constitue
la réaction la plus digne de foi.   Le dosage en a été fait au moyen de la méthode indiquée par H u p p e r t-M e s s i n g e r(2).   Nous n'avons jamais
constaté la présence de l'acide acétilacétique ni celle de l'acide β-oxybu-
tyrique, pas plus dans ces urines que dans celles des diabétiques.   Pour
plus de détails, voir à la fin de l'ouvrage le chapitre " Analyse chimique
physiologique et pathologique."

Dans nos bulletins d'analyse d'urine figurent plus de 25 cas de calcariurie polyurique, mais une étude approfondie n'a pu être faite que dans
5 cas, dont 3 seulement se sont soumis à l'examen des matières fécales
et ont pris les purgatifs nécessaires à l'investigation chimique.   Avant de
consigner les résultats analytiques, nous devons faire l'exposition détaillée
des investigations qui nous ont permis d'arriver à la connaissance de la
pathogénie chimique de la maladie, du moins dans ses caractères les plus
saillants.

Nos expériences ont eu lieu sur un sujet spécialement choisi.   Il
s'agit d'une jeune femme de 27 ans, pesant 45 kilos, et soumise à
un régime végétal pauvre, ce qui explique que les chiffres de l'urée et de
l'azote soient très bas. Cependant le volume urinaire est un peu supérieur
à la moyenne que nous avons établie pour cette localité, soit un litre. Elle
souffre depuis longtemps de phénomènes dyspeptiques et c'est pour ce mo-
tif qu'elle évite les aliments trop azotés; il est probable que ceux-ci, mal
digérés, augmentent les putréfactions intestinales et l'état d'intoxication chronique dont l'organisme tropical est fréquemment la proie.   On

(1)   F. N. Schulz. Neubauer-Huppert's Analyse des Harns. 1910. Pag. 252.
(2)   Hoppe-Seyler's. Handbuch der physiol - und pathol - chemischen Analyse Bearbeitet von
H. Thierfelder. Berlin. 1903. Pags. 448 — 49.

observe très souvent cet état de dépérissement organique produit par l'intoxication fécale, et le résultat merveilleux que produit *le changement de climat, c'est-à-dire de la flore intestinale.* Beaucoup de médecins l'ont attribué à l'alimentation substantielle de la zone tempérée; mais à ce sujet on doit dire qu'une alimentation très azotée et choisie ne fait qu'aggraver l'état du malade s'il reste exposé à la même influence climatérique tropicale. L'expérience a été divisée en deux séries pendant lesquelles le sujet a été soumis au même régime alimentaire et à la même dose quotidienne de chlorure de sodium. La première série se réfère à l'état normal. Pendant la seconde, on a fait usage d'injections rectales de butyrate d'ammoniaque, à la concentration qui a été indiquée précédemment (p. 110 de cet ouvrage) : 50 c.c. les deux premiers jours, 75 les deux suivants et 100 c.c. le reste de la série. Voici le tableau qui condense les résultats obtenus, les chiffres se rapportant à l'urine de 24 heures :

Première série. Etat normal.

	Volume.	AzH3.	Azot tot.	Urée.	Ac. uriq.	Acétone.	Coef azot.
1 jour	1235 cc.	0,610 g.	6,003 g.	9,687 g.	0,345 g.	7 mg.	75 p. 100
2 —	1344	0,635	6,523	11,068	0,411	5	79
3 —	1255	0,476	6,036	10,629	0,361	8	77
4 —	1251	0,540	5,827	10,511	0,385	3	84
5 —	1460	0,613	6,428	11,443	0,415	3	82
6 —	1154	0,498	5,722	9,743	0,342	9	79
7 —	1422	0,541	6,645	10,772	0,388	5	75
Moyennes	1303	0,559	6,169	10,5504	0,378	5,7	78,7

Seconde série. Effet produit par le butyrate d'ammoniaque.

	Volume.	AzH3.	Azot tot.	Urée.	Ac. uriq.	Acétone.	Coef azot.
1 jour	1816 cc.	0,581 g.	7,753 g.	13,442 g.	0,365 g.	84 mg.	80,7 p. 100
2 —	1858	0,411	8,122	14,989	0,410	108	85,9
3 —	1928	0,404	8,501	16,701	0,328	132	91,5
4 —	2304	0,405	8,533	17,344	0,321	149	94,7
5 —	2905	0,362	8,956	17,545	0,344	202	91,2
6 —	3044	0,392	9,008	18,042	0,309	235	93,3
7 —	2525	0,663	8,898	16,938	0,486	245	88,7
Moyennes	2340	0,4597	8,538	16,428	0,366	165	89,4

Il est certain que les sels ammoniacaux d'acides gras produisent un effet diurétique évident. L'interprétation correcte de ce fait exige le plus grand soin et c'est pour cela que nous entrerons dans quelques développements nécessaires.

Nous pouvons établir que l'effet polyurique des sels ammoniacaux d'origine putréfactive ne provient pas de l'action pharmacologique de la substance elle-même, parce que ces sels se détruisent en grande partie dans l'organisme. L'acide butyrique n'augmente pas dans l'urine ainsi que le prouve la seconde série des expériences exposées dans la seconde partie de cet ouvrage (page 110). Nous nous rapportons aux considérations qui y ont été développées. L'ammoniaque n'augmente pas non plus dans l'urine; bien au contraire il parait y diminuer légèrement si nous acceptons entièrement les résultats de l'expérience qui vient d'être exposée. La diminution qu'on peut y constater est de 100 mg. par 24 heures, c'est-à-dire le 20 p. 100 de la quantité primitive, ce qui constitue une diminution bien accusée. Cependant, dans d'autres expériences de la même espèce, l'ammoniaque urinaire, spécialement dosé, a été le même, tant avant qu'après l'usage de sels ammoniacaux ou, du moins, la diminution en a été peu sensible.

Il est un fait bien établi aujourd'hui que les sels ammoniacaux se transforment en urée dans l'organisme, spécialement dans le foie des mammifères(1). Il y a déjà plus de 70 ans qu'on a fait des investigations sur cette transformation en urée des sels ammoniacaux, et leur effet sur la nutrition, spécialement le carbonate d'ammoniaque, le chlorure d'ammonium et le citrate d'ammoniaque. On pourrait citer, d'après S. W e b e r (2), les travaux successifs de K n i e r i m 1874, C. V o i t 1876, S a l k o w s k i 1877 et 1878, J. M u n k 1877 et 1878, S c h m i e d e b e r g 1878, H a l - l e r v o r d e n 1878, v. S c r ö d e r 1878, 1882, A d a m k i e w i c z 1879, C o r a n d a 1879, F e d e r et E. V o i t 1880, P o u l s s o n 1891, M a r - f o r i 1893, 1894, T s c h e r n i s c h e w 1894, M ü n z e r - N e u s t a t l 1896, P o h l et M ü n z e r 1900. Il résulte de tous ces travaux que la

---

(1) M. Jacoby. Ueber die Harnstoffbildung in Organismus. Ergebnisse der Physiologie. T. I. P. 532-554. 1902.

(2) S. Weber. Asher u. Spiro. Ergebnisse des Physiologie. 1904. Pag. 271.

partie ammoniacale des sels, c'est-à-dire le *kation,* est employée pour la synthèse de l'urée, tandis que la partie acide, *l'anion,* emprunte à l'organisme le kation nécessaire à sa neutralisation. Nous devons suivre le sort que courent les deux parties constitutives des sels ammoniacaux, suivant l'opinion des auteurs qui ont étudié cette question. Les investigations de P o u l s s o n (1) méritent une mention spéciale: cet investigateur a constaté sur les grenouilles que l'introduction de *sels ammoniacaux organiques* est suivie d'une sortie d'urée en plus grande proportion que celle qui correspond à la quantité d'ammoniaque introduit, l'excès se rapportant à l'albumine décomposée. Nous avons obtenu ce même résultat chez l'homme. Si on détermine par le calcul la quantité d'azote introduit avec le butyrate d'ammoniaque, on trouve qu'il ne suffit pas à fournir l'azote de l'urée excrétée en excès dans la seconde série sur la première. Le petit tableau suivant explique clairement ce fait:

> Azote ammoniacal total introduit pendant la 2e. série. . 17,325 g.
>
> Excès d'azote total de la 2e. sur la 1ère. série. 16,587
>
> Moyenne par jour de l'azote ammoniacal introduit. 2,475
>
> Moyenne de l'azote de l'urée produite en excès. 2,740

Ces résultats sont intéressants: d'un côté on voit l'urée sortir en une plus grande proportion que l'azote ammoniacal peut synthétiser; de l'autre, l'azote total s'excrète par l'urine en moindre proportion qu'on pouvait l'espérer. On n'a pas le droit de parler ici d'une rétention azotée, parce que, d'une part, le dosage de l'azote fécal n'a pas été fait, et que de l'autre le régime alimentaire, quoique le même, n'a pas été pesé et soumis à un contrôle rigoureux. Certaines présomptions nous font croire qu'il s'agit d'une meilleure utilisation de l'azote alimentaire: le sujet en expérience s'est trouvé fort bien de l'effet pharmacologique des sels ammoniacaux organiques: la digestion a marché parfaitement, le sommeil est réparateur, et les petites malaises nerveux ont disparu. L'influence bienfaisante des injections a été si frappante que le sujet a prolongé le traitement pendant un mois, au bout duquel son poids avait augmenté de 3 kilogrammes. Nous manquerions à la vérité des faits si nous ne disions pas que

---

(1) Poulsson. Ueber Harnstoffbildung bei Fröschen. Archiv. f. exp. Pathol. u. Pharmakol. T. 29. Pag. 244. 1891.

pendant ce temps il s'est produit un phénomène étrange dans les matières fécales, qui a été le point de départ de la découverte du *Micrococcus
oxycyanogenes* et de ses propriétés désinfectantes: les fèces sont devenues entièrement vertes, du moins à leur surface, et presque dépourvues
de mauvaise odeur. On doit dire aussi que pendant tout ce temps les
urines ont été constamment abondantes.

Sans nul doute, on doit attribuer la polyurie persistante observée, à
l'effet diurétique bien connu de l'urée. On sait, en effet, que l'urée est
un diurétique puissant; on l'emploie à la dose de 1 g. 3 - 4 fois par jour
dans l'ascite par atrophie du foie, pour éviter la ponction, dans la pleurésie séreuse simple, dans la tuberculose; dans la néphrolithiase, à la dose
journalière de 10 - 15 - 20 g. par jour (1). L'action fortement diurétique de l'urée est acceptée par les auteurs, et F r ä n k e l (2) la mentionne dans le Chapitre IX " Diuretica " de son ouvrage: "La synthèse des
médicaments basée sur la relation entre leur constitution chimique et
leur action," bien qu'il ne donne pas l'explication de son mode d'action.
La quantité d'urée que le foie a synthétisée avec le butyrate d'ammonium introduit par le rectum, c'est-à-dire *l'urée d'origine intestinale,* a été
de 6 g. Bien que cette dose puisse occasionner la polyurie observée, on
a le droit d'en douter si on pense que la quantité totale d'urée est de
.16,5 g. pour un volume moyen de 2 1|3 litres, ou plus exactement 18 g.
pour 3 litres, tandis que dans la zone tempérée on admet un volume de 1
litre et demi pour 30 grammes d'urée (3). Cependant, on doit tenir
compte que chaque individu excrète un volume donné d'urine suivant les
conditions de climat et d'alimentation dans lesquels il se trouve placé.
J'ai fait un grand nombre d'analyses d'urine, et j'ai fixé les moyennes suivantes pour le volume et le poids de l'urée:

	Volume en 24 h.	Urée
Poids moyen de 70 kilos	1110 cc.	20,0 g.
Poids moyen de 65 kilos	1000	18,5
Poids moyen de 60 kilos	950	17,0

---

(1) Merk's Index. III Auflage 1910. Pag. 264.— Taschenbuch der Therapie von Dr. Schnirer. P. 273-274. 1911.

(2) Sigmund Fränkel. Die arzneimittel-Synthese. Berlin 1901. Pag. 503-507.

(3) Olof Hammarsten. Lehrbuch der physiologischen Chemie. 1910. pag. 729.

Ces chiffres paraissent démontrer que le volume urinaire est en relation avec la quantité d'urée qu'il contient. Une urine de 24 heures qui contient 30 g. d'urée correspond à 1 litre et demi, et une de 24 heures qui contient 20 g. d'urée doit correspondre environ à 1 litre, ce que l'expérience confirme. Mais l'urée qui occasionne un fort effet diurétique est l'urée en excédent sur la quantité physiologique que produit un organisme donné. Cette *urée à effet polyurique* peut être introduite artificiellement quand on donne de l'urée en substance, ou peut se produire dans le foie avec des sels ammoniacaux d'origine putréfactive; on peut nommer cette dernière *urée putréfactive*. Les expériences que nous rapporterons plus loin démontrent que l'urée putréfactive existe en réalité.

L'urée est un agent diurétique à action sûre et persistante, c'est-à-dire qu'elle ne se dissipe pas avec l'usage prolongé. Nous avons employé l'urée en solution dans l'eau, par ingestion et par la voie hypodermique. J'ai employé l'urée en injections hypodermiques dans la proportion de 7 p. 1000, associée au phosphate de soude, avec un magnifique résultat, dans certains états pathologiques. Je me souviens d'un cas très intéressant où une injection ainsi composée a amené la polyurie, et, avec elle, la guérison de la malade. Il s'agit de la même femme citée précédement. Madame de M. devient enceinte de nouveau; présente des vomissements incoercibles, et le même état grave d'intoxication gravidique; l'injection de chlorure de sodium reste sans effet, mais le phosphate de soude et *l'urée* produisent un résultat merveilleux (1). La différence du coefficient azoturique était la base de l'indication: tandis qu'auparavant il était de 97 p. 100 il s'est abaissé cette fois jusqu'à 55,46. Une circonstance qui mérite d'être mentionnée ici est que l'urée se refuse énergiquement à être absorbée par la voie rectale. On pourrait dire que la muqueuse du gros intestin est absolument imperméable à l'urée. La solution d'urée y demeure longtemps sans être absorbée, elle parait plutôt attirer de l'eau du sang, et, à la longue, provoque l'évacuation de l'intestin; c'est du moins ce que j'ai observé. Si on pouvait mesurer l'action d'un diurétique, indépendamment des conditions individuelles et cli-

---

(1) On peut voir la description de ces cas dans J. B. Ascanio Rodríguez. Nuevas orientaciones químico-patológicas en el estudio de la diábetes sacarina. Tesis de Doctorado. No. 94. Pag. 39-40.

matériques, ou pourrait l'estimer à un litre pour chaque 5 grammes d'urée excrétée. Sans préjuger de la valeur des bases expérimentales sur lesquelles s'appuie la théorie du diabète que nous exposons, on peut la voir confirmée dans la relation qui existe entre l'intensité de la polyurie et la proportion de l'urée excrétée par 24 heures. Les plus grands volumes d'urines observés ont été, chez les diabétiques insipides, jusqu'à 30 et 40 litres par jour; dans un cas, chez un individu jeune, la quantité d'urine aurait atteint le poids du corps (1); et c'est précisément chez ces diabétiques qu'on a observé les plus fortes quantités d'urée excrétée par jour, jusqu'à 70 grammes. L'urée est un diurétique, mais les conditions dans lesquelles elle produit son effet le plus fort, ne sont pas bien connues. Peut-être a-t-elle besoin du concours du chlorure de sodium pour produire le maximum d'effet; peut-être que l'intégrité du foie est nécessaire pour réaliser la synthèse de l'urée avec les sels ammoniacaux qu'apporte le sang de la réabsorption fécale, peut-être enfin, que *la nature de ces mêmes sels et leurs dérivés exercent une influence renforçante* sur l'action diurétique de l'urée; le fait est qu'on ne trouve pas toujours une concordance parfaite entre le volume urinaire et la quantité d'urée excrétée. En général, le fait se produit, et c'est principalement à la pénurie de l'urée et des acides volatils qu'on doit attribuer le volume très réduit des urines des diabétiques que différents observateurs ont constaté au Vénézuéla (2).

Une des particularités les plus intéressantes de l'expérience que nous discutons en ce moment est la production d'acétone. Nous devons examiner ce que devient la partie acide des sels ammoniacaux injectés, c'est-

---

(1) Pour la littérature sur le diabète insipide jusqu'à 1899, voir D. Gerhardt. Der Diabetes insipidus, dans Nothnagels Handbuch 7. .III Teil (1899). — A. Wolff, Ueber Diabetes insipidus. Münch. med. Wochenschr. No. 23. Pag. 988, 1903. — H. Strauss. Zur Frage des Wasserstoffwechsel bei Diabetes insipidus. Zeitschr. f. exp. Pathol. u. Therap. T. I. Pag. 408. 1905.

(2) J. B. Ascanio Rodríguez. Nuevas orientaciones químico-patológicas en el estudio de la diábetes sacarina. Tesis de Doctorado. Pag. 33. 1910.—Le Dr. Juan Iturbe, chimiste et bactériologiste distingué, a fait dans son laboratoire un grand nombre d'analyses d'urines de diabétiques sans qu'il figure dans les registres du laboratoire un chiffre supérieur à 5 litres d'urine. Il n'a jamais pu constater la présence de l'acide acétilacétique ni l'acide *B*-oxybutyrique.— Le Dr. Alfredo Machado, le plus connu des cliniciens du Vénézuéla, a toujours déterminé le volume urinaire chez ses diabétiques, et il n'a jamais pu constater qu'une seule fois un volume de 10 litres chez un homme de Zaraza (Estado Guárico); il n'a également observé qu'une seule fois le coma diabétique, et, dans cette circonstance, le diagnostic n'était pas sûr, le malade ayant pris du sulfonal. On pourrait faire un grand nombre de citations analogues.

à-dire l'acide butyrique. Cet acide devrait disparaître complètement dans l'organisme, surtout quand on pense que la quantité injectée est très petite, en relation avec le poids du corps. Tous les auteurs sont d'accord pour admettre que les acides organiques gras sont complétement brûlés dans l'organisme, à l'exception du cas où ils contiennent déjà des radicaux d'acides inorganiques. L'acide lactique même est détruit. C'est ce qui ressort des expériences de Z u n t z et v. M e h r i n g 1883, W o l f e r s 1883, et A r a k i 1894 (1). O t t o P o r g e s (2) est plus affirmatif encore en ce qui concerne la destruction de ces acides. Il écrit textuellement: "Les acides monobasiques, saturés, et non substitués, sont décomposés dans l'organisme sans qu'apparaissent dans l'urine les produits de leur dédoublement. W o h l e r, B u c h h e i m S c h o t t e n, et d'autres, après l'introduction des acides de la série de l'acide formique, n'ont trouvé aucune substance dont la présence pourrait indiquer la classe d'élaboration qu'ils ont souffert." Nous nous trouvons une seconde fois devant le fait important qui a lieu quand on veut déterminer l'action d'une substance: l'influence décisive qu'exerce la voie d'introduction. Quand on ingère le butyrate d'ammonium il donne de l'urée et du butyrate de soude qui est détruit complètement dans l'organisme sans qu'aucun résidu de son dédoublement apparaisse dans l'urine. Quand le sel est introduit par le rectum, il arrive presque immédiatement en contact avec la cellule hépatique dont il souffre l'influence chimique; il se transforme en urée, et l'acide butyrique, dans une très petite proportion, est transformé en acétone. Cette transformation mérite quelques explications.

On admet aujourd'hui que le foie est le lieu de formation des corps acétoniques. E m b d e n (3) et ses collaborateurs en ont fait directement la démonstration. Ils ont fait l'irrigation sanguine du foie avec un

---

(1) Ces auteurs sont cités par S. Weber dans son mémoire intitulé " Ueber die Beinflussung des Stoffwechsels durch einige pharmakologisch wichtige Stoffe. Asher und Spiro. Ergebnisse der Physiologie. P. 277. 1904.

(2) Otto Porges. I. Ueber den Abbau der Fettsäuren in Organismus. Asher und Spiro. Ergebnisse der Physiologie. 1910. P. 8.

(3) M. Amalgia u. G. Embden. Ueber das Auftreten einer flüchtigen, Iodoform bildenden Subtanz bei der Durchblutung der Leber. Hofmeisters Beiträge. T. 6. P. 59. 1904.— G. Embden u. F. Kalberlah. Ueber Acetonbildung in der Leber. Hofmeisters Beiträge. T. 8. P. 120. 1906.— G. Embden, H. Salomon, Fr. Schmidt. Ueber Acetonbildung in der Leber. Ebenda. S. 129. 1906.

sang chargé de matières capables de se dédoubler en corps acétoniques (substances acétogènes). L'irrigation sanguine, faite dans les mêmes conditions, sur d'autres organes, poumon, rein, muscles, n'a donné aucun résultat à cet égard. La production des corps acétoniques a été réalisée aussi par B a e r et B l u m (1) chez les diabétiques auxquels ils ont fait ingérer des substances acétogènes. Parmi ces dernières se rencontrent des acides gras divers et même des aminoacides. L'acide acétique, l'acide propionique, l'acide méthylpropionique ne donnent pas de corps acétoniques dans ce genre de recherches. L'acide butyrique et autres acides à chaîne latérale hydrocarbonée, directement dérivés de l'acide butyrique, donnent de l'acétone : acides α et β méthylbutyriques, acides α et β éthylbutyriques, mais non l'acide α-méthylvalérianique. En outre, tous les acides normaux, à nombres pairs d'atomes de carbone, homologues supérieurs de l'acide butyrique, comme les acides caproïque, caprylique, caprique, laurique, etc., fournissent aussi de l'acétone. Suivant O. P o r g e s (l. c.) on peut admettre que ce dédoublement des acides gras et des aminoacides a lieu normalement dans le foie. Or, comme ces deux classes de composés sont des dérivés physiologiques du dédoublement nutritif des albumines et des graisses, *on devrait espérer une forte excrétion normale de l'acétone par l'urine, ce qui n'a pas lieu.* D'après le même auteur (1) " ceci ne peut pas constituer, ainsi qu'il a été dit maintes fois, une objection contre cette formation intermédiaire de l'acide acétylacétique pendant l'oxydation des graisses, car l'organisme normal, ainsi qu'il a été précédemment établi, peut décomposer des quantités considérables d'acide acétylacétique sans excréter d'acétone." Le même auteur continue : "L'excrétion des corps acétoniques chez les diabétiques, ou pendant l'abstinence des hydrates de carbone, peut être attribuée à une augmentation de la décomposition des graisses, à tel point que les corps acétoniques formés ne peuvent être dominés. De cette manière nous pourrions accepter la possibilité que les graisses, dans la nutrition normale, fournissent de l'acide acétylacétique, en perdant des res-

---

(1) Baer und Blum. Ueber den Abbau von Fettsäuren beim Diabetes melitus. Arch. f. exp. Pathol. u. Phar. 55. 89. 1906. 58. 321. 1908.

(2) O. Porges. Asher u. Spiro. T. 10. Pag. 45. 1910.

tes acétiques, c'est-à-dire que les graisses seraient élaborées donnant les mêmes produits dérivés que les albumines." Comme notre expérience le prouve surabondamment, il n'est pas nécessaire de s'abstenir des hydrates de carbone, ni que la décomposition des graisses soit très grande pour que les corps acétoniques apparaissent dans l'urine. Il suffit d'introduire par la voie rectale dans l'organisme sain, ou du moins non diabétique, 18 - 20 g. d'acide butyrique normal — celui que nous avons employé provenait de la maison Merk et Cie., *pro analisi*—saturé avec de l'ammoniaque, pour voir apparaître dans l'urine des quantités appréciables d'acétone. L'excrétion d'acétone a été si remarquable et si constante dans le cours de nos expériences, que nous nous croyons autorisés à établir le principe suivant: L'absorption intestinale du butyrate d'ammoniaque, et peut-être aussi de certains sels ammoniacaux d'origine putréfactive, en quantité peu considérable, provoque l'excrétion de l'acétone par l'urine, c'est-à-dire *l'acétonurie*.

On peut corrélativement suggérer le principe suivant: l'acétonurie, dans beaucoup de cas, peut très bien indiquer qu'a lieu une abondante réabsorption fécale d'acides gras volatils d'origine putréfactive, spécialement d'acide butyrique, combinés à l'ammoniaque fécal de même origine. Si l'acétonurie s'accompagne de la polyurie, alors le phénomène provient presque certainement d'une forte réabsorption fécale des sels ammoniacaux mentionnés. En suivant le développement de ces idées, tous nos efforts se sont portés à rechercher la formation de sels ammoniacaux d'origine putréfactive, tant à l'état normal qu'à l'état pathologique.

La production d'ammoniaque d'origine putréfactive dans les matières fécales est un phénomène qui, jusqu'à présent, a été peu étudié. La production intestinale d'ammoniaque est considérée comme l'accompagnement obligé du développement des bactéries putréfactives, l'ammoniaque qui en résulte étant destiné à l'excrétion par les fèces. S c h m i d t et S t r a s b u r g e r (1), dans leur ouvrage fondamental, n'en font mention que 3 fois, dont une à l'occasion de son dosage dans l'analyse des concrétions intestinales.

Le contenu de l'intestin grêle, provenant de fistules accidentelles, a

____

(1)   Schmidt u. Strasburger. Die Fäzes des Menschen. 1910. Pags. 3, 106, 286.

été étudié chimiquement par divers observateurs. Cette investigation chimique a été faite successivement par E w a l d (1), B a u m a n n (2), M a c f a d y e n , N e n c k i et S i e b e r (3) J a k o w s k i (4) et finalement par H o n i g m a n n (5) et A d. S c h m i d t (6). Ces savants ont remarqué que le contenu de l'intestin grêle n'a pas d'odeur putréfactive, laisse voir la coloration de la bile, ne contient pas d'hydrobilirubine, tout au plus des traces de cette substance, accuse la réaction acide qui provient de la présence d'acides gras inférieurs, mais non de l'acide chlorhydrique libre, principalement de l'acide acétique, des acides lactique de fermentation et paralactique, butyrique et formique. On y a constaté également la présence de l'alcool, de l'hydrogène, du méthane et de l'acide carbonique, c'est-à-dire les produits caractéristiques de la fermentation des hydrates de carbone. Les produits de la décomposition putréfactive des albumines, n'apparaissent dans l'intestin grêle qu'à l'état de traces: phénol, indol, H^2S, etc. *L'ammoniaque* n'a pas été rencontré dans le contenu de l'intestin grêle, ou seulement à l'état de traces. Dans le gros intestin, au contraire, les bactéries, en agissant sur les matières albuminiques, produisent la décomposition putréfactive. On y a rencontré: l'acide lactique, dans les selles des enfants, mais non dans celles des adultes, parce que ce corps est décomposé par des bactéries anaérobiques en acide butyrique (7) ; l'acide butyrique normal et l'acide isobutyrique, l'acide valérianique, l'acide caproïque, et d'autres acides qui sont plus étroitement liés à la putréfaction des noyaux aromatiques de l'albumine, comme les acides hydroparacoumarique et oxyphénylacétique. Le méthylmercaptan, l'indol, le phénol, le scatol sont des substances presque caractéristiques des matières fécales. *L'ammoniaque y existe toujours.* Depuis les investigations de B r a u n e c k (8) tous les investi-

---

(1)   Ewald. Ueber das Verhalten des Fistelsekrets, etc. Virchow's Arch. 75.
(2)   Baumann. Die aromatische Verbindungen im Harn und die Darmafäulniss. Zeitschr. f. physiol. Chem. T. 10.
(3)   Macfadyen, Nencki u. Sieber. Untersuchungen über die chem. Vorgänge immenschl. Dünndarm. Arch. f. exp. Path. u. Pharm. T. 28.
(4)   Jakowski. Arch. des Sciences biol. de St. Petersburg. 1. 1892.
(5)   Honigmann. Arch. f. Verdaungskrankh. T. 2.
(6)   Ad. Schmidt. Beobachtungen über Zusammensetzung d. Fistelkots, etc. Arch. f. Verdaungskrankh. T. IV. P. 137-159.
(7)   Schmidt u. Strasburger. Die fäzes des Menschen. 1910. Pag. 228. Ce dernier auteur a pu, au moyen de certains artifices, protéger l'acide lactique des fèces contre l'action putréfactive des bactéries intestinales.
(8)   Brauneck. Mitteilungen aus der med. Klinik zu Würzburg. II.

gateurs mentionnent l'ammoniaque dans leurs expériences. On y trouve, en plus grande proportion, les mêmes gaz qui existent dans l'intestin grêle en moindre quantité: l'hydrogène (52-71%) l'acide carbonique (19-34%) et le méthane (3 - 14%). Tous ces gaz ont été obtenus par A d. S c h m i d t par la fermentation des fèces. Dans le gros intestin existent divers autres composés que nous avons précédemment mentionnés et d'autres qui le seront dans le chapitre suivant.

On peut donc établir que l'ammoniaque libre, ou sous forme de sels, n'existe pas dans l'intestin grêle, tandis qu'il est relativement abondant dans le gros intestin. On en déduit que ce composé se forme pendant la putréfaction des substances azotées. Cette conclusion peut être acceptée parce qu'elle est d'accord avec tous les faits observés, bien qu'il resterait la possibilité de l' excrétion d'une petite quantité par la muqueuse du gros intestin. Nous nous rapportons à ce qui a été dit à propos de l'excrétion de la chaux par le même organe (pages 101 et suivantes). La décomposition des albumines et d'autres substances albuminoïdes par les bactéries putréfactives, en l'absence de l'air, produit presque toujours de l'ammoniaque. Ces conditions se trouvent réalisées dans l'intestin. Les matières fécales y souffrent la fermentation ammoniacale et il n'est pas nécessaire qu'elles renferment des résidus alimentaires: les fèces des jeûneurs et celles qui se forment dans l'anneau intestinal de H e r m a n n sont plus riches en azote que toutes les autres (6,46% d'azote), et contiennent le même nombre de microorganismes, soit 1|3 de la substance sèche (1). A cet égard nous devons rapporter plusieurs faits relatifs à la production de l'ammoniaque par les bactéries. Suivant v. S o m - m a r u g a (2) le développement des aérobiques, en l'absence du sucre, s'accompagne de la production *d'alcali* aux dépens des albumines. Le plus grand nombre des bactéries produisent aussi de l'alcali en même temps que de l'acide, quand il existe du sucre dans le bouillon de culture. L'extrait de viande contient presque toujours une petite quantité de sucre; ceci explique que ce liquide de culture pourra être neutre au début, ou

(1)   Schmidt u. Strasburger. Die Fäzes des Menschen. Pags. 17 et 125. 1910.
(2)   v. Sommaruga. Zeitschr. f. Hygiene. T. 12. Pag. 273.

légèrement acide, pour devenir plus tard fortement alcalin quand le sucre est consommé.

L e h m a n n et N e u m a n n (1) citent les chiffres suivants comme un exemple de la formation d'alcali par les bactéries qui produisent aussi de l'acide en abondance en présence du sucre (pour 100 c.c. la quantité correspondant à 5 - 7 c.c. d'acide normal). 100 c.c. de bouillon peptoné, ne contenant que des traces de sucre et neutre à la phénolphta‑léine, ensemencés avec le *Bact. coli,* consommaient:

Après 5 jours.	Après 10 jours.	Après 15 jours.
0,1 c.c. de soude norm.	0,1 c.c. de soude norm.	0,25 c.c. d'acide norm.

L'alcali formé pendant la putréfaction, qu'on peut titrer avec la phtaléine avant et après le développement des bactéries, est composé principalement d'ammoniaque, d'amines et de bases d'ammonium. Au point de vue spécial où nous nous trouvons placés en ce moment, c'est-à-dire de la formation de l'urée par le foie aux dépens de l'ammoniaque putréfactif intestinal, on peut établir qu'il n'est pas nécessaire que l'azote soit sous la forme ammoniacale pour qu'il puisse être transformé en urée, parce que le foie peut aussi produire cette substance aux dépens des amines ou des bases d'ammonium, ainsi qu'il a été précédemment dit à propos de l'amylamine. Cependant la transformation des aminoacides en urée n'est pas directement démontrée. Nous avons fait l'ensemencement du bouillon simple avec des microbes fécaux et, après 15 jours, le dosage de l'ammoniaque nous a donné des chiffres très variables, suivant les conditions de la culture. Les méthodes employées ont été celle de K r ü g e r - R e i c h - S c h i t t e n h e l m et la titration au formol: cette dernière nous a donné des chiffres légèrement supérieurs à la première. Les proportions d'ammoniaque par litre ont varié depuis 50 jusqu'à 800 mg.

D'après ce qu'il vient d'être dit, la production de l'ammoniaque dans l'intestin humain doit être considérable, bien que le dosage de cet élément dans les matières fécales n'en donne pas une idée suffisamment précise.

---

(1) K. B. Lehmann u. R. O. Neumann. Atlas und Grundriss der Bakteriologie. Teil II: Text. 1912. Pag. 68.

La réabsorption fécale fait passer au sang la plus grande partie de l'ammoniaque produit dans le gros intestin, combiné aux acides gras inférieurs. Il n'est pas nécessaire que les matières fécales contiennent du sucre ou d'autres hydrates de carbone pour que la production de ces acides soit abondante dans le gros intestin. Dans l'intestin grêle l'acide lactique est produit par des bactéries diverses: principalement le *Bacterium coli commune et le B. lactis aerogenes.* Cet acide, quand les conditions sont favorables, est facilement transformé en acide butyrique. L'agent de cette transformation, toujours présent dans tout l'intestin, en général adhérent à la membrane muqueuse, est le bacille butyrique immobile, qui, sous ses différentes formes, détermine tantôt la fermentation, tantôt la putréfaction. Quelquefois la production d'ammoniaque excède légèrement celle des acides, de telle manière qu'on peut constater une réaction franchement alcaline des fèces comme il arrive dans l'alimentation carnée et dans la diète lactée chez l'adulte. On ne peut pas établir que la quantité d'ammoniaque produit soit sous la dépendance étroite de l'intensité de la putréfaction, mais, en général, ces deux phénomènes sont corrélatifs l'un de l'autre. L'excès d'alimentation étant une des causes les plus puissantes de la putréfaction intestinale on peut admettre, en général, que la production de sels ammoniacaux d'origine putréfactive sera d'autant plus abondante que l'excès d'alimentation en azote et en hydrates de carbones sera plus grand. Il n'est pas nécessaire de dire que ces conditions se trouvent réalisées chez le diabétique, sans que cela veuille signifier que les dites conditions soient l'unique cause de la maladie.

Nous pouvons déjà exposer les documents analytiques que nous avons pu recueillir à cet égard dans nos investigations sur les matières fécales chez les sujets sains, chez les calcariuriques et les diabétiques, sur les selles diarrhéiques provoquées par les purgatifs salins et drastiques chez ces différents sujets, ainsi que sur l'acétone urinaire. Les résultats ne sont pas nombreux, mais assez concluants pour donner une idée précise des transformations de ces matières à l'état normal et à l'état pathologique. Les selles diarrhéiques ont été recueillies dans de la glace pour éviter la fermentation ultérieure, jusqu'au moment d'en faire l'analyse. Le dosage de l'ammoniaque a été fait au moyen de la méthode de

K r ü g e r - R e i c h - S c h i t t e n h e l m , employée pour doser le même élément dans les urines: on a évité soigneusement que la température dépasse 45° C., et aussi un excès de carbonate de soude. Tous les dosages ont été faits comparativement avec la titration au formol. La description détaillée de ces dosages se trouvera à la fin de l'ouvrage. Les dosages de l'acétone et des acides gras volatils ont été faits par les méthodes précédemment indiquées. L'huile de ricin et le sulfate de soude ont été les purgatifs employés. L'eau-de-vie allemande a été employée une fois comme purgatif drastique.

(a) — Sujets sains. 100 g. de fèces fraîches contiennent:

	Poids.	CaO sol.	CaO tot.	AzH^3.	Ac. gras n|10.
A. C.	85,5 g.	0,167 g.	1,321 g.	0,0885 g.	105,0 c.c.
L. E.	144,2	0,098	0,672	0,1030	56,4
B. de T.	121,3	0,146	1,705	0,0914	115,2
P. A.	90,6	0,115	1,048	0,0595	67,2
R.	169,2	0,102	0,855	0,1123	59,3

(b) — Sujets calcariuriques. 100 g. de fèces fraîches contiennent:

	Poids.	CaO sol.	CaO tot.	AzH^3.	Ac. gras n|10.
F. W.	90,5 g.	0,289 g.	0,476 g.	0,0965 g.	233,0 c.c.
L. C.	142,3	0,534	1,029	0,1217	184,3
X. (cas anor.)	68,8	0,072	1,708	0,1425	—

(c) — Purgatifs salins chez les sujets sains. La selle diarrhéique contient:

	Poids.			AzH^3.	Ac. gras n|10.
A. C.	933,4 g.			0,1433 g.	215,5 c.c.
L. E.	881,9			0,1734	—
B. de T.	1038,4			0,2124	252,4
P. A.	431,0			0,1223	155,6
R.	1213,5			0,2734	290,1

(d) — Purgatifs drastiques chez les sujets sains. La selle diarrhéique contient:

B. de T.   514,9 g.   0,3167 g.   452,0 c.c.
P. A.   529,0   0,1521 g.   184,3
R.   898,3   0,3167   552,0

(e) — Purgatifs drastiques chez les calcariuriques. La selle diarrhéique contient:

L. C.   728,8 g.   0,634 g.   1,129 g.   0,4381 g.   623,8 c.c.

(f) — Purgatifs drastiques chez les diabétiques. La selle diarrhéique contient:

C. R. (*)   1163,9 g.   0,425 g.   692,8 c.c.
M. T.   624,3   0,511   788,2
C. G.   818,4   0,574   921,1

(g) — Acétone par 24 heures chez les calcariuriques:

	Volume urinaire.	Acétone.
F. W.	3202 c.c.	0,205 g.
L. C.	1939	0,283
X.	3445	0,188

(h) — Acétone par 24 heures chez les diabétiques:

C. R.	2377 c.c.	0,328 g.
Z. de M.	2840	0,415
M. T.	3518	0,398
C. G.	3027	0,245

Les données relatives à la chaux et aux acides gras volatils de l'urine de 24 heures du groupe (g) des calcariuriques se trouvent aux pages 107, 108 et 112. On trouve les chiffres correspondant aux mêmes composés chez les diabétiques (h) à la page 119. Le cas C. R., marqué avec un astérisque, est le seul où on a employé l'eau-de-vie allemande, au lieu de l'huile de ricin, comme purgatif drastique. Chez ce même sujet C. R., diabétique et albuminurique, dont l'urine est très riche en acide lipopectique, la distillation de la fèce spontanée nous a donné une quantité minime d'acide volatil soluble, soit 35,1 c.c. de $\dfrac{N}{10}$ pour 100 g., la plus grande proportion étant composée d'acide lipopectique.

Le fait le plus remarquable qui ressort du tableau précédent est la forte proportion relative d'ammoniaque et d'acides gras volatils que le purgatif drastique entraîne au dehors chez les polyuriques (diabétiques et calcariuriques). Comme ces composés sont excrétés spontanément par la voie intestinale chez ces sujets, à peu près dans la même proportion que chez les individus sains, on a le droit de supposer qu'ils sont absorbés, principalement dans le gros intestin, et, après avoir traversé le foie, sont excrétés sous la forme d'urée par le rein en y développant l'action diurétique propre à cette substance. La présence de l'acétone dans l'urine des mêmes polyuriques, en proportions relativement considérables, vient confirmer ce passage par le foie des sels ammoniacaux d'origine putréfactive. On a déjà établi que ces sels, spécialement le butyrate d'ammonium, produisent l'acétonurie quand, introduits par la voie rectale, ils traversent directement le foie.

La méthode que nous avons suivie, c'est-à-dire l'emploi de purgatifs salins et drastiques chez les sujets sains et polyuriques, si elle est très appropriée pour mettre en évidence le mécanisme de la réabsorption fécale des sels ammoniacaux d'origine putréfactive, ne peut donner qu'une idée peu précise de l'extension quantitative de ce phénomène. Les quelques considérations, que nous allons exposer maintenant, feront voir que cette formation de *l'urée putréfactive* remplit un rôle fondamental dans la pathogénie du diabète. Etant données la richesse en azote des matières fécales, la classe et l'intensité de la·putréfaction intestinale chez un même individu, on peut établir que la production et la réabsorption de l'ammoniaque formé sont sous la dépendance du temps que mettent les mêmes matières fécales pour traverser le gros intestin, c'est-à-dire ce qu'on pourrait appeler le temps que dure la stagnation fécale. Les produits de la digestion qui sont contenus dans l'intestin grêle s'y trouvent dans des conditions autres que les matières fécales du gros intestin: les premiers sont en pleine fermentation acide des hydrates de carbone; sont au moins 5 fois plus riches en eau que les fèces du rectum et marchent avec une vélocité 25 fois plus grande que dans le gros intestin; les secondes, très pauvres en eau et en oxygène, cheminent lentement et deviennent la proie de la putréfaction qui souvent leur donne la réaction alcaline. Le temps que mettent les premiers restes alimentaires pour arriver au cœcum est relativement court. S i c a r t et I n f r o i t(1), au moyen de la radioscopie, ont pu constater que les aliments ingérés mettent 7 heures pour arriver à la valvule de B a u h i n; H e r t z(2), par la même méthode, ramène ce temps jusqu'à 4 heures ¾. L'évacuation des selles ayant lieu communément chaque 24 heures, on peut en déduire que les matières fécales restent dans le gros intestin les trois quarts du temps total qu'elles mettent à traverser tout le tube digestif. Une observation plus soigneuse, (obtenue au moyen de l'ingestion de carmin en poudre) de ce qui passe dans le gros intestin, même avec une évacuation régulière par jour, montre que chaque selle n'entraîne pas au dehors tous les restes des aliments consommés pendant les 24 heures. Dans les replis du colon peuvent demeurer des restes de matières fécales pendant des jours et même des semaines entières, tandis que les fèces fraîches passent (3). Toutes les constatations qu'on vient d'exposer font voir que la réabsorption fécale de l'ammoniaque putréfactif est un phénomène qui se produit constamment. Si on tient compte que l'effet d'un purgatif énergique se produit pendant 8 heures, du moins pour sa plus grande partie, on pourrait bien admettre que la quantité d'ammoniaque que cet agent aurait entraîné au dehors pendant 24 heures s'élèverait à un chiffre trois fois supérieur, *toutes les autres circonstances étant supposées restées les mêmes*. A cet égard nous devons dire que pendant l'effet du purgatif les sujets étaient à jeûn. S'il est certain que des restes alimentaires abondants enrichissent en azote tout le contenu intestinal, contrairement à ce qui arrive aux fèces des jeûneurs dont le taux d'azote augmente bien que la matière fécale diminue, on ne sait pas quelle est l'influence du purgatif sur la fermentation ammoniacale. Il est possible que l'expérience, conduite d'une autre manière, par exemple au moyen de laxatifs, sans suspendre l'alimentation, aurait donné des résultats de beaucoup supérieurs.

(1) La Presse médicale. No. 99. 1903.
(2) A. F. Hertz. Constipation and allied intestinal disorders. London 1909.
(3) Schmidt u. Strasburger. Die Fäzes des Menschen. 1910. Pag. 20.

Nos conceptions actuelles sur la digestion et l'absorption des albumines, ainsi que sur la putréfaction intestinale des mêmes composés, ne s'opposent nullement à cette idée de la production et utilisation de l'ammoniaque putréfactif intestinal pour la synthèse de l'urée. Les matières albuminiques sont profondément décomposées par les différents ferments digestifs (pepsine chlorhydrique, trypsine, érepsine) en un mélange d'aminoacides. La composition de ce mélange est sous la dépendance de la composition des albumines hydrolysées en aminoacides. Immédiatement après son absorption, la membrane muqueuse intestinale intervient pour réaliser la synthèse des albumines propres du sang. Ces albumines ou mélange d'albumines ont toujours la même composition en aminoacides chez le même animal. On peut de cette manière expliquer la constance de la composition du sang en substances protéiques et l'indépendance de la nutrition des cellules de l'organisme qui dédoublent toujours les mêmes substances albuminiques du sang pour en faire la synthèse de leur propre albumine dans cette seconde phase de la nutrition. Il reste toujours de l'albumine et des aminoacides qui ne sont pas utilisés dans cette transformation de l'albumine alimentaire en albumine du sang. Il doit arriver la même chose dans la seconde transformation de l'albumine du sang en albumine tissulaire, mais, dans ce cas, on ne connaît pas le sort des aminoacides qui résultent de l'assimilation ou désassimilation des albumines cellulaires. Peut-être sont-ils transportés au foie pour y être transformés en urée. Les résidus azotés de l'assimilation intestinale des albumines, *dont la quantité augmente extraordinairement avec l'excès d'alimentation azotée,* deviennent la proie de la putréfaction intestinale dans leur plus grande partie (1). Les aminoacides ou leur produits putréfactifs passent au foie pour y être transformés en urée tandis que leur partie acide est élaborée dans d'autres directions. Ce mécanisme de l'assimilation intestinale des albumines met en évidence un fait d'une grande importance pour la pathologie de la nutrition: Toute perturbation des fonctions synthétisantes de la membrane muqueuse intestinale, surtout quand elle est accompagnée d'un excès d'alimentation azotée, amène,

---

(1) On peut suivre le développement des idées qu'on vient d'exposer, chez E. Abdelhalden. Lehrbuch der physiologischen Chemie. 1909. Vorlesung X. " Abbau und Aufbau der Eiweisskörper im tierischen und pflanzlischen Organismus."

d'une part, l'augmentation de la putréfaction intestinale, et, d'autre part, une déviation de la nutrition toute entière. Ces deux ordres de phénomènes ne s'excluent pas les uns des autres; au contraire, ils s'aident réciproquement en augmentant chaque fois d'intensité par une espèce de *circulus vitiosus*.

Une des circonstances qui ont la plus grande influence sur la production de l'ammoniaque fécal, en outre des deux causes mentionnées, est la nature des microorganismes qui interviennent dans la décomposition putréfactive des albumines. La production d'ammoniaque est un phénomène très fréquent de la nutrition des bactéries: dans quelques-unes, la formation d'ammoniaque est faible, tandis que dans d'autres la production ammoniacale est véritablement énorme: on peut citer à cet égard le *Bacillus mycoides* qui arrive à transformer le 46% de l'azote de l'albumine en ammoniaque (1). Nos bactéries intestinales sont peut-être des agents producteurs d'ammoniaque plus débiles que les bactéries européennes. De cette manière bien rationnelle on pourrait facilement expliquer la grande différence de volume dans les polyuries pathologiques qu'on observe dans la région atlantique comparativement à la zone tempérée. Si on faisait dépendre la cause des polyuries pathologiques de perturbations purement fonctionnelles siègeant dans l'organisme lui-même, il serait très difficile de donner une explication de la différence observée.

La formation de l'urée putréfactive en plus ou moins grande quantité, tant à l'état normal qu'à l'état pathologique, n'est nullement en opposition avec les investigations de nutrition. C'est un fait qui a pu passer inaperçu, même dans les bilans de nutrition azotée les plus rigoureusement établis. La comparaison entre les trois valeurs: azote fécal, azote urinaire et azote alimentaire, peut avoir lieu, sans que le phénomène de l'urée putréfactive puisse être décelé. Le dédoublement bactérien de l'albumine s'effectue dans l'intestin avec le même constance qu'il pourrait avoir lieu dans l'intérieur de l'organisme, le phénomène de la putréfaction intestinale durant pendant là vie entière de l'homme. Une petite proportion de l'azote albuminique est assimilé par les bactéries qui le transforment en l'albumine de leur propre corps: cette quantité d'azote

---

(1) E. Marchal. Centralbl. f. Bakteriol. II. T. I. Pag. 1753. 1895.

est calculée par M a c N e a l, L a t z e r et K e r r (1) en 0,585 g. *pro die* ou 3,656 g. d'albumine. Bien que suivant les auteurs nommés cette quantité d'azote bactérien représente le 46 p. 100 de l'azote total des fèces, en comparaison avec l'azote alimentaire introduit, il ne forme qu'une minime fraction. Une autre partie de l'albumine alimentaire, peut-être la plus grande, après avoir expérimenté la transformation digestive, se change en l'albumine du sang. Le reste de l'albumine alimentaire, celle qui excède les nécessités assimilatives de l'animal supérieur et des microorganismes, et dont la quantité peut être parfois énorme, souffre les transformations chimiques de la putréfaction intestinale. Pendant ce processus, l'albumine elle-même ou les aminoacides, qui proviennent de sa digestion, sont transformés par la bactérie intestinale en ammoniaque, ce composé, ainsi que d'autres corps semblables, se dirigeant alors au foie pour s'y changer en urée. On voit donc que l'illusion est parfaite: une partie de l'urée urinaire, plus ou moins considérable, peut avoir cette origine putréfactive intestinale, sans que l'investigateur puisse s'en apercevoir.

Ainsi que le mettent en évidence les expériences précédemment rapportées, il se produit constamment dans l'intestin de l'homme sain une quantité assez appréciable de sels ammoniacaux, soit plus de 300 mg. par jour. La transformation dans le foie d'une partie de ces sels, spécialement du butyrate d'ammoniaque, doit produire une petite quantité d'acétone; cette substance, étant très résistante à l'oxydation organismique, vient s'éliminer par l'urine et par la respiration. On peut expliquer de cette manière l'apparition d'une petite quantité d'acétone dans l'urine de l'homme sain. Sa proportion varie suivant la classe et la quantité de sels qui traversent le foie. Toutes les causes qui ont une influence directe, et on pourrait dire presque immédiate sur la putréfaction intestinale, augmenteront et diminueront la quantité d'urée putréfactive et la proportion d'acétone urinaire qui en dérive. Une alimentation carnée élèvera leur production, tandis qu'une addition abondante d'hydrates de carbone à l'alimentation, fait presque disparaître l'acétone des urines (action antiacétonique des hydrates de carbone). L'augmentation de l'acé-

---

(1) Journ. of Infect. Diseases. Vol. 6. Pag. 123. 1909.

tone urinaire pendant le jeûne, bien constatée par divers observateurs, peut être facilement expliquée suivant cette conception de l'origine intestinale de l'acétone urinaire. On a dit précédemment que chez les jeûneurs les matières fécales sont très riches en azote, même plus riches que toutes les autres, et qu'elles souffrent la putréfaction avec la même intensité puisqu'elles contiennent autant de bactéries que les fèces normales. La réabsorption fécale et digestive étant plus prononcée dans ces conditions qu'à l'état normal, on est parfaitement en droit de supposer un passage plus abondant des sels ammoniacaux putréfactifs par le foie.

Si on admet la formation de l'urée putréfactive, en plus ou moins grande quantité selon les conditions dans lesquelles la putréfaction intestinale se développe, on pourrait aussi supposer la formation de l'acide urique d'origine putréfactive. L'acide urique souffre dans l'organisme, selon les animaux considérés, les transformations les plus variées et même les plus opposées. Chez les mammifères, il peut provenir directement des bases puriques de l'alimentation: c'est l'acide urique *exogène* de B u r i a n et S c h u r. L'acide urique *endogène* est celui que se produit toujours quand on laisse ces animaux à jeûn ou quand on supprime de leur alimentation les mêmes noyaux puriques. Cet acide urique d'origine interne proviendrait dans ces cas de la désassimilation des nucléo-protéides qui composent les tissus animaux, spécialement les noyaux cellulaires. Divers tissus animaux, notamment le tissu hépatique, possèdent la propriété de détruire l'acide urique: *fonction uricolytique du foie* des mammifères. Chez les oiseaux le foie possède des propriétés contraires. Il forme de l'acide urique avec l'ammoniaque provenant de la désassimilation des albumines, avec les aminoacides et même avec de l'urée qu'on fait ingérer à ces animaux. A cet égard l'expérience de K o w a l e w s k i et S a - l a s k i n est bien connue: ces expérimentateurs faisaient l'irrigation du foie des oiseaux avec du sang chargé de lactate d'ammonium et ils ont pu constater la formation de l'acide urique. Il ne serait pas impossible que le foie des mammifères put former de l'acide urique quand il se trouve dans des états pathologiques ou quand il reçoit ce sel ammoniacal dans des conditions anormales, étant donnée la possibilité de la formation du lactate d'ammoniaque pendant la putréfaction intestinale. On sait, en effet, qu'un même ferment, suivant les conditions dans lesquelles il se trouve placé, tantôt détruit, tantôt construit le même composé sur lequel il agit, et le foie lui-même remplit constamment envers le glycogène ces deux fonctions opposées. En tout cas l'expérience est très intéressante pour être rapportée ici, bien qu'elle ait conduit à une conclusion négative.

	Vol. urin.	Ac. urique.	AzH3.	Urée.	Acétone.
1. jour (butyrate et lactate de AzH3). . .2068 c.c.		0,384 g.	0,421 g.	16,626 g.	0,076 g.
2. — (lactate d'ammoniaque). 1688		0,359	0,688	11 545	0,018
3. — (lactate d'ammoniaque). 2197		0,246	0,525	12,259	0,180

Les conditions dans lesquelles cette expérience a été faite sont les suivantes: La solution de lactate d'ammoniaque a été préparée avec 10 c.c. d'acide lactique pur de 1,21 de densité, neutralisé et rendu légèrement alcalin avec de l'ammoniaque, portant le volume à 100 c.c. Le premier jour on en a employé 50 c.c., et 50 c.c. de la solution de butyrate d'ammoniaque précédemment décrite. Les deux autres jours on a fait usage de 100 c.c. de la solution de lactate d'ammoniaque mentionnée. Le deuxième jour l'injection a occasionné beaucoup d'incommodité au rectum, principalement des gargouillements dans le colon descendant et transverse. Le troisième jour le même phénomène s'est reproduit dans des proportions telles que l'injection a tardé 24 heures pour être réabsorbée. Les symptômes généraux ont consisté en des douleurs musculaires, semblables aux douleurs rhumatismales, sur différentes parties du corps, sommeil profond, mais non réparateur, et perte de l'appétit.

Dans cette expérience on observe tout d'abord que la quantité d'acétone diminue considérablement, pour devenir presque normale le second jour. Ceci vient confirmer l'idée déjà établie que ce corps dérive du dédoublement de l'acide butyrique dans le foie. Le troisième jour la proportion d'acétone remonte de nouveau bien que l'injection a consisté uniquement en lactate d'ammoniaque. Les nombreux gargouillements qui se sont produits toute la journée et pendant une partie du jour précédent, indiquent que le liquide de l'injection a mis suffisamment longtemps à s'absorber pour y subir la fermentation. En tout cas on doit tenir compte que cette expérience a été intercalée au cours de la longue période où le sujet d'expérimentation s'est soumis aux injections de butyrate d'am-

moniaque. Le volume urinaire a diminué et on peut dire la même chose
de la proportion d'acide urique, bien que la courte durée de l'expérience
ne nous permette pas d'attribuer une grande valeur à cette conclusion. Un
effet bien remarquable a été la diminution prononcée de l'urée et, avec
elle, la diminution correspondante du volume urinaire. Il paraît en résulter que l'ammoniaque, combiné à l'acide lactique, ne s'est pas transformé
en urée. C'est une simple supposition, parce que le même effet pourrait
être expliqué d'une manière plus simple encore: le lactate d'ammoniaque
n'a pas été du tout absorbé! Cependant on doit dire que dans une autre
expérience le lactate de soude a provoqué l'apparition de douleurs semblables à celles indiquées. Peut-être que d'autres expérimentateurs, en
poursuivant la voie tracée, parviendront à mettre en évidence la source
intestinale de beaucoup de malaises et de douleurs dont se plaignent quelquefois des personnes, en apparence bien portantes, et dont la cause nous
échappe.

Etiologie et pathogénie du diabète sucré.

On peut établir que l'hyperglycémie et la glycosurie qui en résulte
es un phénomène qui vient s'ajouter au diabète pour constituer le diabète
sucré. Quelle que soit l'importance qu'on attribue à ce phénomène, à
ce dérangement de la nutrition hydrocarbonée, au cours et à la fin de la
maladie, le diabète est un complexus symptomatique qui peut exister indépendamment de la glycosurie, c'est-à-dire de la perturbation hydrocarbonée, et dont la cause est constituée par une intoxication fécale de nature
spéciale. Aujourd'hui la thérapeutique du diabète, convaincue de son
impuissance actuelle pour obtenir la guérison, (1) se limite à maintenir
le malade, dans les formes légères, sans glycosurie ou avec une perte

---

(1) Beuttenmüller dans le " Spezielle Diagnostik und Therapie " édité par le Dr. W.
Guttmann, 1911, dit textuellement sur le pronostic du diabète sucré: " Le pronostic est mauvais
dans les formes juvéniles et graves (diabète maigre); dans les cas légers, et l'état de la nutrition
étant bon, (diabète gras) le pronostic n'est pas défavorable. *La guérison est exclue;* on peut
obtenir une amélioration, souvent considérable, du pouvoir de l'assimilation. J. Seegen, qui a
traité plus de 1.000 diabétiques, n'a jamais observé une seule guérison! (Die Zuckerbildung im
Tierkörper, Berlin, 1890. Pag. 265). On pourrait faire d'autres citations semblables.

en sucre, très réduite. Elle commence par supprimer complètement les hydrates de carbone, pour ajouter rapidement les mêmes composés à l'alimentation aussitôt que l'acide acétylacétique apparaît ou que les troubles gastro-intestinaux deviennent prédominants. Pendant ces périodes d'accalmie, le diabétique n'a pas de sucre dans ses urines, mais il continue à être diabétique. Pour nous, la direction dans laquelle s'est engagée la thérapeutique actuelle est fausse. Après ce que nous avons appris sur le mécanisme producteur des corps acétoniques, c'est-à-dire que l'origine de ces composés doit être recherchée dans les sels ammoniacaux d'origine putréfactive, on ne peut pas être surpris de voir dans ces additions subites d'hydrate de carbone à l'alimentation d'un diabétique en péril d'intoxication, une manière rapide d'abaisser la production des sels mentionnés et d'enrayer la décomposition putréfactive des albumines (1). La thérapeutique doit viser plus spécialement la cause de la maladie, c'est-à-dire le *primum movens* du mécanisme producteur du diabète et de la glycosurie qui est sa plus terrible complication. C. F u n k (2) a appelé récemment l'attention sur la nécessité de reconnaître et de guérir la maladie qui, à son tour, cause la perturbation nutritive. D'après cet auteur, il se produit chez le diabétique, à côté de l'action toxique de quelque produit pathologique excrété par le pancréas, une acidification de l'organisme, et il fait remarquer que cette " acidose primaire " est souvent la *cause* et non la *conséquence* du diabète. Il mentionne particulièrement entre ces causes les maladies gastro-intestinales, dont la nature est souvent difficile à connaître. Pour faire une citation très suggestive à cet égard, nous emprunterons la remarque suivante à un des plus illustres auteurs contemporains de Chimie physiologique, à R i c h a r d N e u-

---

(1) Voir à ce sujet les travaux de E. Boehnke et ceux de C. A. Herter et A. J. Kendall. Le premier investigateur (Arch. f. Hyg. T. 74. Pags. 81 — 109) détermine les relations qui existent entre la teneur en sucre des bouillons de culture et la nutrition azotée des bactéries. A l'exception du B. prodigiosus et du B. typhi, l'addition du sucre au bouillon diminue la production d'ammoniaque dans les différentes espèces de bactéries essayées. Les seconds expérimentateurs (Journ. of biolog. Chem. T. 7. Pags. 213 — 217. Travail fait à l'Institut Rockefeller pour l'investigation médicale) se sont limités à étudier l'influence du changement de diète sur la flore intestinale. L'investigation a été faite sur des chats et des singes, en passant d'une alimentation riche en albumine (viande et œufs) à une diète de lait et de sucre. Les bactéries protéolytiques sont remplacées par les acidophiles. Les produits putréfactifs diminuent dans les urines.

(2) C. Funk. Beiträge zur Kausaltherapie bei Glukosurie und Diabetes. Deutsch. med. Wochenschr. T. 37. Pags. 1.260 — 1.263.

m e i s t e r (1) : " Il s'agit peut-être dans plusieurs cas (de diabète) d'un changement pathologique particulier des cellules hépatiques. On doit observer à ce sujet que la glycosurie et le diabète chronique apparaissent assez souvent à la suite de catarrhes gastro-intestinaux de longue durée. On peut imaginer que cette réabsorption durable, et en quantité anormale, des produits de la putréfaction et de la fermentation qui ne sont pas suffisamment neutralisés, amène le changement supposé de la cellule hépatique par une espèce d'autointoxication."

Si brillante que soit l'expérience de reproduction du diabète au moyen de l'extirpation du pancréas, et si instructives que puissent être pour la connaissance de la nutrition hydrocarbonée les expériences d'intoxication par l'adrénaline, la phloridzine et autres substances, il est un fait qu'aucune utilité pratique n'a pu jusqu'à présent dériver de ces études. Depuis la découverte par C l a u d e B e r n a r d , de la fonction glycogénique du foie qui a fourni la première pierre expérimentale pour l'édifice d'une théorie scientifique du diabète, l'apport incessant en ces derniers temps de matériaux de construction a été si nombreux, si intrinqué et, parfois, si contradictoire, qu'il paraît impossible, dans l'état actuel de nos acquisitions scientifiques, de construire une théorie consistante et de véritable utilité pratique. Tandis que G.Z u e l z e r , M.D o h r n et A. M a r x e r (2) paraissent vouloir confirmer la théorie de la sécrétion interne du pancréas et croient en avoir obtenu une préparation qui amène, en plus d'une amélioration de l'état général, une diminution considérable du sucre et des corps acétoniques chez les chiens et chez l'homme, E r i c h L e s c h k e (3) considère l'extrait du pancréas frais comme une substance toxique, à action létale, qui augmente l'excrétion du sucre chez l'homme et chez les animaux diabétiques. Depuis longtemps on a recherché les altérations du pancréas à l'autopsie des diabétiques, et dans beaucoup de cas, en effet, on l'a trouvé atrophié, sclérosé ou cirrhotique, mais pas dans tous ceux qui ont été examinés. Devant cet insuccès, on a émis l'hypothèse que les altérations du pancréas, toujours présentes dans la maladie, n'ont pu être décelées par nos moyens actuels d'investigation. En

---

(1) R. Neumeister. Lehrbuch der physiologischen Chemie. 1897. Pag. 754.
(2) Deutsch. med. Wochenschr. 1908.
(3) Erich Leschke. Münch. med. Wochenschr. T. 58. Pag. 1396 — 97. 1911.

dehors de ce que le diabète pancréatique artificiellement provoqué présente des différences remarquables avec le diabète spontané de l'homme (1), on revient de nouveau, partout, sur l'absence de lésions.pancréatiques chez certains diabétiques et sur la présence de profondes altérations de cette glande chez des individus qui n'ont accusé pendant leur vie aucun symptôme diabétique.   Les récentes investigations de M. L a b b é à ce sujet (2) sont très concluantes.   A propos du *diabète sucré* et du *Morbus Addisonii*, S c h m a u s - H e r z h e i m e r (3) font remarquer qu'un *carcinome* peut détruire le pancréas ou les capsules surrénales sans qu'apparaissent les symptômes propres à ces maladies.   Il ne serait pas difficile de recueillir dans la littérature médicale diverses observations où on fait la relation des altérations que présentent les glandes vasculaires sanguines chez les diabétiques (hypophyse, thyroïde, ilôts de L a n g e r - h a n s , etc.)   Voir à ce sujet le communication de C a r n o t , R a t h e - r y et D u m o n t (4).   En présence de ces données, tant anatomo-pathologiques que chimiques, aussi nombreuses que contradictoires, on pourrait tout simplement conclure que le diabète sucré est une maladie typique qui se développe chez l'homme comme conséquence d'une longue période d'intoxication fécale, la dégénérescence du pancréas, et peut-être aussi celle d'autres glandes équivalentes, étant le résultat de la réabsorption de produits putréfactifs semblables à ceux qui occasionnent l'athéro-sclérose.   Cette idée que l'altération du pancréas chez le diabétique peut être produite par une cause très rapprochée de celle qui détermine l'athéro-sclérose, se trouve confirmée dans l'examen qu'on en a fait. S c h m a u s - H e r x h e i m e r (5) disent textuellement à ce sujet: "La cause fondamentale de l'atrophie et de la cirrhose du pancréas peut être attribuée très fréquemment à l'athéro-sclérose des petits vaisseaux."

L'intoxication fécale constitue la base fondamentale de la pathogénie du diabète sucré, puisqu'elle suffit à expliquer non-seulement la plupart

---

(1)   Voir à ce sujet W. Falta. Ueber den Eiweissumsatz beim Diabetes mellitus. Berl. klin. Wochenschr. No. 2, et Zeitschr. f. klin. Med. T. 66.

(2)   Marcel Labbé. Société médicale des Hôpitaux. 25 avril. 1913. Le même investigateur précédemment cité. E. Leschke, a fait des constatations anatomo-pathologiques semblables.

(3)   Schmaus-Herxheimer. Grundriss der pathologischen Anatomie. 1912. Pag. 370.

(4)   Société médicale des Hôpitaux. 2 mars 1913.

(5)   Schmaus-Herxheimer. Grundriss der pathologischen Anatomie. 1912. Pag. 605.

des symptômes de cette maladie, mais encore les grandes variations dans la physionomie de la même maladie suivant les différentes régions de la terre. Une forme spéciale de l'intoxication fécale, celle qui aboutit à la formation dans l'intestin de sels ammoniacaux à acides gras volatils à nombre pair d'atomes de carbone, supérieurs à l'acide butyrique, et à un excès de ces mêmes acides, explique d'une façon entièrement satisfaisante la polyurie, l'excrétion abondante de l'urée, l'acétonurie, la lipacidurie, la calcariurie. Dans quelques cas la sortie par l'urine de la cholestérine, de la graisse et de divers lipoïdes, correspondant à une surcharge exagérée des mêmes composés dans le sang des diabétiques, peut être parfaitement mise en lumière en admettant une intense réabsorption fécale, d'ailleur très propre à la maladie. L'excrétion urinaire des matières colorantes, parfois très grande, et tant de fois observée chez les diabétiques, non seulement révèle une profonde intoxication fécale, mais elle met en évidence, d'une manière immédiate, l'influence climatérique de la flore de la localité sur cette putréfaction des matières fécales. La genèse de beaucoup de ces symptômes chez les diabétiques mérite une étude plus approfondie.

Les purgatifs drastiques ont entraîné au dehors une forte quantité d'acides gras volatils, très supérieure à l'état normal. Si on admet un chiffre d'acidité correspondant à 80 c.c. de liqueur normale, soit 7,04 g. d'acide butyrique, pour l'effet du purgatif, en une seule fois, cette quantité d'acide est plus que suffisante pour saturer plus du double de la teneur de la selle diarrhéique en ammoniaque, soit 0,50 g. Cette production abondante d'acides gras d'origine putréfactive dans l'intestin du diabétique ne doit pas nous surprendre si on pense à la formation très forte et très rapide des mêmes acides qui a lieu dans l'estomac, dans certaines formes de dyspepsie acide fermentative. En peu d'heures, toute la subsce sucrée ou amylacée que le malade a ingérée paraît se tourner en acide. Dans l'intestin du diabétique il se produit le même phénomène, avec la seule différence qu'il est porté à un plus haut degré et accompagné de la production concommitante d'ammoniaque. B i e n s t o c k (1) a démontré

____

(1)   Arch. f. Hygiene. T. 39. Pag. 390. 1901.

17

que les deux corps, acide et ammoniaque, peuvent très bien se produire en
même temps aux dépens d'un aliment donné: si on produit l'infection du
lait stérilisé avec le *B. putrificus* et le *Bac. prodigiosus* ou le *Bac. proteus*,
il devient acide et malgré cela il se putréfie. La production d'acide butyrique, aussi intense qu'on veut le supposer, dans l'intestin du diabétique,
est très intéressante à considérer quand on essaie de donner une explication de la genèse du *coma diabétique.* On a obtenu chez les animaux
au moyen de l'acide butyrique, c'est-à-dire de ses sels de soude, un complexus symptomatique entièrement comparable au coma diabétique. Ces
expériences ont été réalisées par E h r m a n n , E s s e r et L o e w y
(1) sur des lapins. Ils ont fait ingérer à ces animaux du butyrate de sodium et aussi de l'isobutyrate de sodium. Tandis que le premier sel
produit facilement le coma, ce dernier, à la même dose, ne le détermine
pas. Dans l'intoxication produite par les deux sels, les valeurs d'acide
carbonique expulsé par les animaux se maintiennent au même niveau
dans les deux expériences comparatives, et cependant, comme on l'a dit
déjà, l'isobutyrate de sodium reste sans action. Les investigateurs se
croient autorisés à conclure de leurs expériences comparatives, qu'il ne
s'agit pas d'une intoxication acide qui occasionnerait la mort en soustray-
ant de l'alcali, mais d'une intoxication spécifique par l'acide butyrique.
Un autre investigateur, A. M a r x (2) qui a conduit son expérience sur
des chiens à jeûn, n'est parvenu, régulièrement par injection intrapéritonéale, rarement par ingestion, qu'à obtenir un état passager semblable au
coma diabétique de l'homme; l'intoxication, que cet expérimentateur attribue aussi à une action spécifique de l'acide butyrique, s'est manifestée
chez les petits chiens, par de l'excitabilité, de la sommolence, du sommeil,
et finalement coma profond avec anesthésie et perte des reflexes. On
peut très sûrement attribuer la cause de l'intoxication observée à la transformation de l'acide butyrique en corps acétoniques, notamment en acide
acétylacétique, qui est un corps toxique. Ainsi qu'on l'a dit précédem-

---

(1)   R. Ehrmann, P. Esser et A. Loewy. Ueber experimentelles Coma. Zeitschr. f. klin.
Med. T. 72. Pags. 496 — 504. 1911.

(2)   Alfr. Marx. Ueber die Wirkung des buttersauren Natrium auf der Organismus junger
hungernder Hunde, nebst Bemerkungen zur Lehre vom Coma diabeticum. Zeitschr. f. klin. Med.
T. 71. Pags. 165 — 193. 1911.

ment, l'acide isobutyrique ne produit pas d'acétylacétique; par conséquent il ne peut pas occasionner l'intoxication, ce qui est un fait constaté.

Avec l'aide des connaissances qu'on vient d'exposer, nous pouvons déjà entrer dans l'interprétation d'un fait qui a été précédemment mentionné, concernant la nature du diabète sucré et qui apparaît dans notre région atlantique: nous voulons parler de *l'absence du coma diabétique* très bien observée par nos cliniciens. Dans la zone tempérée " on trouve souvent dans les urines des diabétiques de grandes quantités d'acide acétylacétique et d'acide β-oxybutyrique (on a souvent trouvé de 30 à 50 g. de ce dernier par 24 heures). Il y a donc dans le diabète augmentation de la production d'acides dans l'organisme (*acidose*)" (1). On a observé aussi, sous la même influence climatérique, que quand l'excrétion de corps acétoniques est petite, il n'apparaît, dans l'urine, que de l'acétone seulement; quand cette excrétion est plus forte, il apparaît de l'acide acétylacétique; l'acide β-oxybutyrique se montre quand la sortie de corps acétoniques est plus élevée encore (2). La présence de l'acide β-oxybutyrique, avec absence des autres corps acétoniques, est un phénomène extrêmement rare. Or, nous n'avons jamais constaté la présence de l'acide acétylacétique, ni celle de l'acide β - oxybutyrique dans nos urines diabétiques. Notre investigation a été faite au moyen de méthodes chimiques et optiques (3). Ces faits ont été constatés par le D r. J u a n I t u r b e (4) dans son laboratoire. Déjà le simple fait de la petite quantité d'acétone qui existe dans les urines des diabétiques constitue une démonstration de l'absence des autres corps acétoniques nommés, (voir page 245). L'ancienne conception suivant laquelle l'acide β-oxybutyrique était la substance mère d'où les autres corps acétoniques se dériveraient par oxydation et hydrolyse, est insoutenable aujourd'hui. La substance mère est bien l'acide butyrique, puis l'acide acétylacétique, d'où proviendrait par réduction l'acide β-oxybutyrique. Nous reviendrons sur cette intéressante question à la fin de ce chapitre. La forte produc-

____

(1)   E. Gley. Traité élémentaire de physiologie. 1910. Pag. 682.
(2)   Neubauer-Huppert's Lehrbuch. Analyse des Harns. 1910. Pag. 237.
(3)   Hoppe-Seyler's Handbuch der physiologisch - und pathologisch - chemischen Analyse. Berlin. 1903. Pags. 70 et 78.
(4)   J. Iturbe. Communication personnelle. Voir Pag. 236.

tion de corps acétoniques dans l'organisme des diabétiques européens, substances toxiques qui produisent le coma diabétique, et dérivent directement du dédoublement intrahépatique de *l'acide butyrique normal de fermentation* d'une part et, de l'autre, la pénurie extrême des corps acétoniques dans l'urine de nos diabétiques, sont des faits suffisants pour donner une explication satisfaisante de l'absence du coma diabétique, très bien constatée sous nos climats.

La question précédemment exposée de l'absence du coma diabétique se trouve intimement liée, ou vient se transformer en la question, d'une haute portée biologique, de la pénurie de fermentations butyriques dans notre localité. Toujours l'importance du climat s'impose, toujours l'élément microbiologique de la flore générale du pays vient apporter son influence effective sur la nature des manifestations pathologiques d'une maladie donnée. Une rapide incursion sur la nature chimique des fermentations habituelles de notre région montre que la fermentation butyrique se trouve reléguée à une place d'importance très secondaire. On connaît les relations étroites qui existent entre la fermentation lactique et la fermentation butyrique. Le ferment butyrique ordinaire de P a s t e u r , le *Bacillus amylobacter,* au moyen d'une décomposition anaérobique, transforme en acide butyrique l'acide lactique primitivement formé dans la première espèce de fermentation. Je me souviens parfaitement des efforts inutiles que mon illustre maître, V i c e n t e M a r c a n o , qui venait d'arriver de Paris, faisait dans le laboratoire pour obtenir l'acide butyrique au moyen de la recette classique de P e l o u z e et G e l i s . Ce procédé est décrit par S c h ü t z e n b e r g e r (1) de la manière suivante: " On dissout 3 kilogrammes de sucre de canne et 15 grammes d'acide tartrique dans 13 kilogrammes d'eau bouillante. Au bout de quelques jours, on ajoute 60 grammes de vieux fromage délayé dans 4 kilogrammes de lait caillé et écrémé, et 1 kilogramme et demi de craie. Le mélange est abandonné à lui-même pendant 5 ou 6 semaines, à une température de 35° à 40°. On a soin de renouveler l'eau à mesure qu'elle s'évapore. Lorsque le dégagement gazeux qui succède à la fermentation lactique est terminé, on porte à l'ébullition, etc." Dans tous ces essais, pas

---

(1) Paul Schützenberger. Traité de Chimie générale. 1885. T. V. Pag. 166.

plus le lactate de chaux que le butyrate ne se sont formés. D'après l'auteur cité, une partie de l'acide produit par le lait qui s'aigrit spontanément sous notre climat, est constitué par l'acide acétique. Comme Vicente Marcano avait le droit de l'établir, les ferments lactiques, dans notre région tropicale, cèdent la place aux ferments acétiques plus répandus et plus puissants qu'eux. Une critique un peu approfondie des travaux de Vicente Marcano (1) sur la biologie générale de notre région vénézuélienne, nous mènerait trop loin de notre but actuel; nous pouvons simplement assurer que ces travaux sont de la plus haute importance pour la chimie physiologique comparée, et, bien que nous ne les ayions pas confirmés sur tous les points, les lignes générales en resteront désormais magistralement tracées; ce sont eux principalement qui ont inculqué dans notre esprit, peut-être à notre insu, le germe des idées exposées dans cet ouvrage.

Il est un fait bien établi que les excréments humains de notre région atlantique contiennent une petite quantité d'acides gras inférieurs. Nous avons fait ressortir précédemment (pages 120-121) la différence considérable qui existe à cet égard entre la teneur en acides gras volatils de la selle tempérée et de la selle tropicale. On trouve très fréquemment, surtout à l'état pathologique, des selles riches en acide lipopectique, dans des proportions telles que la quantité des autres acides gras volatils se trouve réduite à des valeurs infimes, soit 5 c.c. d'acide normal par 24 heures. Cet acide singulier vient occuper la place des autres. L'intervention des agents bactériens qui le produisent viennent reléguer au second plan les bactéries acidogènes habituelles. Cette explication de la diminution des acides gras inférieurs dans l'intestin tropical n'est nullement en opposition avec la cause qui a été précédemment exposée. La pénurie des germes lactiques et butyriques dans les milieux où l'hom-

---

(1) On trouvera une description sommaire des principaux travaux de Vicente Marcano dans Louis Grandeau: Annales de la Science Agronomique. 1891. II. Pags. 121 — 125. Les travaux rapportés sont: Etude des fruits tropicaux. Recherches sur les eaux pluviales des régions tropicales. Recherches sur les eaux noires de l'Orénoque. Recherches sur la peptonisation des viandes. Fermentation alcoolique du vesou. Recherches sur les terres nitrées du Vénézuéla, et sur l'origine des gisements du nitrate de soude. Un mémoire plus étendu de ce dernier travail, se trouve, sous le titre: " Formation des terres nitrées dans les régions tropicales," dans le traité de M. Boussingault. Agronomie, chimie agricole et physiologie. Paris. 1891. Tome huitième. Pags. 144 — 160.

me vit, c'est-à-dire, dans la flore microscopique où il est plongé, doit se traduire par une diminution corrélative de ces mêmes germes et des acides qu'ils produisent dans l'intestin humain; la diminution des corps acétoniques dans les urines des diabétiques et l'absence du coma chez ces malades en est la conséquence. Le remplacement de ces acides, lactique et butyrique, par d'autres acides nouveaux, qui, à leur tour, proviennent de l'activité de germes différents, est une cause qui paraît être plus étroitement liée avec le phénomène en question. Nous allons faire la description des faits chimiques concernant ces acides étranges qui tendent à remplacer, en partie, les acides gras volatils des régions tempérées.

Quand on distille de la matière fécale avec les acides sulfurique ou phosphorique et de l'eau, dans les proportions précédemment indiquées (50 g. de matière, 200 c.c. d'eau et 20 c.c. d'acide phosphorique ou 10 c.c. d'acide sulfurique), on observe, après quelque temps, qu'il commence à se déposer sur les parois du tube central du réfrigérant une substance cristalline, qui se convertit rapidement en une couche dont l'épaisseaur augmente incessamment jusqu'à remplir la lumière du tube surtout dans les parties froides. Cette substance est entièrement comparable à l'hydrate d'alumine récemment précipité ou mieux encore à l'acide pectique quand il vient à être mis en liberté au moyen d'un acide minéral. Nous avons employé pour effectuer cette distillation un réfrigérant court de L i e b i g , dont le tube central présente quelques renflements ovoïdes. Quand la matière fécale est un peu riche en acide lipopectique on voit les dits renflements se remplir plusieurs fois au cours de la distillation. Le phénomène décrit est si prononcé qu'il excède en énorme proportion l'entraînement par la vapeur d'eau des différents acides gras supérieurs, que nous avons intentionnellement ajoutés à titre de comparaison. Cette masse transparente et gélatineuse est reçue dans un filtre, qu'elle remplit quelquefois; elle est lavée avec de l'eau distillée froide et on la laisse sécher jusqu'au lendemain; elle est alors dissoute dans de l'alcool tiède, où elle abandonne, par cristallisation fractionnée, au moins trois espèces d'acides. Il y a des fèces qui ne contiennent qu'une petite proportion de ces acides tandis que d'autres en sont richement pourvues. La quantité d'acides obtenus est indépendante du genre d'alimentation. Les fèces des diabétiques qu'il nous a été donné d'examiner sont très fortement chargées de ces acides. C'est précisément dans les urines de ces mêmes malades que j'ai vu apparaître les mêmes composés en quantité appréciable. Tandis que dans les urines normales le distillat urinaire obtenu par la méthode de dosage des acides gras volatils de S t r a u s s et P h i - l i p p s o h n (l.c. page 120), présente une opalescence plus ou moins prononcée, les urines des diabétiques et celle d'un cas de calcariurie polyurique laissent voir dans le liquide de la distillation les grumeaux caractéristiques de l'acide lipopectique.

Les propriétés chimiques des acides lipopectiques sont les suivantes: Ils sont formés par des masses d'écailles cristallines douées d'un magnifique éclat nacré. Ces écailles, qui se présentent parfois en couches semblables à des feuilles de papier, sont formées de minces cristaux nacrés enchevêtrés. Ils sont assez solubles dans l'alcool froid, mais le sont davantage dans l'alcool chaud, dans l'éther, le chloroforme, et les autres dissolvants organiques. Leurs sels de sodium sont très solubles dans l'eau, où ils donnent un liquide légèrement mousseux, beaucoup moins mousseux que celui des sels alcalins des acides stéarique et palmitique. Tandis que les solutions alcalines un peu concentrées de ces derniers acides dans l'alcool se transforment, en se refroidissant, en une masse gélatineuse, le même phénomène n'a pas lieu avec les solutions alcalines des acides lipopectiques dans l'alcool. Un excès d'eau n'en décompose pas le sel alcalin. Les acides lipopectiques présentent une odeur caractéristique rappelant légèrement le musc. Leurs solutions alcalines dans l'eau sont précipitées par les métaux alcalino-terreux et les métaux lourds. Un des caractères bien singulier des acides est leur altérabilité quand on les fond. Quand on chauffe l'acide stéarique pur, il donne un liquide incolore, et, en refroidissant, donne une masse blanche. Si on répète la même opération avec l'acide lipopectique, il s'obscurcit, parfois même il laisse voir une poussière fine et noire, et, en refroidissant, il se prend en une masse d'une couleur jaune clair. La solution alcoolique tiède, quand elle est un peu concentrée, laisse déposer lentement de l'acide lipopectique cristallisé; si on la concentre de nouveau au moyen de la chaleur elle donne, par le repos, une nouvelle quantité d'acide lipopectique. De

cette manière il nous a été possible d'en séparer trois portions ; la dernière, la plus abondante, a mis un mois pour se cristalliser, et c'est elle qui,
précisément, a le point de fusion le plus bas. Voici un petit tableau qui
résume quelques propriétés importantes des acides lipopectiques que
nous sommes parvenus à isoler :

	Point de fusion.	Basisité de 1 g. $\frac{N}{10}$	Pourcentage en CuO.
Première portion...	68,0°	38,1 c.c.	10,77
Seconde portion....	62,5°	39,0	12,00
Troisième portion..	56,1°	41,2	14,07

Les points de fusion ont été déterminés au moyen de la méthode
du tube capillaire (1), ne disposant pas de la quantité suffisante pour
faire une détermination plus précise. La basisité l'a été au moyen de
la soude décinormale en présence de phtaléine avec les précautions con-
venables (2). Le sel de cuivre a été préparé par double décomposition
et desséché par une longue permanence sur de l'acide sulfurique, chauffé
à 60 - 70° C., et, après une nouvelle dessiccation par l'acide sulfurique,
pesé sur une balance analytique de Sartorius jusqu'au poids constant ; on
en a fait alors la calcination, en employant l'acide nitrique pur, par 3 ou
4 fois jusqu'au poids constant de l'oxyde de cuivre obtenu. Comme le
montre la considération des constants physiques exposés, il s'agit d'acides
d'un poids moléculaire aussi élevé que celui de l'acide stéarique, et
cependant ils ont passé facilement à la distillation. On sait que quand on
fait la distillation acqueuse des acides gras supérieurs à la pression ordinaire avec l'acide phosphorique, l'acide laurique est le seul de ces
acides qui passe à la distillation (3).

La première portion peut être considérée comme de l'acide stéarique
presque pur, puisqu'elle en présente tous les caractères. La seconde se
rapproche davantage de l'acide palmitique. La troisième, la plus abondante, serait la seule qui pourrait mériter le nom d'acide lipopectique.
J'ai même pu isoler une quatrième portion dont le point de fusion est

(1) Th. Weyl. Die Methoden der organischen Chemie. Erster Band. Allgemeiner Teil.
S. Lindenbaum. Leipzig. 1909. Pags. 193 — 195.
(2) Th. Weyl. Die Methoden der organischen Chemie. Zweiter Band. Th. Posner. Leipzig
1909. Pags. 489 — 594.
(3) Hoppe-Seyler's Handbuch der physiologisch-und pathologisch-chemischen Analyse.
1903. Pag. 63.

plus bas encore; mais l'investigation chimique n'en a pas été faite. La présence de ces acides à l'état de traces dans l'urine normale, l'abondance relative avec laquelle ils passent à la distillation dans les urines des diabétiques, leur odeur *sui generis,* leur altérabilité et quelques autres caractères chimiques nous font croire à la présence d'un composé particulier qui proviendrait de l'intervention de germes inconnus de la flore intestinale. En tout cas, un fait de la plus haute importance ressort de ces constatations; c'est le suivant: la distillation, même prolongée, des matières fécales et de l'urine, ne donne qu'une proportion d'acides gras volatils très inférieure à celle de la zone tempérée. Ces acides sont composés en grande partie par l'acide acétique, l'acide formique, et d'autres acides homologues supérieurs inconnus ou du moins que nous n'avons pas réussi à caractériser. Nous n'avons obtenu de l'acide butyrique que dans le cas où il a été introduit par le rectum, et que, protégé par la chaux, il a pu arriver à l'urine. La fermentation acétique étant de beaucoup la plus abondante, il était tout naturel de voir l'acide acétique prédominer dans les urines. Cette fermentation acétique est si forte que le développement de l'acide acétique dans des bouillies contenant de l'amidon cuit ou cru, sans qu'il ait été préalablement saccharifié, est observé couramment. Si on distille ce liquide fermenté, *sans l'addition d'aucun acide minéral,* on voit passer un acide volatil solide, soluble dans l'alcool, et de même aspect que l'acide lipopectique. (Voir à la fin de l'ouvrage: ''Analyse chimique physiologique et pathologique'').

Avant de passer à considérer d'autres questions auxquelles doit répondre la théorie de l'origine fécale du diabète, nous devons faire remarquer que l'intensité de la polyurie et la proportion des corps acétoniques ne sont pas des phénomènes étroitement liés. Si on admet que c'est l'excès d'urée putréfactive qui vient dépasser le taux individuel de la production nutritive de la même substance, celle qui produit la polyurie, tandis que la formation des corps acétoniques ne peut avoir lieu qu'avec l'acide butyrique seulement, certains aminoacides, ou d'autres acides dérivés du même composé, avec certaines restrictions chimiques, on peut facilement concevoir que divers sels ammoniacaux, l'acétate d'ammoniaque surtout, peuvent satisfaire les conditions exigées pour la production du premier phénomène, tandis que le second ne se réalise que dans certaines conditions bien limitées. Une étude approfondie de l'activité fermentative des bactéries intestinales qui se développent sous ce climat peut seule conduire à l'établissement de la part qui revient à chaque ordre de phénomènes.

Nous avons obtenu avec l'acétate d'ammoniaque, en injection rectale, un effet diurétique plus puissant encore chez le même sujet d'expérimentation qu'avec le butyrate d'ammoniaque. Ceci se conçoit facilement, si on pense que l'action diurétique du sel employé provient de sa partie ammoniacale et non de l'acide qui le forme. Dans nos expériences avec l'acétate d'ammoniaque, nous n'avons pas constaté une augmentation de l'acétone. Deux observations importantes concernant ces expériences doivent être consignées ici. Ce sel augmente particulièrement la sensation de la soif; nous-même, qui avons été soumis à l'influence de ce sel pendant deux jours seulement, (page 123) pouvons assurer l'exactitude de cette observation. On sent subitement la nécessité de boire, et l'eau semble d'autant plus rafraîchissante que la bouche est sèche et ardente. L'autre observation se réfère au temps pendant lequel l'effet diurétique a lieu. Tandis que le butyrate d'ammoniaque produit son maximum d'action pendant la journée, puisque les urines de la nuit sont plus concentrées et plus réduites, l'acétate d'ammoniaque détermine l'apparition d'urine aussi abondante pendant la nuit que pendant le jour. Cette action ne paraît pas être exclusive de l'acétate d'ammoniaque. Nous avons observé le même effet avec le chlorure d'ammonium, par ingestion, parce que ce sel ne paraît pas se former dans le gros intestin, étant donné que la plus grande partie du chlore ingéré passe au sang et à l'urine (97 p. 100). Peut-être que dans les conditions physiologiques les choses ne se passent pas ainsi. En tout cas, une expérimentation plus étendue chez l'homme, en employant des sels ammoniacaux divers, nous donnerait des renseignements très intéressants sur la genèse de certains symptômes chez les diabétiques.

Si nous faisons un court résumé des connaissances que nous venons d'exposer, il est facile de voir que la polyurie diabétique est plus sous la dépendance de l'intensité de la putréfaction intestinale que de la nature

des bactéries qui déterminent les fermentations des hydrates de carbone.
Dans l'organisme du diabétique ont lieu deux ordres de phénomènes:
d'une part, excès d'alimentation azotée, intensité de la *putréfaction intestinale* avec une abondante production d'ammoniaque, qui, à son tour, détermine une fort polyurie; et, de l'autre, excès d'alimentation hydrocarbonée, intensité des *fermentations intestinales* avec production d'acide butyrique et des corps acétoniques. Ces deux ordres de phénomènes sont
indépendants l'un de l'autre; il y a entre eux un certain antagonisme,
ainsi qu'il a été dit, mais cet antagonisme n'est pas absolu. Tous deux
sont sous la dépendance étroite de la flore générale de la région, dont ils
ne sont qu'une manifestation localisée à l'intestin. La pénurie des fermentations lactiques et butyriques d'une part, et, de l'autre, l'intervention
des agents producteurs d'autres acides gras volatils sont des causes qui
viennent modifier profondément la nature des fermentations intestinales;
c'est en nous basant sur ce point d'appui que nous offrent les grands phénomènes biologiques généraux, qu'il est possible d'expliquer le diabète à
formes cliniques et chimiques spéciales qui existe dans notre région
atlantique: Diabète avec polyurie et glycosurie modérées, petite acétonurie, absence de diacétonurie, apparition des acides gras nouveaux dans
les fèces et dans les urines, et, finalement, absence du coma diabétique.
La production d'ammoniaque est également réduite. Ainsi qu'il a été
établi, la nature des fermentations qui ont lieu dans l'intestin n'explique
pas la réduction de la polyurie dans notre forme spéciale de diabète sucré,
la polyurie étant liée à l'abondance de la production de l'ammoniaque
dans l'intestin, c'est-à-dire à la putréfaction intestinale. Au point de vue
théorique il n'existe aucune raison qui s'oppose, dans notre région atlantique, à l'existence d'un diabète sucré avec polyurie abondante. La fait
a été signalé dans un cas par un clinicien digne de foi (voir page 236).
Il nous a été récemment donné d'observer un cas très remarquable, qui,
étant donnée l'importance qu'il présente pour la pathogénie du diabète
sucré, mérite une description et une interprétation spéciales.

G. G. âgé de 40 ans, souffre du diabète depuis plus de deux ans. La
maladie s'est déclarée après des phénomènes dyspeptiques très prononcés. La présence du sucre dans ses urines a été constatée à

la suite d'un enrouement intense qui d'ailleurs a disparu complètement. Depuis cette époque, la polydipsie, la polyphagie et la polyurie ont été très développées. Le malade, désespéré de guérir, abandonna tout médicament et tout régime alimentaire. Il mange tout ce que son appétit pathologique lui suggère. Pendant une année, bien que le volume de ses urines ait varié entre 7 et 12 litres en 24 heures, avec une forte glycosurie, *le coma diabétique n'a pas fait son apparition*. Voici les chiffres que j'ai obtenus de l'investigation chimique de ce cas véritablement exceptionnel pour nous :

Volume urinaire en 24 heures .... 12,950 c.c.

Densité à 24° 1026,8

Sucre 468,3

Acides gras volatils .... 838,5 c.c. N|10

Chaux 2,226

Ammoniaque .... 2,631 g.

Acétone .... 0,399 g.

Azote total .... 22,579 g.

Urée 40,835

Coefficient azoturique 84,2%

Poids de la selle diarrhéique obtenue au moyen
    d'un drastique ....1239,0 g.

Ammoniaque .... 0,556 g.

Chaux totale 1,121

Chaux soluble 1,073

Chaux soluble p. 100 .... 95,7 %

Acides gras volatils en soude décinormale :

1ère Distillation :

Acides gras inférieurs ....1593,0 c.c.

Acide lipopectique 13,5

2ème Distillation :

Acides gras inférieurs 890,0

Acide lipopectique 73,5

3ème Distillation :

    Acides gras volatils 340,6

    Acide lipopectique 48,2

La présence de l'acide acétylacétique n'a pas été çonstatée. La simple réaction de G e r h a r d t au moyen du perchlorure de fer n'a donné aucune teinte rouge, si débile fut-elle. Déjà la faible proportion d'acétone, déterminée par la méthode H u p p e r t - M e s s i n g e r , ne permettait pas d'espérer la présence de l'acide acétylacétique. Les acides gras volatils de l'urine sont presque exclusivement formés *d'acide acétique* et d'une minime proportion d'acide formique. L'acide butyrique n'existe pas. L'acide lipopectique n'a fait son apparition dans le distillat urinaire qu'en quantité relativement minime, étant donné le grand volume urinaire ; mais il était facile à reconnaître, tant par son odeur caractéristique et par l'opalescence des dernières portions du distillat qui ont passé, que par l'aspect du réfrigérant. La quantité de ce même acide, qui a été obtenu par la distillation des matières fécales, a dépassé la mesure de ce que nous avions observé auparavant. On peut avoir une idée de sa proportion en calculant son poids déduit de sa basisité (41 c.c. de soude décinormale en moyenne pour 1 g. de substance), soit 3,3 g. de substance. La présence de l'acide acétique a été très facile à établir au moyen de l'éther acétique, l'action du perchlorure de fer, etc. Déjà l'odeur même des matières fécales laissait percevoir l'acide acétique.

Bien que ce malade ne se soit soumis à aucune restriction alimentaire et qu'il fasse des transgressions diététiques de toutes sortes, en surchargeant son estomac d'un excès d'aliments azotés et hydrocarbonés depuis plus d'un an, le coma diabétique n'a pas fait son apparition. Au début de sa maladie, il a présenté un état de somnolence à la suite d'une ingestion immodérée de vin urané médicinal ; cet état, d'ailleurs sans péril, s'est dissipé rapidement sans offrir aucun des symptômes bien caractéristiques du coma diabétique. L'absence, sous notre climat, de cette complication grave du diabète trouve son explication dans les particularités de l'analyse chimique : acétonurie réduite, absence de diacétonurie. En dehors des raisons d'ordre chimique et expérimental qui ont été précédemment exposées et qui font considérer l'acide acétylacétique, corps toxique, comme la cause du coma diabétique, on doit faire observer que ce composé a été incriminé comme la cause de la même complication par divers auteurs, de telle manière qu'on la connaît aujourd'hui sous le nom de *coma diacétique* (1). Par conséquent, on doit donc admettre que les acides acétylacétique et β-oxybutyrique qui apparaissent dans les urines des diabétiques de la zone tempérée, et qui produisent le coma, sont *des substances d'origine exclusivement intestinale.* Cette conclusion est de la plus haute importance, tant pour la biologie que pour la pratique médicale. Nous connaissons quelques faits positifs sur ce sujet.— 1° L'acétone existe en quantité infime chez l'individu sain. — 2° L'acétone augmente par l'injection rectale de butyrate d'ammoniaque, sans production concommitante d'acide acétylacétique.—3° B a u m g a r t e n et P o p - p e r (2) ont démontré que l'injection intrapéritonéale d'acide butyrique chez les chiens normaux augmente l'acétonurie. L. B l u m , (3) à son tour, a démontré aussi que l'introduction sous-cutanée des acides butyrique, isovalérianique et caproïque, sur des animaux normaux, augmente l'excrétion urinaire de l'acétone. 4° B a e r et B l u m (4) ont provoqué chez les diabétiques, par ingestion des acides gras, une augmentation de l'acétone et de l'acide acétylacétique. 5° Bien que l'acide acétylacétique puisse se dédoubler *extra corpus* en donnant de l'acétone, l'organisme normal fait disparaître cet acide sans le transformer en acétone, car S c h - w a r z et G e e l m u y d e n ont observé, après l'ingestion de l'acétylacétate de soude par l'organisme normal, que l'excrétion des corps acétoniques n'augmente pas ou qu'il ne s'en produit qu'une petite augmentation. De la même manière, E m b d e n et M i c h a u d ont observé que la pulpe hépatique fraîche détruit une petite quantité d'acide acétylacétique sans qu'il apparaisse de l'acétone. Cette expérience a été constatée par D a k i n (5). 6° Suivant O. P o r g e s , le chien rendu diabétique par

---

(1) Ch. W. Purdy. Practical uranalysis and urinary diagnosis. Philadelphia. 1903. Pag. 126.

(2) Baumgarten und Popper. Ueber acetonurie beim Hund. Zentralbl. f. Physiol. Pag. 377. 1906.

(3) L. Blum. Ueber den Abbau von Fettsäuren im Tierkörper und die gegenseitigen Beziehungen der acetonkörper. Münch. med. Wochenschr. 1910. No. 13.

(4) Baer und Blum. Ueber den Abbau der Fettsäuren beim Diabetes melitus. Arch. f. exper. Pathol u. Pharm. T. 55. 89. 1906. T. 56. 92. 1907. T. 58. 321. 1908.

(5) Ces derniers auteurs: Schwarz et Geelmuyden, Embden et Michaud, et Dakin, sont cités par O. Porges, dans son travail: " Le dédoublement des acides gras par l'organisme." Asher u. Spiro. Ergebnisse der Physiologie. Pag. 14. 1910.

l'extirpation du pancréas, est aussi incapable que l'homme diabétique de détruire l'acide acétylacétique introduit; il n'en transforme en acétone qu'une partie. De tous les faits précédemment exposés, nous nous croyons autorisés à en tirer la conclusion suivante: *L'acide acétylacétique est un produit qui n'appartient pas à la nutrition normale,* car, s'il lui appartenait, il devrait apparaître dans les urines de nos diabétiques, même en l'absence absolue de bactéries butyriques. A ce sujet, nous avons indiqué que O. P o r g e s suggère l'idée (voir page 238) ques les acides gras se détruisent graduellement dans l'organisme normal en passant par la forme transitoire de l'acide acétylacétique, et que chez les diabétiques la destruction de ces acides se fait dans de si fortes proportions qu'ils ne peuvent être dominés, une partie restant immobilisée dans cet état. D'après cette conception, l'acide acétylacétique représente un étage transitoire du dédoublement normal des acides gras, le foie du diabétique étant insuffisant à détruire ou transformer par synthèse la grande quantité qui s'en produit. Le même phénomène devrait avoir lieu sous les tropiques, principalement dans les formes graves de diabète. Comme ceci n'a pas lieu, on a le droit de conclure que l'acide acétylacétique ne représente pas un produit transitoire de la nutrition des acides. D'ailleurs, O. P o r g e s lui même reconnaît le caractère hypothétique de cette idée, quand il dit textuellement: " L'exposition présuppose que les expériences de K n o p p, E m d e n, ainsi que celles de B a e r et B l u m, effectuées dans des conditions spéciales, permettent de déduire des conclusions applicables à l'état normal, ce qui, ainsi que nous le reconnaissons, peut être combattu."

Nos deux conclusions sont donc d'accord: 1° L'acide acétylacétique et l'acide β-oxybutyrique qui parait en dériver par réduction, sont des substances d'origine exclusivement intestinale, c'est-à-dire climatérique. 2° L'acide acétylacétique n'est pas un produit normal de la nutrition des acides gras. Cette différence dans les caractères chimiques de la même maladie dans la zone tempérée et sous les tropiques peut être facilement expliquée par l'absence des agents microbiens producteurs d'acide butyrique. Quelque exclusive que cette conclusion puisse paraître, il est un fait bien établi que dans les urines *fraîches* des diabétiques, même sous la forme la plus prononcée, on ne trouve pas d'acide acétylacétique ni d'acide β-oxybutyrique. On ne peut pas, dans l'état actuel de nos connaissances, formuler d'objection sérieuse contre cette conclusion. Si on explique généralement la formation de l'acétone par l'intermédiaire du dédoublement de l'acide acétylacétique primitivement formé, on doit avouer que ce n'est pas l'unique moyen dont dispose l'organisme pour parvenir à la formation de l'acétone ou *du moins d'une substance volatile capable de donner du iodoforme.* C'est la conclusion à laquelle arrivent L. B l u m et M a x K o p p e l (1). Ces investigateurs ont introduit chez les chiens, par la voie sous-cutanée, du diéthylacétate de sodium: l'acide de ce sel a été oxydé à la position β, et, après avoir perdu de l'anhydride carbonique, a donné par l'urine la métyl-n-propylacétone. J'ai réfléchi longuement avant de me décider à consigner ici ce fait, mais à la fin je m'y suis résolu, parce que l'absence d'acide acétylacétique est un fait bien constaté et les phénomènes de la nature immuables, tandis que leur interprétation humaine peut seule varier. Voici quelques explications de l'absence d'acide acétylacétique dans notre pays: 1° Absence du coma diabétique (état d'intoxication produite par cet acide ou par l'acide butyrique). 2° Absence de la fermentation butyrique dans l'altération habituelle de nos aliments: lait, fromages, boissons sucrées, etc. 3° L'injection rectale de butyrate d'ammoniaque a déterminé un changement rapide de la flore intestinale (avec l'apparition de l'oxycyanine dans l'urine et dans les matières fécales). 4° Nos urines et le sang contiennent toujours, à côté des acides lipopectiques précédemment décrits, d'autres substances qui ne se trouvent pas dans les urines de la zone tempérée; ces substances ont pu empêcher la formation de l'acide acétylacétique. 5° Les urines des diabétiques contiennent une petite proportion d'acétone, bien qu'il s'agisse d'une forme grave du diabète. Dans ce dernier cas, le grand volume urinaire répandait une forte odeur pas précisément à acétone mais rappelant celle d'une boisson fermentée du pays, préparée avec du maïs fermenté: la proportion d'acétone, c'est-à-dire de la substance donnant du iodoforme, dosée, a été très petite. 6° Pendant les expériences qui ont été faites

---

(1) L. Blum et Max Koppel. Ueber die Bildung von Methyl-n-propylketon aus Diäthyles-sigsäure im tierischen Organismus. Ber. d. deutsch. chem. Gesellschaft. T. 44. Pags. 3576 — 78.

dans la zone tempérée par ingestion de substances acétogènes sur les diabétiques, l'intervention de la putréfaction intestinale n'a pas été exclue. 7° Jusqu'à présent, suivant O . P o r g e s (1), la désamidation des acides aminés (avec formation postérieure de l'acide acétylacétique) n'a pas été faite par l'irrigation d'un organe isolé et, suivant A b d e r - h a l d e n (2), il n'a été extrait d'aucun organe de ferment pouvant enlever à un aminoacide son groupement aminé. L'intervention de phénomènes bactériens intestinaux peut très bien être invoquée. 8° L'obtention de l'acide acétylacétique au moyen de l'irrigation sanguine du foie est un fait indéniable avec la différence fondamentale qu'il n'a pas lieu dans l'organisme du diabétique.

On sait que dans celui-ci il se produit une forte quantité d'acides gras inférieurs. On connait ce fait sous le nom *d'acidose*. Nos investigations expérimentales sur la nature et la quantité des acides gras volatils, qui se forment dans l'organisme des diabètiques de notre région atlantique, nous autorisent pour localiser à l'intestin le siège de cette formation. Les bactéries fermentatives intestinales produisent, suivant leur nature, des quantités abondantes d'acides gras volatils; cette production est parfois énorme. Chez notre diabétique à forme grave, à un moment donné, le purgatif drastique a entraîné au dehors 16,9 g. d'acide acétique et 3,3 g. d'acide lipopectique. Dans l'urine du même malade on trouve par 24 heures 5,031 g. d'acide acétique. Cette quantité d'acide exige, pour être saturée et pour être protégée de l'oxydation organismique, 2,347 g. de chaux. En réalité, on en trouve dans l'urine une proportion un peu inférieure, soit 2,22 g. Cette proportion de chaux urinaire est extraordinaire, mais elle correspond à la réalité. Un chiffre semblable a déjà été enregistré par T o r a l b o dans un cas de diabète sucré, soit 2,58 g. de chaux par 24 heures (voir page 118). Les phénomènes qui ont lieu dans l'intestin expliquent suffisamment l'apparition dans l'urine de cette énorme quantité de chaux. Si l'on examine les données analytiques de ce cas, on peut voir que la presque totalité de la chaux fécale existe à l'état solu-

---

(1)   O. Porges. Asher u. Spiro. Ergebnisse der Physiologie. T. 10. Pag. 18. 1910.
(2)   E. Abderhalden. Lehrbuch der physiologischen Chemie. 1909. Pag. 430.

ble. Elle peut donc passer facilement au sang et à l'urine, entraînée par les acides gras qui existent dans les matières fécales, qu'elle protège à son tour contre la destruction organismique. Tous ces phénomènes sont si prononcés dans ce cas qu'on ne peut pas mettre en doute ce passage direct au sang et à l'urine des sels solubles de chaux à acides organiques des matières fécales. C'est ici le lieu de faire observer que chez ce diabétique, dont la gravité dure depuis longtemps, il serait presque impossible d'expliquer cette forte proportion de chaux urinaire en la faisant dériver de la chaux du squelette par une sorte de corrosion acide. Un simple calcul permet de déterminer que l'individu en question, pendant une année, aurait dissous et expulsé par l'urine, la moitié de son propre squelette. La corrosion acide existe, mais elle se réalise seulement dans les matières fécales et non dans l'intimité des tissus. Cette conclusion peut paraître inexacte à première vue, surtout quand on pense que la quantité d'acide produite dans l'intestin par fermentation est bien plus considérable. Nous avons dosé dans les matières fécales le résidu acide qui n'a pas été absorbé à un moment donné; la selle diarrhéique, étant pâteuse, d'un poids de 1,200 g. (pour le maniement de cette énorme masse il a été nécessaire de porter à 4 litres son volume avec de l'eau distillée) devait tenir une place considérable dans l'intestin grêle et au commencement du gros intestin, soit 5 litres (voir page 182) ; si on admet que sa concentration acide est égale à la teneur indiquée, bien qu'il est extrêmement problable qu'elle soit supérieure, on peut porter sans inconvénient à 100 g. la quantité d'acide produite à un moment donné par la fermentation intestinale et prête à être absorbée. On peut se faire une idée à peu près exacte de ce qui se passe dans l'intestin d'un diabétique en se rappelant le phénomène du même ordre qui a lieu dans l'estomac dans les cas de dyspepsie acide fermentative: tous les aliments, principalement le sucre et les hydrates de carbone qui y arrivent, paraissent tourner rapidement en acide. La neutralisation des acides formés, leur facile réabsorption, ainsi qu'un état d'activité exagérée des propres ferments digestifs, tout paraît aider puissamment *cette fermentation acide et ammoniacale qui semble constituer la base chimique et pathogénique du diabète sucré.*

On peut donc se demander ce que devient cette grande quantité d'acide qui se produit dans les dernières portions du tube digestif. ¿Quel est le sort de cette acidose intestinale et quel rôle remplit-elle dans la pathogenèse du diabète sucré? L'état actuel de nos connaissances sur les métamorphoses des acides gras dans l'intérieur de l'organisme, notamment dans le foie, permet d'attribuer à cette *acidose fermentative intestinale un rôle fondamental dans la production du diabète sucré.* C'est cette importante question que nous allons maintenant examiner.

Après avoir décrit les changements que souffrent les diverses espèces d'aliments dans le tube digestif: albumines, graisses et hydrates de carbone, et après avoir indiqué en dernier lieu qu'ils arrivent au foie, où ils sont décomposés en acides gras inférieurs, notamment en acide acétique, O t t o P o r g e s , dans son admirable travail sur le dédoublement des acides dans l'organisme, tant de fois cité, fait le résumé suivant sur la manière dont l'organisme emploie tous ces déchets acides de la déconstruction des aliments:

L'emploi de ces produits se trouve dans leur élaboration synthétique. Le fil conducteur qui peut nous mener à admettre une telle synthèse est sûrement la considération du rôle qu'ils doivent jouer dans l'organisme. Si on tient compte que la plus grande partie de l'énergie accumulée dans les aliments doit être consommée pour la production du travail musculaire, il est naturel d'admettre que cette énergie doit être empruntée aux graisses et aux albumines dans le cas où un organisme serait nourri exclusivement avec ces substances et qu'il effectue un travail musculaire normal. La transformation de ces substances en les dits acides doit s'effectuer dans le foie et non dans le système musculaire ainsi que E m b d e n et ses collaborateurs l'ont démontré. Ce système ne pouvant pas employer directement l'énergie que ce dédoublement met en liberté, on doit penser, dans le cas considéré, aux ultimes produits de l'oxydation des graisses (acides acétique, acétylacétique, etc.) La synthèse qui élabore ces produits doit fournir une substance qui puisse être employée directement comme source de l'énergie musculaire. On peut penser aux hydrates de carbone. On peut citer plusieurs faits qui démontrent que ces corps sont employés directement comme agents énergétiques par le système musculaire: la consommation du glycogène pendant le travail musculaire, la diminution du sucre dans le sang quand on fait l'irrigation d'un muscle isolé qui travaille, etc. Les investigations de l'auteur sur le coefficient respiratoire des animaux, chez lesquels on avait exclu de la circulation l'intestin et les glandes, ont donné des valeurs variant entre 0,9 et 1,0; ceci démontre que le muscle consomme exclusivement de l'hydrate de carbone, puisque dans ces recherches les animaux peuvent être considérés dans le même cas qu'un muscle isolé irrigué artificiellement par un courant sanguin. On peut déduire de ces faits que les acides acétique, acétylacétique, et éventuellement l'acide formique, qui proviennent de l'oxydation des graisses et de l'albumine, sont employés pour la synthèse du sucre. Ceci nous conduit à la question de la formation du sucre aux dépens de l'albumine et de la graisse, qui préoccupe depuis longtemps les chercheurs du problème de la nutrition. Nous ne pouvons entrer en ce moment dans une étude critique des faits physiologiques et pathologiques qui militent en faveur d'une telle transformation. Considérons seulement la manière dont cette synthèse du sucre peut se produire avec ces pierres constructives: les acides acétique, acétylacétique et formique. Les deux premiers contiennent de l'hydrogène et de l'oxygène dans la proportion $H^2:O$, et, d'autre part, l'acide acétique est l'isomère d'un hydrate de carbone: l'aldéhyde glycolique. L'idée d'une synthèse du sucre aux dépens des acides gras se présente tout naturellement à l'esprit, si on pense à la facilité avec laquelle cette même substance se décompose en certains acides gras. E m b d e n a contribué à rendre très acceptable cette synthèse du sucre aux dépens de l'acide lactique; pour cela un simple glissement de l'oxygène entre certains atomes de carbone suffit. L'aldéhyde glycolique pourrait bien se former aux dépens de l'acide acétique; alors, la synthèse du sucre vient à se convertir en un phénomène qui peut avoir lieu facilement *in vitro* (E u l e r); une telle synthèse dans l'organisme n'offre d'ailleurs aucune difficulté. L'acide acétylacétique peut se décomposer en acide acétique, ou peut se transformer par synthèse en un polysaccharide. Dans ce cas, la rupture de la chaîne carbonée n'est pas nécessaire. Le dédoublement en acide acétique est confirmé par l'expérience de D a k i n déjà indiquée: du foie mis en digestion avec de l'acide acétylacétique donne de l'acide acétique si on traite le mélange par l'acide sulfurique. Cette dernière synthèse se trouve en outre confirmée par l'auteur qui a obtenu une substance réductrice dans des solutions de sels acétylacétiques. L'idée que les corps acétoniques sont un produit intermédiaire de la formation du sucre aux dépens des graisses n'est pas nouvelle; déjà M i n - k o w s k i et S p i r o avaient traité ce sujet. Finalement l'acide formique, pour arriver à la synthèse du sucre, est réduit à l'état de formaldéhyde. On admet que ce dernier corps peut former du sucre, soit dans les investigations in vitro (L ö v), soit dans les études expérimentales (G r u b e , P o k o r n y). Au sujet de la formation du sucre aux dépens de l'acide acétylacétique l'auteur dit ce qui suit: " En collaboration avec S a l o m o n , nous avons donné de l'acide acétylacétique à des chiens rendus diabétiques par l'extirpation du pancréeas, et, dans un cas, nous avons observé une excrétion considérable de sucre. Dans une autre investigation le coefficient D:N est le seul qui se soit élevé. La répétition de ces expériences est venue se heurter contre la haute toxicité de l'acide acétylacétique. Les deux chiens indiqués entre 15 animaux traités ont été les seuls qui ont pu être conservés vivants pendant quelques heures."

Cette conception de la synthèse du sucre par le foie aux dépens des acides gras vient combler de grandes lacunes qui existent dans la pathogénie chimique du diabète sucré. En tenant compte de cette conception, on peut établir que le foie produit du sucre par deux processus chimiques ou enzymatiques différents: 1° Au moyen de la fonction glycogénique, c'est-à-dire en employant pour la synthèse du glycogène les produits normaux de la digestion des hydrates de carbone; on pourrait dire la même chose, jusqu'à un certain point, de la digestion normale des graisses, puisque la glycérine peut être transformée en glycogène. Cette substance, une fois produite, passe lentement au sang sous la forme de sucre facilement oxydable. 2° Au moyen de la fonction synthétisante du sucre avec les acides gras fermentatifs, l'acide acétique surtout. Tandis que la fonction glycogénique se rattache au processus normal de la digestion, cette fonction *glycosynthétisante* du foie se trouve intimement liée aux processus fermentatifs et aussi putréfactifs qui produisent de l'acide. Peut-être ces deux fonctions ne se trouvent-elles nullement exclues l'une de l'autre. On sait, par exemple, d'après G r u b e, (1) que le foie, du moins celui des tortues, produit du glycogène avec l'aldéhyde formique, composé qui peut facilement se produire par la réduction de l'acide formique. Peut-être que ces deux fonctions sont produites par les mêmes ferments intrahépatiques, travaillant avec d'autres produits et dans des conditions différentes; dans cette supposition, plausible d'ailleurs, l'une se réaliserait aux dépens de l'autre. Un foie, comme celui d'un diabétique qui ne reçoit que peu d'hydrates de carbone, parce que la plus grande partie s'en trouve déjà transformée en acides gras par une intense fermentation intestinale, ne fait autre chose que développer sa fonction glycosynthétisante aux dépens de la fonction glycogénique.

Par l'hypothèse qu'on vient d'exposer il est facile de concevoir la disparition de l'énorme quantité d'acides qui se produit fermentativement dans l'intestin du diabétique. L'acidose disparaît en grande partie et, à sa place, il se forme de la glycose, produit neutre qui ne peut être bien utilisé, soit parce que les processus d'oxydation de cette substance se trouvent notablement amoindris chez le diabétique, soit parce que la quantité produite à un moment donné en est excessive, n'étant pas sous la dépendance de la régulation hépatique, soit enfin parce que le sucre produit provient d'un processus en grande partie anormal. La quantité d'acide qui apparaît dans l'urine ne peut donner qu'une idée très faible de la quantité d'acide produit dans l'intestin; d'après ce qui a été précédemment établi, une petite partie, celle qui se combine à la chaux, est la seule qui s'excrète, étant protégée contre la destruction organismique. Dans le cas de diabète grave, quand la proportion d'acide est excessive, la chaux ne peut suffire à cet usage; d'autres bases, l'ammoniaque, et peut-être la magnésie, entrent alors en action et augmentent dans l'urine. Que l'ammoniaque employé à cet usage provienne directement de l'intestin ou de la fonction régulatrice que l'organisme possède dans les cas d'intoxication par les acides, ainsi qu'on l'admet généralement, c'est une question

---

(1) K. Grube, Ueber die kleinsten Moleküle, welche die Leber zur Synthese des Glycogens verwerten kann. Pflügers Arch. T. 121. Pag. 636. 1908.

que nous laissons entièrement ouverte à la discussion. Dans cet ordre
d'idées, on se trouve un présence du dilemme suivant: ou bien les acides
produits en excès sont détruits par l'oxydation organismique en dégageant
de la chaleur, c'est-à-dire remplissant la fonction énergétique nécessaire
à l'organisme animal, ou bien ils sont détruits dans le foie, et transformés
en sucre, qui, à son tour, n'est pas utilisé par l'organisme. Dans le premier cas on ne pourrait pas expliquer le dépérissement de l'organisme
du diabétique; dans le second, la nature consomptive de la maladie
se trouverait pleinement confirmée. Nous pourrions présenter un grand
nombre de preuves basées sur divers ordres de faits, pathologiques,
physiologiques, thérapeutiques et chimiques qui sont favorables à cette
dernière manière de concevoir la genèse du sucre chez le diabétique; mais
en ce moment, ceci constituerait seulement un ensemble d'hypothèses un
peu prématurées, étant données les divergences des nombreuses opinions
qui ont cours aujourd'hui dans la science pour expliquer la glycosurie
qui accompagne les différentes formes cliniques et expérimentales du
diabète. La théorie de l'origine fécale du diabète sucré expliquant la
pathogénie d'un grand nombre des symptômes propres à cette maladie,
et même ses particularités climatériques, il était parfaitement indiqué de
chercher dans cette même origine la genèse chimique de sa principale
manifestation symptomatique: la glycosurie. Cette voie d'investigation
chimique de la maladie, suggérée surtout par les conditions climatériques
spéciales dans lesquelles je me trouve placé, étant ouverte, il serait à
désirer de la voir bientôt soumise au contrôle des expériences.

Une foule de questions surgissent quand on considère la pathogénie
intestinale du diabète sucré. Jusqu'à quel point l'urée qui prend naissance
dans les phénomènes intestinaux, l'urée putréfactive, peut-elle expliquer
la polyurie du diabète ? Il est probable que d'autres substances de même origine y prennent part, mais la cause principale de ce symptôme revient à cette substance produite dans des conditions si anormales. Si on
y réfléchit longuement, on arrive bientôt à se convaincre que cette conception est plus d'accord avec nos idées actuelles, tant physiologiques que
pathologiques, sur les échanges nutritifs. On sait que la synthèse intestinale des albumines du sang maintient la constance de la composition de

ce liquide aux dépens duquel vivent toutes les cellules de l'organisme en gardant leur spécificité. Si on considère que les tissus d'un organisme donné vivent de la manière indiquée et que la quantité d'urée qu'ils donnent proviennent de leur désassimilation, à tel point que toutes les albumines digérées et absorbées doivent y parvenir pour être dédoublées, il devient difficile de concevoir comment cet organisme, d'un poids relativement réduit, (comme celui de notre dernier diabétique grave qui pèse 46 kilos) peut donner par 24 heures des quantités d'urée et de sucre aussi excessives pendant de longs mois. Dans l'organisme il existe une confédération de cellules qui vivent d'une manière ordonnée en désassimilant toujours les mêmes albumines du sang pour produire de l'urée, peut-être au moyen de l'intervention obligée de la nutrition intermédiaire, et, dans l'intestin, il existe aussi une masse considérable de bactéries fermentatives et putréfactives qui détruisent intensivement les aliments hydrocarbonés et azotés pour produire des acides et des sels ammoniacaux organiques qui, à leur tour, se transforment dans le foie *en sucre et en urée putréfactives*. Si on doit admettre le fait que la forte proportion de chaux urinaire provient de la dissolution et de l'absorption de la chaux fécale sous l'action des acides fermentatifs intestinaux, on doit donc admettre également qu'une grande partie de l'urée et du sucre qui apparaissent dans l'urine ont la même origine. Si ceci a lieu, on peut facilement expliquer les grandes variations dans le taux urinaire de ces substances que le changement de régime peut occasionner en peu de temps. Une perturbation de la nutrition qui a son siège primitif dans l'intimité des tissus ne pourrait pas obéir à un changement aussi subit de la diète. Il est intéressant d'observer que dans notre région presque tous les cas de diabète sucré s'accompagnent d'une production très modérée de sucre, d'urée, des acides et du volume urinaire. C'est la règle générale. Quand il apparait un cas exceptionnel, où on peut constater une production exagérée de l'urée et des acides, on voit immédiatement s'accroître le taux du sucre et le volume urinaire. Tous ces différents éléments urologiques sont en relation intime, mais la production exagérée des acides et des sels ammoniacaux dans l'intestin sont les phénomènes primitifs.

Une des conséquences les plus suggestives de cette conception de l'origine fécale du sucre urinaire dans le diabète est qu'elle permet d'expliquer la facilité avec laquelle l'organisme change la nature des sucres qui lui arrivent par l'alimentation en laissant parfois apparaître dans l'urine des petites proportions de certains monosaccharides: la pentose, la levulose, la laïose, etc. Dans l'intestin, les hydrates de carbone, les sucres et les aminoacides les plus divers sont décomposés par les bactéries et les ferments jusqu'à l'état d'acides, et c'est sur ces derniers, dont le mélange et la nature sont sous la dépendance de l'espèce éventuelle de putréfaction, que vient s'effectuer l'action synthétisante de la cellule hépatique. Bien que la d-glycose, ou sucre de diabète, en soit le produit habituel. en conçoit la formation possible d'autres hydrates de carbone. Il convient d'indiquer que cette synthèse du sucre par la cellule hépatique, sur laquelle s'appuie la pathogénie du diabète sucré que nous exposons, vient d'être recemment confirmée par G e e l m u y d e n(1). Cet expérimentateur a obtenu une augmentation du sucre urinaire chez des lapins, intoxiqués par la phloridzine et alimentés avec des hydrates de carbone, auquels il injectait les acides acétylacétique et β-oxybutyrique. "L'unique explication naturelle de ces faits est que les corps acétoniques ont été synthétisés jusqu'à l'état d'hydrates de carbone (éventuellement de glycogène) contribuant ainsi à augmenter l'excrétion du sucre." Bien que l'auteur accepte l'opinion de M i n k o w s k i , lequel considère les corps acétoniques comme un étage intermédiaire dans la transformation normale des graisses en hydrates de carbone, nous avons déjà exposé les motifs qui nous rendent peu acceptable cette hypothèse de M i n k o w s k i et S p i r o .

Le diabète sucré est une maladie relativement peu fréquente dans notre localité, et ses caractères urologiques et cliniques sont peu prononcés. La quantité de sucre et d'acides est certainement très réduite. Il est possible que la calcariurie polyurique puisse être considérée comme un diabète incomplet, c'est-à-dire un diabète sucré sans sucre. Tout ceci ne veut pas dire que le diabète sucré soit une maladie sans péril dans notre région atlantique. Elle constitue une intoxication intense de l'organisme avec toutes ses graves conséquences pour la vie du malade: depuis la

---

(1) H. Chr. Geelmuyden. Ueber das Verhalten der Acetonkörper im intermediäiren Stoffwechsel. Zeitschr. f. physiol. Chem. T. 73. Pags. 176 — 191. 1911.

gangrène jusqu'aux dégénérescences des organes. Le diabétique est un intoxiqué. Nous avons exposé notre opinion que le siège de cette intoxication réside dans l'intestin, et la participation qu'on doit accorder à l'intervention de la flore microscopique de la localité dans la genèse chimique de ses principaux symptômes. La cause primitive de la maladie se trouve dans l'organisme lui-même; elle consiste en une perturbation organique et fonctionnelle de la membrane intestinale. Cette membrane réalise la synthèse du sang et est le point de départ de la nutrition toute entière. On conçoit donc l'importance qu'il faut donner à cette *dyspepsie intestinale acidogène et ammoniacale qui constitue le fondement même de la maladie toute entière et qui explique d'une manière satisfaisante la pathogénie de ses principaux symptômes.* D'une part, les propriétés antiseptiques naturelles de l'intestin se trouvent notablement amoindries, et, d'autre part, la puissance digestive du même organe étant au-dessous de sa tâche, la fermentation et la putréfaction dépassent la digestion normale et tout excès d'alimentation, événement constant chez ces malades à cause de l'appétit pathologique qu'ils ressentent, vient se traduire par une augmentation des premiers phénomènes, c'est-à-dire par une aggravation de la cause même de la maladie. Les malades oscillent entre deux espèces d'abus alimentaires: les hydrates de carbone qui augmentent l'acidose et la perte en sucre, et les albumines et les graisses qui augmentent la putréfaction intestinale et la genèse des poisons azotés, plus redoutables encore que la perte en énergie de l'organisme. Souvent un troisième abus alimentaire vient s'ajouter aux deux premiers, c'est l'abus du chlorure de sodium. Selon l'opinion de S p i r o (1) l'hyperchlorurie est fréquente chez le diabétique, mais elle ne constitue pas un phénomène constant dans cette maladie; nous avons pu souvent constater dans les urines une élévation de la proportion du chlorure de sodium, relativement à l'azote total, et un de nos élèves (2) a obtenu, au moyen de la déchloruration méthodique, une certaine amélioration chez

---

(1) K. Spiro. Neubauer-Huppert's Analyse des Harns. 1910. Pag. 73.

(182) J. B. Ascanio Rodríguez. Nuevas orientaciones químico-patológicas en el estudio de la diabetes sacarina. Cet auteur va jusqu'à construire une théorie assez simple de la pathogénie du diabète sucré, considérant la maladie comme le résultat de l'intoxication chronique par l'excès de chlorure de sodium dans l'alimentation.

quelques malades, ce qui se comprend, étant donnée la relation de cette substance avec les cellules chromaffines et l'excrétion urinaire. La pathogénie chimique du diabète sucré que nous avons exposée limite le siège primitif de la maladie à une perturbation organique et fonctionnelle de la membrane intestinale, respectant ainsi toutes les connaissances que l'observation clinique a accumulées sur l'étiologie de cette grave affection.

QUATRIÈME PARTIE

—

DÉSINFECTION DE L'INTESTIN

—

Chapitre Unique

—

Vie bactérienne intestinale.

La flore microscopique qui pullule dans l'intestin humain est un cas particulier de la flore générale de la localité où l'organisme vit. Elle y prend un développement colossal, à tel point que plus du 25 pour 100 de la matière sèche des fèces est formée de cadavres de bactéries. Elle s'y renouvelle incessamment: d'une part, les aliments et les excrétions mêmes du corps lui apportent la matière nécessaire à son accroissement, et de l'autre, les forces défensives de l'intestin, l'action nuisible ou antiseptique que certaines espèces de bactéries exercent sur les autres tendent à enrayer son développement. Nous allons étudier les causes et les effets de ces variations de la vie bactérienne intestinale dans la zone tempérée et sous les tropiques.

—

Vie bactérienne intestinale dans la zone tempérée.

On n'est pas encore fixé sur le caractère absolument indispensable que la vie microbienne intestinale représente pour l'animal supérieur. En ce qui concerne la vie des plantes, cette intervention est nécessaire, du moins dans certaines conditions expérimentales et pour certaines espèces de plantes. Les premières expériences sur cette question sont dûes à E. D u c l a u x, et c'est P a s t e u r (1) qui en a fait le rapport quand elles furent présentées à l'Académie de Médecine de Paris. Il s'agissait de graines de plantes, libres de germes, ensemencées dans un terrain stérile qui ne contenait pas d'azote nitrique ni ammoniacal, mais seulement des combinaisons organiques compliquées. Les plantes ne prospéraient pas dans de meilleures conditions que si elles eussent été semées dans de l'eau distillée. L'intervention des bactéries était nécessaire, parce que ces êtres microscopiques décomposent les substances organiques jusqu'à l'état de matières minérales, qui forment, comme on sait, depuis que J u s t u s v. L i e b i g (2) a fondé sa célèbre théorie de la nutrition minérale des plantes, l'unique source de leur alimentation. P a s t e u r, dans le rapport indiqué, a posé pour la première fois la question de savoir comment se comporterait un jeune animal si on le nourrissait depuis sa naissance avec des aliments dépourvus de germes. Cette idée de P a s t e u r a été réalisée d'abord par N u t t a l et T h i e r f e l d e r (3), avec un résultat positif pour l'indépendance de la vie de l'animal supérieur, sur des cochons d'Inde qu'ils avaient mis au monde au moyen de l'opération césarienne. Divers expérimentateurs: S c h o t t e l i u s, Madame O. M e t c h n i k o f f et M o r o ont répété l'expérience en changeant d'animaux et les conditions dans lesquelles elle avait été faite auparavant, et le résultat n'a pas été favorable. On doit donc en conclure que les bactéries intestinales sont nécessaires à l'accroissement normal de différents animaux. Au point de vue théorique cette inter-

---

(1) Comptes rendus de l'Académie de médecine. T. 100. Pag. 66. 1885.

(2) Justus v. Liebig. Die Organische Chemie in ihrer Anwendung auf Agrikultur und Physiologie. Braunschweig. 1840.

(3) Zeitschr. f. physiol. Chemie. T. 21. Pag. 109, 1895. et T. 22. Pag. 62.

vention ne paraît pas nécessaire, les propres ferments digestifs de l'animal supérieur devant suffire à leur élaboration. Il y a certains animaux,
les scorpions par exemple, qui ont leur tube intestinal libre de bactéries,
et leurs ferments digestifs sont si puissants qu'il suffisent à détruire les
bactéries qui y pénètrent. Chez la plus grande partie des animaux, surtout chez les jeunes dont les sucs digestifs ne sont pas encore développés,
cette intervention de certaines bactéries, principalement celles qui attaquent les substances végétales difficilement digestives, la cellulose surtout, parait être non seulement utile, mais nécessaire. Que les conditions
dans lesquelles a été réalisée l'expérience indiquée par P a s t e u r aient
pu empêcher ou non sa réussite dans un sens favorable à l'indépendance
de la vie de l'animal supérieur, c'est une question qui aujourd'hui reste
ouverte à la discussion. Le fait indéniable est que dans les conditions
habituelles de la vie, certaines espèces de bactéries sont très favorables
à l'organisme supérieur, parce que sans elles l'intestin ne pourrait pas
se protéger suffisamment contre les infections et les intoxications les plus
diverses. En général, on peut dire que les bactéries qui remplissent cette
fonction protectrice contre la putréfaction, sont les bactéries fermentatives ou acidogènes. Ces bactéries ont besoin de la présence des hydrates de carbone pour remplir efficacement cette fonction protectrice. Les
principales bactéries qui, dans la zone tempérée, jouent ce rôle antiputréfactif, c'est-à-dire antiseptique, sont surtout le *Bacterium coli commune*
et le *Bacterium lactis aerogenes; et ce sont précisément celles qui donnent au lait cru sa résistance à la putréfaction.*

Le lait cru s'aigrit spontanément; en général il ne se putréfie
pas. Nous avons déjà indiqué que B i e n s t o c k (l.c.) au moyen de
son *Bacillus putrificus*, a ensemencé le lait stérilisé en y déterminant la
putréfaction, bien qu'il devienne acide en même temps. Cependant c'est
aux acides produits par les *bactéries obligées* du lait qu'appartient le
rôle principal dans la résistance de cet aliment à la putréfaction, car, si
comme l'a fait B l u m e n t h a l (1), on sature ces acides au moyen du
carbonate de chaux, la putréfaction apparaît plus facilement. A ce sujet,
certaines investigations indiquent clairement que les acides par eux-mê-

____

(1) Auteur cité par Schmidt et Strasburger (l. c.) Pag. 341.

mes ne sont pas la cause exclusive de cette résistance. Les *Bact. coli* et *lactis* possèdent une certaine force particulière qui semble s'opposer à la putréfaction et à l'accroissement d'autres bactéries, mais, même dans ces cas, ces bactéries ont besoin d'une minime proportion d'hydrates de carbone, au dessus de 1 pour 100, d'après B i e n s t o c k. Cette force particulière que les bactéries indiquées opposent au développement d'autres germes putréfactifs ou pathogènes a été constatée par D a l l e m a - g n e (1) qui a ensemencé le Bact. coli dans le même bouillon avec d'autres microorganismes; le Streptococcus pyogenes et les staphylococci ont cependant la propriété de résister à la présence du Bact. coli et même de le déloger. J. S ü s w e i n (1) a constaté, par la même méthode, que le Bact. coli empêche le développement du bacille de L ö f f l e r. On pourrait faire d'autres citations analogues. M e t c h n i k o f f qui a fait une étude très étendue à ce sujet, dit qu'on peut déjà prévoir l'utilité qu'il sera possible de tirer de cette lutte réciproque entre les bactéries. B e l o n o w s k y (3) a trouvé ainsi que le bacille lactique bulgare empêche le colibacille d'attaquer les matières azotées en produisant des substances de la série aromatique. Le colibacille, cultivé seul, produit une petite quantité de phénols, mais, associé au bacille bulgare, il n'en produit pas du tout. D o b r o v o l s k i, cité pas M e t c h n i k o f f, a constaté récemment le même fait avec le bacille paracoli de T i s s i e r qui est le meilleur producteur d'acide lactique entre les bactéries intestinales. Par conséquent, la présence simultanée du bacille lactique dans un bouillon de culture empêche la formation des phénols et diminue considérablement celle de l'indol. Les expériences comparatives de B e l o - n o w s k y sur les rats sont très instructives: cet expérimentateur a donné séparément à ces animaux du bacille bulgare vivant, le même bacille tué à une température de 56 - 60°, et de l'acide lactique en quantité correspondante; les résultats très favorables à la première série paraissent démontrer qu'il se produit dans les bacilles bulgares des substances qui empêchent les putréfactions intestinales. Toutes les connaissances qu'on

---

(1)   Archives de médecine expérimentale et d'anatomie pathologique. T. VII. Pag. 312.
(2)   Wiener klin. Wochenschr. No. 6. 1902.
(3)   Biochemische Zeitschrift. T. 6. Pag. 251. 1907.

vient d'exposer indiquent que le lait doit remplir un rôle semblable dans l'intestin quand on le consomme cru ou, mieux encore, aigri par des ferments lactiques, spécialement le bacille bulgare, ainsi que le propose M e t c h n i k o f f.

Malheureusement, le lait, dans l'intestin, ne se comporte pas de la même manière qu'en dehors du corps. La plus grande partie de l'acide lactique produit disparaît, soit par absorption, soit par neutralisation. La partie de cet acide, qui arrive au gros intestin, là où sa présence serait le plus nécessaire, disparaît rapidement parce qu'elle est détruite par les bactéries anaérobiques, le bacille butyrique surtout. Le fait est qu'on n'en trouve pas la moindre trace dans les matières fécales des adultes. Ce fait a constamment lieu dans le gros intestin avec l'acide lactique qu'y produisent en abondance les bactéries intestinales obligées. S t r a s b u r g e r (1) croit que *très probablement tous les acides volatils des fèces proviennent de la destruction bactérienne de l'acide lactique,* (voir p. 240). Nous devons faire observer que dans le gros intestin, sous les tropiques, la transformation de l'acide lactique en acide butyrique ne se produit pas; à cet égard il serait à désirer qu'on renouvelât dans le zone tempérée l'expérience de l'absorption rectale du lactate d'ammoniaque. Pour remédier aux inconvénients de la destruction de l'acide lactique dans le gros intestin, M e t c h n i k o f f a récemment proposé d'ajouter aux bactéries lactiques un bacille particulier qu'il a isolé de l'intestin des nourrissons. Ce bacille, qu'il nomme *Glycobactérie protéolityque,* a la propriété de se développer dans le gros intestin de l'adulte où il prospère, surtout aux dépens des substances féculentes. Ces substances, qui sont décomposées avidement par ce nouveau bacille, fournissent le sucre nécessaire aux bactéries lactiques (bactéries du yoghurt) pour développer leur action antiputride. Une alimentation abondante de pommes de terre amènerait au gros intestin la fécule indispensable au nouvel hôte. Les premiers essais qu'on a faits, en suivant ces idées théoriques, semblent avoir donné des résultats très encourageants, au point que la production des poisons intestinaux s'est abaissée à un minimum qui n'avait pas été atteint

____

(1)   Schmidt u. Strasburger. Die Fäzes des Menschen. 1910. Pag. 228.

jusqu'à présent. Nous avons emprunté les données qui précèdent à un rapport sur le travail que le bactériologiste B l e i c k e n (1) a fait dans le Laboratoire d'Hygiène de Berlin-Wilmerdorf, sur cette dernière découverte du professeur M e t c h n i k o f f.

En dehors des actions favorables pour l'animal supérieur, qui proviennent de la lutte ayant lieu dans l'intestin entre les bactéries fermentatives et putréfactives et des avantages qui en dérivent, on doit dire qu'on peut disposer d'autres moyens puissants pour maintenir qualitativement et quantitativement la flore intestinale dans des limites normales. Les tentatives qui ont été faites pour délivrer l'intestin des bactéries n'ont pas donné de résultats satisfaisants. Le but à poursuivre n'est pas de stériliser l'intestin, mais de le cultiver d'une manière appropriée. L'intestin lui-même possède un grand pouvoir antiseptique naturel qui paraît résider dans l'activité biochimique de ses epithéliums. Cette propriété antiseptique de l'intestin grêle s'exerce principalement sur des germes putréfactifs et pathogènes, mais non d'une manière exclusive; suivant L i n - d e m a n n, (2) le *B. coli* aussi est détruit. Quand on introduit directement dans cet organe des bactéries diverses: dysenterie, choléra, typhus, coli, prodigiosus, elles sont détruites en grande partie. Certains animaux possèdent cette propriété poussée à un haut degré, le chien par exemple. "En dehors de cette puissance bactéricide des epithéliums, écrivent S c h m i d t et S t r a s b u r g e r (3), l'intestin normal produit l'élaboration et la réabsorption des aliments, de manière qu'il reste peu de substance nutritive pour les bactéries; le péristaltisme normal de cet organe expulse en temps opportun les bactéries, évitant ainsi leur grand accroissement. L'intestin doit donc adapter ses forces secrétoires, motrices et de réabsorption à la quantité d'aliment qui lui arrive pour en éviter l'encombrement. Nous pouvons aussi influencer l'activité des bactéries intestinales et éventuellement leur espèce. On obtient ceci au moyen d'un changement dans l'alimentation: ainsi, E s c h e r i c h, le

---

(1) Gustav Fock. Chemische Novitäten. Neuvième année. No. 4. Pags. 74 — 75. Leipzig. 1913.

(2) Alfred Lindemann. Das Schicksal der Bakterien im Dünndarm. Inaugural-Dissertation. Benn. 1909. Pag. 43.

(3) Schmidt u. Strasburger. Die Fäzes des Menschen. 1910. Pag. 354.

premier, est parvenu à guérir la dyspepsie acide des nourrissons en leur donnant presque exclusivement de l'eau albumineuse, et les phénomènes putréfactifs dans le gros intestin avec l'alimentation amylacée."

Vie bactérienne intestinale sous les tropiques.

Ainsi qu'il vient d'être établi dans le paragraphe précédent, la putréfaction intestinale et l'invasion des germes pathogènes se trouvent réduites à un minimum compatible avec la vie normale par deux causes puissantes de destruction des bactéries: la digestion normale et la fermentation acide. Si nous faisons abstraction de la digestion normale dont la marche peut être surtout influencée par des règles hygiéniques, et dont la nature n'est pas bien connue, il ne reste à considérer que l'action antiputréfactive que les bactéries fermentatives peuvent développer. Si l'on admet, ce qui est rationnel, que la quantité d'acide qu'elles peuvent produire, donne la mesure de leur pullulation intestinale, nous sommes en droit de déduire que cette cause d'antisepsie naturelle intestinale se trouve très amoindrie sous les tropiques; il a été déjà établi que la proportion des acides gras volatils qu'on peut extraire des fèces et des urines représente environ la moitié de celle de la zone tempérée. A ce point de vue il semble que la vie intestinale sous les tropiques soit dans des conditions d'infériorité pour la lutte contre les bactéries putréfactives. S'il est vrai que les perturbations gastro-intestinales sont très fréquentes dans notre région, et que les infections intestinales aiguës chez les adultes, et surtout chez les enfants, figurent en premier lieu entre les causes de mortalité, il est vrai aussi qu'on peut voir des personnes qui conservent pendant longtemps un état de santé enviable et dont les fonctions intestinales semblent marcher avec une régularité parfaite. Il est rationnel de supposer que dans l'intestin de ces sujets il doit exister quelque mécanisme qui tende à enrayer la putréfaction intestinale. Les investigations que nous avons réalisées ont mis hors de doute l'existence dans les matières fécales d'un micrococcus particulier qui s'oppose à la putréfaction des substances albuminiques. L'activité chimique de cette bactérie

est si remarquable, et on pourrait dire si étrange, que son existence et
son rôle dans l'intestin s'imposent avec une grande clarté.

Le *Micrococcus oxycyanogenes* appartient à la classe des bactéries
que j'ai désignées avec le nom de bactéries leucochromogéniques. Du
moins, ce microbe produit dans les bouillons de culture une matière incolore qui s'oxyde à l'air en donnant une magnifique couleur bleue. Je
trouve une grande ressemblance entre cette substance colorante, *l'oxycyanine*, et la cholérythrine. Toutes les deux dérivent d'un leucoproduit
c'est-à-dire d'une substance incolore, qui, par son oxydation en milieu alcalin, leur donne naissance: dans un cas ce leucoproduit est le cholérythrogène et, dans l'autre *l'oxycyanogène*. Elles sont produites par des microcoques qui habitent l'intestin. Il y a une grande différence entre ces
deux produits: tandis que le cholérythrogène paraît être une substance
nuisible puisqu'il traverse constamment l'organisme tropical en donnant
à la peau, à ce qu'il semble, sa teinte subictérique, et concourt dans certaines maladies à la création de complications mortelles, l'oxycyanogène
est une substance respiratoire qui s'oppose dans les bouillons de culture
à la formation des produits putréfactifs. Voici les faits chimiques et
bactériologiques sur lesquels s'appuient les idées énoncées.

Le *Micrococcus oxycyanogenes* est un microbe leucochromogénique
qui habite l'intestin des sujets sains. Sa colonie dans les plaques de
Pétri n'offre rien de caractéristique. Elle est semblable à la colonie du
Micrococcus leucochromogenes: petite, ronde, laiteuse, à bord lisse; elle
possède au centre un point plus obscur, brunâtre, qui apparaît seulement
par transparence. La matière qui la forme est légèrement granuleuse
quand on la voit à un faible grossissement, 60-100 diamètres par exemple.
Une différence bien marquée existe entre cette colonie et la colonie B,
c'est-à-dire la colonie du *Micrococcus leucochromogenes*. Cette dernière
ne liquéfie jamais la gélatine, tandis que le *Micrococcus oxycyanogenes*
la dissout toujours. Presque toutes les colonies qu'on peut obtenir des
matières fécales possèdent les caractères généraux qu'on vient de décrire.
Je les ai désignées avec les lettres A, B, C, etc. Quelques-unes sont de
de couleur jaune, d'autres rose. Leur bord est généralement lisse, mais
il peut être dentelé. Au centre de la colonie on voit presque toujours une
partie plus obscure, brunâtre par transparence qui est puntiforme; dans

quelques cas, ce centre paraît être formé d'anneaux concentriques. Il y a une certaine colonie qui possède un centre fusiforme avec des extrémités effilées, semblable à une nacelle. La grande majorité de ces colonies ne liquéfient pas la gélatine.

Quand on fait le repiquage d'une colonie du *M. oxycyanogenes* dans de la gélatine, en laissant le tube à essai en repos et dans la position verticale, on observe, au bout de 6-8 jours, que la gélatine s'est liquéfiée sur une épaisseur de 3-4 centimètres. La partie liquide est jaune trouble, et, à sa surface, on voit une mince couche verte, d'un vert bleuâtre. Si on l'agite, le liquide mousse abondamment et devient complètement vert. Au bout de quelques heures, le liquide a repris son aspect primitif. On peut répéter le même phénomène de *l'oxydation verte* par l'agitation à l'air un grand nombre de fois. On peut voir à la Planche coloriée No. III les figures No. 11 et 12 qui ont été copiées du naturel. Ce phénomène est très remarquable quand on fait l'ensemencement du microbe dans des ballons contenant deux ou trois litres de bouillon.

Le *Micrococcus oxycyanogenes* ne présente dans sa morphologie microscopique aucun caractère remarquable qui fasse prévoir ses propriétés chimiques. Il se présente à un grossissement de 1200 - 1600 diamètres sous la forme d'un coccus rond, rarement isolé, le plus souvent groupé en diplocoque, quelquefois en chaînette rectiligne de quatre individus. On peut voir aussi quelques cocci irrégulièrement allongés. Il se colore facilement et ne prend pas le Gram. Il n'apparaît entouré d'aucune capsule. Le bouillon devient fortement trouble et ne s'éclaircit pas par le repos; il devient mucilagineux, filant même. Dans la gélose, au bout de deux ou trois jours, on voit presque toute la masse, surtout dans la partie avoisinant la strie d'ensemencement, devenir vert clair, la matière colorante paraissant diffusée dans le milieu de culture. Dans la pomme de terre, ce même phénomène se produit plus rapidement encore: tout le fragment ensemencé devient vert. Le lait est coagulé très faiblement de manière qu'à l'agitation il donne un liquide uniformément épais. Il ne produit pas la fermentation du sucre du lait ni celle de la glucose. Ce microcoque paraît attaquer particulièrement les matières azotées. On peut réussir à cultiver ce microcoque dans de l'urine stérilisée. Il produit de l'ammoniaque, jusqu'à 500 mg. par litre de bouillon, et cet alcali favorise l'oxydation. Les plaques de Pétri, d'abord vertes et liquéfiées, deviennent rouges au bout d'un mois si on empêche leur dessèchement. Finalement, tous les liquides où on cultive le *M. oxycyanogenes* dégagent une odeur *sui generis*, rappelant celle de la colle brûlée. Cette odeur appartient à l'oxycyanine.

Je procède de la manière suivante pour faire l'analyse chimique des milieux de culture où le *M. oxycyanogenes* s'est développé. Le contenu d'un ballon de culture renfermant deux litres de bouillon, après 8-15 jours d'ensemencement, est saturé et rendu légèrement acide par quelques gouttes d'acide sulfurique dilué. Le liquide change de couleur: il devient rouge, le caractère mucilagineux disparaît et il se forme un précipité abondant d'une matière floconneuse et blanchâtre. On peut la recueillir dans un filtre, la laver avec de l'eau distillée et la dissoudre dans de l'eau ammoniacale où elle se gonfle d'abord, devient transparente et finalement donne un liquide mucilagineux et filant. Cette matière ne peut être isolée, malgré une reprécipitation par l'acide sulfurique dilué, parce qu'en se desséchant elle devient cassante et brunâtre à l'air, paraissant s'oxyder. Le liquide principal, rouge, est alcalinisé légèrement avec de l'ammoniaque. Il redevient vert. On précipite avec l'acétate neutre de plomb en excès et on filtre. Si on ajoute de l'ammoniaque à ce liquide filtré, il se produit un précipité jaune. Je n'ai pas fait l'étude de cette matière colorante jaune qu'entraîne le précipité d'acétate triplombique quand on ajoute de l'ammoniaque. On filtre de nouveau; cette fois le liquide est plus bleu, bien qu'il conserve toujours sa couleur verte. Il contient de l'oxycyanine et cette matière colorante ne peut être séparée par précipitation. On peut saturer avec du sulfate d'ammoniaque, elle reste toujours dissoute. Pour la séparer, je procède de la manière suivante. Je fais l'épuisement du liquide avec le chloroforme. Ce dissolvant devient bleu intense. On répète l'épuisement avec ce dissolvant par trois ou quatre fois jusqu'à ce que le liquide ne donne plus de matière colorante bleue. On lave le chloroforme avec de l'eau distillée, on décante, et alors il suffit d'ajouter quelques gouttes d'acide sulfurique dilué, et agiter avec de l'eau distillée employée en très petite proportion, pour voir la matière colorante tourner au rouge et passer complètement à l'eau, le chloroforme restant incolore et prêt pour être employé de nouveau. Il ne reste qu'à évaporer à un petit volume au bain-marie, ajouter de l'ammoniaque et passer à l'exicateur où l'oxycyanine cristallise lentement, mélangée au sulfate d'ammoniaque. Elle cristallise en longues aiguilles bleu foncé, visibles à l'œil nu, composées de petits cristaux prismatiques groupés. Elle est soluble dans l'eau, l'alcool, le chloroforme et tous les autres dissolvants. Elle possède l'odeur et la saveur prononcées et caractéristiques des milieux de culture du *M. oxycyanogenes.* Le rendement en oxycyanine est abondant quand on cultive ce microbe dans le lait écrémé et stérilisé, et c'est ce milieu de culture que j'ai employé de préférence pour préparer de l'oxycyanine en abondance.

L'oxycyanine est une matière colorante douée de propriétés chimiques et biologiques intéressantes. Cette substance appartient à la même classe de matières colorantes leucochromogéniques que la cholérythrine et la pseudo-urobiline-B. Elles sont toutes produites sous la forme de chromogènes par des bactéries intestinales; elles prennent naissance par l'oxydation spontanée de leurs chromogènes en milieu alcalin. De cette manière il se produit l'oxydation rose, l'oxydation rouge et l'oxydation bleue. Elles changent complètement de couleur et de solubilité, suivant la réaction du milieu: l'oxycyanine bleue passe au chloroforme en milieu alcalin pour l'abandonner complètement avec une couleur rouge rose quand la réaction devient acide (Voir Pl. No. III. Figs. 13 et 14). La cholérythrine de couleur rouge pourpre se dissout dans l'alcool amylique en milieu acide pour l'abandonner complètement en milieu alcalin, passant à l'eau ammoniacale avec sa couleur caractéristique brun jaunâtre clair. (Voir Pl. No. III. Figs. 15 et 16). L'oxycyanine, cependant est une substance inaltérable et résistante. Sa couleur bleue est due à l'oxygène: on peut la décolorer avec de l'hydrogène naissant ou mieux encore avec une substance réductrice, par exemple la glucose. L'expérience est assez importante pour être rapportée ici. On met dans un tube à essais un peu de la solution acqueuse d'oxycyanine, on ajoute de la glucose et on chauffe jusqu'à ébullition; la couleur bleue intense du liquide disparaît. On laisse refroidir en repos; on voit alors se former à la surface du liquide une mince couche bleue; si on agite, le liquide se colore entièrement et rapidement en bleu. On peut répéter l'opération un grand nombre de fois, tant qu'il reste de la glucose à oxyder. Ce même phénomène se reproduit constamment *à froid* dans les milieux de culture. Il est possible que le *M. oxycyanogenes* produise quelque ferment qui vienne aider l'oxydation. Le fait est que l'oxycyanine joue le même rôle que l'hémoglobine du sang; elle apporte l'oxygène nécessaire à l'oxydation; c'est donc une *matière colorante respiratoire.* On peut expliquer ainsi la propriété désinfectante très prononcée que possède le *M. oxycyanogenes.* Les bouillons de culture de ce microorganisme ne se corrompent pas lorsqu'on les abandonne. Si laissant un bouillon de culture se putréfier, et lorsqu'il dégage une forte odeur putride, on y ajoute du bouillon de *M. oxycyanogenes* en plein développement, l'odeur infecte disparaît peu à peu et le liquide acquiert la propriété de devenir vert par l'agitation parce que ce microcoque chasse les bactéries putréfactives. Je suis très enclin à considérer le *Micrococcus oxycyanogenes* lui-même comme une bactérie putréfactive parce qu'il peut perdre ses propriétés désinfectantes si on l'empêche de former sa matière colorante bleue. Si on fait développer le microcoque oxycyanogène dans une éprouvette contenant du bouillon peptoné, sous une grosse couche de paraffine liquide, en prenant les précautions nécessaires pour empêcher l'entrée de l'air, après que le développement a eu lieu, le liquide soutiré avec une pipette ne devient pas vert par l'agitation et dégage une odeur repoussante. Le même phénomène peut être observé quand on n'a pas la précaution d'écrèmer le lait où on fait l'ensemencement; le liquide devient infect parce que l'oxycyanine ne peut se développer, l'entrée de l'air étant empêchée par la couche superficielle de la crème du lait.

Les propriétés désinfectantes du *M. Oxycyanogenes* étant bien établies, il était naturel de penser à leur utilisation. Tous les essais que j'ai faits ont été très encourageants. Je peux même dire que je n'avais jusqu'à présent obtenu par un autre moyen thérapeutique d'amélioration aussi remarquable et aussi persistante dans les troubles gastro-intestinaux chroniques. Certaines précautions sont indispensables pour obtenir un bon résultat. La culture doit être pure, bien développée et chargée d'oxycyanine, bien aérée et ne pas contenir un excès de matières azotées susceptibles d'être oxydées au-dessus du pouvoir désinfectant du microbe. Le mieux est d'utiliser le bouillon de culture desséché au vide avec une substance inerte, de l'amidon par exemple. Les digestions marchent avec régularité, les troubles du sommeil révélant la perturbation digestive disparaissent et les malades augmentent de poids. On peut observer, quand le tube digestif est bien saturé du microbe, que les matières fécales perdent leur odeur infecte et deviennent vertes à leur surface. Le centre du cylindre fécal est jaune; on peut supposer que dans ce cas c'est le sang circulant dans les parois intestinales qui apporte l'oxygène nécessaire à l'oxydation de l'oxycyanine. J'ai observé dans une occasion que sur des urines abandonnées une couche verte d'oxycyanine s'est formée à leur surface. L'investigation microbiologique a permis de constater la présence du microcoque oxycyanique. On peut supposer que ce microbe a traversé l'organisme, à moins d'admettre qu'il n'ait été apporté par l'air du laboratoire. On a précédemment indiqué que le développement de ce microcoque peut être provoqué par l'injection rectale de sels ammoniacaux, et le fait mérite d'être rapporté ici: le butyrate d'ammoniaque possède cette propriété au plus haut degré; l'acétate d'ammoniaque peut augmenter les urines, mais il ne détermine aucun changement dans la flore intestinale. Cependant, les meilleurs résultats sont obtenus par l'ingestion du microcoque; à la longue ce moyen détermine le changement désiré dans la flore intestinale. L'injection rectale accélère ce processus.

Les connaissances qu'on vient d'exposer démontrent que sous les tropiques il se produit dans la vie bactérienne intestinale des phénomènes de défense organique qui tendent à mettre la vie de l'organisme supérieur à l'abri d'un excès de putréfaction. Il ne s'agit pas dans ces phénomènes bactériens de la production des acides antiseptiques, mais de l'intervention d'un autre agent antiputréfactif: l'oxygène. On peut établir en effet que la putréfaction typique n'apparaît qu'en l'absence ou pénurie d'oxygène. Un courant d'air à travers un bouillon en plein état de putréfaction détruit rapidement cet état en anéantissant les bactéries putréfactives anaérobiques, et en détruisant directement par oxydation les produits putréfactifs. Il y a donc dans la nature deux processus généraux qui tendent à enrayer la putréfaction: l'acidification et l'oxydation. Tous deux ont lieu dans la vie bactérienne intestinale. Le premier prédomine dans la zone tempérée, le second sous les tropiques.

Dans cet ordre d'idées, je dois parler ici d'une levure dont le développement s'oppose au plus haut degré à la putréfaction. Cette levure se développe dans certains sucs devenus acides. Sa morphologie est très clairement définie: par sa forme ovalaire, sa grandeur, son mode de bourgeonnement, etc. Elle ne liquéfie pas la gélatine. Elle est toujours associée à un bacille long. Elle prospère dans le sérum du lait stérilisé; on peut aussi la cultiver dans l'eau de la noix du cocotier. Elle attaque le sucre de lait, mais non la glucose ni le sucre de canne. Ce qui rend cette levure très intéressante est qu'elle attaque les substances albuminoïdes avec une grande facilité. Voici une expérience: on prend un morceau de viande de bœuf aussi frais que possible; on le passe par la flamme et on le découpe avec un couteau stérilisé en mettant les petits morceaux dans de l'eau stérilisée. On met à l'étuve après avoir ensemencé avec quelques gouttes d'un liquide contenant de la levure en pleine fermentation. On voit alors se produire un dégagement régulier d'acide carbonique: de petites bulles gazeuses se détachent de la surface des petits morceaux de viande. Cette production gazeuse dure 8-10 jours, et, en même temps, il se développe une forte odeur vineuse et acide. Au bout de ce temps, l'agitation produit la dissolution de la viande; il n'en reste qu'un liquide épais. La peptone ne se produit pas. On peut répéter l'expérience, sans les précautions antiseptiques indiquées, en ayant soin d'ajouter une plus grande quantité du liquide de culture: on obtient le même résultat. *La viande se décompose à l'abri de la putréfaction.* J'ai fait quelques essais de la plus haute importance avec cette levure protéolytique pour combattre la putréfaction. Elle se prête aussi à d'autres applications thérapeutiques extrêmement intéressantes, cette levure n'étant pas pathogène. Si j'ai fait mention de cette levure dont la forme ne permet pas de la distinguer des levures ordinaires, telles que celle de la canne à sucre et la levure de bière, c'est afin d'appeler sérieusement l'attention sur la présence des microorganismes inconnus dans la flore microscopique de la région atlantique, et des grands avantages qui peuvent dériver de leur investigation.

———•✦•———

Chimie Pathologique tropicale.

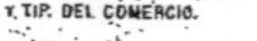
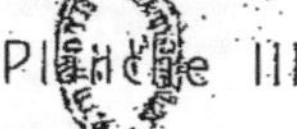

Planche III

CINQUIÈME PARTIE

Chapitre Unique.

Analyse chimique physiologique et pathologique.

La base de tout travail de chimie physiologique et pathologique est constituée par l'analyse chimique. La méthode employée pour faire la détermination qualitative ou quantitative doit être indiquée et décrite. Si elle est digne de foi, les interprétations logiques des faits qu'elle permet de constater peuvent être acceptées. Si elle est entachée d'erreur et en même temps minutieusement décrite, on est en droit de juger la faute commise et même d'accorder au résultat consigné l'interprétation qui lui correspond. Nous avons divisé l'exposition de cette partie du travail en deux paragraphes.

Analyse des matières minérales.

La détermination quantitative des cendres est une opération très difficile à effectuer par la calcination. Cette détermination n'ayant pour nous qu'une valeur intermédiaire pour doser la chaux, nous nous sommes limités à faire la calcination à la plus basse température possible, pour éviter les pertes en chlorures et à la prolonger suffisamment pour détruire complètement les particules carboneuses. Dans les cas où nous avons dû effectuer le dosage d'autres éléments volatils des cendres comme les chlorures alcalins, le phosphore ou le soufre, la méthode préférée a été celle de A. N e u m a n n par le mélange acide. Dès que la calcination est terminée nous faisons la dissolution dans de l'eau distillée avec un peu d'acide chlorhydrique pur. Nous filtrons par un petit filtre dépourvu de cendres et nous calcinons de nouveau les particules qui y restent. Le résultat de cette nouvelle calcination est dissous dans de l'acide chlorhydrique pur concentré, et ajouté au liquide précédemment filtré. Le phosphate de fer est alors précipité à froid par l'acétate d'ammoniaque ou par l'action successive de l'ammoniaque, l'acide chlorhydrique et l'acétate de soude. Après filtration et lavage à l'eau distillée, on précipite par l'oxalate d'ammonium et on laisse jusqu'au lendemain. Le précipité d'oxalate de calcium est recueilli dans un filtre, lavé, calciné et après l'avoir traité par l'acide sulfurique deux ou trois fois jusqu'au poids constant, on le pèse, en déduisant les cendres du filtre. Pour obtenir la chaux nous avons toujours multiplié le poids du sulfate de calcium par le coefficient 0, 411. Suivant les dernières déterminations des poids atomiques, ce coefficient doit s'élever à 0,4119.

Les autres matières minérales ont été dosées de la manière suivante: la magnésie et l'acide phosphorique, par la pesée, à l'état de phosphate ammoniaco-magnésien; les alcalis, à l'état de chlorures et au moyen du chloroplatinate de potassium; le chlore à l'état de chlorure d'argent. Pour l'urine nous avons presque toujours employé la méthode de A r n o l d.

Le dosage de l'ammoniaque a été fait par la méthode de K r ü g e r - R e i c h - S c h i t t e n h e l m. Pour l'effectuer, nous avons suivi exactement les prescriptions indiquées par E. A b d e r h a l d e n (1). Pour être bien sûr du dosage de cette substance très importante, nous l'avons toujours contrôlé par la titration au formol. Nous avons apporté le plus grand soin à la neutralisation de la solution de formol employée

---

(1) E. Abderhalden. Physiologisches Praktikum. 1912. Pag. 130.

qui devient acide d'un jour à l'autre. Deux autres précautions indispensables pour obtenir de bons résultats dans l'exécution de ce dosage sont:
la connaissance du volume des dilutions employées au moyen des pipettes
et petit ballons tarés à la température du laboratoire (24° pendant la
journée) et la séparation de la chaux par la précipitation avec de l'oxalate de potassium.

Analyse des matières organiques.

Le dosage de *l'urée* exige des précautions spéciales pour être fait
aussi exactement que possible. Dans nos anciens dosages cliniques nous
avons employé la décomposition par la lessive de brome, en prenant certaines précautions pour éviter les grandes erreurs auxquelles cette méthode est exposée: défécation préable, hypobromite fraîchement préparé,
addition de glúcose, etc. Les deux analyses de la page 225 ont été faites
par cette méthode. Pour les autres nous avons eu recours à une méthode
plus exacte: celle de R. B e n e d i k t et F. G e p h a r t (1) modifiée.
L'urine est mélangée à son volume d'acide chlorhydrique dilué 1:4; on
la maintient dans l'autoclave pendant une heure et demie à 150-155°
(6 atmosphères) ; l'ammoniaque formé est alors dosé par la méthode de
K r ü g e r-R e i c h-S c h i t t e n h e l m , en ayant soin que la température
ne dépasse pas 45°, en évitant un excès de carbonate de soude, et en entraînant toute l'humidité par l'alcool. Une autre partie de l'ammoniaque est
dosée par la titration au formol. Le dosage de l'ammoniaque par la distillation avec la soude ou la magnésie a donné des chiffres trop élevés.
On déduit l'ammoniaque préformé. F. W. G i l l, F. G. A l l i s o n
et H. S. G r i n d l e y (2), ont démontré que le dédoublement de l'ammoniaque n'a pas lieu pendant l'hydrolyse acide, mais pendant la distillation avec de la soude en excès. Si on fait l'hydrolyse d'une solution d'u-
rée avec HCl dans l'autoclave, le dosage de l'ammoniaque formé par les
trois procédés: titration au formol, K r ü g e r - R e i c h - S c h i t t e n -
h e l m et distillation avec MgO, donne des résultats concordants. Si on

---

(1)   R. Benedikt et F. Gephart. Journ. am. chem. soc. 30 Pag. 1760.
(2)   Auteurs cités par W. Wiechowski dans Neubauer-Huppert's Lehrbuch. 1910. Pag. 568.

répète la même opération avec de l'urine, les chiffres trouvés augmentent depuis le formol jusqu'à la distillation avec la magnésie. Nous avons choisi la méthode de K r ü g e r - R e i c h - S c h i t t e n h e l m.

Le dosage de *l'acide urique* a été fait par la méthode de E. W ö r - n e r (1) ; l'urate d'ammonium précipité est dissous dans de la lessive de soude et, après l'expulsion de l'ammoniaque au bain-marie, l'azote est déterminé par la méthode de K j e l d a h l.

L'azote total a été dosé par la méthode de K j e l d a h l telle qu'elle est décrite par H. T h i e r f e l d e r (2), avec la seule différence que nous avons employé pour la titration le rouge alizarine au lieu du lacmoïd vert malachite. Pour la titration de l'ammoniaque dans le dosage précédent nous avons employé l'acide rosolique.

Pour le dosage de l'acétone nous nous sommes servi de la méthode de H u p p e r t - M e s s i n g e r. Tous les détails de la technique de ce dosage ont été soigneusement suivis. Nous avons mis de la glace pour éviter les pertes d'acétone. Les solutions d'iode et d'hyposulfite de soude ont été bien ajustées. L'addition de thymol pour la conservation de l'uri- ne a été exclue pour éviter la coloration que donne l'iodothymol.

Le dosage des acides gras volatils dans l'urine a été fait par la mé- thode H. S t r a u s s et H. P h i l i p p s o h n telle qu'elle est décrite par S c h u l z (3). La distillation a été conduite aussi lentement que pos- sible sur toile métallique avec couche d'amiante. Cette partie de l'opé- ration doit être faite avec le plus grand soin pour éviter le passage de l'acide chlorhydrique provenant de l'action de l'acide sulfurique sur les chlorures de l'urine. Il est prudent de s'exercer à ce dosage avec le mê- me échantillon d'urine jusqu'à obtenir des résultats concordants. De toute manière, les chiffres d'acidité que nous avons obtenus peuvent être acceptés, parce qu'ils représentent le maximum de la quantité d' acide qu'on peut obtenir dans notre région atlantique. Par con- séquent la diminution considérable de l'acidité dans l'urine et dans les matières fécales est un fait bien établi. On a proposé dans

<hr>

(1) Zeitschr. f. physiol. Chem. T. 29. Pag. 70. 1900.
(2) Hoppe - Seyler's Handbuch der physiologisch - und pathologisch - chemischen Analyse. Berlin 1903. Pag. 411 — 413.
(3) Neubauer-Huppert's Lehrbuch. 1910. Pag. 196.

ces dernières années de faire le dosage des acides gras volatils en effectuant la distillation dans le vide (E. W e l d e (1) et R. S. M a c C a u g h e y) (2). Cette méthode, récente, n'offre pas les données comparatives de l'ancienne méthode de S t r a u s s et P h i l i p p s o h n. Malgré tous nos soins, le distillat urinaire est très louche et s'il s'agit d'urine de diabétique, il contient en abondance les grumeaux caractéristiques de l'acide lipopectique. La démonstration de l'existence de cet acide est difficile à établir, mais elle se trouve confirmée, en dehors des données chimiques indiquées, par le fait de sa production dans les boissons fermentées, c'est-à-dire dans les *ingesta* dont l'homme fait usage dans notre région atlantique. Voici un fait qui est en relation avec sa production: on cuit du riz en poudre avec de l'eau; la masse pâteuse est abandonnée sans addition de sucre; au bout de 2 ou 3 jours elle commence à fermenter activement. Elle se fluidifie, devient transparente et filante, dégage des gaz et une odeur aigre particulière qu'on désigne dans le pays sous le nom de " piche." Cette altération fermentative des aliments est très fréquente dans la localité où on la reconnaît, non-seulement par l'odeur caractéristique mentionnée, mais aussi par sa viscosité très prononcée. Si on l'examine au microscope de 1000 jusqu'à 2000 diamètres, on observe une riche végétation formée par un bacille et un microcoque. Le premier peut être comparé par sa forme et par les longs filaments qu'il présente, au *Bacillus mesentericus vulgatus* de F l ü g g e ou bacille de la pomme de terre. Ce dernier appartient au groupe des bacilles aérobiques. Nous n'avons pas fait leur identification. A cette période de la fermentation, la formation des acides est peu prononcée. Si on en fait la distillation, le liquide obtenu est légèrement acide. Jusqu'ici tout paraît s'accorder avec le *Bacillus vulgatus* et son activité chimique. Cependant, on observe dès le commencement de la distillation, *même sans ajouter aucun acide minéral,* qu'il passe un acide volatil solide qui se condense dans le réfrigérant. Cet acide est soluble dans l'alcool froid, et, par l'évaporation, laisse un corps qui cristallise en rosettes formées de longues aiguilles ramifiées. Si on répète la distillation le jour

---

(1)   Ernest Welde. Eine neue Methode zur quantitativen Bestimmung flüchtiger Fettsäuren. Bioch. Zeitschr. T. 28. Pags. 504 — 522. 1910.
(2)   Robert S. Mc. Caughey. Ueber die quantitative Bestimmung flüchtiger Fettsäuren in der Fäzes. Zeitschr. f. physiol. Chem. T. 72. pags. 140 — 150. 1911.

suivant, le rendement en acide volatil solide diminue, mais le liquide distillé devient chaque fois plus acide. Si on fait l'investigation de ce distillat, on trouve qu'il contient de minimes quantités d'alcool et un acide soluble dans l'eau qui ne peut être identifié avec les acides acétique, propionique, butyrique, etc. Si on abandonne le liquide à la fermentation pendant quelques jours, le dégagement gazeux se prononce davantage, et l'acide acétique prédomine. Nous ne connaissons pas le rôle que remplit le microcoque indiqué dans ces changements chimiques. Cette fermentation mérite d'être étudiée parce qu'elle constitue une altération fréquente des aliments sous notre climat. L'acide volatil solide est plus soluble dans l'eau que l'acide lipopectique et à un point de fusion plus bas (51°) ; il précipite aussi abondamment par le sulfate de cuivre.

Nous devons faire remarquer, en ce qui concerne l'obtention de ces acides, que nous avons désignés sous le nom d'acides lipopectiques, *qu'il ne s'agit pas d'un entraînement des acides gras supérieurs par la vapeur d'eau surchauffée.* On sait qu'il existe un procédé industriel d'obtention de ces acides, après qu'ils ont été séparés par saponification, fondé sur le principe indiqué. On peut trouver la description des divers procédés de saponification et des appareils employés à la distillation dans l'article " savons et acides gras," écrit par le Dr. E. B e n z , dans le tome troisième de la " Chemische Technologie der Neuzeit," publiée par le Dr. O t t o D a m m e r , 1911, pages 535 — 549. Quand on fait la distillation d'une graisse, du beurre surtout, on voit passer à la distillation, après mise en liberté des acides gras, deux sortes d'acides gras volatils: les acides volatils solubles et les acides volatils insolubles. Les premiers, dans le cas considéré, sont les acides butyrique et caproïque. Les derniers, supérieurs à ceux indiqués, peuvent être recueillis dans un filtre, dissous dans l'alcool, et titrés séparément. Ceux-ci, différents des acides stéarique et palmitique, ont été désignés sous le nom d'acides lipopectiques. Ils sont très abondants dans les matières fécales, passent facilement à la distillation et ont une forte odeur aromatique; ils demandent une étude soigneuse pour constater leurs propriétés et même leur existence comme espèces chimiques nouvelles.

Si on porte à siccité la solution d'où les acides lipopectiques se sont séparés par cristallisation, il reste un résidu graisseux assez abondant qui forme à peu près le 25 pour 100 des acides volatils solides provenant de la distillation des fèces. Ce résidu, qui sans aucun doute est un mélange d'acides, fond à 31°C. et, neutralisé exactement par la lessive de soude, forme un liquide mousseux qui précipite abondamment par le sulfate de cuivre et le chlorure de calcium. Il est insoluble dans l'eau et dégage une odeur forte.

La caractérisation des acides gras volatils ou inférieurs a été faite en suivant la marche systématique exposée par F. N. S c h u l z (1), H o p p e - S e y l e r (2), S c h m i d t et S t r a s b u r g e r (3). De tous ces acides celui qui prédomine est l'acide acétique, et ensuite l'acide formique. L'acide butyrique paraît ne pas se trouver dans le distillat des urines et des fèces. Quant on sature ce distillat avec du chlorure de calcium on ne voit pas se former les gouttelettes graisseuses ni la mince couche huileuse où l'acide butyrique doit se trouver. Dans l'analyse de l'urine de la malade de calcariurie polyurique décrite à la page 112, c'est-à-dire le cas anormal de cette maladie, nous avons observé, après la saturation du liquide produit dans la seconde distillation de deux litres d'urine, la formation de quelques gouttelettes huileuses. Nous les avons prises pour de l'acide butyrique. Il y a certitude complète quand on examine l'urine après l'injection d'un liquide contenant du butyrate de calcium. Nous avons distillé deux litres de cette urine; le distillat, après avoir été saturé par la soude, concentré et distillé une seconde fois avec de l'acide phosphorique et saturé avec du chlorure de calcium, a donné des gouttelettes huileuses qui ont été recueillies dans un petit vase. On les dissout dans de l'eau distillée, on sature avec du carbonate de chaux, on filtre, lave et concentre à basse température jusqu'à un petit volume. On voit alors le chauffage produire la séparation caractéristique d'un précipité cristallin. L'odeur aide à caractériser cet acide. Pour ce cas particulier, cette simple constatation suffit; dans d'autres, une investigation plus

---

(1) Neubauer-Huppert's Analyse des Harns. 1910. Pags. 199 — 204.
(2) Hoppe - Seyler's Handbuch der physiologisch - und pathologisch - chemischen Analyse. 1903. Pags. 54 — 58.
(3) Schmidt u. Strasburger. Die Fäzes des Menschen. 1910. Pags. 224 — 225.

20

approfondie serait nécessaire. Ainsi qu'il a été établi, la combinaison de cet acide butyrique avec la chaux empêche sa destruction dans l'organisme. Comme cet acide n'apparaît pas, ou seulement à l'état de traces, dans l'urine normale, on est conduit à admettre que l'acide butyrique qui provient de la saponification des graisses qui le contiennent, se détruit complèment dans l'organisme. Cet acide, suivant V. R o k i t a n s k y (1), forme le 24 pour 100 de la totalité des acides gras volatils de l'urine de 24 heures, du moins pour une diète composée surtout de substances farineuses. En partant de l'idée que ces conditions ne paraissent pas avoir lieu dans notre région atlantique, on est conduit à admettre que la presque totalité de l'acide butyrique des urines de la zone tempérée provient de la réabsorption fécale et, avec cet acide, la chaux qui lui est intimement combinée. C'est une conclusión de la plus haute importance pour la biologie et la pathologie générales; elle met en évidence jusqu'à quel point l'organisme humain se trouve imprégné par les produits étrangers que la réabsorption anormale et rétrograde de la chaux met constamment en circulation.

Il est un fait établi que la production d'acides d'origine fermentative dans l'organisme tropical est réduite, et ce fait explique l'apparition de certaines anomalies pathologiques. Quelle est la cause de ce phénomène? C'est, sans doute, le remplacement des acides habituels, lactique et butyrique, par d'autres substances ou acides inconnus. En dehors de l'organisme ils sont remplacés par l'acide acétique, mais non dans tous les cas, par exemple, dans le lait, contrairement à ce que V. M a r c a n o avait prétendu. J'ai distillé, 4 ou 5 fois, le sérum du lait aigre, devenu bien acide, et je n'ai pas pu constater la présence de l'acide acétique dans le distillat. Dans ces essais, trop peu nombreux pour fixer une doctrine, le lait s'est aigri spontanément, et au microscope il ne présentait que des microcoques et principalement des streptoques. Je dois ajouter que si on répète l'opération avec du lait aigri depuis plusieurs jours, l'acide propionique apparaît en abondance. Dans un seul cas de diabète, le remplacement a eu lieu par l'acide acétique surtout, et, dans ce cas, la maladie présentait la forme et la gravité qu'elle revêt

____

(1) P. v. Rokitansky, Wiener med. Jahrb. T. 2. Pag. 206. 1887.

dans la zone tempérée.   Il est très probable que le remplacement par les acides volatils solides vient donner une explication satisfaisante de la proportion d'acides volatils moindre dans nos pays que dans la zone tempérée.

L'analyse *des matières colorantes* offre pour la pathologie tropicale le plus grand intérêt.   Les procédés en usage pour obtenir ces matières sont en général: 1° l'emploi d'agents de défécation; 2° La précipitation par des sels neutres jusqu'à saturation; et 3° L'agitation avec des dissolvants organiques peu solubles dans l'eau.   Ce dernier procédé est celui que nous avons employé de préférence.   Il est simple, à la portée des cliniciens, ne requiert pas d'appareils et n'altère pas la nature des matières colorantes.

La défécation par l'acétate ou le sous-acétate de plomb peut être employée avec avantage quant il s'agit de la constatation des colorants pseudo-indoliques: la pseudo-indirubine et la pseudo-indigotine ne sont pas précipitées par les sels de plomb indiqués.   Je ne conseille pas d'employer ces sels quant il s'agit de démontrer la présence de la cholérythrine ou des pseudo-urobilines parce qu'ils entraînent en partie ces colorants, ou mieux dit leurs chromogènes: quand ces derniers existent en petite quantité, ils peuvent passer inaperçus.   En outre, quand l'urine est chargée de pseudo-urobiline-B, comme il arrive dans certains cas de troubles gastro-intestinaux, le précipité entraîne ce colorant à l'état de chromogène; à l'air il devient rapidement rouge-brun et on s'expose à manquer la constatation du colorant quand il se trouve en petite proportion.   Si on emploie l'eau saturée de bichlorure de mercure comme agent de précipitation on peut constater la présence de la pseudo-urobiline dans les circonstances indiquées.   Cette divergence dans les deux procédés peut provenir de la cause mentionnée ou de ce que le bichlorure de mercure met en évidence la pseudo-urobiline dissimulée dans l'urine par un mécanisme inconnu.   En tout cas, le bichlorure de mercure est un agent de précipitation énergique de l'urine.   Dans la majeure partie de nos urines ce sel détermine un précipité abondant et gélatineux, même s'il est employé en petite quantité; dans d'autres le précipité est moins prononcé, mais il existe toujours.   ¿Quelle peut être la substance qui occa-

sionne cette précipitation abondante du bichlorure de mercure? Nous ne
la connaissons pas, mais la précipitation de l'urine par ce sel constitue un
phénomène d'observation courante dans le laboratoire. Le bichlorure
de mercure ne pourrait être employé pour la conservation de l'urine comme il l'a été dans la zone tempérée. On sait que R. H u g u e t (1) a
proposé pour la conservation de l'urine de 24 heures, l'addition de 2 c.c.
d'une solution de 10 g. de sublimé et 1 g. de chlorure de sodium dans
100 c.c. d'eau. Je l'ai utilisée pour l'investigation du pouvoir xanthogénique de la soude, suivie d'une seconde défécation occasionnée par la soude, pour enlever à l'urine tout son cholérythrogène et le moins possible
de ses autres chromogènes.

Dans la première partie de cet ouvrage j'ai déjà décrit la méthode
générale suivie pour la constatation des chromogènes et des matières colorantes des urines et des fèces au moyen des dissolvants organiques.
Pour démontrer l'existence de la pseudo-indigotine et la manière de la
constater dans l'urine, j'ai employé la même méthode dont on se sert dans
la zone tempérée pour déceler l'existence de l'indigotine, c'est-à-dire la
méthode de J a f f é - O b e r m a y e r . L'apparence de la réaction est
la même dans les deux cas: ce n'est qu'après une investigation plus approfondie qu'on peut constater entre elles quelques différences essentielles.
On peut trouver une description détaillée des propriétés chimiques et
spectroscopiques de l'indigotine ou indigo des urines, dans N e u b a u e r
et V o g e l , 1898, pages 556 — 557. J'ai isolé la pseudo-indigotine de
la manière suivante: On prend 2 ou 3 litres d'urine riche en cette matière
colorante, et, après défécation par l'acétate de plomb, on la mélange
avec son volume d'acide chlorhydrique, et on attend jusqu'à ce que
le liquide soit devenu bleu rougeâtre. On épuise par le chloroforme
et on distille ce dissolvant. Le résidu sec est lavé rapidement avec
de l'eau distillée légèrement alcaline, de l'alcool et de l'éther. On le
prend par un mélange de chloroforme et d'éther de pétrole, à parties égales; on attend quelque temps et on décante soigneusement, pour ne pas
entraîner le précipité de pseudo-indigotine. On répète cette opération
avec les dissolvants indiqués et ensuite avec un mélange de chlo-

---

(1)   R. Huguet. Journal de Pharmacie et de Chimie (5). T. 29, Pags. 217.

roforme et de tétrachlorure de carbone.   La plus grande partie de la pseudo-indigotine reste dans la capsule.   On dissout dans le chloroforme chaud, on filtre et on laisse évaporer.   La pseudo-indigotine reste comme une poudre cristalline bleue.   Pour séparer la pseudo-indirubine des pseudo-urobilines et autres impuretés: on distille le mélange de chloroforme avec les autres dissolvants.   On reprend par le tétrachlorure de carbone, on filtre et on distille ce dissolvant.   On répète cette opération deux ou trois fois: la pseudo-indirubine reste cristallisée, à l'état pur. Les pseudo-urobilines sont insolubles dans le tétrachlorure de carbone. L'emploi des trois dissolvants indiqués, seuls ou en mélange, est précieux pour la séparation de ces matières colorantes.   Pour obtenir les couleurs pseudo-indoliques en plus grande proportion, on peut employer la même méthode dont R o s i n (1) se sert pour séparer les colorants indoliques, avec la seule différence que l'addition d'acide nitrique et de soude ne doit pas être faite; à la filtration, faite avec papier seul ou avec papier et un tampon de laine dégraissée, les colorants restent retenus.

Voici un tableau comparatif (2) qui condense les différences des propriétés des colorants indoliques et pseudo-indoliques.

Colorants indoliques.	Colorants pseudo-indoliques.
Pour obtenir ces colorants de l'urine, l'addition d'un agent d'oxydation est nécessaire.	Pour obtenir ces colorants de l'urine, l'addition d'un agent d'oxydation n'est pas nécessaire.
Ils n'ont pas été directement obtenus des matières fécales et des bouillons de culture.	Ils ont été obtenus directement des matières fécales et des bouillons de culture.
L'indigotine donne une raie mal limitée au rouge. (Vierordt). Elle passe difficilement de l'urine acide à l'éther.	La pseudo-indigotine donne une forte raie qui noircit l'orangé et le jaune; elle passe facilement à l'éther.
L'indirubine obscurcit le spectre dans sa partie vert jaune.	La pseudo-indirubine obscurcit le spectre dans toute sa partie verte.
L'acide sulfurique concentré donne, avec l'indigotine, un liquide rouge et, par la neutralisation avec la soude, devient bleu.	L'acide sulfurique concentré donne, avec la pseudo-indigotine, un liquide vert et ensuite, bleu; par la neutralisation avec la soude il devient incolore.

(1) Hoppe-Seyler's Handbuch der physiologisch-und pathologisch-chemischen Analyse. 1903. Pag. 247.

(2) Les auteurs consultés pour établir ces différences sont: Neubauer u. Vogel. Analyse des Harns. 1898. A. Daiber. Mikroskopie der Harnsedimente 1896. Pag. 15. Hoppe - Seyler's Handbuch der physiologisch-und pathologisch-chemischen Analyse 1903. O. Hammarsten. Lehrbuch der physiologischen Chemie, 1910. Dr. E. Spaeth. Die chemische und mikroskopische Untersuchung des Harns. Leipzig. 1903.

Colorants indoliques.	Colorants pseudo-indoliques.
L'acide sulfurique concentré donne, avec l'indirubine, un liquide qui, après chauffage, devient rouge cerise, intense; après neutralisation par la soude il ne change pas de couleur.	L'acide sulfurique concentré donne avec la pseudo-indirubine un liquide, qui, après chauffage, devient jaune; par la soude il ne change pas de couleur.
Les acides sulfo-indigotiques présentent des bandes d'absorption.	Les acides sulfo-pseudo-indigotiques ne présentent pas de bandes d'absorption.
L'acide nitrique concentré et froid donne avec l'indirubine un liquide pourpre et, après chauffage, rouge et jaune.	L'acide nitrique concentré et froid donne avec la pseudo-indirubine un liquide jaune, de suite, sans chauffer.
L'indigotine chauffée donne des vapeurs pourpres, sublime, et, en partie, se change en indirubine.	La pseudo-indigotine ne donne pas de vapeurs pourpres; elle fond et prend une couleur rouge.
L'indigotine cristallise en aiguilles et en tablettes romboïdales.	La pseudo-indigotine donne une poudre bleue, sans forme cristalline définie.
L'alcool, l'éther, le benzène, le chloroforme dissolvent l'indirubine donnant un liquide rouge cerise. Le chloroforme à froid la dissout peu.	L'alcool, l'éther, le benzène, l'éther de pétrole dissolvent la pseudo-indirubine en donnant un liquide rose-rouge. Le chloroforme à froid la dissout facilement avec couleur rouge intense.
Ils résistent à l'action des acides; la permanence ne les altère pas.	Ils ne résistent pas à l'action des acides; la permanence les altère.

Les colorants indoliques proviennent du dédoublement de l'indican urinaire, c'est-à-dire de l'indoxylsulfate de potassium. La putréfaction intestinale est la source de l'indol et de l'indoxyle. Le *Bacillus coli communis*, suivant H e r t e r, peut produire de l'indol dans certaines conditions, et des traces de scatol, tandis que certaines bactéries putréfactives produisent ce dernier corps en abondance. Le scatol suit le même sort que l'indol: il s'oxyde et s'unit à l'acide sulfurique ou glycuronique dans l'organisme. L'essai de J a f f é - O b e r m a y e r donne dans les urines riches en scatoxyle, le *rouge scatol*. Pendant la décomposition bactérienne des substances albuminiques, il se produit aussi de l'acide indolacétique. Suivant H e r t e r, ect acide est le chromogène de l'uroroséine et, pour sa formation dans l'intestin, certains processus bactériens sont nécessaires. Suivant S t a a l, G r o s s e r, P o r c h e r et H e r - v i e u x (1) le rouge scatol et l'uroroséine sont identiques. H e r t e r

(1) Staal. Zeitsch. f. physiol. Chem. 46; Groser, ebenda 44; Porcher et Hervieux, ebenda 45. Compt. Rendus, 138 et Journ. de Physiol. 7.

soutient le contraire. Par le court exposé qu'on vient de faire, on peut voir que l'apparition des diverses matières colorantes dans l'urine est sous la dépendance de l'espèce de putréfaction qui a lieu dans l'intestin. Ceci vient confirmer l'idée que nous avons soutenue dans notre ouvrage. Dans nos urines tropicales nous n'avons jamais trouvé l'uroroséine. Nous ne nous croyons pas autorisés à établir que les colorants indoliques n'apparaissent pas dans nos urines tropicales. Examinés superficiellement ils ont la même apparence que les colorants pseudo-indoliques. Nous avons cru pendant longtemps qu'il s'agissait de l'indigotine et de l'indirubine; mais ces substances n'ont pas fait leur apparition depuis que nous avons appris à connaître les colorants pseudo-indoliques.

Il convient d'insister sur les caractères différentiels que présentent les diverses matières colorantes. En voici un résumé:

Solubilité dans le chloroforme et l'éther. L'indirubine et la pseudo-indirubine sont solubles. La cholérythrine est insoluble. Le rouge scatol est insoluble. La pseudo-indirubine est très soluble dans le chloroforme froid.

Action successive de la lessive de soude et de l'acide chlorhydrique. — L'uroroséine se décolore et reprend sa couleur rouge sans perdre sa bande spectroscopique. La cholérythrine donne une couleur brun jaunâtre clair, l'amylalcool reste complètement décoloré, et, après acidulation, devient brun rougeâtre. La pseudo - indirubine ne change pas de couleur: celle-ci est rouge pâle dans l'alcool éthylique. L'addition d'un peu de glucose à la solution alcaline produit, après chauffage, une décoloration assez appréciable, mais pas complète. L'agitation à l'air lui donne sa couleur rose.

Il est bien possible qu'on puisse trouver dans nos urines tropicales d'autres matières qui n'existent pas dans les urines d'autres régions de la terre. J'ai déjà dit que le sublimé corrosif en solution acqueuse produit un abondant précipité gélatineux. J'ai fait quelques investigations sur la nature de cette matière sans arriver jusqu'à présent à aucun résultat positif; mais je suis persuadé qu'elle existe aussi dans les matières fécales. Si on distille l'urine avec de l'acide sulfurique en quantité suffisante pour détruire toute l'urée, le liquide qui passe a une couleur jaune assez perceptible. On recueille le cinquième du volume primitif, on lui ajoute du carbonate de chaux en excès pour détruire les acides nitreux et formique, et on distille une seconde fois. Le nouveau distillat conserve sa couleur jaune très pâle et une odeur urineuse prononcée. L'épuisement méthodique avec l'éther ou le chloroforme donne une huile azotée qui offre des propriétés intéressantes. Cette huile jaune peut être débarrassée de ses impuretés de la manière suivante: 5 grammes de cette huile, provenant de la distillation de 500 litres d'urine, sont suspendus dans de l'eau à laquelle on ajoute successivement du chlorure de calcium, de l'acétate de plomb et quelques gouttes de lessive de soude. Le précipité abondant qui se produit est lavé avec de l'eau distillée. Cette eau, légèrement acidulée par de l'acide acétique cède à l'éther une huile de couleur jaune intense et dépouvue de certains acides gras volatils. Cette substance, que j'ai nommée provisoirement *lipoptomaïne,* présente un pouvoir réducteur énergique: elle réduit les sels ferriques en présence du ferrocyanure de potassium et de l'acide acétique (réaction de F. S e l m i) ; elle réduit une solution de nitrate d'argent à froid. Si on suspend quelques gouttelettes de cette huile dans de l'acide sulfurique et qu'on chauffe légèrement, il se développe une intense couleur rouge pourpre. Si on touche la langue avec une baguette de verre trempée dans cette huile, elle y produit une sensation de brûlure et, après, d'engourdissement. Il serait très intéressant de répéter cette expérience avec l'urine de la zone tempérée.

INDICE DES AUTEURS

ABDERHALDEN E. 82-83-109-175-196-248-273-300.
Adamkiewicz A. 232.
Agramonte. 90.
Albu A. 98-105-106-129-156.
Allison F. G. 301.
Almagià M. 237.
Amado. 177.
Ameseder M. Ph. F. 204.
Araki T. 237.
Arnold. 300.
Ascanio Rodríguez J. B. 11-235-236-282.
Aschoff. 147-172-197-198-199.

BABÈS. 75.
Baer J. 238-270-271.
Baumgarten O. 270.
Baumann E. 214-240.
Baumstark. 62.
Beaupertui L. D. 93.
Béchamp G. 138-157-195-203.
Beck A. 44.
Belonowsky. 288.
Benedict H. 119.

Benedikt R. 301.
Benz E. 304.
Bernard C. 255.
Bernard L. 222.
Bertram J. 97-100.
Beuttenmüller H. 227-228-253.
Biamon L. L. 222.
Bickel A. 171.
Biedl A. 227.
Bienstock. 212 - 213 - 257 - 287-288.
Birk W. 151.
Blauberg M. 100-150.
Bleicken. 290.
Blum L. 238-270-271-272.
Blumenthal. 287.
Boehnke E. 254.
Bondzynski St. 196.
Bottazzi F. 188.
Bouma J. 213.
Boussingault M. 261.
Boveri. 211.
Boyer. 177.
Brauneck. 240.
Brieger L. 165.
Brouardel. 74.
Browinski J. 196.

Browning C. H. 202.
Buchheim. 237.
v. Bunge G. 95-96-156-221.
Burian R. 251.

CALABRESE D. 175.
Candolle A. de VI.
Carles J. 196.
Carnot. 186-256.
Carroll. 90.
Caspari W. 122-130.
Celse. 220.
Chauffard A. 196.
Cook F. 163.
Cook J. B. 3.
Coranda . 232.
Cruickshank J. 202.
Czerny A. 151.

DA COSTA GOMEZ A. C. 1.
Daiber A. 309.
Dakin H. D. 270-276.
Dallemagne. 288.
Dammer O. 202-304.
Daniel A. L. 174.
Davidson. 73.
Deetz E. 4.
Degenhardt C. 176.
Denstedt. 156.
Deucher P. 180.
Dobrovolski. 228.
Dobson M. 220.
Dohrn M. 255.
Duckworth D. 4.
Duclaux E. 286.
Durham. 90.
Dumont. 256.

EBERTH. 70.
Ehrenpfordt. 134.
Eichhorst H. 4.
Ellinger G. 213.
Embden G. 237-270-271-
    275-276.
Erben Fr. 156.
Ehrlich E. 2-13.
Ehrmann R. 258.
Escherich. 71-290.

Esser P. 44-258.
Euler. 276.
Ewald C. A. 180-240.

FALK F. 172.
Falta W. 256.
Feder L. 232.
Fergusson. 4.
Finlay. 90.
Fischer B. 176-177.
Fischer H. 169-170-177.
Fleischer R. 102.
Flint. 196.
Flügge. 303.
Forster J. 99-161.
Fowler G. J. 168.
Fränkel S. 234.
Freire. 90.
Friedenthal H. 182.
Friedleben. 138.
Freund H. 226.
Funk C. 254.
Fuss. 208.

GAERTNER. 70.
Gaethjens. 122.
Galezowski X. 208.
Galien. 220.
Garrod A. 4.
Garrod A. E. 61-IV.
Gautier A. 100-216.
Geelmuyden. 270-281.
Gelis. 260.
Gephart F. 301.
Gerard E. 172.
Gerhardt   D.   17-118-212-
    236.
Giacosa P. 62.
Gibier. 90.
Gilbert. 16-44-45-66-74.
Gil F. W. 301.
Gley E. 127-188-227-259.
Gmelin. 81-82.
Goldschmiedt G. 212.
Grafe E. 226.
Grandeau L. 206-261.
Graupner. 176.
Grigault A. 196.

Grindley H. S. 301.
Grisebach. VI.
Grosser. 310.
Grube K. 277-278.
Guiart J. 64.
Guevara Rojas F. 73.
Gunning J. W. 230.
Guttmann W. 227-228-253.

HALLERVORDEN E. 232.
Hamburger H. J. 180.
Hammarsten O. 111-189-196-234-309.

Harley V. 182.
Harnack E. 123-130.
Havelburg. 90.
Heidenhain R. 181.
Heisler. 153.
Hernández J. G. 73.
Herscher. 44-45.
Herter C. A. 68-118-254-310.

Hertz A. F. 163-247.
Hervieux Ch. 213-214-310.
Herxheimer G. 151.
Heubner O. 150.
Hildebrandt W. 16.
Hirschberg L. 157.
Hirschler A. 131-150-156-157-161.

Hochhaus. 83.
Hofmeister Fr. 141 - 142-143 - 144-145 - 146 - 147-186-187-189-193-195.

Honigmann. 240.
Hoppe-Seyler F. 66-67-109-165 - 230 - 259 - 264-302-305-309.

Horbaczewsky J. 172.
Hufeland C. W. 207.
Huguet R. 308.
Hugounenq L. 97.
Humboldt A. de VI.
Huppert - Messinger. 230 - 269-302.

INFROIT. 247.

Iturbe J. 236-259.

JACOBY M. 232.
Jaffé. 163-211.
Jaffé - Obermayer. 62-213-308-310.
Jakowski. 240.
v. Jaksch R. M. 169.
Javal A. 177.
Joannovics G. 192.
Jores. 197.
Josué M. 211.

KAHN R. H. 227.
Kalberlah F. 237.
Keller A. 151.
Kendall A. J. 254.
Kerr. 250.
Kimura K. 177-180.
Kionka A. 151.
Kisch H. 130.
Kjeldahl. 302.
Klein H. A. 196.
Klemperer G. 118.
Klotz. 144-198.
v. Knierim. 232.
Knoopp F. 271.
Kobert R. 102-211.
Koch. 102.
Kochmann M. 152-153.
Kockel. 145.
Koppel Max. 152-272.
v. Koranyi A. 222.
Kóssa. 145-190.
Kowalewski K. 251.
Krüger-Reich-Schittenhelm 114-242 - 244 - 300 - 301-302.
Kumagawa. 174-188.
Kunkel. 83.
Kupffer. 80.
Küster W. 34-67.

LABBÉ M. 256.
Lacerda. 90.
Ladage. 17.
Lanessan J. L. de VI.
Laroche G. 196.

Latzer. 250.
Lawson. 18.
Lebedeff A. 188.
Lehmann K. B. 29-242.
Lemoine G. 200-201.
Lépine R. 220.
Leschke E. 255.
Leube. 62.
Lhermitte J. 137.
L'Huillier A. 196.
v. Liebig J. B. 163-286.
Linch. 179.
Lindemann. A. 290.
Lindenbaum S. 264.
Loeffler. 288.
LoeperM. 138-157-195-203.
Loeb J. 117.
Loew O. 277.
Loewy A. 258.
Lutz. 90.

MAC CALLUM J. B. 117-124
 163-164.
Mac Caughey R. S. 303.
Macfayen A. 240.
Mac Kenzie J. 202.
Mac Neal. 250.
Machado A. 236.
Maillard L. B. 213.
Malcolm J. 161.
Maly R. 171.
Marcano V. 260-261-306.
Marchal E. 249.
Marchoux. 91.
Marfori P. 232.
Martens C. 176.
Marx A. 258.
Marxer A. 255.
Mayerhofer E. 212.
Mazerau A. 4.
v. Mehring J. 237.
Mendel F. 138.
Mendel L. B. 174.
Mense C. 221.
Merk E. 234.
Metchnikoff E. 206-207-211
 214-215-288-289-290.
Metchnikoff O. 286.

v. Mettenheimer. 138.
Meyer E. 223-224-227.
Meyer H. 175.
Meyer J. S. 3.
Milner R. 82.
Minkowski O. 82-277-281.
Mitchell J. H. 186.
v. Moraczewski W. 105-130-
 158.
Morny. 74.
Moro. 71-286.
Morpurgo. 129.
Müller Fr. 17-44-101-104-
 180.
Müller H. 208.
Munk I. 180-182-211-232.
Münzer. 232.

NAUNYN B. 82-176-220.
v. Nencki M. IV-10-240.
Neubauer. 100 - 109 - 156-
 230-259-282-305.
Neubauer et Vogel. 169 -
 308-309.
Neuberg C. 98-105-106-129
 -156.
Neumann A. 163-178-300.
Neumann R. O. 29-90-242.
Neumeister R. 255.
Neurath R. 155.
v. Noorden. 100-151.
Nothnagel. 180.
Nuttal G. 286.

OESTERLEIN. 180.
Offringa F. 153-154.
Oliver G. 170.
Ortweiler. 165.
Oswald A. 4-20-76-84-188-
 220-223.
Ott A. 100.
Otto J. G. 90.
Overton E. 175-182.

PASTEUR L. 286-287.
Patrick-Manson. 73.
Paul d'Egine. 220.
Pauli W. 142.

Pellagot J. 207.
Pelouze. 260.
Pembrey M. S. 109.
Petsch E. 152-153.
Pfaundler. 144.
Pick E. 192.
Pohl J. 232.
Poiseuille. 163.
Pokorny. 277.
Popper H. 270.
Porcher Ch. 214-310.
Porges O. 237-238-270-271
  273-275.
Posner Th. 264.
Posternak S. 66.
Poulsson E. 232-233.
Purdy Ch. W. 18-270.

QUINCKE. 83.

RAMOND F. 188.
Rathery. 256.
Rauch. 176.
Reach R. 181.
Reale E. 109-118-157.
Reed. 90.
Renvall G. 97-100-101.
Ribas. 90.
Richardson. 90.
Roger G. H. 219.
v. Rokitansky P. 306.
Rosembach. 60.
Rosenfeld G. 174-188-190.
Rosenstein A. 180.
Rosin H. 213-309.
Röttger H. 171.
Rubner. 150.
Rudel. 162.
Rumpf Th. 96-100-111-118-
  156-157.

SACHS H. 202.
Salaskin S. 251.
Salimbeni. 90.
Salkowski E. 101-165-232.
Salomon H. 237.
Salomon et Wallace. 101.
Salomon Max. 220.

Samec. 142.
Sanarelli. 90.
Schall. 153.
Schetelig. 100-156.
Scheube. 73.
Schewelew. 157.
Schlesinger W. 118.
Schlesinger F. G. 163.

Schmaus - Herxheimer. 78-
  129-174-190-197-256.

Schmidt Ad. et Strasburger
  J. 5-69-102-113-120-133-
  165 - 169 - 179 - 239 - 240
  241-247-289-290-305.

Schmidt Ad. 44-89-240-241.
Schmidt Fr. 237.
Schmidt C. 130.
Schmiedeberg O. 232.
Schottelius. 286.
Schnirer M. T. 234.
v. Schröder. 232.
Schröter J. 43.
Schulz F. N. 118-230-302-
  305.
Schur. 251.
Schürmayer - Berlin C. B.
  221.
Schützenberger P. 260.
Schwarz. 270.
Seegen J. 253.
Seidelin H. 91.
Selig A. 203-204.
Selmi F. 312.
Senator H. 100.
Sendtner J. 105.
Servetti Larraya J. 210.
Shibata N. 174-188.
v. Siebenrock L. 172.
Sieber N. IV. 10-240.
Simond. 90-91.
Sicart. 247.
Sinnhuber. 162.
Soetbeer F. 105-106-107.
Söldner F. 128-150.
v. Sommaruga. 241.
Spaeth E. 172-309.

Spiro K. 277-281-282.
Staal. 310.
Stadelmann E. 176.
Staedeler. 67.
v. Stenis O. 70.
Stepp W. 177.
Stitt E. R. 5.
Stöhr Ph. 226.
Stolnikoff. 214.
Strauss et Philippsohn. 120-230-263-302-303.
Strasburger J. 289.
Strauss H. 120-236.
Süsswein J. 288.

TANAKA T. 143-145-146-186-187-189-195.
Tangl F. 150.
Tashiro J. 128.
Taylor A. E. 188.
Tchermotsky. 215.
v. Terray P. 131-150-156-157-161.
Thierfelden H. 286-302.
Thomson. 4.
Thormaelen J. 62.
Tigerstedt C. 101.
Tigerstedt R. 102-192.
Tissier. 288.
Tobler L. 106.
Toralbo. 118-273.
Tritschler F. 118.
Tschernischew W. 232.
Tschernoff. 169.

UBBELOHDE L. 202.

Umber F. 171.
Ury H. 101 - 103-104-120-169.

VALLE C. J. 90.
Van Tieghem VI.
Vierordt C. 309.
Virchow R. 145-147.
Verhaegen A. 171.
Voit C. 232.
Voit E. 99-232.
Voit Fr. 101.
Voorhoeve N. 155.

WALLACE. 101.
Wakemann A. J. 118.
Wang E. 213.
v. Wassermann A. 202.
Weber S. 220-232-237.
Welde S. 303.
Wells G. 142-144-187.
Wells H. G. 186.
Wesener J. 130.
Weyl Th. 264.
Wiechowski W. 301.
Windaus A. 196-200.
Wohler. 237.
Wolfers. 237.
Wolff A. 236.
Wörner E. 302.

ZALESKY. 186.
Zaudy. 176.
v. Zeynek R. 201.
Zuelzer G. 255.
Zuntz N. 237.

Errata

Pag. 2 ligne 21 dit *uroséine,* lire *uroroséine.*

" 43 " 34 " *Ziel - Neelsen,* lire ZIEHL - NEELSEN.

" 92 " 28 " *procès,* lire *processus.*

" 117 " 30 " *Loew,* lire LOEB.

" 147 " 8-11 " *Wirchow,* lire VIRCHOW.

" 172 " 21 " *ne contenant pas,* lire *ou ne contenant pas.*

" 180 " 6 " *Nothngel,* lire NOTHNAGEL.

" 222 " 27 " *Korayi,* lire KORANYI.

" 232 " 28 " *Scröder,* lire SCHRÖDER.

" 271 " 22 " *Knopp, Emden,* lire KNOOPP, EMBDEN.

Lit. y Tip. del Comercio.—Caracas, (Venezuela).—Pajaritos a La Palma, Núm. 18